CITY COLLEGE LIBRARY
1825 MAY ST.
BROWNSVILLE, TEXAS 78520
W9-BVJ-284
FRANCIA
ANDORRA
Pirineos
ARAGÓN
CATALUÑA
Ebro
Barcelona
Tarragona
Valencia
Alicante
ISLAS BALEARES
Menorca
Mallorca
Palma
Ibiza
40°
ESPAÑA Y PORTUGAL
Copyright by C. S. HAMMOND & CO., N. Y.
ESCALA
KILÓMETROS
0 50 100 150 200
MILLAS
0 50 100 150 200
Capitales
Límites Internacionales

CUMBRES

DE LA CIVILIZACIÓN ESPAÑOLA

THIRD EDITION

Gloria Giner de los Ríos

School of General Studies, Columbia University

Laura de los Ríos de García Lorca

Barnard College

HOLT, RINEHART AND WINSTON / NEW YORK • TORONTO • LONDON

CUMBRES IS DESIGNED AND EDITED for use at the fourth semester college level, and beyond. It is hoped that the illustrations will—to paraphrase the words of Góngora in referring to the work of El Greco—give spirit to the words and life to the selections herein presented. The selections themselves provide an unusual opportunity, at this level, to make direct contact with the work of some of the many Spanish men and women who have had a great part in making our heritage of culture what it is.

Indice suplementario de láminas

Tapa anterior (*front cover*): Goya, detalle de "Las Majas del Balcón" Metropolitan Museum of Art, New York. Bequest of Mrs. H. O. Havemeyer, 1929. The H. O. Havemeyer Collection

Tapa posterior (*back cover*): Velázquez, detalle del "Conde-Duque de Olivares" The Metropolitan Museum of Art, New York. Fletcher Fund, 1952.

Página *i:* Catedral de Santiago de Compostela (*Ewing Galloway, N.Y.*)

Página *ii:* La mezquita de Córdoba (*Three Lions, N.Y.*)

Página *iii:* Alcázar de Seqovia (*Silberstein, Monkmeyer Press Photo Service*)

Página *v:* Granada vista desde la Alhambra (*Three Lions, N. Y.*)

Library of Congress Catalogue Card Number: 66-10522
Printed in the United States of America

May, 1967
3547809

A su memoria

Contenido

Preámbulo

Mirando el mapa de la Península Ibérica, se ven claramente las cuatro cordilleras que la cruzan de Este a Oeste. También corren en esta misma dirección cinco hermosos ríos por el suave declive del suelo. Riegan huertas y vegas, cruzan llanuras, se despeñan entre rocas y dan sus aguas, por fin, al Atlántico; sólo el Ebro desemboca en el Mediterráneo, enriqueciendo su caudal con afluentes pirenaicos.

Por estos valles, a lo largo de estos ríos, avanzaron también corrientes humanas, invasiones diversas que se sucedieron a través de los tiempos, desde los más remotos de la vida de la humanidad. Venían del Oriente, del Sur, de las regiones nórdicas. Los ríos, como las montañas, les servían, unas veces, de barrera; otras, de camino para ir en busca de la riqueza del suelo. Y en él fueron dejando huellas, ya destructoras, ya creadoras, que dieron complejidad al ambiente espiritual de España.

El espíritu español, individualizado en figuras como las que aparecen en este libro, es el resultado de una larga y complicada historia que tiene raíces profundas en el alma de muchos pueblos, lejanos en el espacio y en el tiempo.

El suelo de España es el escenario natural en que se mueven las figuras de este libro. Todas ellas son representativas de varios de los aspectos del alma española; y avaloran con sus obras, con su vida o con sus ideas el legado de España a la cultura. Filósofos, santos, reyes, caballeros, conquistadores, pícaros, místicos, pintores, poetas, dramaturgos, músicos, educadores, científicos, orientadores de su pueblo: todos dejan su rastro luminoso en esta tierra española que tiene y da de todo.

Elogio de España

ESTA tierra es como el paraíso de Dios, porque se riega con cinco ríos caudales que son Ebro, Duero, Tajo, Guadalquivir y Guadiana; y cada uno de ellos tiene entre sí y el otro grandes montañas y sierras; y los valles y los llanos son grandes y anchos; y por la bondad de la tierra y el humor de los ríos llevan muchos frutos y son abundosos. España, la mayor parte de ella, se riega de arroyos y de fuentes y nunca le faltan pozos en cada lugar, si lo ha menester.

España es abundante en mieses, deleitosa de frutas, viciosa de pescados, sabrosa de leche y de todas las cosas que de ella se hacen, llena de venados y de caza, cubierta de ganados, lozana de caballos, provechosa de mulos; segura y provista de castillos; alegre por buenos vinos, holgada de abundancia de pan; rica de metales: de plomo, de estaño, de mercurio, de hierro, de plata, de oro; de piedras preciosas; de toda clase de piedra mármol; de sales de mar y de salinas de tierra y de sal de roca, y de otros muchos minerales: añil, almagra, greda, alumbre, y otros muchos; briosa de sirgo y de cuanto se hace de él; dulce de miel y de azúcar; alumbrada de cera; cumplida de aceite; alegre de azafrán.

España es ingeniosa sobre todas, atrevida y muy esforzada en la lid, ligera en afán, leal al señor, ahincada en el estudio, palaciana en la palabra, cumplida en todo bien. No hay tierra en el mundo que la semeje en abundancia ni la iguale en fortaleza. Y pocas hay en el mundo tan grandes como ella. España, sobre todas, es adelantada en grandeza y, más que todas, preciada por lealtad. ¡Ay España! No hay lengua ni ingenio que pueda contar tu bien.

ALFONSO X, EL SABIO

Acueducto de Segovia, el más completo y bien conservado monumento romano de España, construído en el siglo I. Las piedras que lo forman se juntan perfectamente unas con otras sin necesidad de ningún cemento. Al pie del acueducto, en la plaza del Azoguejo, es donde se pone el mercado entre cuyos puestos *(booths)* reluce al sol la brillante cerámica popular. *(Foto Mas)*

Mapa de la España romana. Los romanos dividieron la península Ibérica en dos grandes zonas separadas por el Ebro: España Citerior y España Ulterior. Dentro de ellas fueron formando provincias: Tarraconense, Cartaginense, Bética, Lusitania, Galaica. En esta región montañosa, los Astures, pueblo antiguo que habitaba la parte norte, al oeste de la península, opusieron firme resistencia a los romanos hasta el año 38 después de Jesucristo.

Busto de Séneca. *(Bettman Archive)*

SENECA

La España romana

Lucio Anneo Séneca, dramaturgo y poeta, — maestro del emperador Nerón — era cordobés e hijo de un famoso retórico romano también natural de Córdoba. En el año 2 de la Era cristiana nació Lucio en esta hermosa ciudad de la Bética. La Bética era una provincia romana que debía su nombre a estar regada por el Betis, río llamado luego por los árabes Guadalquivir, como aún se llama. La Bética romana era, pues, la Andalucía de hoy.

Nero, *Roman Emperor (54-68 A.D.). His cruelty and madness led him to order the burning of Rome so that he might enjoy the spectacle.*

= Río Grande

A las orillas del Betis nació y creció el muchacho. En Córdoba cursó sus estudios; y allí se despertó en él el amor a la filosofía y el ansia de llevar a la práctica las teorías que le parecían más puras. A pesar de ser de familia rica, Séneca vivía a veces con grande austeridad. Con frecuencia, su frugalidad exagerada ponía en peligro su salud enfermiza; llegaba, entre otras cosas, a privarse de comer carne por obedecer a ciertas teorías que condenaban el sacrificar animales para alimentarse con ellos. Su padre — que deseaba para él el ideal romano de «mens sana in corpore sano» — le censuraba estas exageraciones; pero él le respondía: «Así mi alma se hace más ligera y más ágil.»

to put into practice the theories . . . *(Similar to Stoicism and Christianity in austere resignation to the vicissitudes of life, and in consideration of charity as a virtue.)*

among other things he would even go to the extreme of depriving himself

"A sound mind in a sound body"

Siguiendo el camino que le aconsejaba su padre se dedicó al foro, en el que tuvo gran éxito, tanto, que el emperador Calígula — aquel loco que nombró cónsul a su caballo — lo persiguió por considerarlo su

he devoted himself to the legal profession, in which he was very successful, so much so

Caligula, *third Roman emperor, 37–41.*

rival. Sufrió Séneca, además de las persecuciones, el destierro, y llegó un momento en que, quebrantada su salud, nada pudo contener el avance de su enfermedad. Consumido por la fiebre, adquirió una delgadez extrema. Sus sufrimientos eran tales que le hacían exclamar: «¡Algunas veces tengo valor hasta para soportar la vida!» Y predica con su ejemplo, cuando recomienda que se vaya conllevando la existencia y se acepte la muerte con dignidad, con resignación. Así la recibió él. Del mismo modo que Sócrates tomó la cicuta y aceptó una muerte injusta por obedecer las leyes, Séneca, el filósofo cordobés, se abrió él mismo las venas y murió serenamente, conversando con sus discípulos, por obedecer la orden de Nerón, su antiguo discípulo — discípulo más en la letra que en el espíritu.

that one go on enduring life and accept death with dignity

Illustrious Greek philosopher whose method of teaching combined conversation and interrogation. Socrates wrote nothing, and his theories are preserved principally in the "Dialogues" of his disciple Plato.

LA FILOSOFÍA DE SÉNECA

Su filosofía se llama, por él, senequismo. Consiste en una posición del espíritu, seria y serenamente resignado ante la vida, al reflexionar sobre cómo debemos vivir. Las ideas de Séneca sobre la resignación y la caridad, y su sentido moral, están muy cerca de las cristianas, que ya comenzaban a extenderse por el imperio romano. Por saber tan bien cómo vivir y cómo morir se le consideró sabio, en tal medida que se dice de una persona, para ponderar su sabiduría, que «es más sabio que Séneca» o que «es un Séneca.»

It consists of taking a serious and calmly resigned attitude of mind when considering how we should live.

Entre las obras filosóficas de Séneca las más famosas son: *De consolatione, Epístolas morales* y *La brevedad de la vida. De consolatione* trata de demostrar, entre otras cosas, que el destierro, los demás males — la pérdida de la fortuna o de una persona querida, la propia muerte —, no son males realmente si se los lleva con resignación. A *La brevedad de la vida* pertenecen frases y pensamientos tan hermosos y profundos como éstos:

if they are borne

Escultura romana de un orador que viste la toga. A su lado se ve la *cista (Latin, "chest" = Spanish, cesta, "basket")* en que lleva sus notas y papeles enrollados. Museo Arqueológico Nacional, Madrid.

En la página opuesta: Portada *(title page)* de una traducción española de 1496 de «Epístolas» de Séneca.

Las epistolas de Seneca.
Con vna Suma siquier introductio de Philosophia moral: en romançe.

Pensamientos

El tiempo de que disponemos no es corto pero, si lo perdemos, hacemos que lo sea; la vida es suficientemente larga para ejecutar en ella cosas grandes, si la empleamos bien.

if we waste it, we make it so

La peor de toda pérdida de tiempo es la que se debe a nuestra negligencia. . . La mayor parte de la vida se va en hacer el mal; una gran parte, en no hacer nada; y toda ella en hacer una cosa diferente de la que se debería hacer.

and all of it (life) in doing something different from that which should be done

Si quieres vivir largo tiempo, no lo pierdas.

No hay cosa más torpe que un viejo que no tiene otra prueba de haber vivido mucho tiempo, que la edad.

[En la *Consolación a Helvia,* su madre, Séneca le recomienda:] Rechaza de ti los sollozos, lamentos y agitadas manifestaciones que de ordinario, lleva consigo el dolor de la mujer; porque habrás perdido el provecho de tantos males si no has aprendido aún a ser desgraciada.

which usually accompany the grief of a woman; for you will have lost the advantages of so many afflictions if you have not yet learned how to bear misfortune

El honbꝛe no ſabe fallar la foꝛtuna ſin doloꝛ.

Ierta coſa es q̃ dlas pꝛincipales coſas/ q̃ dios dixo a adã fue que en ſudoꝛ d ſu cara comeria el ſu pã. pueſ la foꝛtuna como de ſuſo es dicho no es ſino vna abundancia delas coſas tenpoꝛales: ⁊ los q̃ con cuydado ⁊ ſudoꝛ ſe trabajã de auer coſas tẽpoꝛales vn dia/ o otro las alcançan: mas eſto como dicho es no ſe falla burlando: ni durmiendo/ mas velando ⁊ trabajando. E poꝛ eſſo dize el pꝛouerbio: que el hombꝛe non ſabe fallar la foꝛtuna ſin doloꝛ.

El onbꝛe q̃ aſi meſmo da lugar honeſtaméte ſirue

Egundo dize ariſtotiles eñl fin del pꝛimero delas ethicas. Enel hombꝛe ſon dos parteſ. La vna es la razõ que nos endereça ⁊ inclina a todo bien. ⁊ eſta naturalmente tiene de mandar ⁊ regir al ombꝛe. La otra es el apetito ſenſitiuo: ⁊ eſta nos inclina a todo mal/ ⁊ pecado: ⁊ naturalmente ha de ſer ſubjecta/ ⁊ obedeſcer ala razon. ⁊ ſi aqueſta orden no ſe guarda: conuiene aſaber q̃ la razon rija: ⁊ gouierne los fechoſ del ombꝛe. ⁊ refrene los malos deſſeos: ⁊ inclinaciones dl apetito ſenſitiuo: ante ſi faze: aſſy que el apetito ſenſitiuo cumpla ſus deſoꝛdenados deſſeos/ ⁊ non ſe faga bien lo q̃ la razõ manda/ ⁊ dize es cauſa donde los fechos todos del honbꝛe ſean errados: ⁊ del ſeruidoꝛ faze ſeñoꝛ: ⁊ del ſeñoꝛ ſeruidoꝛ. E de aq̃ſto dezia el apoſtol veo vna ley en mis miembꝛos/ ⁊ eſta es la q̃ dize Ariſtotiles apetito ſenſitiuo la: qual repuna ⁊ contradize ala ley de my voluntad. ⁊ eſta es la q̃ llama ariſtotiles la razon. ⁊ ſy eſta ley delos miembꝛos q̃ es el apetito ſenſitiuo ſeñoꝛea ala razon dize ſe dar lugar ombꝛe a ſi meſmo: quiere dezir que da lugar a ſus deſoꝛdenad
deſſeos. poꝛ lo qual pareſce honeſtam
te ſeruir. quiere dezir: q̃ poꝛ buenas pa
bꝛas ſe dize que el ombꝛe que auia de ſ
ſeñoꝛ es fecho ſieruo: pues ſigue a ſus d
leytes ⁊ afficiões deſoꝛdenadas: las qu
les auian de ſer refrenadas poꝛ la razo
que es la parte que hauia de enſeñoꝛe
enel ombꝛe. E poꝛ tanto bien dize el p
uerbio: que el honbꝛe que a ſi meſmo d
lugar honeſtamente ſirue.

El ombꝛe es empꝛeſtado ala vida no donado.

Ya ſea que el ombꝛe tie
cõſtituydo poꝛ dios cier
tiempo que puede biuir ſ
gundo ſe eſcriue enel libꝛo
ſe llama geneſi. E job di
conſtituiſte ſus terminos: los quales n
pueden paſſar. mas con todo eſto eſta
la vida es empꝛeſtada al ombꝛe que a
enel tiempo determinado/ como ante
aquel tiempo poꝛ muchos accidentes
caſos que puedẽ venir: puede moꝛir ⁊ f
neſcer. E poꝛ eſſo dize que no es donad
ala vida: q̃re dzir q̃ nigũo tiene la vi
poꝛ ſuya mas quaſi enpꝛeſtada. q̃ ſegũ
dize ſeneca enla ſegũda tragedia/ ning
no tuuo tã fauoꝛables los dioſes q̃ ſe
dieſſe pꝛometer el dia de cras poꝛ que
mo es empꝛeſtado ala vida cada q̃ ſe
mare yra poꝛ fuerça: q̃ como dize ſene
enel libꝛo delos remedios dla foꝛtuna
eſta ley venimos ala vida para ſalir d
lla quando nos mandaren. E poꝛ tan
dize el pꝛouerbio que el ombꝛe es emp
ſtado ala vida que no donado.

Dã lugar d maldezir la multiplicadas bodas.

oda muger caſar vna v
es como ley natural/ m
ſi pierde el marido: ⁊ toꝛ
a caſar/ pareſce ſer con
ley natural poꝛ que es c

[Hablando de los desterrados dice:]

Dos cosas excelentes nos seguirán a dondequiera que vayamos: la naturaleza, que es común a todos; y la virtud, que nos es propia.

wherever we may go

which is peculiar to us

Expresa claramente su creencia en un Dios único y supremo de este modo:

Así lo quiso, créeme, Aquel, sea quien quiera, que dió la fortuna al universo; sea un Dios, señor de todas las cosas, arquitecto de estas maravillas; sea una razón incorpórea; sea un espíritu divino repartido con igual energía en los cuerpos más grandes y en los más pequeños.

whoever he may be...whether it be

Además de estas obras filosóficas, Séneca escribió varias tragedias, entre ellas Medea. Esta obra clásica del siglo I la ha traducido al español en el siglo XX don Miguel de Unamuno, conservando toda la grandeza y fuerza de la tragedia latina. Se representó en 1932 en las ruinas—aún muy bien conservadas—del teatro romano de Mérida, Emerita Augusta, ciudad española importante bajo la dominación de Roma.

Basque essayist, poet and philosopher (1864-1936). Professor and Rector (President) of the University of Salamanca.

Mérida, in western Spain, was the Roman Emerita Augusta. It was joined by a flagstone-paved highway to Caesar Augusta (Zaragoza) to the northeast. (See map.)

ARGUMENTO DE «MEDEA»

Medea es una hechicera, hija de un rey de la Cólquida. Se enamora del argonauta Jasón y viven felices en su palacio con sus dos hijos. Pero llega un día en que decide Jáson casarse con otra princesa y, para ello, destierra a Medea y la obliga a dejarle los hijos. Medea movida por el amor maternal, de una parte, y por los celos, de otra, planea la mayor venganza: privar a Jasón del goce de sus hijos y de su nueva esposa, dando muerte a todos.

Colchis, *the legendary land of the Golden Fleece to which the seven Greek heroes, the Argonauts, went to do battle with the seven-headed dragon which guarded the fleece.*

on the one hand . . . on the other

Séneca encarna en Medea la idea de la fatalidad. Una fuerza superior a su voluntad la impulsa al crimen una y otra vez: primero, por el amor a Jasón se siente obligada a dar muerte a su padre y a su hermano; luego, por el odio a Jasón, llega al asesinato de su rival y hasta al de sus propios hijos.

En la página opuesta: Una página de una edición española del siglo XV de la obra de Séneca. *A la derecha:* Disco de Teodosio. (The Spanish-born Roman Emperor Theodosius I, the Great, divided his empire into two at his death in 395; the east went to his son Arcadius, the west to Honorius.)

Teatro romano de Mérida.

Medea

Acto primero: escena primera

Medea invoca a los dioses y a los espíritus del mal para que la ayuden:

MEDEA. — ¡Dioses conyugales; . . . dioses por los que me juró amor Jasón a quienes más le toca a Medea rogar; . . . con voz malhadada os invoco! ¡Acá, acá; acorredme, diosas vengadoras de agravios; desgreñada la melena de flotantes serpientes, empuñando la negra tea, llegaos! Dad muerte a la nueva esposa, . . . y concededme a mí para el esposo el peor mal que os pido. Que viva, sí, pero errante y desvalido por desconocidas ciudades,

whom Medea should above all entreat

desterrado, despavorido, aborrecido, sin hogar cierto . . . Mas en vano desparramo quejas y palabras. ¿No he de arremeter a los enemigos? ¿No he de apagar a mano las antorchas nupciales y en el cielo la luz? . . . Busca, alma mía, en tus mismas entrañas el camino al suplicio, si es que vives; y si algo te queda del pasado vigor, arroja de ti temores mujeriles y reviste de la dureza del Cáucaso a tu corazón . . . Revuelve dentro de las mientes maldades fieras, desconocidas, horribles, tan tremendas para el cielo como para la tierra. ¿Sangraza, matanzas, cadáveres insepultos? Fruslerías. Eso lo hice de doncella; surte un rencor más hondo . . . Cíñete, pues, de rabia y prepárate con todo furor al exterminio . . . Como surgió por crimen, por crimen hay que abandonar esta casa!

without fixed abode

with my (own) hand

Seek, O my soul, in your innermost recesses the road to torment, if thou livest

cover your heart with the hardness of the Caucasian mountains . . . Go over in your own mind

Those things I did as a maiden; supply a deeper enmity . . .

Since this house arose through crime, through crime it must be abandoned!

En la escena segunda aparece el coro que elogia la belleza y juventud de la nueva novia, comenta la boda y se dispone a celebrarla.

Escena segunda

Coro. — ¡Divinidades celestes! Que se destaque ella entre las casadas; que descuelle él entre los maridos, así os lo ruego. Cuando ella asoma en el coro de las mujeres, pésales a todas la cara de una sóla, así como cuando con el Sol se borra el resplandor de las estrellas . . . ¡Ea, a las bromas chispeantes y mordaces! ¡Estalle en guasas el mocerío!

The "chorus" represents the "voice of the people" or "public opinion".

all are embittered by the face of one alone

radiance (brilliance) . . . On with the keen and sparkling jests! Let youth break out in merriment!

Acto segundo: escena primera

En la escena primera del acto segundo, la fiel nodriza de Medea trata de calmarla y disuadirla de sus planes.

Medea. — ¡Muerta soy! Cantos de boda me hirieron los oídos . . . Incierta, arrebatada, loca, me vuelvo a todas partes para ver por dónde me puedo vengar . . . Que te aconsejen tus crímenes pasados, . . . ¡Tanta sangre funesta que derramé sin piedad! Y nada de ello lo hice enconada. Mas ahora me hurga furioso un amor desventurado. Atollaré en hondas cenizas la casa.

I am undone! Wedding songs pierced my ears . . . irresolute, impetuous

But now a raging, wretched love torments me.

It is hidden wrath that harms others.

NODRIZA.—¡Calla, por favor, y esconde en secreto dolor tus quejas... La ira que se tapa es la que daña a otros...

It isn't possible

MEDEA.—¡Flojo dolor el que puede tomar consejo y recatarse! No cabe esconder los grandes tormentos; tienen que estallar...

NODRIZA.—¿No tiemblas ante las armas?

MEDEA.—Ni aunque broten de la tierra.

NODRIZA.—¡Morirás!

May it be so!

MEDEA.—¡Y de gana!

NODRIZA.—¡Huye!

MEDEA.—¿Huír Medea?... Me iré, pero tras la venganza...

NODRIZA.—Guárdate las palabras, déjate de locas amenazas y templa el ánimo. Hay que acomodarse a los tiempos.

Acto tercero: escena primera

While earth is held in counterbalance in the heavens, and the world neatly unfolds its seasons, and the sands remain unnumbered

empty into the sea

The time allotted before my cruel banishment could have been extended.

since it has to be very elastic (much will be done in it)

MEDEA.—... Mientras la Tierra se sostenga en contrapeso en el cielo, y el mundo mondo desenvuelva sus estaciones, y falte número a las arenas, y sigan al Sol el día, y las estrellas a la noche; mientras el Carro polar no se sumerja en las olas, y los ríos caigan al mar, jamás se despeñará mi furor sino que ha de acrecentarse siempre... Podía haberse alargado el plazo del bárbaro destierro. Un día sólo se me concede para despedirme de mi par de hijos. No me quejo de la cortedad del plazo, pues ha de dar mucho de sí... Húndase conmigo todo...

Escena tercera

neither is careful about going straight, nor tolerates curbs (upon it)

CORO.—Ni pujanza de hoguera ni retorcidos dardos son tan de temer como una mujer abandonada que arde en aborrecimiento y rencor... Ciego es el fuego atizado por el rencor que ni se cuida de enderezarse ni aguanta frenos.

Acto cuarto: escena primera

NODRIZA. — Tiémblame de horror el ánimo. Es que se acerca una gran calamidad. Es que se está tramando una mayor monstruosidad. Medea . . . fué a meterse en su funesto escondrijo, desplegó sus recursos todos, para desenvolver toda la turba de maldades, brujerías, secretos y hechizos. Imprecando con la siniestra al triste santuario, invoca a todas las bestias que crían los arenales . . . Después de haber evocado toda laya de serpientes, rejunta las yerbas ponzoñosas, . . . y toda planta que verdece con flor mortífera o la engendrada por dañino jugo; a las unas alimentó el Tigris que aprieta al golfo; a las otras, el Betis, que dió nombres a sus campos apretando con lánguido estero al mar de Hesperia . . . Recoge las plantas mortíferas, estruja la baba de las serpientes y mezcla con ellas aves siniestras; corazón de triste buho, entrañas arrancadas a ronca lechuza viva . . . Añade a los venenos palabras no menos tremendas que ellos.

Imprecating with her left hand the gloomy sanctuary, she summons all the beasts that desert sands breed.

some nourished by the river Tigris that hastens on to the sea; . . . pressing with its languid estuary upon the Hesperian (Western) Sea (where Atlantida supposedly lies buried).

CORO. — . . . ¿Qué ferocidad prepara su impotente furia? . . . No hay color duradero en su rostro cambiante. Revuélvese de un lado a otro, como una tigresa huérfana de sus crías recorre en furiosa carrera las selvas gangéticas. Así Medea que no sabe refrenar ni sus rencores ni sus amores.

of the Ganges (*sacred river of India*) . . . bitter animosity

Acto quinto: escena final

MENSAJERO. — Acabóse todo: cayó el estado del reino. Hija y padre yacen, mezcladas sus cenizas.

CORO. — ¿Cazados con qué trampa?

MENSAJERO. — Con la que suele cazarse a los reyes: con dádivas. Apenas acabado el estrago, no acierto a creerlo.

With the one usually employed to snare kings

Though the dreadful havoc (destruction) has scarcely ended, I cannot believe it.

CORO. — ¿Qué estrago?

MENSAJERO. — Un incendio devorador se ensaña por todo el palacio . . . Perece la morada toda y se teme por la ciudad.

the entire dwelling

CORO. — Apáguesele con agua.

= como

MENSAJERO. — Pero es que en este incendio hay algo de maravilla cual es que el agua alimenta al fuego.

NODRIZA. — Sal en seguida, Medea; vete cuanto antes a cualquiera tierra.

MEDEA. — ¿Retirarme yo? Si me hubiera marchado antes, volvería ahora a esto . . . ¿Por qué cejar, corazón? Remata el feliz comienzo . . . Reconozco el crimen definitivo. ¡A la obra, corazón! ¡Hijos los que fuisteis míos, pagad la culpa de los crímenes paternos! El horror empuja al corazón; se me entumece en hielo el cuerpo; tiémblame el pecho; se me fué la ira y la madre quédase reducida a una esposa repudiada. Sé que voy a derramar la sangre de mis hijos, de mi prole. ¡Mejor! ¡Ay, el furor loco! ¡Ferocidad desconocida, atrocidad cruel, lejos de mí! ¿Qué culpa van a pagar los pobrecitos? Su culpa es la de tener a Jasón por padre y, mayor aún, la de tener por madre a Medea. Mueran, pues, ya que no son míos; perezcan puesto que míos son . . . ¿Qué titubeas, ánimo? ¿Qué de estas lágrimas que me bañan la cara? Aprieta por un lado el rencor; el amor por otro. La ira arroja a la lástima; y la lástima a la ira. Acá, queridos hijos, solo consuelo de un desventurado hogar, venid acá y enlazad vuestros brazos en los míos. Pero me amagan expulsión y destierro. Pronto los arrancarán de mi regazo llorosos y gimientes. Piérdanse para los besos de su padre, puesto que van a perderse para los de su madre . . . Mas, ¿a dónde se lanza esa imponente turba de furias? ¿A quién buscan? . . . Me quieren matar.

i.e. *the crime of slaying her children*

Oh sons who once were mine

an icy chill benumbs my body

progeny, offspring

= por qué

Let them be lost to the kisses of their father, since they are to be lost to those of their mother.

The "furies" were female Greek divinities, terrifying avengers of iniquity.

JASÓN. — Los que estéis dolidos del asesinato de los reyes, ¡acá todos, a prender a la autora misma de este crimen! . . . Hela allí, asomada al borde del terrado.

Behold her there

MEDEA. — Jasón, dispón el último funeral de tus hijos y álzales tumba. A tu mujer y a tu suegro los sepulté ya debidamente; este hijo corrió ya su suerte y la correrá este otro, igual, a tus ojos.

this child has already met his fate and the other will meet his in like manner before your eyes

JASÓN. — ¡Por los dioses todos, perdón al hijo! Si crimen hay, mío es. Dame, pues, muerte; sacrifica al culpable.

MEDEA. — Hundiré el hierro donde te esfuerzas por esquivarlo, pues te duele.

I shall sink the dagger where most you try to evade it (i.e. *in the body of his son*), since it hurts you so.

JASÓN. — Basta uno para castigo.

MEDEA. — Si con una sola muerte pudiese hartarse mi mano, ninguna habría hecho, y aun dos son pocas para mi congoja . . .

JASÓN. — Acaba la matanza comenzada; no te suplico ya sino que no retardes más mi suplicio.

MEDEA. — ¡Regodéate, rencor; no te des prisa! ¡Este día es mío! Aprovechemos el plazo que se nos deja.

Enjoy yourself

JASÓN. — ¡Mátame, mala bestia!

MEDEA. — Me mandas que me ablande. Bien está ¡se acabó ya! Ya no me queda, rencor, nada más que brindarte. Alza los hinchados ojos, Jasón. ¿Reconoces a tu mujer? . . . Toma tus hijos, tú, su padre. Yo me iré por los aires en el alado carro.

It is done! *(Medea has just slain the second son.)*

JASÓN. — ¡Vete por los hondos espacios del alto firmamento a atestiguar por donde pases que no hay dioses!

Begone through the vast spaces of the high heavens to attest wherever you pass that there are no gods!

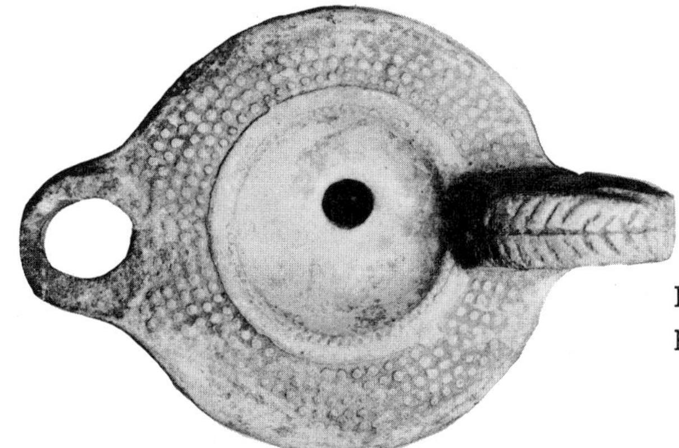

Lámpara de barro, del período romano.

SAN ISIDORO

La España visigoda

The Visigoths, who had lived for many years on the frontiers of the Roman Empire, were more enlightened than the other Nordic peoples whom the Romans called barbarians, that is, "foreigners". In 414 the Visigoths swept into the peninsula, and with their arrival the Middle Ages began in Spain.

= de la Catedral

Durante la segunda mitad del siglo VI y la primera del VII, no hay en el mundo ninguna figura que pueda igualarse con San Isidoro, en sabiduría y en preocupación por la difusión de la cultura.

Nació en Sevilla (o acaso en Cartagena) hacia el año 560, y murió en el 636. Su padre fué gobernador de la *Cartaginense* (provincia romana del S.E. de España) y cabeza de una familia de elevado nivel moral; sus cuatro hijos llegaron a ser santos. El mayor, San Leandro, fué también arzobispo de Sevilla y fundador de una famosa Escuela Catedralicia, centro de cultura europea. Allí se llevó a cabo una refundición de la Biblia que, por haber sido hecha en *Hispalis*— nombre romano de Sevilla — se conoce con el nombre de *Biblia Hispalense*. Isidoro estudió en esa escuela y cursó el trivium y el quadrivium, los dos grupos de disciplinas que comprendían las «siete artes liberales», base de la enseñanza medieval. Y allí llegó a dominar como lenguas propias el latín, el griego y el hebreo.

Trivium: the three elementary liberal arts, *grammar, logic* and *rhetoric*. Quadrivium: the four higher liberal arts, *arithmetic, music, geometry* and *astronomy*.

Esta preparación le permitió el estudio directo de las obras clásicas y de las orientales, con lo que consiguió una extraordinaria cultura. Y tanto por su saber enciclopédico asombroso, como por su arrebatadora oratoria, y como por sus virtudes, llegó a ser consejero de reyes y maestro de hombres ilustres que se dispersaron por las provincias españolas.

This dispersion had as a consequence the elevation of culture in the peninsula through the teachings and example of San Isidoro.

ARZOBISPO DE SEVILLA Y EDUCADOR

Así, al morir San Leandro en 599, pudo sucederle en la sede arzobispal y en su labor social y de cultura, San Isidoro, la figura de más valer del reino visigodo. Eran momentos difíciles para la civilización hispana que atravesaba un período de transición. En

Brother of Saint Isidore.

San Isidoro (Murillo), Catedral de Sevilla.

Some of the Visigoths retained their Germanic beliefs; others, following the teaching of Ulfilas, embraced Arianism (which denied the divinity of Christ); others were converted to Christianity. As a result, some kings were Catholic, supported by the Church; others were Arian, supported by the nobles.

él iban desapareciendo las instituciones romanas para dar paso a otras nuevas, las cristianas, visigodas, que respondían a otra visión de la vida. San Isidoro consideró necesario que los nuevos elementos de esta civilización, fuesen asimilados por el pueblo; para lo cual era necesario educarlo conforme a los nuevos principios, desde la infancia.

The handling of small stones with engraved letters, used to form words, the equivalent of today's alphabet blocks.

Para hacerlo posible, fundó escuelas de niños, en las cuales la enseñanza fundamental era el cálculo. Para San Isidoro, aprender a calcular significaba aprender a leer, porque las letras se escribían sobre piedrecitas o cálculos, que se les daba a los niños, para que éstos formasen palabras con ellas. Además, aprendían a contar y a cantar salmos.

EL FUNDADOR

He makes rules for everything from

The modernity of this point of view is noteworthy when compared with the opinion held of menial tasks until the nineteenth century.

Otro aspecto del talento organizador de San Isidoro es su creación de la «regla isidoriana» a la que sujeta los monasterios que funda. Reglamenta desde los actos materiales de la vida — comida, sueño, trabajo, castigos, etc. — hasta la oración. Es benévolo para ciertas faltas, pero exigente en el cumplimiento del voto de obediencia y de pobreza. Además de luchar contra la ociosidad, afirma que ningún trabajo es despreciable, poniendo como ejemplo a los patriarcas que apacentaban rebaños, a los gentiles que desempeñaban oficios y a los apóstoles que fueron pescadores.

Concerned also over the matter of raising the level of the clergy

Aristotelian philosophy dominated the scene in the Middle Ages; Platonism did not take over until the sixteenth century.

Preocupado, asimismo, por elevar el nivel del clero, San Isidoro fundó Seminarios. En ellos se enseñaba la filosofía de Aristóteles, que había de conservarse durante toda la edad media, y se estudiaba el dogma, y la ética cristiana en el libro de San Isidoro llamado *Sentencias.*

LA BIBLIOTECA Y EL ESCRITORIO

The Codex (pl. Codices) was the book of the Middle Ages, written by hand on parchment and decorated with "minitures"—small paintings which take their name from the orange color "minio" (minium, red oxide of lead).

Be the custodian

Se completaban los estudios con lecturas de los códices de una gran biblioteca. Cuidaba de ella un monje, que era nombrado por el abad en una gran ceremonia, ante toda la comunidad. El abad le decía estas palabras: «Sé custodio de los libros y jefe de los escribas.» Los escribas eran monjes que dedicaban su vida a la copia de manuscritos en los escritorios.

Interior de la iglesia visigoda de San Juan de Baños, Palencia.

El escritorio más famoso y mejor organizado era el de San Isidoro. Constituía un anexo de la biblioteca. Era un lugar de silencio donde sólo se oía el rasgueo de las plumas de ave y de los cálamos de caña que los escribas usaban, el ruido del pergamino al ser cortado en hojas [tomos] y rollos [volúmenes] para escribir sobre él, y la voz baja y monótona del que dictaba. En las paredes se leían disposiciones y sentencias como las siguientes: «Quien estuviera aquí media hora ocioso sea suspendido y reciba dos azotes: el copista no sufre a su lado a un hablador.» «Es una gran obra transcribir los libros de nuestros ma-

sharp-pointed reed pens

Pergamino (parchment) takes its name from Pergamum, a city in Asia Minor. Tomo is from Greek tomos (a cut, piece, a part of a book, volume, tome, section). Volumen in Latin means "roll", the form in which Greek and Latin books were often made.

He who is idle here for half an hour will be suspended and will receive two lashes

A la izquierda: Cáliz (chalice) de Doña Urraca. En la página opuesta: Corona votiva *(votive)* perteneciente al Tesoro de Guarrazar. Museo arqueológico de Madrid.

yores. Mejor hace el que copia libros que el que cava viñas: éste trabaja para el cuerpo; aquél, para el espíritu.»

Better does he who

Si los monasterios eran escuelas y bibliotecas, también eran centros de vida nacional: unas veces, residencias reales; otras, albergues de viajeros o de peregrinos; otras, lugares de reunión de asambleas y hasta de concilios.

LOS CONCILIOS

Los Concilios, propiamente dichos, eran en la época de los visigodos asambleas compuestas, no sólo de altas dignidades eclesiásticas — para resolver asuntos referentes al dogma y al clero — sino también por representantes de la nobleza, y se celebraban hasta con asistencia del rey. Por tanto, los Concilios pueden considerarse, en cierto sentido, como el órgano consultivo de la monarquía visigoda. Son, al menos, como una anticipación de las Cortes o Parlamento, puesto que sus acuerdos contribuían, a veces, a la gobernación del reino. Además, la legislación que salió de los Concilios — que dió prestigio universal a San Isidoro, alma de ellos — se considera como una de las bases de la legislación del régimen representativo. Algunas de sus leyes eran las más importantes de aquella época y estuvieron vigentes muchos siglos. Entre otras normas, establecen las referentes a la elección del rey, con el fin de evitar los atropellos y usurpaciones que eran frecuentes.

properly speaking

a kind of forerunner

in force for

San Isidoro presidió varios Concilios. Los más importantes fueron los de Toledo. En el tercero (1585) se convirtió al catolicismo el rey visigodo Recaredo, con toda su corte, dando con ello un paso definitivo para la instauración del catolicismo como religión oficial.

establishment

Las etimologías

En cuanto a su labor literaria, San Isidoro es el primer escritor cristiano que trata de recoger en una summa todos los conocimientos conseguidos hasta su tiempo. Esta especie de enciclopedia que consta de 20 libros, se llama, por el contenido de uno de ellos, *Orígenes* o *Etimologías.* Durante toda la edad media se tuvo esta obra en tal aprecio que se la colocaba, por su importancia y por el número de copias que se hicieron de ella, después de la Biblia. En el Renacimiento, en poco más de medio siglo, aparecieron diez reimpresiones de las *Etimologías,* porque divulgaban la cultura clásica, en la cual todo el mundo buscaba entonces inspiración. El estilo de las *Etimologías* es un modelo de concisión, claridad y orden, como puede apreciarse en los párrafos que se transcriben. Por la actualidad que tiene el tema, es muy interesante ver en nuestros días el primer concepto que los hombres tuvieron del átomo, y sus ideas sobre el mundo. Traducida del latín, lengua en que se escribió su obra, se expresa San Isidoro de este modo:

single collection (body)

thanks to printing which began in Spain (Valencia) as early as 1474

EL ÁTOMO

Los filósofos llaman átomos a algunas partes del mundo corpóreo tan pequeñísimas que ni se pueden ver ni pueden recibir *tomén,* esto es, sección [división], por lo que son llamadas *atomoi* [indivisibles]. Los átomos revolotean con incesante movimiento por el vacío de todo el mundo; y se dice que son llevados acá y allá, como esos tenuísimos polvos que se ven por las ventanas abiertas en los rayos de sol. De ellos nacen los árboles y yerbas, y todos los frutos de la tierra; de ellos son engendrados el agua y el fuego . . . Hay átomos en el cuerpo, en el tiempo, en el número o en la letra. En un cuerpo como la piedra: la divides en partes y las partes en granos, como son las arenas, y las arenas en pequeñísimos polvos, hasta que, si puedes, llegues a algo pequeñísimo que ya no pueda dividirse ni cortarse: éste es el átomo en los cuerpos.

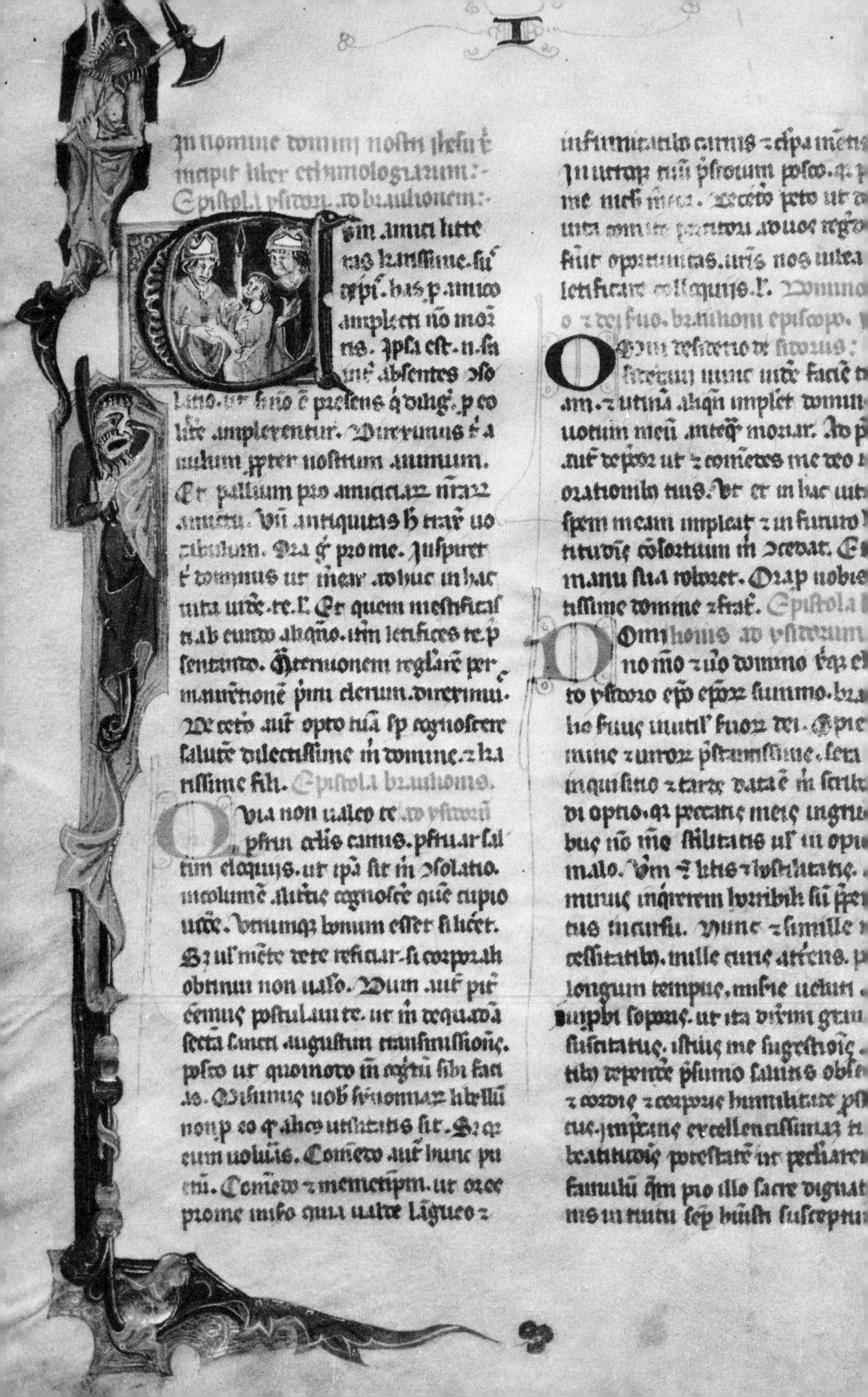

En el tiempo, se entienden los átomos así: un año, lo divides en meses, los meses en días, los días en horas . . . hasta que llegues a sólo un punto de tiempo y como una gota de momento que no admite ninguna demora y ya no puede ser dividida: éste es el átomo de tiempo.

En la página opuesta: Facsímil de las «Etimologías». Catedral de Palencia.

En los números, por ejemplo, ocho se divide en cuatro, cuatro en dos y dos en uno. Uno, pues, es átomo porque es indivisible. Así en las letras, pues las oraciones se dividen en palabras, las palabras en sílabas, las sílabas en letras. La letra es el átomo, la parte mínima que no puede dividirse, como el punto en la geometría. Porque los griegos llamaban *tomé* a la sección; luego átomo es indivisión.

EL MUNDO

Mundo es el cielo, la tierra y el mar y cuantas cosas en él hay, obras de Dios, de quien se dijo: por Él el mundo fué hecho. Es llamado mundo por los filósofos, porque está en eterno movimiento, como el cielo, el sol, la luna, el aire, los mares . . . ningún descanso es concedido a estos elementos. Por esto Varrón creía que estos elementos eran animados porque, decía, se mueven por sí mismos. Los griegos acomodaron el nombre de mundo al de «ornamentos» a causa de la diversidad de los elementos y la belleza de las estrellas, pues los llamaron cosmos que significa ornamento; pues nada más hermoso que lo que vemos con los ojos de la carne . . . Las puertas del cielo son dos: Oriente y Ocaso; por una puerta el sol sale, por la otra se retira. Los quicios del mundo son dos: Septentrión y Meridiano; sobre ellos da vueltas el cielo.

and everything therein

Varro (116 B. C. - 27 ? B.C.), *learned Roman man of letters.*

whence the word "cosmetic"

mortal eyes

hinge-poles (axes)

Tan ingenuas y sencillas son estas ideas poéticas sobre el mundo, como las definiciones y etimologías que nos da San Isidoro sobre las cosas. Así: *clamosus,* gritón, porque suena como una caña [cálamo]; *fatuus,* loco, necio, estúpido; viene de unos adivinos, Fatuo y Fatua que se maravillaron tanto de sus adivinaciones, que enloquecieron; *mutus,* mudo, es aquel cuya voz no es palabra sino mugido; *ospes,* huésped:

de *ostium,* puerta, y *pes,* pie, porque pone el pie en la puerta; *peregrinus* [per ager] el que viaja por tierras extrañas, etc.

San Isidoro escribió otras muchas obras — también en latín — que abarcan todas las ramas del saber. Entre ellas se encuentran: *De natura rerum,* manual de cosmografía dedicado al rey visigodo con estas palabras: «A mi Señor e hijo Sisebuto, Isidoro»; el *Cronicón,* especie de historia universal; *De viris illustribus; Sentencias;* y la *Historia regibus gothorum, vandalorum et suevorum,* la mejor fuente para el conocimiento de estos pueblos bárbaros. A su prólogo pertenece este entusiasta párrafo, precursor del famoso de Alfonso el Sabio:

De la naturaleza de las cosas

De los varones (hombres) ilustres..."History of the Gothic, Vandal and Suevian Kings"

Thou art clothed with spikes of grain, shaded by olive trees and girded by grape vines.

Elogio de España

¡Oh, España! Eres la más hermosa de todas las tierras que se extienden del Occidente a la India. Tierra bendita y feliz . . . La pródiga naturaleza te ha dotado de toda clase de frutos . . . Te vistes con espigas, recibes sombra de olivos, te ciñes con vides. Eres florida en tus campos, fructuosa en tus montes, llena de pesca en tus playas. No hay en el mundo región mejor situada. Ni te tuesta el ardor del estío, ni te hiela el rigor del invierno, sino que estás alimentada por blandos céfiros. Cuanto hay de fecundo en los campos, de precioso en los metales, de hermoso y útil en los animales, lo produces tú. Eres fecunda por tus ríos y amarilla por tus torrentes auríferos.

Everything that is fruitful . . . that is precious, *etc.*

due to . . . goldbearing

Además de ser amante del saber, era San Isidoro amante de las artes, y de la música especialmente, siendo también compositor. Su música se llama isidoriana y ha sido conservada hasta nuestros días por la iglesia de rito mozárabe. Es una música grave, sencilla, patética y primitiva, que se trasmitió de viva voz hasta que se inventaron los signos musicales. San Isidoro fué gran tratadista de música sagrada y su método de enseñarla se divulgó por toda Europa.

writer of treatises on

En la página opuesta: Figura de un códice toledano. *A la derecha:* Panteón de los Reyes en San Isidoro de León, a donde fueron trasladados en el siglo XI los restos del Santo desde Sevilla. Es de estilo románico.

COMENTARIOS

San Isidoro es considerado como el último filósofo de la antigüedad y el primero de la edad media. El octavo Concilio de Toledo lo titula «Doctor egregio de nuestro siglo cuyo nombre se ha de pronunciar con reverencia.» San Braulio, — a cuyo empeño se debe el que San Isidoro terminase las *Etimologías* — le dice:

to whose persistence is due the fact that Saint Isidore finished

Tú eres gloria purísima de España, luz que nunca se apagará. Tus libros nos han hecho volver a la casa paterna cuando andábamos errantes y extraviados en la ciudad del mundo. Tú nos has enseñado las grandezas de la patria, la disciplina pública y la doméstica, las causas, las relaciones, los nombres de los pueblos; las regiones, los lugares y todas las cosas del cielo y de la tierra.

En efecto, San Isidoro no vaciló nunca en aprovechar todo lo aprovechable para enriquecer el cristianismo; por eso recogió hasta el inagotable caudal que le ofrecía el paganismo.

even

Paganism was the term applied to the Greek beliefs retained by the "pagans" — inhabitants of the "pagus", a district or province — those who lived outside of the cities where Christianity was being spread.

En fin, su discípulo San Ildefonso escribía de él:

Es un hombre extraordinario por su genio y por su hermosura; no es posible explicar la gracia y elegancia de su elocuencia, la fascinación de su palabra si no es diciendo que, quien una vez lo oía, quedaba siempre con ansia de oírle de nuevo.

= si no se dice

ÚLTIMAS PALABRAS

Y sus últimas palabras fueron de paz. Llevado a la iglesia, a petición suya, a cumplir el impresionante rito de la penitencia pública, ante una multitud emocionada, dice San Isidoro:

Guardad la caridad entre vosotros, no devolváis mal por mal; no sembréis la cizaña en el pueblo.

do not sow discord *(lit. the weed "darnel")* among the people

Interior de la Mezquita de Córdoba, la mayor del mundo en espacio cubierto, el monumento más importante del primer período de la arquitectura árabe-española—de arco constructivo = que sostiene—siglos VIII al X. *(Three Lions)*

ABDERRAMAN III

La España árabe

Abderramán III es el octavo emir independiente de Córdoba y el primero que usó el título de califa. Sus abuelos maternos eran cristianos; su abuelo paterno, el gran emir Abdalah, lo educó esmeradamente para que fuese su sucesor en el trono, en vista de sus condiciones excepcionales. Le dió los mejores maestros para cada disciplina. Así, el joven príncipe adquirió una elevada cultura, y también un alto concepto de sí mismo: «Cuando uno de nosotros nace — escribía — la tierra se estremece de júbilo y vibran en su honor los púlpitos.»

Modern scholars usually employ the spelling Abd-al-Rahman. The traditional Spanish spelling is, however, used throughout this chapter because of its simplicity.

exceptional qualities

the tribunes reverberate in his honor

Ocupó el trono a los 21 años de edad, en el 912. El cronista árabe Abenadarí lo retrata de este modo: «Tenía la piel blanca y los ojos azul oscuro. Era de mediana estatura, hermoso y gentil, y se teñía el cabello de negro.» Era culto, ingenioso, amable, bondadoso y prudente, y pronto fué admirado y querido por sus súbditos.

Pero también pronto tuvo que enfrentarse con varios jefes militares que se sublevaban acá y allá pretendiendo erigirse en reyezuelos. Las abruptas sierras andaluzas facilitaban estas rebeldías, haciendo difícil el sometimiento. Abderramán mismo iba al frente de sus ejércitos, y esto despertaba tanto entusiasmo que había que poner un límite al alistamiento para que no se quedasen los campos sin brazos y las familias sin amparo.

attempting to set themselves up as petty kings

i.e. Sierra Nevada, Sierra Morena, etc.

without laborers (to cultivate them)

Pasados los primeros años de su reinado, que fueron de paz con los cristianos, tuvo que hacer la guerra al rey Ordoño de León y al conde Fernán González de Castilla. Los resultados de estas campañas eran muy variables: tan pronto llegaban los árabes al sur de Francia, como los cristianos a Mérida y casi a Córdoba; pero éstos retrocedían de nuevo ante el ejército de 100,000 hombres de Abderramán. En una ocasión, estando los dos ejércitos preparados para la batalla, tuvo lugar un eclipse de sol. Este fenómeno

no sooner would the Arabs reach the south of France than the Christians would get to Mérida and almost to Córdoba

Exterior de la Mezquita de Córdoba. *(Dirección general del turismo)*

produjo tal sorpresa y temor en ambos bandos, que se suspendió el ataque durante dos días. Entonces el encuentro fué sangriento y Abderramán llevado prisionero a León. Logró escapar; pero, cansado de tantas luchas, pidió a los cristianos una tregua de cuatro años. Durante ellos se entregó con afán a las actividades de la paz. Su amor a la cultura le llevaba a buscarla donde fuera necesario en cada caso. Así no vaciló en encargar a un arzobispo catalán, conocedor del asunto, que le escribiese una historia de los francos.

was captured and taken to León

During such truces a sort of peaceful coexistence was established between the combatants, as well as between Christians and Arabs in general.

who was familiar with the subject

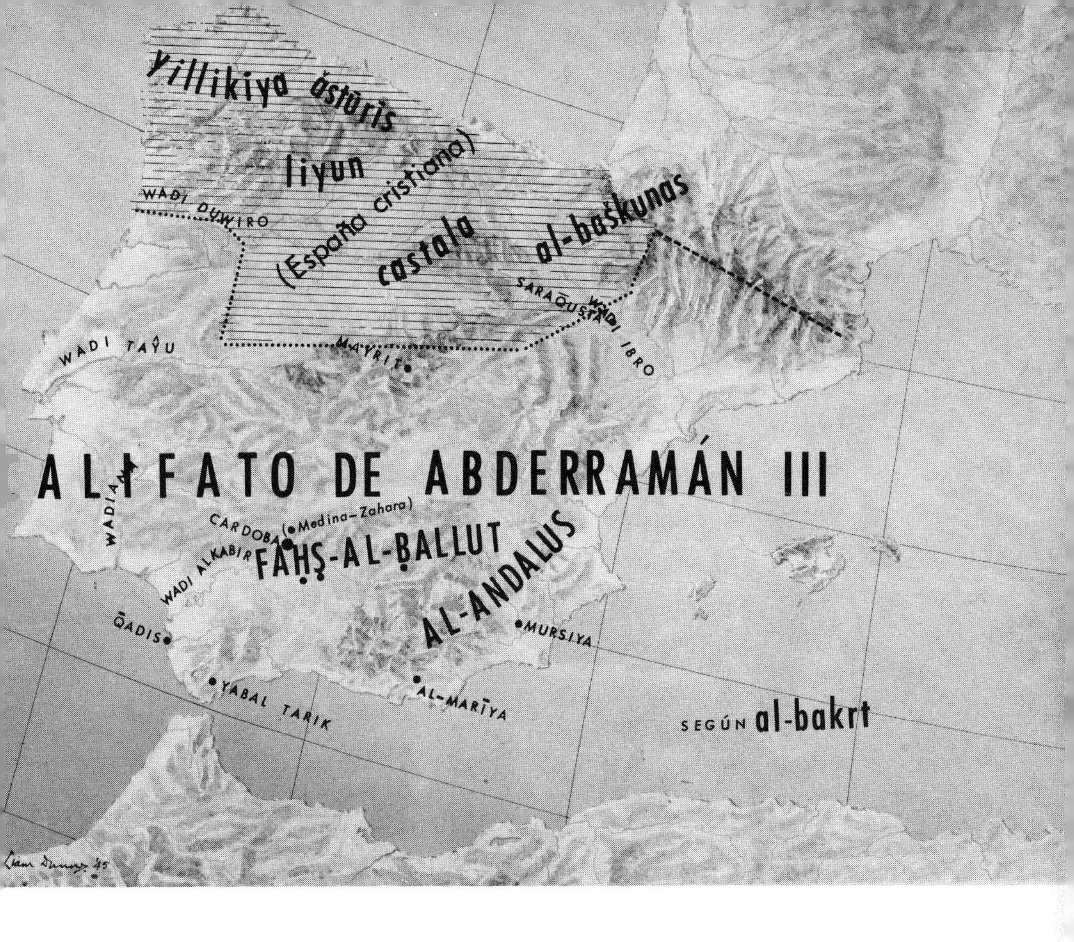

RELACIÓN CON LAS CORTES EUROPEAS

Esta es la época en que llegan a Córdoba importantes embajadas de amistad de diferentes soberanos, entre ellas la del gran emperador de Constantinopla, Porfirogéneta. Los embajadores son recibidos por el califa con la mayor pompa, escoltados por vistosas tropas y espléndidamente alojados en palacio. Cuando regresaron a su país los acompañó un embajador de Abderramán, que, en nombre del califa, iba a pagarle la visita al emperador; y le llevaba de regalo magníficos caballos andaluces, de pura raza árabe y hermosas armas adamasquinadas, cordobesas y toledanas.

missions . . . *The Byzantine emperors were descendants of the Romans of the East. Their capital, Byzantium, was called Constantinople after the reign of Constantine in the 4th century.*

Abderramán recibía también embajadores de reyes europeos que regresaban a sus países admirados de

damaskeen *(in the style of Damascus steel)* from Córdoba and Toledo. . . marveling at

la belleza y riqueza de la corte del califa y de la esplendidez con que éste les había tratado.

we know of

Con el deseo de conocer tantas maravillas, acudían a Córdoba los más diferentes tipos de personas. Por ejemplo, se sabe de una monja germana, que permaneció en Córdoba algún tiempo, escribió un libro sobre sus impresiones y volvió convencida de que era un gran error creer que los musulmanes cordobeses fueran un pueblo bárbaro y atrasado. El siguiente episodio muestra que, en efecto, no lo eran: Una vez, apareció en la corte de Abderramán III el rey destronado de León, Sancho El Craso, llamado así por su descomunal gordura. Le llevaban dos propósitos: 1°, someterse al tratamiento de los médicos cordobeses, que eran los más famosos del mundo, por su saber y por pertenecer a la Academia de Medicina de Córdoba, la primera que existió en Europa; 2°, pedir ayuda a Abderramán para recuperar el trono. Y logró ambas cosas: la salud y la corona.

Due to Arabic influence are: many notes of refinement and courtesy in Christian society, Mudejar architecture, Moorish literary ballads, enrichment in vocabulary. In his profound study of history ("España en su historia", Buenos Aires, 1948) Americo Castro defends the thesis that what is essentially Spanish did not exist before the Arabic invasion.

He came for two reasons

This academy was modeled on the famous Egyptian Academy of Alexandria. Besides, the Arabs translated works of the Greek physician Galen and those of the Arabic philosopher and physician, Averroes.

Otro episodio anecdótico fué el provocado por una carta de Abderramán al emperador germano Otón. En ella, el califa ensalzaba el islamismo y menospreciaba el cristianismo. El emperador ordenó que fuesen retenidos los portadores de la carta por algún tiempo. Mientras tanto, el arzobispo de Colonia escribió otra carta al califa contestando la suya. Un monje se empeñó en llevarle la carta en persona, con el deseo, y la seguridad, de sufrir el martirio «en tierra de moros.» Pero, por el contrario, fué recibido en ella con la mayor consideración, aunque lo retuvieron tres veces más tiempo que al embajador musulmán. Abderramán, generosamente, trató de ocultar el contenido de la carta, cuyo portador hubiera sido castigado con la pena de muerte, según el Corán. Mas al fin se conoció la carta. El califa hizo proposiciones al monje para evitarle el castigo; pero el monje no las aceptó. Abderramán quedó admirado ante la entereza del monje; y éste, por su parte, tuvo que reconocer al regresar, al fin, a su patria, que aquel soberano había sido generoso con él y que le había acogido con las mayores atenciones en su refinada corte.

Cologne

popular name applied to the Arabs

the content of the letter became known

Aldabón de hierro de estilo mudéjar, siglo XV.

El Patio de los Naranjos.

Refinada y culta era, en verdad, en aquella época de esplendor. Era la época en que el aumento del tesoro público permitía emprender grandes obras de embellecimiento de las ciudades, tales como mezquitas, puentes, canales, arsenales, etc. La construcción del Patio de los naranjos, de la mezquita de Córdoba, se debe a Abderramán III.

In the Patio de los naranjos (orange trees) is the pool (alberca) where the Arabs performed their ablutions or ceremonies of purification, and the minaret or tower from which the "almuédano" called the faithful to prayer five times each day.

EL PALACIO DE MEDINA-ZAHARA

Pero su obra fundamental es el palacio de Medina-Zahara, donde la corte Omeya derrochó toda su suntuosidad. Era un Sitio Real, en plena Sierra de Córdoba. La ciudad de Medina-Zahara, se hallaba a unas tres millas de la capital. Durante veinticinco años trabajaron 10.000 obreros y 1.500 bestias de carga, según las estadísticas, las que también nos dicen que vivían en ella unas 6.300 mujeres, 12.000 hombres y cerca de 4.000 pajes. El famoso historiador árabe Al-Edrisi dice que en el palacio había salones magníficos decorados con valiosos tapices y ricas sedas de Damasco, y que estaban pavimentados con már-

Rich Arabic city now in ruins, near Córdoba.

Royal family of Damascus, first capital of the Mussulman court, in Asia.

Ruinas de Medina-Zahara.

moles variados; se veían por todas partes porcelanas, cristales y búcaros llenos de flores; saltaban en las salas y en los patios fuentes de agua, a veces, perfumadas, y surtidores de mercurio que producían un efecto sorprendente. El agua corría por dentro y por fuera del palacio en mil formas, porque el árabe, caminante de los desiertos, nunca se saciaba de verla y gozarla.

jets (streams) of mercury *(Mercury is the only metal which is liquid form in its natural state, being extracted from cinnabar—"cinabrio"—, an exceedingly heavy ore, mined in Spain.)*

Para disfrutar de aguas tan abundantes en estos jardines escalonados de Zahara, se construyó un magnífico acueducto que las llevaba desde lejos para regar mirtos, rosales, jazmines y palmeras que inspiraron al poeta cordobés Ben Zaydún, casi contemporáneo de Abderramán, la siguiente poesía dedicada a su amada:

DE LAS «QASIDAS DE ANDALUCÍA»

Desde al-Zahra con ansia te recuerdo.
¡Qué claro el horizonte! ¡Qué serena
nos ofrece la tierra su semblante!
La brisa con el alba se desmaya:
parece que, apiadada de mis cuitas
y llena de ternura, languidece.
Los arriates floridos me sonríen
con el agua de plata, que semeja
desprendido collar de la garganta.

(Traducción de García Gómez.)

With the coming of the dawn, the breeze grows faint: it seems that, having taken pity on [me because of] my afflictions

edges

with their silvery waters that resemble a necklace loosened from the throat

Arriba: Los jardines del Generalife. *Abajo:* Facsímil del texto árabe cuya traducción se da en la página opuesta.

إنّى ذكرتك بالزهراء مشتاقا

والأفق طلق ووجه الأرض قد راقا

وللنسيم اعتلال فى أصائله

كأنّما رقّ لى فاعتلّ إشفاقا

والروض عن مائه الفضّى مبتسم

كما حللت عن اللبّات أطواقا

EL AGUA EN LA POESÍA ÁRABE

Los poetas no se cansaban tampoco de cantar el agua en términos como éstos:

El río de murmuradoras riberas te haría creer, diáfano, que es una corriente de perlas. . . . Lo ves azul, envuelto en su túnica de brocado como un guerrero con loriga tendido a la sombra de su bandera . . .

The clear river with its murmuring banks would make you think that it was a stream of pearls.

ABDERRAMÁN, TIPO DE SOBERANO MODERNO

Detalle de un tejido mudéjar en seda, siglo XV.

Abderramán III gozaba lo mismo con estas bellezas materiales de su palacio que con la poesía y con todos los bienes del espíritu, porque era un talento universal, sagaz, fino. Estas cualidades hacían de él un soberano más de tipo moderno que medieval. Con este espíritu educó a sus hijos que fueron poetas, filósofos e historiadores. Su palacio era, además de residencia real, una especie de academia o universidad donde se cultivaban las letras, las ciencias y las artes. El cronista árabe Al-Saqundi dice:

En su tiempo florecieron hombres ilustres y poetas . . . cuya fama es más perdurable en las páginas de los días, que los collares en los cuellos de las palomas.

pages of history, than the ruffs *(rings of distinctive color)*

Y un poeta canta esta fama diciendo:

sings this fame = celebrates his fame

Avanza con el paso del sol por todos los países, y transita con el soplo del viento por la tierra y el mar.

and travels with the breath of the wind over land and sea

Pero en este refinado ambiente surgió la tragedia: uno de los hijos de Abderramán trató de usurparle el trono; el califa, inflexible, cumplió la ley, que castigaba con la pena de muerte aquel delito. Mas esto causó a Abderramán una gran melancolía durante varios años. Y en el de 961 murió asegurando que, a pesar de tanto poderío, sólo había disfrutado 14 días de paz en toda su vida.

En la página opuesta: La Alhambra: fuente de los Leones, los cuales en el centro del patio de su nombre lanzan por la boca chorros *(streams)* de agua que corre por las canalillas del suelo y salta sobre la taza *(basin)* en el surtidor. Los leones son una de las pocas representaciones de animales hechas por los árabes, prohibidas para evitar entre éstos la idolatría. *(Three Lions)*

Supuesto retrato de Maimónides.

MAIMONIDES

La España judaica

ben = son of *in Hebrew and Arabic*

Jews came to Spain around the fourth century, persecuted by Justinian, Emperor of Byzantium. Under the Visigoths they lived, in general, peacefully, thanks to the preachings of Saint Isidore.

counsellor, advisor

Albertus Magnus, *Dominican friar, theologian and philosopher, 1193–1280.*

Moisés ben Maimón, conocido más comúnmente con el nombre de Maimónides, es el rabino más famoso de la edad media española. Nace en Córdoba (1135) y muere en Egipto (1204). Pertenecía a una distinguida familia judía. Su padre, un erudito, le enseñaba matemáticas y astronomía mientras que otros destacados maestros lo iniciaban en medicina y filosofía. Desde niño manifestó un gran talento que, unido más tarde a una gran laboriosidad, hicieron de él un sabio. La pureza de sus costumbres y la rectitud de sus juicios, lo convirtieron, asimismo, en un hombre de consejo. Era admirado y reverenciado, no sólo por los judíos de su tiempo, sino por los de tiempos posteriores, y no vacilaban en llamarle «El segundo Moisés.» Pero no eran solamente los judíos quienes lo admiraban, sino también los cristianos. Singularmente, el monje Alberto el Magno, Alfonso el Sabio, y Santo Tomás de Aquino, conocían a fondo sus doctrinas.

PERSECUCIÓN

La adversidad templó su corazón desde la infancia: tenía 13 años cuando se vió obligado a huír, por vez primera, con su familia, que perdió todos sus bienes. La causa de esta huída fué la persecución político-religiosa emprendida por los almohades. Estos nuevos invasores musulmanes, procedentes del N. de Africa, donde formaban un imperio, llegaron en el siglo XII a la península. Les movía una fiera intolerancia que respondía al precepto de «el hambre, con el hambre; la espada con la espada; la muerte, con la muerte.» Sus jefes eran arrogantes y despóticos. Un historiador musulmán hace este retrato de uno de ellos, el sultán Ibn Jusuf Jacub: «Era de color moreno, más bien claro; más bien alto; hermoso de rostro; tenía los ojos y la boca grandes; la nariz aquilina; las cejas muy negras; la barba redondeada; los miembros robustos; la voz sonora; la palabra precisa, fácil y elegante.»

From infancy adversity tempered his heart (character)

Persecutions were frequent, as often in Christian as in Arabic Spain, until the final expulsion of the Jews in 1492.

oppose hunger with hunger, *etc.*

more commonly in Spanish: aguileña

sturdy limbs

El sultán dió a los judíos esta orden: — El Islam o el destierro.— Los judíos pidieron clemencia y el sultán les contestó: — Porque tengo clemencia os pido la conversión, pues deseo salvaros del eterno castigo.—

Sinagoga de Córdoba.

La Giralda, torre de la catedral de Sevilla, construída durante el reinado de los almohades.

A esto respondieron ellos: —Nuestra salvación depende de nuestra ley. Vos sois el dueño de nuestro cuerpo y de nuestros bienes; pero nuestra alma será juzgada por el rey que nos la dió.

you *(addressing sovereigns)* are

DESTIERRO DE MAIMÓNIDES

La familia de Maimónides, como muchas otras, escogió el destierro por no abjurar de sus ideas. Y comenzó para Maimónides una época de vida errante por España que duró doce años y fué de gran estrechez, y de dificultades económicas para proseguir sus estudios de medicina. Un hermano suyo que era joyero rico, comenzó a ayudarle para que el muchacho pudiera dedicarse a estudiar a Hipócrates, Galeno y Avicena y, también, a traducir sus obras. Pero a poco, el protector murió en un naufragio y toda su fortuna se perdió con él.

tight squeeze

Hippocrates, Galen—*Greek medical writers;* Avicenus (980–1037), *Arabian physician and philosopher.*

LA MEDICINA DE MAIMÓNIDES

Entonces el joven Moisés, para ganarse la vida, tuvo que dedicarse a la práctica de la medicina. Muy pronto alcanzó gran fama gracias a su saber, a sus excepcionales dotes y a su personal terapéutica. Consistía ésta, principalmente, en no recetar medicinas hasta haber estudiado al enfermo y ensayado una dieta alimenticia. Consideraba que era preferible prevenir las enfermedades llevando una vida razonable y una dieta apropiada, que curarlas. Censuraba la superstición aplicada a las curas; pero reconocía su valor psicológico. Esta doble consideración del aspecto físico y del moral del enfermo causaba grande impresión entre sus contemporáneos y se manifiesta incluso en los siguientes versos de Ibn Sina Almulk, que traducidos, dicen:

his personal approach to therapeutics

superstition as applied to healing

El arte de Galeno cura solamente el cuerpo;
pero el de Maimónides cura el cuerpo y el alma.

Su fama pasó las fronteras y llegó a oídos del rey de los francos, quien lo llamó a su corte para ofrecerle el puesto de médico de cabecera y de palacio, sin tener en cuenta sus diferencias religiosas. Maimónides no aceptó porque prefirió acudir al llamamiento del sultán Saladino que le ofrecía el mismo puesto en su palacio de El Cairo. Y cuenta su vida en una carta a uno de sus mejores amigos y traductor de sus obras.

reached the ears

family doctor

Saladin *of Egypt and Syria captured Jerusalem (1187) from the Christians who, after a third crusade, won only a part of the coast by a treaty (1192)*

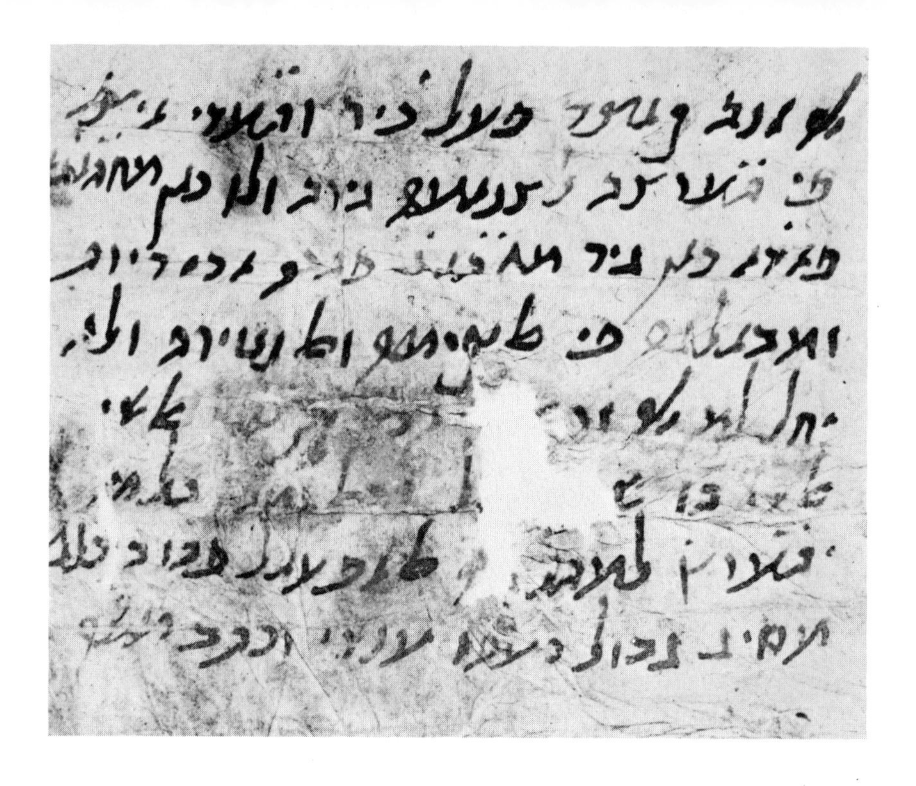

DE UNA CARTA DE MAIMÓNIDES

Yo resido en El Cairo, corte de Egipto, y tengo la mayor privanza con el gran sultán a quien, en cumplimiento de mi empleo, visito diariamente mañana y tarde; y cuando él o alguno de sus hijos o mujeres están indispuestos, no salgo de palacio en todo el día ... No ocurriendo novedad, me vuelvo al mediodía, muerto de hambre y de cansancio, a mi casa que encuentro llena de gentiles y judíos, de nobles y plebeyos, de jueces y mercaderes, de amigos y aun de los que no lo son, que me están esperando. Muchos tienen que aguardarse hasta la noche, porque son tantos los que acuden, que me ocupan toda la tarde; de modo que, algunas veces, me rinde el sueño de tal modo, que me quedo dormido en la misma conversación sin poder articular palabra.

the greatest intimacy ... in the fulfillment of my duties

If there is nothing new ... famished and exhausted

Gentiles, i.e., pagans

and even those who are not (friends)

keep me busy

sleep so overcomes me

El tiempo no le alcanzaba tampoco para contestar las consultas que, por escrito, le llegaban de todas partes del mundo, ni para atender a sus obligaciones como Jefe Supremo, que era, de la Comunidad de judíos de Egipto.

Neither did he have enough time

La misma fama que alcanzó en la medicina la logró en la filosofía y en la teología. Se le llamaba «el Aristóteles árabe.»

Although Hebrew, he also wrote in Arabic, whence the title given him by the Christians.

Maimónides es un espíritu conciliador; trata de armonizar la revelación y la razón; la fe y la ciencia. Para él no hay contradicción entre la verdad revelada y la lograda por el hombre. Por sus ideas y por su personal interpretación de la Biblia y del Talmud, ocasionó grandes controversias. Sin embargo, fué acogido con entusiasmo por todos y su filosofía hizo época. Especialmente durante los siglos XII y XIII, sus doctrinas se extendieron por todo el mundo árabe y por el cristiano. Se basaban en la unidad e incorporeidad de Dios, en la existencia de una providencia y en la libertad humana, es decir, en el libre albedrío.

Collection of Jewish civil and canonical law, interpreting and reinterpreting the Old Testament.

was epoch-making

the oneness and immateriality

free will

La labor literaria de Maimónides es muy amplia y variada. Su obra maestra es la *Guía de perplejos,* aunque son también muy importantes el *Libro de los preceptos* y la *Repetición de la ley* o *Mano fuerte.* Diez años tardó Maimónides en escribir el último libro, en puro hebreo, con el título de « Mishneh Torah. » Es un compendio del Talmud, que ofrecía confusión a los lectores. « Si pudiera simplificarlo en un capítulo, — decía — no lo haría en dos. »

En la página opuesta: Facsímil de una carta de Maimónides. *A la izquierda:* Antigua sinagoga, hoy Santa María la Blanca, Toledo.

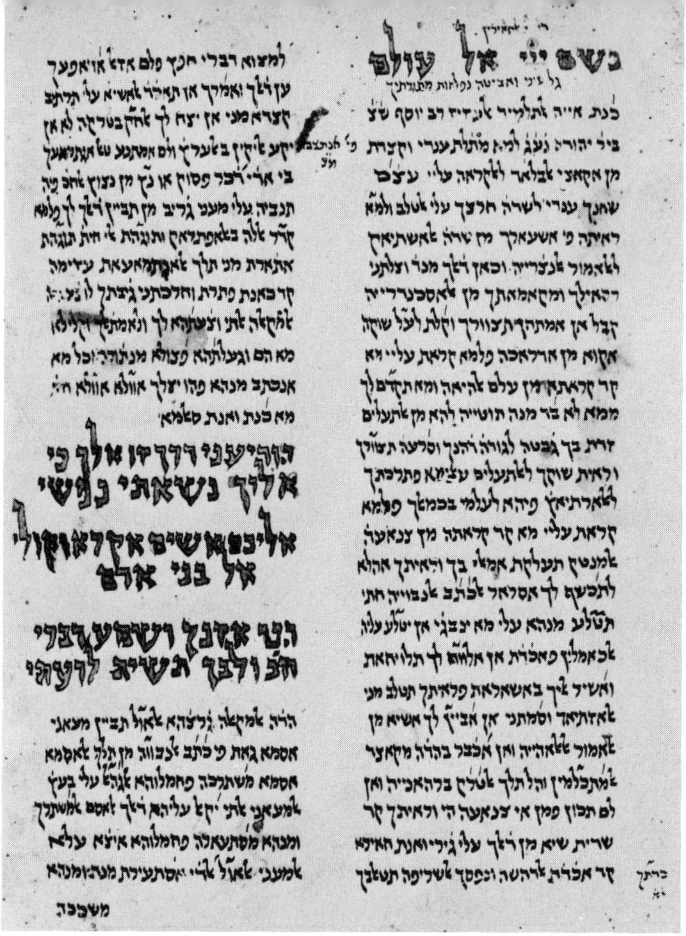
בשם יי אל עולם

אליך נשאתי נפשי

אליכם אישים אקרא וקולי אל בני אדם

הט אזנך ושמע דברי חכמים ולבך תשית לדעתי

Primera página de un manuscrito de la «Guía de los perplejos» en hebreo. Yemen. Los libros escritos en hebreo se empiezan por la que para nosotros es la última página y se leen de derecha a izquierda. También se escriben sin vocales. *(Courtesy of the Library of the Jewish Seminary, New York)*

Guía de perplejos

This title may also be rendered as "Guía de los extraviados" (Those Who Have Lost Their Way).

El espíritu de esta obra es guiar a aquellas personas religiosas que, adictas a la Ley, están confusas por las contradicciones entre el sentido literal de ésta y la filosofía. . . .

Guarda esto bien en tu corazón y reflexiona repetidamente sobre ello: lo superfluo no tiene límites; por eso el deseo de lo superfluo, tampoco los tiene. . . .

about how to commit a crime

Los pensamientos sobre el modo de cometer un pecado son un mal mayor que el pecado mismo. . .

El hombre debe controlar sus deseos, reducirlos lo más posible y sólo satisfacer los indispensables.... — those which are indispensable

El hombre, antes de pensar una cosa es inteligente en potencia;... pero cuando la ha pensado, se ha hecho inteligente en acto. — potentially; actually

El párrafo siguiente prueba el espíritu de conmiseración de Maimónides:

Para conservar y aumentar la perfección moral de la piedad y de la dulzura, no debe maltratarse a los animales, no sea que de ese modo se cree el hábito de la crueldad. En caso de necesidad, déseles muerte acudiendo a los medios mortíferos más suaves. — lest in that way the habit of cruelty be formed; kill them ... death-dealing

Libro de los preceptos

No estudies lo que es demasiado difícil para ti.

Pide explicación de lo que no entiendas; pero hazlo en el momento oportuno y en la forma conveniente. ... Mide tus palabras, porque mientras más hables más yerras. ... Acostúmbrate a la bondad como un hábito, porque un hombre es lo que su carácter hace de él.... Guarda con firmeza tu palabra dada: no consideres más obligatorio un contrato legal o un testigo que tu promesa verbal, aun hecha en privado.... — the more you talk the more you will err; once it has been given

Maimónides tiene otras varias obras, en todas las cuales trata de difundir las ideas de bien y justicia y de que sean llevadas a la práctica. Su sentido humano y su espíritu paternal lo rodearon de un ambiente de respeto durante su vida, y al morir, a los 70 años de edad, el duelo fué general, llorándole tanto los judíos como los cristianos y los árabes. En Fostat, ciudad en que murió, se guardó luto durante tres días; y en Jerusalén se ordenó un ayuno y se leyeron en público fragmentos de sus obras. — and (he tries) to have these put into practice; *First Moslem capital of Egypt, "Old Cairo."*

Los restos de Moisés ben Maimón se llevaron a Tiberíades, convirtiéndose su tumba en un lugar de peregrinación. La admiración por esta gran figura no se ha desvanecido con el tiempo y ha conservado el dicho, ya conocido durante su vida, de que «De Moisés a Moisés no existió nadie semejante a Moisés.» — Tiberias, *in Palestine.*; "From Moses to Moses there was nobody like Moses."

EL CID

La España de la reconquista

leaves . . . on a pilgrimage *("Romería", originally "pilgrimage to Rome", came to mean simply "pilgrimage" — here to shrine of St. James at Santiago de Compostela, in northwestern Spain.)*

Monedas *(coins). Arriba:* Sancho III. *Abajo:* Su hija Doña Urraca.

This ceremony required the noble to watch over his arms all night, after which a knight dubbed him by striking him on the nape of the neck with his sword.

El Cid es una figura representativa de su época y del caballero español: es esposo fiel; padre cariñoso; amigo sincero; vasallo leal; señor generoso; guerrero valiente; defensor de la justicia y del honor; cumplidor de su palabra; firme frente a los poderosos nobles y frente al enemigo; sereno ante el peligro; resignado en la adversidad; cumplidor de las prácticas religiosas. Por esto último era el Cid, también, peregrino de Santiago como dice un antiguo romance:

> Ya se parte Don Rodrigo,
> que de Vivar se apellida,
> para visitar Santiago
> a donde va en romería.

Efectivamente, el nombre completo del Cid era Don Rodrigo Díaz y se apellida además, *de Vivar* por haber nacido en la pequeña aldea de este nombre, próxima a Burgos, en la alta y fría meseta castellana. Como Vivar estaba cerca de la frontera de los árabes en aquella época, el muchacho creció acostumbrado al peligro y al espectáculo de la guerra.

La vida castellana entonces era también dura; no ofrecía comodidades materiales ni goces espirituales para la inmensa mayoría de la gente , que era inculta, ni siquiera para las clases sociales más elevadas.

Por eso Rodrigo, aunque era de familia acomodada y noble, tan pronto como se quedó huérfano, tuvo que hacer frente a la vida. Sin embargo, su posición social le permitió estudiar en una escuela monacal que el rey había fundado para educar a sus hijos. Allí cursó las artes liberales y practicó los ejercicios que constituían la base de la educación de un joven de su clase: la equitación, la caza y el manejo de las armas.

Después de velar éstas en una ceremonia ritual, Rodrigo fué armado caballero por uno de los hijos del rey y, luego, en la iglesia de Santiago de Zamora, la infanta doña Urraca le calzó las espuelas. Éstas,

Frente de la capilla de San Pedro de Cardeña (Burgos), construída en el siglo XVIII para los restos del Cid. *(Three Lions)*

la espada, lanza y loriga, y el cinturón, yelmo y freno, los heredó de su padre, así como los caballos y los trajes.

Una vez armado caballero El Cid, el soberano de Castilla lo llamó a su servicio y le dió el puesto más alto, el de Alférez del rey. Este oficial tenía el alto privilegio de marchar delante del monarca llevando su espada y su estandarte. Tal privilegio le valió a Rodrigo el título de <u>*Campeador*</u>.

Frequently the Cid is referred to only as "el Campeador".

The Almoravides (see map), fanatical enemies of culture, were members of the Berber-Moslem dynasty that ruled Morocco and Moslem Spain (1055-1147). They were overthrown by the Almohades.

who dared demand the oath of innocence from him

Moneda de Alfonso VI.

evergreen oaks and woody, fragrant thyme

Don Sancho, el rey de Castilla, fué asesinado durante el sitio de la ciudad de Zamora (1077) y debía sucederle su hermano Don Alfonso VI de León. Pero los castellanos sospechaban que él hubiese tenido parte en la muerte de Don Sancho y, antes de proclamarlo rey, quisieron asegurarse de que era inocente del asesinato. El Cid fué el único caballero que se atrevió a tomarle juramento de inocencia; y la ceremonia se hizo solemnemente en la iglesia de Santa Gadea de Burgos. Después de este acto, el Cid fué siempre leal a su nuevo rey y se complacía en entregarle el botín y los territorios conquistados por él, aun en las campañas que llevaba a cabo por su cuenta. Cabalgando sobre Babieca, cruzaba «la llanura dorada de espigas» y «la meseta de duras encinas y leñosos y perfumados tomillos,» según describe las tierras castellanas, en su obra *La España del Cid* Don Ramón Menéndez Pidal, autoridad máxima sobre la vida del Campeador.

Cantar de Mío Cid

Así Castilla fué extendiéndose y se convirtió en la región directora de la reconquista. Con la supremacía de Castilla, el castellano llegó a ser la lengua que predominó y prevaleció en la península. Muy pronto, en 1140, produjo el *Cantar de Mío Cid,* poema anónimo que narra las hazañas de este héroe histórico, unos 50 años después de su muerte. Es el documento más antiguo de la literatura castellana, el más importante sobre el Cid y el que nos da mejor idea de su persona. Por eso va a continuación una selección del poema, tomada de la transcripción del profesor y poeta Don Pedro Salinas, para evitar las dificultades del castellano antiguo, del siglo XII.

Empieza *El cantar de Mío Cid* con la marcha de Don Rodrigo hacia el destierro, por orden del rey Alfonso VI. La causa de este castigo son las calumnias que le levantaron al Cid unos nobles, envidiosos del favor que el rey le dispensaba; y dice así:

the calumnies (lies) which some nobles spread about the Cid

SALIDA DE VIVAR

El Cid sale de Vivar, a Burgos va caminando,
allí deja sus palacios yermos y desheredados.
Los ojos de Mío Cid mucho llanto van llorando,
hacia atrás vuelve los ojos y se quedaba mirándolos.
Ya aguijan a los caballos, ya les soltaron las riendas.
Cuando salen de Vivar ven la corneja a la diestra,
pero al ir a entrar en Burgos la llevaban a la izquierda.
Movió Mío Cid los hombros y sacudió la cabeza.

are weeping bitterly

According to popular superstition, inherited from the Romans, the raven is a bird of evil or good omen, depending on which side it flies. Here, its flight on the left, is an evil omen.

on entering . . . they had it

ENTRADA EN BURGOS

A poco, acompañado por los vasallos que han decidido no abandonarle, entra en Burgos:

Ya por la ciudad de Burgos el Cid Ruy Díaz entró,
sesenta pendones lleva detrás el Campeador.
Todos salían a verle, niño, mujer y varón.
A las ventanas de Burgos mucha gente se asomó.
La niña de nueve años muy cerca del Cid se para . . .
—No nos atrevemos, Cid, a darte asilo por nada,
porque si no perderíamos los haberes y las casas,
perderíamos también los ojos de nuestras caras.
Cid, en el mal de nosotros, vos no vais ganando nada.

man

otherwise

in our misfortune

Monasterio de San Pedro de Cardeña, fundado en el siglo IX, uno de los más antiguos monasterios benedictinos: estado actual. *(Three Lions)*

Seguid y que os proteja Dios con sus virtudes santas.—
Esto le dijo la niña y se volvió hacia su casa.

St. Benedict founded (4th century) the oldest monastic order, that of the Benedictines. The poor monasteries in which they lived were not replaced until the 11th century because of the belief that the world was to end in the year 1000.

DESPEDIDA

El Cid va al antiguo monasterio benedictino de Cardeña — donde había depositado a su esposa Doña Jimena y a sus hijas Doña Sol y Doña Elvira — para despedirse de ellas:

A las puertas llaman, todos saben que El Cid ha llegad
con luces y con candelas los monjes salen al patio, — lights and torches
con mucho gusto reciben al Mío Cid bien hadado. — fortunate one
Al abad Don Sancho vuelve El Cid a recomendar — the Cid again recommends
que atienda a Doña Jimena y a las damas que allí estár
a las dos hijas del Cid que en San Pedro han de queda:
— Contento de vos estoy y agradecido, Don Sancho. . . .
Hoy que salgo de esta tierra, os daré cincuenta marcos. — marks *(coins of the period)*
Por un marco que gastéis, al convento daré cuatro.

El Cid se despide de las tres mujeres a la puerta del convento con estas frases que se han hecho eternas:

— A Dios os entrego, hijas, nos hemos de separar
y sólo Dios sabe cuándo nos volvamos a juntar . . . —
Como la uña de la carne, así apartándose van. — Like a nail torn from the flesh, they part from each other.

LEALTAD AL REY

Después de estos tiernos momentos de intimidad familiar, con el dolor de la separación, el Cid y sus hombres se alejan del monasterio de Cardeña. Va en busca de campañas que le den gloria y tierras. Pasado algún tiempo, parte del botín lo entrega el Cid generosamente al rey, como puede verse en los versos siguientes, dirigidos a Alvar Fáñez:

The peninsula — Moorish and Christian — was divided into many small territories governed by kings and lords. The Cid and other knights attempted to enlarge their rulers' domains by conquest.

—Al rey Don Alfonso, al rey que de Castilla me ha echado
quiero hacerle donación de treinta buenos caballos,
cada uno con su silla, todos muy bien enfrenados,
todos con sendas espadas de los arzones colgando . . .

each with a sword

El mensajero entrega los caballos al rey diciéndole:

—Estos caballos os manda, rey, y os besa las manos.—
Dijo entonces Don Alfonso: —Recíbolos de buen grado.
Agradezco a Mío Cid este don que me ha enviado.
Espero que llegue el día en que por mí sea premiado.

with pleasure

the day will come when he will be rewarded by me

Paisaje típico de las tierras de Burgos recorridas por el Cid. *(Foto Mas)*

VICTORIA

El Cid tiene varios encuentros con los moros:

Qué prisa se dan los moros; todos se empiezan a armar,
del ruido de los tambores la tierra se va a quebrar.
Al frente de todos ellos dos grandes banderas van
y los pendones más chicos ¡quién los pudiera contar!
¡Qué buen día que fué aquél, Dios, para la cristiandad!
Por una y por otra parte, los moros huyendo van.

who could count them! (there were so many) What a good day that was, O Lord! ... On all sides

NOTICIAS DE CASTILLA

Después de muchos triunfos el Cid y sus caballeros reciben con alegría noticias de Castilla:

¡Dios, qué alegre que se puso la hueste de desterrados
porque Minaya Alvar Fáñez ya de Castilla ha llegado,
porque les trae noticias de sus parientes y hermanos
y de aquellas compañeras que en sus casas se dejaron!

GENEROSIDAD

Tras de otras victorias El Cid hace prisionero al Conde de Barcelona. Este se niega a comer en el banquete que el Cid le ofrece mostrando una generosidad que no era usual tener con el vencido.

Barcelona was the capital of Catalonia, conquered by Charlemagne in the 9th century, was called the Spanish March (Marca Hispánica). Regained by the Spaniards, it was governed by Counts until it became a part of Aragon.

—Comed, conde, de este pan, bebed, conde, de este vin[o]
de cautiverio saldréis si hacéis lo que os digo
si no, en todos vuestros días no veréis ningún ser vivo.—
—Comed, comed, Don Rodrigo, tranquilo podéis estar,
pero yo no comeré, el hambre me ha de matar.—
Hasta pasados tres días, no se vuelve el conde atrás.
—Pues comed, conde, comed, y cuando hayáis acabado,
a vos y a dos caballeros la libertad he de daros. . .
Tres palafrenes les dieron, los tres muy bien ensillados
danles buenas vestiduras, ricas pieles, ricos mantos.

the Count does not give in

I shall set free you and two knights

TOMA DE VALENCIA

Se dirige el Cid a Valencia y la toma después de diez meses de sitio.

A la otra parte del mar, también se corre su fama. . .
Muy alegre estaba el Cid, muy alegres sus compañas. . .
Por toda aquella comarca grandes alegrías van
cuando el Cid ganó a Valencia y cuando entró en la ci[udad]
Los que luchaban a pie hoy son caballeros ya,
y el oro y plata ganados ¿quién los podría contar?

Beyond the sea

Those who fought as foot soldiers, today are cavaliers *(ride on horseback)*

Cofre o arca del Cid en la catedral de Santa María de Burgos. ***(Three Lions)***

REGALO DEL CID AL REY

—A nuestro rey Don Alfonso, que es mi señor natural,

feudal lord

de estas ganancias que hemos conquistado por acá
darle quiero cien caballos, ídselos vos a llevar.

go take them to him

Por mí besadle la mano y con empeño rogad
que a mi mujer y a mis hijas, que allí en Castilla están,
si a tanto alcanza su gracia, me las deje ya sacar.

if he will be so gracious

REUNIÓN FAMILIAR

El rey perdona a la familia del Cid que sale para Valencia. El Campeador va a su encuentro:

En el nombrado Babieca el Campeador cabalga,
arranca a correr y dió una carrera tan rauda

starts off and races so swiftly

que todos los que lo vieron maravillados estaban:
desde aquel día Babieca fué famoso en toda España...

Babieca, the Cid's horse, like Don Quixote's Rocinante, has acquired a place in history.

A la madre y a las hijas mucho el Cid las abrazaba
y del gozo que tenían todos los cuatro lloraban...
—Vos, Doña Jimena mía, querida mujer y honrada,
y las dos hijas que son mi corazón y mi alma,
en la ciudad de Valencia conmigo haced vuestra entrada...
Vierais allí ojos tan bellos a todas partes mirar:

There you might behold those beautiful eyes gazing in all directions

a sus pies ven a Valencia, cómo yace la ciudad
y allá por el otro lado tienen a su vista el mar.

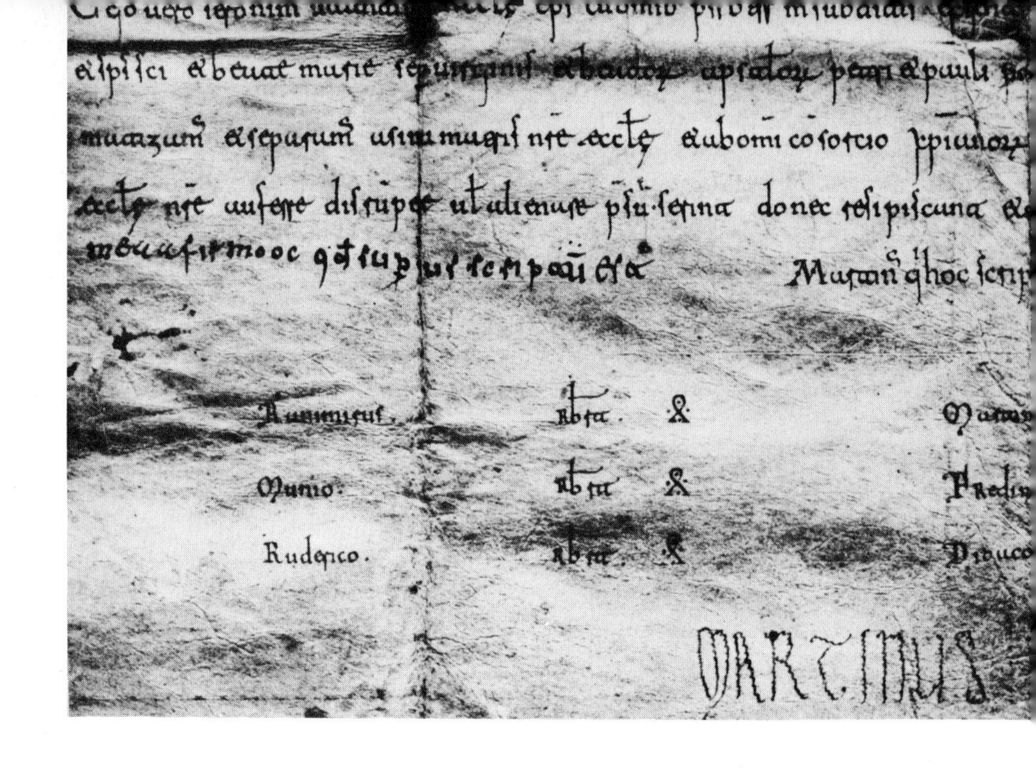

Arriba: Diploma de 1098 con firma autógrafa del Cid. (Menéndez Pidal, *Revista de Filología es pañola,* tomo V.)

PERDÓN DEL CID

El rey perdona al Cid a orillas del Tajo; el Cid se adelanta:

De rodillas se echó al suelo, las manos en él clavó
y del gozo que tenía, el llanto se le saltó...

and he wept from the joy that he felt

—Levantaos, levantaos, mi buen Cid Campeador.—
—Merced os pido, buen rey, vos mi natural señor
que ante vos arrodillado me devolváis vuestro amor..
—Aquí os perdono, Cid, y os vuelvo mi favor...—
—Gracias, el perdón acepto, Alfonso, rey y señor;
al cielo le doy las gracias y, después del cielo, a vos.

BODAS DE LAS HIJAS DEL CID

El rey pide al Cid sus hijas para los infantes de Carrión. Él se resiste, pero da su permiso, al fin, aunque temiendo alguna desgracia. Se celebran las bodas con grandes fiestas durante quince días:

The Infantes (Counts) of Carrión were important nobles from the Castilian region of Palencia.

Muy contento estaba el Cid, muy contentos sus vasall

Pero los infantes, avergonzados de su cobardía al haber huído de un león escapado, y por temor de entrar en batalla, desean volverse a Carrión. Son objeto de burlas; deciden vengarse en las hijas del Cid y dicen:

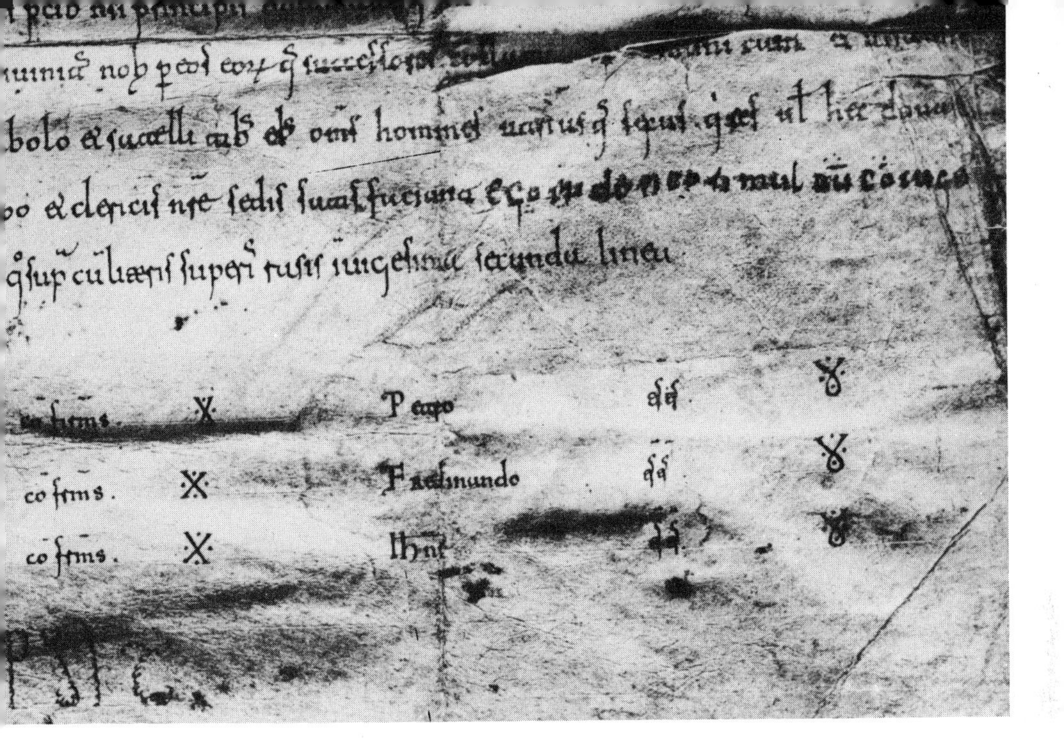

— Pidamos nuestras mujeres a este Cid Campeador;
diremos que las llevamos a heredades de Carrión — properties (inherited) in Carrión
para que vean allí las tierras que nuestras son...
y por el camino haremos lo que nos plazca a los dos. — whatever may please the two of us

TRAICIÓN DE LOS INFANTES

Se despiden de los padres y emprenden el camino. Ellas van acompañadas de un moro fiel que sospecha de la intención de los infantes: éstos, después de maltratarlas, las abandonan en el robledal de Corpes, donde, dice el poema:

Las ramas tocan las nubes, muy altos los montes son — reach
y muchas bestias feroces rondaban alrededor...
¡Lleváronse los infantes los mantos y pieles finas
y desmayadas las dejan en briales y camisas — silk underskirts and chemises
entre las aves del monte y tantas fieras malignas!

JUSTICIA

El Cid ruega al rey que se le haga justicia (that justice be done for him) y éste reúne para ello Cortes en Toledo. Los infantes de Carrión piden permiso para no acudir y el rey dice:

— Quien no obedezca y no vaya a las Cortes, mando yo — parliament
que se salga de mis reinos y que pierda mi favor.

CÓMO VISTEN EL CID Y SUS HOMBRES

El poema describe en otro lugar cómo ordena el Cid a sus hombres que se vistan:

Sobre túnicas mullidas, armaduras de valor
vestid, poneos lorigas que reluzcan como el sol;
y encima de ellas las pieles y armiños, todo blancor;...
bajo los mantos, espadas de buen filo tajador,
que de esta manera quiero ir ante las Cortes yo
para pedirles derecho y exponerles la razón.

soft
put on
keen-edged swords
and present my case

Y, en cuanto a él mismo, dice el *Cantar:*

Camisa de hilo se viste, tan blanca era como el sol...
Rico brial de brocado encima se colocó,
de sus labores de oro bien relucía el fulgor,
y luego una piel bermeja, doradas sus franjas son.
Los cabellos con un lienzo de hilo fino se cubrió,...
larga tenía la barba, se la ató con un cordón,
para que nadie le ofenda, tomaba esa precaución.
Cubierto va con un manto que era de mucho valor,
a todos los que lo vean les causará admiración.

rich brocaded tunic
the brilliance of its gold embroidery was dazzling
vermillion, bright red
The most insulting thing that could be done to the medieval gentleman was to pull his beard.

HONOR

En las Cortes consigue el Cid que los de Carrión le devuelvan el dinero y sus espadas Colada y Tizona que él les había regalado. El rey falla a favor suyo y contra los infantes.

rules in his favor

—Ante el juicio de la corte hoy pido reparación.
¿Para qué me desgarrasteis las telas del corazón?...
Estáis por haberlo hecho, llenos de infamia y traición...
Vos, rey Alfonso, a mis hijas las casasteis, que yo no,
en vuestras manos, oh rey, vuelvo a poner a las dos...

Why did you break my heart?
not I

Entonces dice el rey a dos mensajeros que llegan a pedir la mano de las hijas del Cid para los hijos de los reyes de Navarra y Aragón:

—... En honrado casamiento, ahora os otorgo yo
las hijas del mío Cid, Doña Elvira y Doña Sol
para aquellos dos infantes de Navarra y de Aragón. ...—
Ved cómo crece en honores el que en buena hora nació
que son sus hijas señoras de Navarra y de Aragón;
esos dos reyes de España parientes suyos ya son.

he who was born in "a lucky hour"

Tumba del Cid y de Doña Jimena en San Pedro de Cardeña. *(Three Lions)*

MUERTE

Y termina el poema con estos versos sobre la muerte del Cid en Valencia en 1099. Su esposa, Doña Jimena, llevó el cuerpo del Cid al monasterio de Cardeña.

According to legend, the Cid won his last victory after his death. His body was mounted on Babieca and he sallied forth from Valencia at the head of his army, throwing terror and confusion into the enemy.

asó de este mundo el Cid, el que a Valencia ganó;
n días de Pascua ha muerto, Cristo le dé su perdón..
stas fueron las hazañas de Mío Cid Campeador;
n llegando a este lugar, se ha acabado la canción.

La figura del Cid ha sido fuente de inspiración en la literatura y en el arte de todos los tiempos y de todos los países. En cuanto a España, se sabe que este héroe aparecía en poemas que se perdieron porque nunca fueron escritos. Apareció, luego, en numerosos romances que cantan sus hazañas y que forman el *Romancero del Cid.* Después, el Campeador es protagonista de obras clásicas, como *Las mocedades del Cid* de Guillén de Castro; y sigue apareciendo en

"Youthful deeds"

Golden age dramatist (1567–1631).

Claustro bajo de Santo Domingo de Silos, monumento importantísimo para el conocimiento de la arquitectura y la escultura románicas del siglo XI.

poemas románticos y modernos. En el extranjero, es el Campeador también héroe de obras tan famosas como *Le Cid* de Corneille.

French dramatist (1606–1684).

Es natural que haya tenido tal resonancia una figura histórica que, como persona y como guerrero, inspiraba gran respeto hasta a sus mayores enemigos. Por ejemplo, un historiador árabe contemporáneo suyo, dice de él:

To quote from Menéndez Pidal's "La España del Cid": He is a hero ... An historical Hercules who remains superior to the unrelenting enmity of the gods and the fury of the monsters. He will forever be a powerful incentive to youth.

Rodrigo, maldígale Dios, vió sus banderas favorecidas por la victoria, ... y con un escaso número de guerreros, aniquiló ejércitos. ... El poderío de este tirano fué haciéndose cada vez más pesado ... y llenó de pavor a los de cerca como a los de lejos. Su ambición intensa ... de poder, hinchió de espanto los corazones. Sin embargo, este hombre, azote de una época, fué por su habitual y clarividente energía, por la viril firmeza de su carácter y por su heroica bravura, uno de los grandes milagros del Señor.

may the Lord curse him

terrified those close by as it did those far away

filled hearts to overflowing with terror

scourge

ALFONSO X, EL SABIO

La España cristiana

Como buen hijo del rey Fernando III el Santo, procuró Alfonso cumplir las recomendaciones que, al morir, le hizo su padre con estas hermosas palabras: «Rico quedas de tierras y de muchos y buenos vasallos, más que ningún otro rey de la cristiandad: pugna por hacer bien y ser bueno, porque tienes con qué.»

Ferdinand III, 1200–1252, *added León, by conquest, to his kingdom of Castile, and conquered the entire valley of the Guadalquivir. In 1221, he laid the first stone of the Cathedral of Burgos and transformed into a university a school of general studies.*

you have the means

Y ocupó el trono de Castilla, en el siglo XIII, el príncipe Alfonso, décimo rey de su nombre. Se daban en él dos personalidades que no suelen ir juntas: una como rey; otra, como hombre de ciencia. Esta doble personalidad ha dado lugar a que unos comentaristas hayan considerado al rey como figura extraordinaria, capaz de hacer por sí solo el trabajo que llenaría por completo la vida de dos hombres; otros, por el contrario, han considerado que el monarca abandonaba los asuntos del Estado por dedicarse al estudio de las ciencias. Refiriéndose especialmente a la predilección del rey por la astronomía, se ha dicho que

He was endowed with

by himself

> De tanto mirar al cielo
> se le cayó la corona.

from gazing so much . . . he dropped his

Sin embargo, si por su saber y su dedicación al estudio mereció Alfonso el título de «Sabio,» no dejó de tener que enfrentarse con numerosos y graves problemas de gobierno que, en ocasiones, le absorbían por completo. Las luchas eran constantes, unas veces contra los musulmanes; otras, contra los nobles rebeldes; otras, contra sus propios hijos. Esta situación era debida, en parte, a la debilidad de su carácter.

he did not fail to have to come to grips with

A la izquierda: El Alcázar de Segovia, reconstruído por Alfonso X y terminado por Felipe II. *(Kit Robbins—Rapho-Guillumette)*

A la derecha: Grabado antiguo que representa la entrada en Sevilla de Fernando III (el Santo) conquistador del valle del Guadalquivir. Un moro le entrega las llaves de la ciudad. En los momentos de peligro las puertas de las murallas de las ciudades medievales se cerraban con llave.

Contaba sólo diez y seis años cuando salió por vez primera a pelear contra los árabes en Andalucía. Poco después, en la conquista del reino moro de Murcia, se encontró con el poderoso rey de Aragón, Don Jaime el Conquistador, quien a su vez, quería apoderarse de aquella región. Con el fin de asegurar la paz entre Aragón y Castilla, se celebró el matrimonio de Don Alfonso con Doña Violante, hija del rey de Aragón. Fué un matrimonio «por razón de Estado,» no por amor: el amor había hecho otra elección en el corazón del rey. Pero tuvo que sacrificar sus sentimientos, así como había de sacrificar sus sueños imperialistas.

who in turn *(James I, king of Aragon, 1213–1276, reconquered the Balearic islands and Valencia from the Moors.)*

choicc

just as he was to

Estos sueños tenían como fundamento sus derechos al trono de Alemania, por ser hijo de la emperatriz. Pero la política nacional absorbía toda su atención, y la causa del imperio no era popular en España. El hermano del rey lo sustituía en sus ausencias con gran acierto; pero cuando murió, se desencadenaron hondas luchas con motivo de la sucesión al trono. Estas luchas amargaron al rey el resto de su vida, e inclinaron más su carácter al retraimiento en el estudio.

from the fact that he was

took his place (substituted for him)

Don Affonsso de Castela
de Toledo de Leon e
Rey e ben des Conpostela
ta o Reyno Daragon
e Cordoua. de Iahen
de Seuilla outrossy
e de Murça u gran ben
lle fez deus com apndi
o Algarue que gaou
de mouros e nossa fe
meteu y. e ar poblou
Badallouz q Reyno e
vir antigue que tolleu
a mouros Neule Xerez
Beger Medina prenteu
e Alcala doutra uez.
que dos Romãos Rey
e per dereit e Sennor
este Liuro com achei
fez. a onrra a Loor
da uirgen santa Maria
que este madre de deus

Esta e a primeira cantiga de loor de
santa maria ementando os. vii. goyos
que ouue de seu fillo.

Hoja del manuscrito de «Las Cantigas» que se conserva en la Biblioteca de El Escorial. Aparecen el rey, lectores y músicos con instrumentos y anotación de la época.

Dibujo tomado del manuscrito de otra obra del rey Sabio, sobre el ajedrez (*chess*).

LA LABOR LITERARIA DEL REY SABIO

El fruto de este retraimiento fueron las obras literarias de Alfonso el Sabio, que son muy varias: jurídicas, históricas, científicas y poéticas. Su obra cumbre es el *Código de las Siete Partidas* que hace de su autor el mejor legislador de la edad media. La *Crónica de España* y la *Grande e General Historia*, son asimismo, obras famosas que le dan al rey Sabio la categoría de gran historiador. Entre las obras científicas, las *Tablas Astronómicas* dieron a su autor fama universal; y completan la riqueza de su producción espiritual, *Las Cantigas* y *Los Milagros de Nuestra Señora*, poesías escritas en gallego, que lo colocan entre los mejores poetas líricos medievales.

"Code of Seven Parts," *a compilation of Roman and canonical law.*

He may be considered the first Spanish historian.

Canticles (songs)

Del libro *Las Siete Partidas* tomamos los siguientes párrafos que nos muestran la preocupación del siglo XIII por la educación de los príncipes. Como educador, el rey Sabio escribe en español y no en latín, para que su obra pueda ser leída por todos.

It was not until the Renaissance that this practice was general. Even three decades later Dante felt obliged to defend the use of the vernacular for serious writing.

El Código de las Siete Partidas

Qué cosas deben acostumbrar a los hijos de los reyes para ser apuestos e limpios.

so that they will be (para ser) polite, well-bred

Sabios hubo que hablaron de cómo los ayos deben criar a los hijos de los reyes, y mostraron muchas razones por [las] que los deben acostumbrar a comer y a beber bien y apuestamente. Porque, aunque es cosa que ninguna criatura lo puede excusar, con todo eso, los hombres no lo deben hacer bestialmente y, mayormente, los hijos de los reyes, por el linaje de donde vienen y el lugar que han de ocupar y de los que los demás han de tomar ejemplo. Y dijeron que les deben hacer comer apuestamente, no metiendo en la boca otro bocado hasta que hubiesen comido el primero; y no les deben consentir que cojan el bocado con los cinco dedos de la mano, para que no lo hagan [de] grandes; que no coman feamente con toda la boca, sino con un lado, porque se muestran con ello como glotones que es manera de bestias más que de hombres. Además dijeron que les deben acostumbrar a comer despacio, no de prisa, porque quien lo hace de otro modo no puede masticar lo que come; y deben hacer que se laven las manos, para que estén más limpias de lo que antes habían tocado, porque la vianda, cuanto más limpia fuere mientras se come, más provecho hace. Y después de comer se las deben hacer lavar para que no se las limpien en los vestidos como hacen algunas gentes que no saben de limpieza ni de elegancia. Y que no hablasen mucho mientras comiesen porque no es posible evitar que así no coman menos y razonen peor. . . .

There were wise men . . . tutors

nevertheless

= sobre todo

because of the lineage from which they come. . .and from which the others are to take an example

when they are grown up

they reveal themselves thereby as gluttons

should have them wash their hands in order that they be cleansed of what they had previously touched. . .the cleaner it is, when eaten, the more it benefits

know nothing of

for they can't escape eating less and reasoning more poorly

Deben acostumbrarlos a que sean alegres mesuradamente y guardarles de tristeza cuanto más pudieren; y, llegados a la edad de donceles, a conocer los hombres y a hablar con cada uno según fuese. . .

as much as they can

at his own level

Grabado antiguo de figuras del tiempo del rey Sabio. Llevan coronas y tocados (hairdresses) medievales.

Qué quiere decir tirano

Tirano tanto quiere decir como señor cruel, que es apoderado en algún reino o tierra por fuerza o por engaño o por traición. Y ellos son de tal naturaleza que, después que son bien apoderados en la tierra, aman más el hacer su pro, aunque sea a daño de la tierra, que la pro comunal de todos, porque siempre viven a mala sospecha [con el temor] de perderla...

means the same as ... one who is in power

they prefer to work for their own advantage

Qué cosa es la amistad

Amistad, según dijo Aristóteles, es una virtud que es muy buena en sí y provechosa a la vida de los hombres; y tiene lugar propiamente cuando aquel que ama es amado del otro a quien ama, porque de otra manera no sería amistad verdadera. Y por ende, dijo que hay mucha diferencia entre amistad y amor; porque puede el hombre tener amor a la cosa y no amistad con ella, así como ocurre a los enamorados que aman a veces a mu-

properly exists

therefore

who wish them evil

jeres que los quieren mal. Además tienen los hombres amor a las piedras preciosas y a otras cosas que no tienen alma ni entendimiento para amar a aquellos que las aman. Y así se prueba que no es la misma cosa amistad y amor, porque amor puede venir de una parte solamente, mas la amistad conviene que venga de ambos lados...

led him to surround himself with

laymen

those who illuminated manuscripts

This is the famous "Escuela de Traductores".

made it his own task to correct

Language of Galicia in N. W. Spain; similar to Portuguese.

El interés de Alfonso el Sabio por la cultura lo llevó a rodearse de los hombres de más valer de todos los países, sin tener en cuenta raza ni religión. A su alrededor trabajaban monjes y seglares, cristianos, árabes y judíos. Entre ellos había juristas, historiadores, geógrafos, científicos, poetas, músicos, trovadores, miniaturistas, copistas. Todos trabajaban en su palacio que, de esta forma, se convertía en un centro de alta cultura, acaso el más importante de Europa, en su época. El rey se encargaba muy especialmente de la corrección del estilo, porque tenía una verdadera obsesión con la pureza del lenguaje. La variedad de las obras en que trabajaba le proporcionaba el uso de un extensísimo vocabulario. Por eso, precisamente, se considera que en sus escritos se hallan las bases del castellano, que por entonces comenzaba a formarse. El uso del gallego en las obras en verso de Alfonso X, se debe a que era la lengua que se usaba para la poesía, por sonar más armoniosa y dulce. Con todas las obras del rey Sabio podrían formarse veinte gruesos volúmenes.

A la derecha: España a la muerte del rey Sabio (1284). *A la izquierda:* Figura tomada de un manuscrito del tiempo.

Personalmente gustaba el soberano de la pompa real. Así, lo vemos aparecer en las miniaturas de los códices lujosamente vestido, ataviado con manto y corona, símbolos de Majestad, y con cetro y espada, emblemas de Poder y Justicia.

parchment manuscripts

This courtly splendor corresponds to that of the Gothic style of architecture and makes a striking contrast with the severe lines of the Romanesque cloisters.

Tales son la vida y la figura de este rey de Castilla que hubiera podido ser un monarca internacional si hubiese seguido los impulsos de su ambición e impuesto sus derechos. Pero, por una parte, sus actividades culturales le atraían más que las empresas guerreras, y por otra, las luchas interiores lo sujetaban a Castilla. A su suelo debía de sentirse fuertemente ligado a juzgar por el tono de su famoso *Elogio de España,* con que empieza este libro.

ISABEL DE CASTILLA

La España renacentista

Esta reina era de común estatura, bien compuesta en su persona y en la proporción de sus miembros, muy blanca y rubia, los ojos entre verdes y azules, el mirar gracioso y honesto, las facciones del rostro bien puestas; no bebía vino. Era muy buena mujer.... Aborrecía las malas. Era muy cortés en sus hablas ... muy aguda y discreta, lo cual vemos raras veces concurrir en una persona ... Era muy trabajadora y firme en sus propósitos. *(Crónica de Hernando del Pulgar)*

el mirar gracioso y honesto: her expression (as she looked at you) pleasing and sincere
Aborrecía: she loathed
cortés en sus hablas: courteous in her language
trabajadora: diligent

INFANCIA Y JUVENTUD

Estas cualidades se explican conociendo un poco la infancia de Isabel que fué muy triste. La pasó en el castillo de Arévalo, en el corázon de Castilla, con su madre, que estaba ya viuda y perturbada, y con su hermano, el infante don Alfonso, tres años menor que ella. El rey Enrique IV, hermano de padre de Isabel, los tenía casi abandonados. Los dos niños recorrían los campos a pie o a caballo; sabían de las cosechas; conocían la vida y las penalidades de los campesinos; disfrutaban de las ferias que se celebraban tres veces al año al pie del castillo de Medina del Campo, donde pasaban temporadas. En las épocas de feria se animaban los caminos; por ellos avanzaban ríos de mercaderes que venían de toda España y de gran parte de Europa y de Africa. Traían productos variados, hablaban diferentes lenguas, pertenecían a diferentes razas. Todo ello fué dejando una huella profunda en aquella niña inteligente, dulce y rubia que iba abriendo su espíritu a los problemas nacionales.

Arévalo: *near Avila*
hermano de padre: *i.e. her half brother*
sabían de las cosechas: they knew (all) about harvests
campesinos ... ferias: country people ... fairs
que iba abriendo su espíritu a: who was steadily opening her mind to

La adversidad y tristeza de su vida aumentaron con la inesperada muerte del infante a los 14 años de edad. Con todo lo que le iban revelando las conversaciones que oía a dueñas y sirvientes sobre la corrompida corte de su hermano don Enrique, creció su amargura y se fué templando su alma y orientándose hacia el deseo de bien y justicia.

oía a ... corrompida: heard from ... corrupt

(Bettman Archive)

Al morir el infante, los nobles, descontentos del rey, ueron a ofrecerle la corona a doña Isabel; pero ella echazó la idea con firmeza para evitar una guerra ivil, diciéndoles con admirable serenidad y honradez —según la citada crónica de Hernando del Pulgar—:

Ningún fruto hay temprano y sin sazón que dure nucho; yo deseo que el reino me venga muy

"Fruit harvested early and untimely soon spoils"

tarde.... Volved, pues, al reino de don Enrique mi hermano, y con esto restituiréis a la patria la paz. Esto tendré yo por el mayor servicio que me podéis hacer.

you will restore peace

Las siguientes coplas del poeta cortesano Gómez Manrique, prueban la prisa que, en cambio, tenían sus partidarios por verla en el trono:

1412-1490

supporters

Este Dios muy soberano
que os hizo generosa,
tanto discreta y graciosa,
sobre todas virtuosa,
os haga reina temprano.

= tan

= pronto

Doña Isabel, proclamada «princesa de Asturias» en 1468, se sentía rodeada de intrigas y amenazada, hasta con la prisión, para ser casada a la fuerza con quien más conviniese a los intereses del rey. Eran varios sus pretendientes, entre ellos reyes y príncipes, de Inglaterra, Portugal y Francia. Pero ella rechazaba a todos, pues estaba enamorada del príncipe de Aragón, don Carlos de Viana. Mas muerto inesperadamente, ella decidió, al fin, casarse, por razón de Estado, con el hermano de Carlos, don Fernando, por cuanto sabía de él, aunque nunca lo había visto. Ambos príncipes concertaron su boda en secreto. La princesa salió para Valladolid donde se albergó en el palacio de unos nobles partidarios suyos. Allí apareció una noche disfrazado, el príncipe don Fernando, después de un viaje novelesco lleno de dificultades. Esta fué la primera vez que se vieron en su vida. La boda se celebró el 19 de octubre de 1469, ante 4.000 invitados pero sin conocimiento del rey que se oponía a ella. Al fin hizo el rey las paces con su hermana; pero a poco murió y fué proclamada doña Isabel reina de Castilla (1474). Para lograrlo había tenido que vencer en largas luchas a los partidarios de doña Juana la Beltraneja, supuesta hija del rey, que aspiraba al trono.

suitors

because of what she knew about him

in disguise

made his peace with

Desde el principio Isabel puso en práctica una política en armonía con su carácter y sus firmes principios. Son muchas las anécdotas que se cuentan y que prueban su ímpetu varonil en contraste con su apariencia tan femenina; es una de ellas la siguiente

masculine, manly

Hizo a caballo un memorable viaje que duró tres años, para conocer personalmente a su pueblo. En este viaje, además, dió el mayor paso para el sometimiento de las poderosas Ordenes Militares. Es el caso que en la ciudad de Uclés se iba a celebrar la elección del Gran Maestre de la Orden de Santiago. Enterada la reina, forzando el galope de su caballo, pudo llegar a tiempo de presentar el nombramiento otorgado por el Papa a favor del rey don Fernando, en lugar del que los nobles querían, reforzando así el poder real.

Su espíritu de justicia y su deseo de que cada actividad se lleve a cabo con la mayor rectitud y competencia, la hacen nombrar para cada puesto a quien tenga en más alto grado aquellas cualidades. Se dice que una vez se le cayó un papelito que llevaba oculto, en el que decía: « Hay que nombrar a fulano para tal puesto porque es el que mejor sabe su oficio; y a zutano para pregonero, porque es el que tiene mejor voz. »

Puso gran empeño en la reorganización de los tribunales, interviniendo en ellos ya directamente ya a través de inspectores de su confianza que se llamaban veedores. En las Ordenanzas de las Cortes de Toledo (1480), las más famosas no sólo de España sino de toda Europa en la Edad Media, se dice: « Razón justa es que Nos sepamos cómo son gobernados nuestros súbditos por que podamos remediar a tiempo las cosas que hubieran menester remedio . . . Y se informen [los veedores] cómo administran justicia y usan de su oficio los corregidores y los alcaldes. »

Creó la Reina Católica una nueva clase social, concediendo al olvidado pueblo una atención y unos beneficios que nunca había disfrutado. En esta nueva clase social encontró la reina apoyo firme para las reformas y planes de organización moderna. Puso en circulación muchos capitales que estaban parados y que no pagaban impuestos; hizo que se devolviesen al Estado todos los que habían sido mal adquiridos en los anteriores reinados de disolución y favoritismo. Con esos recursos fomentó la industria y el comercio; dió trabajo en todos los oficios al pueblo y a la clase media. Y el progreso de España fué tan rápido y notable que el conocido historiador de los Reyes

step toward

It happened that . . . *See page 167*

urging her horse to a gallop

strengthening

she lost

so-and-so

so-and-so as herald

courts

supervisors

It is fitting . . . = nosotros *(regal language)*

= para que

may need remedy

discharge their duties

many capital funds which were idle and which did not pay taxes

previous

El castillo de La Mota, donde vivió y murió Isabel I, corona la ciudad de Medina del Campo.

Católicos, Prescott, dice: «Vemos salir a España del caos a una nueva vida.»

chaos

Este caos consistía, según el Cura de los Palacios — otro de los cronistas — «en daños de mucha soberbia y de mucha herejía y de mucha blasfemia y avaricia y rapiña, y de muchas guerras y bandos y parcialidades.»

evils consisting of overweening pride ... blasphemy ... thievery ... factions ... cliques

Todos los problemas apuntados traían a la reina en aquella actividad que elogia Pérez de Guzmán, historiador de la época, con estas palabras: «Cosa fué, por cierto, maravillosa que lo que muchos hombres y grandes señores no se acordaron a hacer en muchos años, sólo una mujer con su trabajo y gobernación lo hizo en poco tiempo».

kept the queen

1376-1458, author of "Generaciones y Semblanzas"

did not agree to do

method of governing

LA UNIDAD NACIONAL

Una vez unidos Castilla y Aragón por el matrimonio de los Reyes Católicos, sólo faltaba la conquista del reino árabe de Granada, único que les quedaba a los moros, para realizar la unidad territorial. Después de largas guerras quedó aquel reino reducido a la ciudad de Granada. La reina plantó sus reales en la vega, en el sitio que luego fué el pueblo de Santa Fe; y, al fin, el 2 de enero de 1492 se rindieron la ciudad y la fortaleza de la Alhambra.

= único reino

stationed her forces *i.e. established headquarters*

Hecha la unidad territorial, determinaron llevar a cabo la unidad religiosa. Suponía la cristianización de los moros que habían quedado en la península, y la de los judíos, que, en gran número, vivían en ella desde principios de la edad media. Pertenecían a todas las clases sociales y tenían la banca en sus manos, lo que les daba una gran fuerza social. Se publicó un edicto en que se les daba a elegir, a unos y a otros, entre « el bautismo y el destierro », disposición odiosa para todo espíritu liberal, pero no exclusiva de España, sino de todos los pueblos y de todos los tiempos, con los mismos procedimientos. Así lo afirma, entre otros autores, el historiador Pfandl: « A los que crean que deben indignarse contra la ética española de aquel tiempo se les debe rogar encarecidamente el estudio de la Reforma inglesa o de la suiza. Allí encontramos conversiones forzadas, al lado de las cuales la solución dada por Fernando e Isabel a la cuestión religiosa de moros y judíos, es un juego de niños. »

banking

both groups *(i.e. Jews and Arabs)* were given the choice

to become indignant at

should be strongly urged to study ... Reformation

forced, under duress

El éxito de las guerras, tanto interiores como exteriores, se debió en gran parte a la unificación y organización del ejército, desde entonces permanente, bajo la misma disciplina y táctica y provisto de las armas de fuego recién inventadas. Este tipo de ejército que sólo los reyes podían costear, y que hacía inútiles las murallas de las ciudades y las fortalezas de los señores, fué para éstos un golpe mortal. Ese ejército al mando del Gran Capitán alcanzó grandes victorias por Europa, donde era famoso y temido; llevado a América, hizo posible la conquista del Nuevo Mundo.

tactics

to finance

Gonzalo Fernández de Córdoba, 1453-1515

EL DESCUBRIMIENTO DE AMÉRICA

La parte gloriosa de esta empresa, desde el punto de vista espiritual, se debe, sin embargo a la reina. Es sabido cómo fué en ella en quien principalmente encontró Colón apoyo, en su empeño de llegar a la India navegando hacia occidente. Después de no haber hallado acogida en otros soberanos de Europa, fué a buscarla en España; pero tuvo que esperar en el convento de La Rábida siete años para que se decidiera la reina. Al ver ésta que Colón se marchaba desengañado, definitivamente, tuvo la asombrosa visión de que España iba a perder la oportunidad de una extraordinaria empresa. Entonces, desde Granada donde se encontraba, envió a caballo y a todo galope un mensajero que le alcanzó en la vega, en un puente sobre el río Genil donde se conserva una lápida con-

After having failed to find a welcome in other courts

once and for all ... astounding presentiment that

at full gallop

a stone (plaque) commemorative

Sello de Isabel I

memorativa de este hecho. La reina lo recibió en seguida y le dió las órdenes y los medios para que preparase la expedición. Tras muchas vicisitudes logró Colón equipar las tres carabelas, que zarparon del puerto de Palos de Moguer (Huelva), el 4 de agosto y vieron tierra el 12 de octubre (1492), creyendo los navegantes que era la India a donde habían llegado.

El Padre Bartolomé de las Casas, nos cuenta del siguiente modo el regreso de Colón de su primer viaje:

Llegó a Barcelona mediado abril y los reyes estaban harto solícitos de ver su persona . . . y mandáronle hacer un solemne recibimiento para lo cual salió toda la gente de toda la ciudad, que no cabía en las calles, admirados todos de ver aquella veneranda persona de la que se decía haber descubierto otro mundo, de ver los indios y los papagayos y muchas piezas y joyas y cosas que llevaban cubiertas de oro y que jamás se habían visto ni oído. Para le recibir con más solemnidad y pompa, mandaron [los reyes] poner en público su estrado y solio real, donde estaban sentados . . . acompañados de muchos grandes señores castellanos, catalanes, valencianos y todos esperanzados y deseosos que llegase aquel que tan grande y mucha hazaña había hecho, y a toda la cristiandad era causa de alegría. Entró, pues, en la cuadra donde los reyes estaban, . . . que parecía un senador del pueblo romano, como tenía grande y autorizada persona, su cara veneranda, llena de canas y de modesta risa, mostrando bien el gozo y gloria con que venía. [Los reyes] levantáronse a él como a uno de los grandes señores. [El] acercándose más, hincadas las rodillas, suplícales que le den las manos, . . . y besadas . . . mandáronle levantar, y lo que fué suma de honor y mercedes de las que Sus Altezas solían a pocos nobles hacer, mandáronle traer una silla rasa y asentar ante sus reales presencias. Referidas con gran sosiego y prudencia . . . las grandezas y felicidades de las tierras que había descubierto . . . todo lo cual oído y ponderado profundamente, levántanse los católicos y devotísimos Príncipes,

around the middle of

quite anxious . . . ordered that there be arranged for him

all astonished

venerable

parrots . . . trinkets

= recibirle

dais . . . canopied throne

hopeful

so great and dazzling a

hall

authoritative bearing

covered with

acme in honor and favors

backless chair . . . sit down before . . . after he had spoken of

hincan las rodillas en el suelo . . . y comienzan a dar gracias al Criador . . . ¿Quién podrá referir las lágrimas que de los reales ojos salieron?

Sello de Fernando.

Tres viajes más hizo Colón, en los que descubrió todas las islas del Caribe y algunas extensiones de tierra firme. Al poner el pie en España de regreso de la cuarta expedición se enteró de la enfermedad de la reina. Y cuando estaba en camino para ir a verla, supo de su muerte (1504) con profundo dolor, pues perdía la persona que más le había apreciado y ayudado. Poco después murió Colón pobre y olvidado (1506).

LAS LEYES DE INDIAS

Mientras se llevaba a cabo esta empresa del descubrimiento y colonización, entre otros muchos problemas, dominaba a la reina el de la organización de los territorios descubiertos y el de la redacción de una legislación para ellos. Así se formó la colección de leyes protectoras de las personas de los colonos, que se conserva en el Archivo de Indias de Sevilla, con el título de « Leyes de Indias ». Los abusos que se cometían eran infracciones de estas leyes y a espaldas de la reina. La idea que dominaba a ésta era de tipo religioso: la cristianización de los indígenas. Por otra parte, todo lo bueno que España tenía era llevado a sus colonias: religión, lengua, saber, arte, literatura, creación de universidades y difusión de la cultura mediante el establecimiento inmediato de la imprenta en el territorio americano. Tal era el sentido que Isabel quería dar a la colonización española; y esta idea la acompañó hasta su muerte. Después de años y hondos disgustos familiares, fué decayendo su salud; y estando postrada en cama en el castillo de Medina del Campo, redactó su Testamento, documento admirable de visión y previsión política. A él pertenecen las siguientes líneas que revelan una vez más su preocupación por los indios y el respeto a ellos debido:

redacción: writing
protectoras de las personas de los colonos: colonizing
a espaldas de la reina: behind the queen's back
redactó su Testamento: drew up her testament

> . . . nuestra principal intención fué procurar inducir y traer los pueblos de ellas (de las islas y tierra firme descubiertas) a los convertir a nuestra santa fe católica y enviar a las dichas islas y tierras firmes del mar océano prelados y religiosos y clérigos y otras personas doctas y temerosas de Dios para

doctas . . . temerosas de Dios: learned . . . God-fearing

natives and inhabitants

to inculcate

affectionately

instruir los vecinos y moradores de ellas en fe católica y les enseñar e doctrinar buenas costumbres y poner en ello la diligencia debida . . . Por ende, suplico al Rey, mi señor, muy afectuosamente y encargo y mando a la dicha princesa, mi hija y al dicho príncipe, su marido, que así lo hagan y cumplan y que éste sea su principal fin, y que en ello pongan mucha diligencia y no consientan ni den lugar que los indios vecinos y moradores de las dichas Indias y tierra firme, ganadas y por ganar, reciban agravio alguno en sus personas y bienes, mas mando que sean bien y justamente tratados.

surpassed

penetrating

exploited

Este código sobre la gobernación de las colonias americanas de hace cinco siglos y medio no ha sido superado en muchos aspectos por la legislación de las modernas naciones colonizadoras. Waldo Frank ha escrito: «El elemento creador de la conquista (española) es la presencia humilde, pero penetrante, del amor cristiano. Otros europeos han explotado y asesinado a los indígenas tanto como los españoles y se han mezclado con sus mujeres. Pero sólo el español, al mezclarse con la india, comenzó a vivir espiritualmente con ella.»

LA VIDA CULTURAL

Entre las órdenes que daba la reina a sus gobernadores está ésta:

= les enseñe

to cross themselves

Mandamos . . . que haga hacer en cada una de las dichas poblaciones y junto con las dichas iglesias una casa en que, todos los niños que hubiese en las dichas poblaciones, se junten cada día dos veces para que allí el dicho capellán les muestre a leer y a escribir y santiguarse y oigan la confesión y el Pater Noster y el Credo y Salve Regina.

La reina había acudido a todos los campos de la vida nacional. A uno de ellos prestó constante atención y fué el de la cultura. Daba ejemplo estudiando ella misma, creando centros de enseñanza, entre ellos cinco universidades y una escuela en palacio para los cortesanos y sus hijos. A veces acudían las damas y hay que citar el caso de doña Beatriz Galindo, llamada La Latina, por su conocimiento de esta lengua, que

Relieve de los Reyes Católicos en la fachada de la Universidad de Salamanca.

enseñó a los príncipes. La reina la dominaba también y podía hablarla cuando recibía a los embajadores. El recuerdo del abandono en que había pasado su infancia en cuanto a su educación, hacía que todo le pareciera poco para educar a sus hijos: despertó en ellos el gusto por la música, por las artes y por la lectura. Para fomentarlo formó una biblioteca que contenía obras fundamentales en todos los citados aspectos, con preciosas encuadernaciones en brocado y en cuero y guarniciones de plata, y buenos códices manuscritos y decorados con miniaturas.

bindings . . . trimmings

Tal era el ambiente cultural de la corte, sobre la cual escribe El Cura de los Palacios:

« ¡Quién podrá contar la grandeza y el concierto de su corte, los prelados, los letrados, el altísimo consejo que siempre la acompañaba, los predicadores, los cantores, los músicos, las solemnidades de las misas y horas que continuamente en su palacio se cantaban!»

men of letters . . . most high board of counselors

(other) hours of devotion

Sin el ambiente de esta corte y de cuanto rodeaba a la reina como antecedente no se podría comprender el Siglo de Oro, pues el reinado de los Reyes Católicos representa el florecimiento del Renacimiento en la literatura. En efecto, en 1499 aparece la obra de Fernando de Rojas, clásica y capital para el estudio de la novela, la « Comedia de Calisto y Melibea »

Sepulcros de los Reyes Católicos y de Doña Juana y Don Felipe. Capilla Real de Granada. Obra de Bartolomé Ordóñez y de Fancelli.

conocida generalmente con el nombre de su personaje central, « La Celestina ». Es también el momento del esplendor del Romancero y de los grandes poetas cortesanos, cuyas composiciones poéticas aparecen en los Cancioneros. Para la corte escribía sus mejores Eglogas teatrales uno de los padres del teatro español, Juan del Encina (1469-1529) .

Por fin, en 1508 aparece en Zaragoza la primera edición del « Amadís de Gaula » que revive en Europa los ideales caballerescos de la Edad Media. Es una de las grandes novelas del mundo y de las que más han influído en la literatura. De él se derivan los demás libros de caballería, tan leídos durante el siglo XVI.

Lo mismo fomentaba la reina los estudios geográficos y el dibujo de mapas y cartas náuticas para impulsar las expediciones que el intercambio de sabios con otros países o la implantación de la imprenta para difundir la cultura.

interchange
printing

CISNEROS

Francisco Jiménez de Cisneros, Arzobispo de Toledo, Cardenal y Regente de Castilla.

Si fué Colón quien llevó a cabo esta visión espiritual de la reina, fué Cisneros quien hizo realidad la visión cultural y renacentista de la soberana.

Al morir ésta se supo que lo había hecho testamentario, una prueba más de la estima en que lo tenía, desde que, por consejo del Cardenal Mendoza, Arzobispo de Toledo, lo nombró su confesor, porque « otra tan bendita y santa persona . . . no la podía topar ».

would not be able to find

Cisneros se presentó en palacio; mas con su hábito remendado y calzando sandalias. Sin embargo, su figura tenía distinción y dignidad, y su enjuto rostro era interesante. La reina quedó tan sorprendida de su pobreza como de su saber. El franciscano trató de excusarse de aceptar el puesto que le ofrecía, confundido por el honor y la responsabilidad que representaba para él; pero tuvo que ceder por obediencia a la reina y a la orden del Papa. Sin embargo, puso como condiciones: seguir viviendo en el convento y vistiendo el sayal de franciscano; y no ser consultado en los asuntos del Estado. Las dos primeras fueron aceptadas; y el tosco y usado sayal del fraile contrastaba en palacio con las ricas sedas de los trajes cortesanos. Mas la tercera condición que había puesto Cisneros no la cumplió la reina, quien necesitaba constantemente consejo para los asuntos de gobierno y estaba persuadida de que nadie podía dárselo mejor

patched . . . wearing

sackcloth robe

well-acquainted with

que aquel hombre sabio, justo, discreto y conocedor de la situación política. Así Cisneros, insensiblemente, llegó a ser el árbitro de la gobernación del Estado, sucesor del Cardenal Mendoza en la sede de Toledo y Regente del reino a la muerte de doña Isabel.

LA UNIVERSIDAD DE ALCALÁ

Alcalá, common in place names of Spain, means "the castle". The phrase "de Henares" is due to the fact that the town is on the Henares River.

See chapter on "San Isidoro."

Como todos los grandes hombres, dejó el cardenal Cisneros su obra propia, continuación de la iniciada por la reina en el campo de la cultura: la fundación de la Universidad de Alcalá de Henares, que llegó a tener en los comienzos de la edad moderna la misma importancia que tuvo la de Salamanca durante la Edad Media. Mientras que la base de los estudios en ésta eran el trivium y el quadrivium, la filosofía de Aristóteles, y la teología, en la Universidad de Alcalá el programa era mucho más amplio: se estudiaban en 46 cátedras las ciencias, y aparecían las humanidades – estudios referentes a las facultades humanas, especialmente las lenguas y las literaturas – en el lugar de la teología, que tenía como base el estudio de todo lo referente a la divinidad.

Alcalá was the first great Renaissance university inspired with the modern spirit: observation of nature, experimentation, study and use of the vernacular tongues

Pronto fué europea la fama de la Universidad de Alcalá, a la cual acudían estudiantes de lejanos países, llegando a ser unos 7.000.

Las universidades españolas imitaron la de Alcalá y fueron de las más adelantadas del mundo; se regían autónomamente; gozaban de vida propia, de libertad en sus métodos; eran gratuítas; y estaban organizadas democráticamente. El Rector era la única autoridad, pero lo elegían los profesores y los estudiantes; y éstos, a su vez, elegían los profesores.

De las aulas de la Universidad de Alcalá salieron hombres como Nebrija, que sólo con las enseñanzas recibidas en ellas, fué capaz de hacer su famosa Gramática, la primera escrita en castellano; Ponce de León, inventor del arte de hacer hablar a los mudos, antes que nadie lo intentase en el mundo; Salinas y Victoria, músicos universalmente conocidos; y el padre Vitoria, creador del Derecho Internacional, entre una serie de figuras ilustres de todas las épocas; y salió también de Alcalá el florecimiento literario que contribuyó al Siglo de Oro.

before anyone in the world had attempted it. *Aristóteles negaba esta posibilidad. El benedictino Pedro Ponce de León (1520-84) escribió un libro que se perdió. Su método se cree fué recogido por otro español, Bonet (siglo XVII) en su "Arte de enseñar a hablar a los mudos".*

Exterior de la Universidad de Alcalá de Henares.

LA BIBLIA POLÍGLOTA

Pero acaso lo que da mayor gloria a la Universidad de Alcalá es la dirección y publicación de la Biblia Políglota Complutense. Se llama *políglota* porque acompaña al texto hebreo su traducción a varias lenguas; y *complutense,* porque el nombre romano de Alcalá era Complutum. En esta obra magna trabajaron sabios cristianos, árabes, judíos, griegos, etc. La edición príncipe consta de 6 volúmenes a tres columnas, correspondiéndose los textos hebreo, griego y latino. Las demás traducciones están intercaladas.

published 1514-1517

first edition

put in between

La *Biblia políglota* ha sido calificada encomiásticamente por diferentes tratadistas en términos como éstos: «Obra igual a un milagro»; «La primera obra científica del mundo moderno»; o como dijo Menéndez y Pelayo, «Monumento de eterna gloria para España.» Este espléndido fruto del Renacimiento español lo había ido cultivando la reina Isabel.

with great praise . . . scholars

Great scholar and critic (1856–1912).

Retrato ecuestre de Carlos V, por Tiziano.

CARLOS QUINTO

La España imperial

Ghent (Belgium)

first-born

Charles' father, Philip, was the first Spanish ruler from the Austrian Dynasty.

En el año 1500 nació en Gante el príncipe Don Carlos, hijo primogénito de Doña Juana y Don Felipe. Sus abuelos eran, pues, por parte de madre, los Reyes Católicos; y por parte de padre, el emperador Maximiliano y la emperatriz de Austria.

Don Carlos fué educado en su país natal como correspondía a un príncipe que estaba llamado a ser uno de los monarcas más poderosos de la tierra. Se preparó, pues, para estadista, para gobernante. Y llegó a ser un hombre altamente culto en todas las ramas del saber, especialmente en Historia, Geografía, Matemáticas y Lenguas.

destined to be

statesman

El joven príncipe era feliz en Flandes y no tenía prisa por trasladarse a España, cuando fué llamado para ocupar el trono por haber muerto su abuelo y su padre, y porque su madre había sido incapacitada para gobernar. Por eso, al saber que el cardenal Cisneros ocupaba la regencia por segunda vez, se quedó muy complacido. Y le escribió una carta en la que le decía que, aunque su abuelo no lo hubiera nombrado regente, él mismo «no hubiera pedido ni exigido otra persona mejor, para desempeñar la regencia.»

Flanders

to move on

because his grandfather and father had died

discharge the duties of

Sin embargo, a poco, envió para que la compartiera con él a su preceptor Adriano de Utrecht; y cuando, al fin, llegó Don Carlos a España trató con grande injusticia a Cisneros. Una de las razones para esta actitud era que le había pedido al regente que lo proclamase rey de Castilla antes de ir a ella, y el cardenal se había negado porque las leyes exigían la presencia del príncipe y además, su dominio del español. Como ninguna de estas condiciones se daba, el pueblo también se opuso, protestando.

to share it

later Pope Hadrian VI

(fluent) command of Spanish

was being met

LLEGADA DE DON CARLOS A ESPAÑA

Aumentó la protesta cuando, al cabo de más de un año de espera, al fin desembarcó Don Carlos en España, rodeado de nobles flamencos, y cuando empezó a colocarlos en los puestos de más importancia y responsabilidad. Así, por ejemplo, nombró en seguida cardenal a Adriano de Utrecht y arzobispo de Toledo a un sobrino de éste que sólo contaba veinte años de edad.

to place them in positions

was only

El enorme descontento que produjeron en el país estos nombramientos ilegales se manifestó al reunirse las Cortes para pedir juramento, como de costumbre, a los procuradores. El de Burgos, en nombre de todos, dijo que no jurarían, si antes no se les prometía que

when Parliament met in order to ask the oath (of allegiance), as was customary, from the deputies

serían cumplidas las ochenta y ocho condiciones que ponían para aceptar al príncipe Carlos como rey. La primera de ellas era que éste había de cumplir las leyes de Castilla. Después de jurarlo, los aragoneses le exigieron la misma promesa respecto a las leyes de Aragón antes de reconocerlo también como rey.

A principios del año 1519 murió el emperador Maximiliano. Como la corona no era hereditaria, sino electiva, se presentaron varios candidatos al trono. Los principales eran Francisco I de Francia y Carlos I de España. Dos reyes y dos naciones rivales se encontraban frente a frente. Europa entera tomaba partido por uno o por otro, y triunfó Carlos I.

GUERRA DE LAS COMUNIDADES

Al enterarse del triunfo, quiso salir Don Carlos inmediatamente para Alemania; pero las ciudades españolas se opusieron a que abandonase de nuevo el país y a darle el subsidio que necesitaba para el viaje. Para conseguirlo tuvo el rey que reunir las Cortes, que fueron muy agitadas porque algunos procuradores se negaban a dar dinero para asuntos que no fuesen exclusivamente españoles. Al fin, después de prometer que regresaría en un plazo fijo, pudo el rey embarcar dejando como regente al cardenal Adriano. Pero no había hecho más que zarpar el barco cuando la tempestad política que estaba latente en España, se desencadenó por toda ella y tomó proporciones sangrientas en las Guerras de las Comunidades de Castilla, y de las Germanías de Valencia.

within a fixed time

municipal governments (communities and brotherhoods) who were opposing foreign rulers and defending their rights

OTRAS LUCHAS

Mientras tanto, el rey era coronado emperador de Alemania con el nombre de Carlos V. Esto desató la rivalidad de Francisco I y dió lugar a largas luchas. En ellas, si el rey de Francia se apoderó de Navarra, el de España se apoderó de toda Italia. Francisco I intentó recuperar Pavía y puso sitio a la ciudad. Pero los españoles cayeron de improviso durante la noche sobre el campamento francés haciéndose dueños de él. Utilizaron para ello la estratagema de «la encamisada,» llamada así porque los soldados se pusieron

unleashed

laid siege to

camisade, night attack

a camisa blanca sobre el uniforme para poderse listinguir, durante la refriega, en la oscuridad.

hand to hand fight

El joven rey de Francia, Francisco I, fué hecho prisionero y conducido a Madrid, donde Carlos I o encarceló en la torre de los Lujanes. Lo trató on todo respeto, más como a huésped real que como prisionero. Desde allí le escribió Francisco I su madre la célebre frase: «Todo se ha perdido menos el honor, — y la vida, que se ha salvado.» Para conseguir la libertad tuvo que hacer el rey de rancia muchas promesas, algunas de las cuales no umplió. Por eso Carlos I conservaba en rehenes a os hijos del rey Francisco. Para libertarlos se formó a Liga Santa o Clementina, con el Papa Clemente VII.

He was known as the "Gentleman King".

kept as hostages

ELACIÓN ENTRE EL PAPA Y EL EMPERADOR

Disgustado con este acto del Papa, el ejército de arlos V en Italia entró a saco en el Vaticano y en an Pedro de Roma, viéndose obligado el Pontífice a fugiarse en el castillo de Santángelo.

sacked

The remodeled mausoleum of Hadrian, in Rome.

Carlos I se enteró de lo sucedido en el momento n que nacía su primogénito, el príncipe Felipe. Las estas preparadas para la celebración del natalicio ueron suspendidas; se ordenó que la corte vistiese e luto; Carlos V escribió al Papa lamentando lo currido; dió explicaciones a todos los príncipes ristianos e hizo toda clase de protestas. Era natural ue lo hiciese, pues, nacido y educado Carlos V en a católica Flandes, hijo de una reina católica y nieto e los Reyes Católicos, no tenía nada de extraño que sintiera llamado a ser el campeón del catolicismo. ello dedicó la mayor parte de su tiempo y de su sfuerzo.

learned what had happened

and apologized profusely

it was not strange that he should consider himself called to be

A *la izquierda:* Casa de Juan Bravo, uno de los jefes del movimiento de las Comunidades con Padilla y Maldonado (Segovia). *A la derecha:* Torre de los Lujanes, Madrid.

Presentación por Lutero a Carlos V, de la Confesión de Augsburgo, 1530. *(Bett-man Archive)*

had to face rising Protestantism ... Martin Luther

Para realizar su plan — implantar el catolicismo en toda Europa — tuvo que hacer frente al protestantismo naciente, después de haber tratado de llegar a un acuerdo con Lutero. Pero varias discusiones entabladas con él no evitaron las guerras.

Barbarrosa, *Bey of Algiers, defeated by Charles V at Tunis. Afterwards allied himself with Francis I of France to capture Nice.*

Además de estas guerras, mantenía otras contra los turcos, que amenazaban invadir Europa, y también contra el pirata Barbarroja, que era un peligro para todas las costas del Mediterráneo, hasta que logró vencerle.

that I will break it (the peace) ... wield the lance

Con la muerte de Lutero, de Barbarroja y de Francisco I, las cosas parecieron calmarse; pero la enfermedad del rey avanzaba. Cuando el de Francia, de nuevo en guerra con él, volvió a pedirle la paz, Carlos V estaba ya tan mal que le escribió: «No temáis que la rompa porque la mano que casi no puede ya sostener la pluma no está para blandir la lanza.»

EL CONCILIO DE TRENTO

Famous church council held at Trent, in the Tyrol, with interruptions, from 1545 to 1563.

which he encountered

understanding

El Concilio de Trento, que hacía tiempo se había convocado y suspendido a causa de las dificultades enormes con que tropezaba, se reanudó, al fin, en 1552. El emperador desempeñó en él un papel muy importante y pronunció un famoso discurso. En él trataba de demostrar, principalmente, su deseo de una avenencia entre toda la cristiandad y las dificultades que siempre puso para ello el rey de Francia provocando guerras constantes. Los siguientes párrafos pertenecen a dicho discurso:

placed in the way of it

Discurso de Carlos Quinto ante el Papa

. . . Pues ahora se ha de hacer Concilio, yo remito a él todas estas cosas, sometiéndome a todo lo que el dicho Concilio dispusiese. Y esto y mucho más haré por la paz de la cristiandad, y por que no tenga el rey de Francia ocasión de hacer conciertos y ligas con el Turco y con los infieles, contra Nos. . . .

Now that the Council is to meet

agreements and leagues

Algunos dicen que yo quiero ser monarca del mundo, y mi pensamiento y obras muestran lo contrario: . . . que la cristiandad esté en paz y posea cada uno lo suyo; y que nos concertemos y hagamos una confederación contra los infieles, como ha sido siempre mi intención hacerla. . .

at

Y si el rey de Francia hace lo que hace por odio o por enemistad que a mi persona tenga, a esto digo que ninguna razón tiene, y que siempre que él de mí lo quisiere, le tendré el amor y voluntad que a mi hermano debo tener. . . . Por tanto, yo prometo a Vuestra Santidad, delante de este Sacro Colegio y de todos estos caballeros que presentes están, que si el rey de Francia se quiere conducir conmigo en armas de su persona a la mía, he de conducirme con él armado; o desarmado; en camisa o con espada y puñal; en tierra o en mar; en campo cerrado o delante de nuestros ejércitos; doquiera o como quiera que él quiera y justo sea. . . .

whenever he wishes it of me, I shall have for him

to fight with me person to person, I shall fight with him . . . tunic. . . in private (in a closed field). . . wherever and however . . . fair

Yo tomo a Dios y a Vuestra Santidad su vicario en la tierra por juez; para que si yo no tengo razón, Vuestra Santidad me castigue; y si la tengo, Vuestra Santidad me ayude y favorezca contra los que no la tuvieren. . . .

Y con esto, acabo diciendo una vez y tres: —Que quiero paz; que quiero paz; que quiero paz.

not once but three times

A partir del Concilio de Trento, el catolicismo europeo toma un carácter muy español por ser la Orden de los Jesuítas, recién fundada por el caballero español Ignacio de Loyola, la que se impuso y dió orientación a las discusiones y a los acuerdos.

also called Compañía de Jesús (Society or *Company of Jesus), a name reminiscent of Loyola's military background*

A pesar de todo, Carlos V tuvo que renunciar a su ilusión de imponer el catolicismo en Europa, y se vió obligado a firmar el tratado de Passau que permitía la libertad de cultos en Flandes. Con esto y con la muerte de su madre, su salud se debilitó. El rey comenzó entonces a gestionar el matrimonio de su hijo con la reina María de Inglaterra. La boda se llevó a cabo con gran pompa, y la mayor edad del príncipe Don Felipe decidió a Don Carlos a abdicar en él.

dream

Bavarian city, where the treaty of 1552, granting freedom of religion to the Lutherans, was signed.

called "Bloody Mary" because of her persecution of English Protestants

caused Don Carlos to decide to abdicate in his favor

ABDICACIÓN DE DON CARLOS

En su *Historia de la Orden de San Jerónimo* nos relata el Padre Sigüenza el acto de la abdicación, de esta manera:

Acabada la plática del presidente, Su Majestad hizo otra más breve, y como señor, llena de majestad y consuelo para los que estaban presentes. Pidió que le perdonasen las faltas que había hecho en el gobierno y que recibiesen por natural señor a su hijo, Príncipe de España, que supliría sus defectos, y que tuviesen esto por bien, pues en lugar de un príncipe viejo, enfermo y tan impedido como él estaba, les daba un príncipe sano, fuerte, virtuoso y católico. Aquí fueron muchas las lágrimas que se derramaron, no sólo de todos los Grandes y Señores que estaban presentes, mas el magnánimo césar no pudo contener las suyas... Pasadas algunas razones, se hicieron las ceremonias y solemnidades de la renunciación, y el rey Felipe aceptó la investidura y títulos de los Estados... Y terminó con lágrimas en los ojos: «Quedaos a Dios, que en el alma os llevo!»

The President's address having been finished

who would make up for his deficiencies, and that they should be happy about this

but also, even

After some discussion

God be with you

Pocos días después sintiéndose Su Majestad más fatigado con sus enfermedades, el 10 de enero de 1556, hizo solemne y pública renunciación en el rey Don Felipe, su hijo, de todos los reinos y señoríos que le habían quedado, sin reservar para

En la página opuesta: Retrato de Felipe II, por Tiziano.

sí un palmo de tierra. Y mandó que se leyese la renunciación firmada de su nombre en público, en lengua latina, estando el príncipe Don Felipe de rodillas delante de su padre, la cabeza descubierta. Fenecido el acto, el príncipe besó la mano a su padre, bañándola con lágrimas, y él le besó en la frente y echó su bendición diciéndole amorosas y graves sentencias.

= terminado

giving him loving and serious advice

...Así quedó desnudo de cuanto poseía en la tierra este monarca tan de veras católico, religioso, pío, honra del género humano, ejemplo raro, digno de eterna memoria y que con dificultad hallaremos con quien compararlo.

En el mes de septiembre, con un numeroso séquito, se dirigió a España desde Bruselas. Al desembarcar exclamó: «Yo te saludo, madre común de los hombres; desnudo salí del vientre de mi madre; desnudo volveré a entrar en tu seno.»

Brussels

RETIRO AL MONASTERIO DE YUSTE

A los tres meses se retiró al monasterio de Yuste, situado en medio de un paisaje sobrio y majestuoso, y muy alejado de todo lugar habitado. Pero perma-

Southwest of Salamanca, in western Spain ... austere

necía en relación con el mundo a través de su hijo que constantemente lo visitaba y le pedía consejo. Se instaló en un pabellón donde se rodeó de muebles y objetos propios; siguió vistiendo sus ricos trajes; siguió usando su vajilla de plata y conservó cincuenta personas de su séquito que le atendían en todo. Conversaba mucho sobre temas religiosos con un monje que luego fué San Francisco de Borja y que antes había sido el poderoso duque de Gandía, de la familia de los Borgia. Era muy aficionado el emperador a la mecánica y construyó varios relojes que trataba de poner al unísono, como había tratado de poner la conciencia de los hombres. Fué precursor, en cierto sentido, de la política mundial por la que sigue luchando la «Organización de las Naciones Unidas.»

wing of the building

later became San Francisco de Borja . . . This famous Italian family of the Renaissance was of Spanish origin. Pope Alexander VI (1492–1503) was a Borgia.

synchronize

Asistía a los rezos y ceremonias de los monjes, cantaba en el coro y hacía penitencia. Cuando sintió próximo su fin, se ha dicho anecdóticamente que hizo celebrar y presenció sus propios funerales; y murió en 1558. Fué enterrado en el monasterio de Yuste, donde estuvieron sus restos hasta que fueron trasladados al mausoleo de El Escorial, construído por su hijo Felipe II, para enterramiento de los reyes de España.

his own funeral rites

Monasterio de El Escorial, severa construcción de granito, obra de Herrera (siglo XVI).

Residencia del Emperador en el monasterio de Yuste (Extremadura).

APRECIACIÓN DE SU PERSONALIDAD

Carlos V ha sido uno de los monarcas más discutidos; pero, tanto sus defensores como sus detractores, reconocen sus excepcionales condiciones personales y políticas. Fué tan buen guerrero como diplomático y una personalidad capaz de mantener bajo su cetro un imperio tan extenso que en él «no se ponía nunca el sol», pues comprendía: España (y Portugal), Rosellón, Sicilia, Cerdeña, Nápoles, Milán, los Países Bajos, Alemania, el norte de Africa y la América del Sur, la del Centro y parte del sur de Norteamérica.

Rossignol . . . Sardinia . . . the Netherlands

A todo acudía y aún le quedaba tiempo para fomentar y hasta para practicar las artes. Fué grande amigo de Tiziano, quien nos dejó del rey espléndidos retratos reveladores del firme carácter del monarca. Igualmente nos lo muestra su cronista Alonso de Santa Cruz con estas palabras:

He occupied himself with everything

Titian

RETRATO FÍSICO

Fué el emperador Don Carlos mediano de cuerpo, de ojos grandes y hermosos, las narices aguileñas, los cabellos rojos y muy llanos, la barba ancha y redonda y bien proporcionada, la garganta recia, ancho de espaldas, los brazos gruesos y recios, las manos medianas y ásperas. Su mayor fealdad era la dentadura tan desproporcionada que sus dientes no se encontraban nunca.

thick-necked

his denture, which was so disproportionate that his teeth never met

RETRATO MORAL

Uno de sus biógrafos nos lo retrata moralmente así:

Carlos V tenía en lo moral algo de sus antepasados: de Fernando, la astucia; de Isabel, la grandeza de los conceptos; de Carlos el Temerario, el valor; de Maximiliano, la afición a las Bellas Artes y a la mecánica; y de su madre, la melancolía . . . Era agradable a los flamencos y a los borgoñones por su benevolencia y familiaridad; a los italianos, por su prudencia y su talento; a los españoles por el esplendor de su gloria y su severidad . . . Poseía una voluntad poderosa y una prodigiosa facultad para el trabajo.

Charles the Bold, 1433–1477, *Duke of Burgundy.*

Burgundians (of Burgundy)

HERNAN CORTES

España en América

Los que le conocieron decían que era un hombre simpático, de gran apostura, de agradables maneras y notablemente valeroso en la guerra. Bernal Díaz del Castillo, en su *Historia verdadera de la conquista de la Nueva España,* nos hace este retrato de Cortés:

gracefulness

Soldier-chronicler who accompanied Cortés in the conquest of Mexico.

Fué de buena estatura y de cuerpo bien proporcionado y membrudo y la color de la cara tiraba algo a cenicienta y no muy alegre; y si tuviera el rostro más largo, mejor le pareciera; los ojos, en el mirar, amorosos y, por otra parte, graves; las barbas tenía algo prietas y pocas y rasas, y el cabello que en aquel tiempo se usaba era de la misma manera que las barbas; y tenía el pecho alto y la espalda de buena manera; y era cenceño y de poca barriga y las piernas y muslos bien sacados; y era buen jinete y diestro de todas armas, así a pie como a caballo, y sabía muy bien menearlas, y sobre todo, corazón y ánimo, que es lo que hace al caso . . . En todo lo que mostraba, así en su presencia y meneo, como en pláticas y conversaciones y en el comer y en el vestir, en todo, daba señales de gran señor. Los vestidos que se ponía eran según el tiempo y usanza, y no se le daba nada de no traer muchas sedas ni damascos ni rasos, sino que vestía llanamente y muy pulido; ni tampoco traía cadenas grandes de oro . . . Servíase ricamente, como gran señor, con dos maestresalas y dos mayordomos y muchos pajes; y todo el servicio de su casa muy cumplido y grandes vajillas de plata y de oro . . . Era muy afable con todos nuestros capitanes y compañeros, y era latino y oí decir que era bachiller en leyes. Era algo poeta y hacía coplas en metros y en prosa; y en lo que platicaba lo decía muy apacible; y rezaba y oía misa con devoción.

husky

he would have been better looking; his eyes, when he glanced at you, gentle yet serious; his beard was rather black, sparse and smooth . . .

a high chest and straight shoulders . . . well developed . . . skilled in all weapons . . . courage and spirit, which is what matters

In all that was apparent

denoted the aristocrat

fashion, and he was not at all concerned about not wearing . . . or satins . . . neat

He was served . . . as befitted . . . managers of the household and two butlers

Latinist

Había nacido en el año de 1485 en Medellín, ciudad importante de Extremadura. Esta región del

S.O. de España dió navegantes y descubridores desde que Colón abrió la ruta atlántica hacia el Oeste, y Cortés fué uno de ellos. Sus padres lo enviaron a Salamanca para estudiar leyes; pero el muchacho no mostraba afición al estudio; en cambio, bullían en su imaginación, con toda la fuerza de la juventud,

Arriba: Grabado antiguo de Cortés. *En la página opuesta:* Macuilxochitl, dios del canto, de la danza y del juego.

Salida de Cuba para Méjico de los barcos de Cortés. (Grabado tomado de la *Historia General de las Indias Occidentales* de Herrera. *(Bettman Archive)*

Among those moved by the desire to seek adventure and make discoveries, there were great explorers: Orellana who explored the Amazon valley; Mendoza, discoverer of the Plata River and founder of Buenos Aires; Coronado who made noteworthy expeditions up the Colorado and Missouri Rivers; Cabeza de Vaca who led a force from Florida to California; Núñez de Balboa who discovered the Pacific; Hernando de Soto who died while searching through the valley of the Mississippi; and Ojeda, discoverer of the Orinoco.

las maravillas que se contaban del Nuevo Mundo. Por eso, decidió irse a probar fortuna como hacían los segundos hijos de muchas familias españolas, mientras se quedaban en casa los primogénitos.

LLEGADA DE CORTÉS A AMÉRICA

inspect the mainland

Al fin, en 1504 embarcó Cortés para Santo Domingo, cuyo gobernador lo puso al servicio de Diego Velázquez, gobernador de Cuba. Pronto desempeñó Cortés allí puestos importantes, gracias a las condiciones que reveló en la colonización de la isla. Fué nombrado alcalde de Santiago donde se casó con una alta dama española. Durante todo este período de vida sedentaria se dedicó Cortés al laboreo de minas y a la agricultura; pero estas ocupaciones, aunque le proporcionaban dinero, no satisfacían sus aficiones guerreras. Y decidió emprender una expedición para reconocer tierra firme. Diego Velázquez lo persiguió y encarceló dos veces, por celos y rivalidades. Las dos veces logró escapar, teniendo que atravesar a nado un río.

DESEMBARCO EN MÉXICO

Al fin, pudo Cortés organizar otra expedición a Méjico con la intención de conquistarlo. Zarpó de Santiago en 1518 con diez naves armadas con diez cañones y tripuladas por 550 españoles, 300 indios y algunos negros. Antes de un mes, desembarcaba en las costas de Méjico y tomaba la ciudad de Tabasco. Los indios quedaron suspensos ante aquellos hombres blancos que les parecían sobrenaturales, que surgían del mar en castillos flotantes y que manejaban monstruos que echaban fuego por la boca con un estrépito nunca oído. A los jinetes los tomaron por figuras mitológicas que formaban un solo ser con el caballo. Cortés ancló sus naves y cogió muchos cautivos. Entre ellos estaba la india Malinche [Marina] que, enamorada de Cortés, le siguió a todas partes. Aprendió el castellano y le sirvió en adelante de intérprete.

pudo Cortés organizar: Cortés succeeded in organizing
Zarpó: He set sail
Tabasco: *In the present-day gulf-coast state of the same name.*
sobrenaturales: *The god Quetzalcoatl had prophesied that some day fair-skinned gods would come out of the east to rule the Aztec land.*
estrépito nunca oído: unheard-of noise
un solo ser: a single being
en adelante de intérprete: from then on as interpreter

Cortés recibe a los emisarios de Moctezuma. *(Bettman Archive)*

LOS AZTECAS

Por Marina supo Cortés que, desde hacía más de 300 años, existía en aquellos enormes territorios, un poderoso imperio de aztecas y otros indios, gobernados por varios reyezuelos o caciques que obedecían al emperador Moctezuma. Cortés decidió conquistar este imperio.

petty rulers (kinglets)

This "empire" was composed of many Indian peoples, as different from each other as so many different races: Aztecs, Zapotecs, Mayans, etc., and with as different languages: "Otomi", "Yucatan", etc.

Para ello, de acuerdo con los que le acompañaban, se hizo independiente de Velázquez y envió a España en una de las naves a un emisario, ofreciendo sus servicios directamente al rey, que era ya Carlos I. Para evitar que sus tropas, como intentaban, se volviesen a Cuba, hizo quemar las naves, obligando así a la tripulación a quedarse. Este hecho es el origen de la frase tan usada en sentido figurado, de «quemar las naves.» Cortés, al frente de sus tropas, avanzó al encuentro de aquel pueblo que los españoles se imaginaban también como algo fabuloso por las cosas

as they were attempting to

so often used in a figurative sense: "to burn one's bridges behind one"

Xipe-totec, dios de los joyeros. *(Códice Borbónico)*

Página de un códice azteca.

que habían oído contar. Pero, sin embargo, pronto vieron que los indígenas eran vencidos, porque sus únicas armas, las macanas (palos de duras maderas tallados y pintados a veces con arte) no podían oponerse a las armas de fuego de los españoles.

Compare "esto es una macana" meaning "this is worthless".

TLASCALTECAS Y OTROS INDIOS

Uno de los pueblos que Cortés encontró al paso fué el de los tlascaltecas, los cuales se unieron a su ejército porque odiaban a sus dominadores, los aztecas, y deseaban vencerlos. Fueron una gran ayuda para Cortés, no sólo por su valor, sino por lo bien que conocían el terreno. En el famoso *Códice Tlascalteca* puede seguirse la historia de la conquista, representada mediante dibujos en colores. En ellos aparecen las figuras de españoles e indios, generales y Cortés, Moctezuma y los caciques; y se distinguen las armas y la indumentaria de unos y otros, las naves, las casas, y escenas y episodios de la conquista. Es, pues, un documento histórico de gran valor.

on the way

but because they knew the terrain so well

of each and every one *(See the drawing, page 93.)*

Cartas de relación de la conquista de México

En cuanto a las casas y los templos de los aztecas, Cortés nos cuenta en sus *Cartas de relación* cómo eran, de este modo:

LAS CASAS

Hay casas muy frescas y de muchos aposentos, porque nosotros hemos visto más de cinco patios dentro de unas mismas casas, y tienen dentro sus pozos y albercas de agua, y aposentos para esclavos y gente de servicio, que tienen mucha. Y cada uno de estos principales tienen a la entrada de sus casas, fuera de ellas, un patio muy grande y algunos, dos y tres y cuatro muy altos, con sus gradas para subir a ellos.

LOS TEMPLOS

Tienen sus mezquitas y adoratorios y allí tienen sus ídolos que adoran, — de ellos de piedra, de ellos de barro, y de ellos de palos —, a los cuales honran y sirven de tanta manera y con tantas ceremonias que en mucho papel no se podría hacer de todo ello a Vuestras Altezas, entera y particular relación. Y todos los días, antes que obra alguna comienzan, queman incienso y algunas veces sacrifican sus mismas personas, cortándose unos las lenguas, y otros, las orejas, y otros, acuchillándose el cuerpo con unas navajas; y toda la sangre que de ellos corre la ofrecen a aquellos ídolos. Y tienen otra cosa horrible y abominable y digna de ser punida, hasta hoy no vista en ninguna parte y es que, todas las veces que alguna cosa quieren pedir a sus ídolos, para que más aceptación tenga su petición, toman muchas niñas y niños y aun hombres y mujeres y, en presencia de aquellos ídolos, los abren vivos por los pechos y les sacan el corazón y las entrañas y queman las dichas entrañas y corazones, . . . ofreciéndoles en sacrificio aquel humo.

temples and shrines

some of stone, some of . . .

that even on many pages one would not be able to give your Highnesses a complete and detailed account of all of it. And every day, before they begin work of any sort

and deserving of punishment

in order that their prayer be more acceptable

entrails

Esto hemos visto algunos de nosotros, . . . y es la más terrible y la más espantosa cosa [de ver] que jamás se ha visto.

Conforme avanzaban los españoles hacia la capital, se les iban uniendo otras tribus. Ya cerca de aquélla, llegó ante Cortés una embajada de Moctezuma que le enviaba ricos presentes. Cortés recibió a los embajadores sentado en un trono que había hecho levantar en una de las naves, y los alojó en el castillo de proa. Al día siguiente mandó disparar los cañones en presencia de todos los miembros de la embajada, los cuales regresaron aterrados ante Moctezuma y le dieron cuenta de todo. Los españoles siguieron avanzando por el país. Otro embajador salió al encuentro de Cortés, quien le explicó sus planes y le expresó su deseo de visitar a Moctezuma. Éste dudó mucho si presentarse o no, atemorizado por las noticias recibidas. Pero Cortés, impaciente, decidió entrar en la ciudad. Él mismo nos lo cuenta en otra de las «Cartas»:

Conforme: As

una embajada: a diplomatic mission (envoys)

castillo de proa: forecastle

No less frightening than the cannons were the Spaniards' horses, animals theretofore unknown to the Indians, which made possible the action of the cavalry, so important in the conquest. The Indians immediately decided that they were seeing monsters, half man and half horse.

Templo de Quetzalcoatl en Teotihuacán.

ENCUENTRO CON MOCTEZUMA

Pasado aquel puente nos salió a recibir aquel señor Moctezuma con hasta doscientos señores todos descalzos y vestidos de otra manera de ropa, asimismo bien rica a su uso y más que la de los otros; y venían en dos procesiones; muy arrimados a las paredes de la calle, que es muy ancha y muy hermosa y derecha y tiene dos tercios de legua y de la una parte y de la otra muy grandes y buenas casas; y el dicho Moctezuma venía por medio de la calle con dos señores, el uno a la mano derecha y el otro a la izquierda . . . Cada uno lo llevaba de su brazo; y como nos juntamos, yo me apeé y le fuí a abrazar sólo; y aquellos dos señores que con él iban me detuvieron con las manos para que no lo tocase y ellos hicieron ceremonia de besar la tierra.

kind, sort . . . likewise very rich in its way, and more so than that of the others

on both sides

as we met

went through the ceremony

Moctezuma le saludó a Cortés con el discurso siguiente:

Muchos días ha que tenemos noticia por nuestras escrituras . . . de un señor, cuyos vasallos todos eran, el cual se volvió a su naturaleza . . . Y siempre hemos tenido por cierto que los que descendiesen de él habían de venir a sojuzgar esta tierra y a nosotros como sus vasallos. Y según de la parte que vos decís que venís que es en donde sale el sol, y las cosas que decís de ese gran señor o rey que acá os envió, creemos y tenemos por cierto el ser nuestro señor natural. Y por tanto, vos sed cierto que os obedeceremos y tendremos por señor en lugar de ese gran señor; y bien podéis en toda la tierra que yo en mi señorío poseo, mandar a vuestra voluntad . . . y pues estáis en vuestra naturaleza y en vuestra casa, holgad y descansad del camino y guerras que habéis tenido . . . Sé que os han dicho que tenía las casas con las paredes de oro . . . y que yo era y me hacía Dios y otras muchas cosas. Las casas ya las veis que son de piedra y cal y tierra. Veisme a mí que soy de

For a long time we have had . . . a lord of whom all were vassals, and who returned to his native land . . . And we have always considered it certain

And according to the direction from which you say you came

that he is

in your native land

that I was and considered myself (to be) God

You see that I am

Pared de las ruinas zapotecas de Mitla, Méjico. *(Pease, Monkmeyer Press Photo Service)*

carne y hueso como vos y como cada uno y que soy mortal y palpable. Ved cómo os han mentido. Verdad es que yo tengo algunas cosas de oro que me han quedado de mis abuelos; todo lo que yo tuviere tenéis cada vez que vos lo quisiereis. Yo me voy a otras casas, donde vivo; aquí seréis proveído de todas las cosas necesarias para vos y vuestra gente y no recibáis pena alguna, pues estáis en vuestra casa.

real

which were left me by my ancestors; all that I have is yours whenever you desire it

supplied with

don't think you are troubling us at all

Moctezuma permitió a las tropas que recorrieran las calles y plazas de la ciudad, que era grande y hermosa. Pero los soldados abusaron apoderándose de cuanto quisieron, especialmente en el mercado, descrito por Cortés, de este modo:

took advantage, seizing everything they wanted

UN MERCADO AZTECA

La ciudad es tan grande y de tanta admiración que, aunque deje mucho de lo que podría decir de ella, lo poco que diré creo es casi increíble.

even if I omit

Hay en esta ciudad un mercado y cuotidianamente hay en él de treinta mil almas arriba, vendiendo y comprando. En este mercado hay joyerías de oro y plata y piedras y de otras joyas de plumaje, tan bien concertado como puede ser en todos los mercados del mundo. Hay mucha loza de todas maneras y muy buena y tal como la mejor de España. Venden mucha leña y carbón y yerbas de comer y medicinales. Hay casas donde lavan las cabezas, como barberos, y las rapan; hay baños. Finalmente que entre ellos hay toda manera de buen orden y policía y es gente de toda razón y concierto.

upwards of 30,000 people (souls)

veritable jewels of feathers, as well arranged . . . of all types . . . like

shave them

they are a completely sensible and orderly people

Con pretexto de que unos indios habían atacado la guarnición de Veracruz, Cortés cogió en rehenes a Moctezuma exigiéndole una crecida indemnización para devolverle la libertad.

as a hostage

Al mismo tiempo supo Cortés que habían desembarcado 1500 españoles y 1000 cubanos, con sus caballos, enviados por el gobernador Velázquez contra él. Y aunque no contaba ni con la mitad de este número de fuerzas ni con el apoyo de los indígenas — que estaban indignados con la dominación de Cortés, — éste decidió ir contra los nuevos españoles que avanzaban al mando de Pánfilo de Narváez. Dejó en la ciudad de Méjico una guarnición y partió con unos 100 soldados de infantería. Por el camino se le iban uniendo grupos de los nuevos invasores, descontentos de su jefe. Llegó de noche al campamento de Nar-

And although he wasn't counting on (having) half this number of troops, nor on

One of the conquerors of Cuba; he afterwards explored Florida, and died there in 1529.

kept joining him

váez y, aprovechándose de la oscuridad, lo hizo prisionero por sorpresa, llevándose tras él todas sus tropas.

MUERTE DE MOCTEZUMA

Mientras tanto, Alvarado, el general que había quedado al frente de la guarnición, supo que querían asesinarle los indios; y aprovechando una ceremonia religiosa de éstos, prendió e hizo ejecutar a varios de sus jefes. Los indios se sublevaron. Al llegar Cortés, la situación era gravísima. Moctezuma, desde un balcón, trataba de calmar a sus gentes; y ellos mismos le dieron muerte llamándole traidor.

Pedro de Alvarado, one of Cortés' captains; explored Ecuador and founded Guatemala before his death, 1541.

Bernal Díaz del Castillo, en su *Conquista de la Nueva España,* lo cuenta de este modo:

soldier and writer (1492?-1581?) born in Medina del Campo

Moctezuma se puso al pretil de una azotea con muchos de nuestros soldados que le guardaban y les comenzó a hablar (a los suyos) con palabras muy amorosas, que dejasen la guerra . . . Cuatro de ellos se (le) llegaron y llorando le dijeron: «Oh, señor y nuestro gran señor, y cómo nos pesa de todo vuestro mal y daño!. . . Y más dijeron que la guerra la tenían que acabar o que tenían prometido a sus ídolos de no la dejar hasta que todos nosotros muriésemos. . ., que no le dejarían de tener más que antes por señor, y que los perdonase. Y no hubieron bien acabado este razonamiento, cuando (otros de los suyos) tiran tanta piedra y vara, . . . que le dieron tres pedradas; y, (a poco) vinieron a decir que era muerto. Y Cortés lloró por él y todos nuestros capitanes y soldados; y hombre hubo . . . de que fué tan llorado como si fuera nuestro padre; y no nos hemos de maravillar de ello, viendo que tan bueno era.»

came up to him

And furthermore . . . they had to finish the war or rather that . . . not to stop it

They had hardly finished . . . so many stones and sticks . . . that three stones hit him

and there were men who wept for him as much . . . and no wonder

Figuras de un códice azteca.

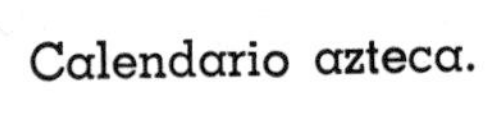

Calendario azteca.

«LA NOCHE TRISTE»

Fué nombrado entonces otro emperador, Cuauhtémoc o Guatemocín, muy diferente en temperamento y condiciones políticas. Fingiendo permitir a las tropas de Cortés la entrada en la ciudad, las cercó y las atacó. Viendo Cortés que era imposible vencer a los indios en aquellas condiciones, ordenó la evacuación de la ciudad aprovechando la oscuridad de una terrible noche de lluvia, que se conoce en la historia con el nombre de «noche triste.» Los soldados, perseguidos por los aztecas y sin conocer aquel escabroso terreno, se despeñaban o, desde los diques caían al agua de los canales que rodeaban la ciudad. Los indios los recogían en sus canoas para ofrecerlos como víctimas a los dioses. Las ceremonias de los sacrificios atrajeron a muchos indios deseosos de presenciarlas. Pero su número seguía siendo imponente en el campo de batalla. Pasaron varios días angustiosos para los españoles, por habérseles acabado la pólvora. Pero dos arrojados soldados se ofrecieron a bajar al cráter del Popocatépetl, sacaron azufre y fabricaron pólvora, de nuevo. Entonces, gracias a ello y al valor de los pocos hombres que le quedaban a Cortés, alcanzó la memorable victoria de Otumba (1520), decisiva para el futuro de Méjico. Esperó refuerzos y con ellos fué avanzando otra vez hasta poner sitio a la ciudad. Y lo hizo por tierra, desde las calzadas; y por agua, desde la flotilla que había construído rápidamente con este fin.

se despeñaban: went tumbling down the cliffs

por habérseles acabado la pólvora: because they had run out of gunpowder

arrojados: daring

Popocatépetl: *volcano (about 17,800 ft. high) on the horizon of Mexico City*

Tres meses duró el sitio de la plaza, heroicamente defendida por los aztecas y gobernada por Guatemocín. Los españoles tenían que tomar casa por casa; y, después de tomadas, las quemaban, para evitar que los enemigos se volviesen a hacer fuertes en ellas. Con los escombros iban cegando las lagunas que rodeaban la ciudad de Méjico. Con la derrota y ejecución de Guatemocín terminó la lucha, y el país quedo definitivamente dominado y bajo la corona de España.

ejecución de Guatemocín: *The captured Cuauhtémoc was brought before Cortés and there he asked Cortés to kill him with his dagger. Not only did Cortés spare his life, but praised his heroism. Later, however, while Cortés was absent, the Indians rose up to punish the abuses of his men, and, as a result, Cuauhtémoc was condemned to death.*

En la página opuesta: El disco del sol, o calendario azteca. *Arriba:* El árbol de «la noche triste», debajo del cual, según la leyenda, lloró Cortés. *(Three Lions)*

CORTÉS, GOBERNADOR DE NUEVA ESPAÑA

En vista del triunfo, el emperador Carlos V perdonó a Cortés las faltas de que se le acusaba y lo nombró gobernador de Méjico. Envió colonos de España, y, en muy poco tiempo, se convirtió el país en la más rica y floreciente colonia del imperio, y la ciudad, en la más bella e importante de todas.

of which he was accused

Spiritual development was also undertaken by missions throughout the country. The monks taught the Indians to read and write and instructed them in religion according to the Laws of the Indies; infractions of these laws, severely punished, aroused the indignation of Padre Bartolomé de las Casas.

Si bien Cortés hizo posible este florecimiento rápido con sus condiciones de organizador, a veces siguió una política dura con los indígenas, y procedimientos equivocados, como el de la destrucción de sus ídolos. Pero hay que decir, que esta política no fué exclusiva de Cortés, sino la corriente de todos los conquistadores de todos los países y tiempos.

As to material development, Cortés stressed the raising of livestock, exploitation of mines, and fomented the production in the New World of European cereals (wheat, barley, rye), rice, sugar cane and fruits.

En Méjico esta política no dejó de ocasionar sublevaciones entre los indios. También estaban descontentas las tropas españolas porque no hallaron el botín que esperaban tras tantas penalidades; los gobernadores de diferentes regiones abusaban; Cortés tenía que acudir de un sitio a otro, y, durante sus ausencias, se reproducían las sublevaciones y calumnias. Cansado de esta situación, resolvió volver a España en 1527.

In order to give the Indians an opportunity to voice their complaints, "audiencias"—tribunals which were supposed to correct abuses—were created.

Fué muy bien recibido en Toledo y colmado de honores y títulos por el emperador, que lo nombró Capitán General de *Nueva España,* nombre que Cortés dió a Méjico por el parecido que le encontraba con su patria.

because of the resemblance

Cuando en 1530 regresó a Méjico, encontró sus poderes tan mermados por los que le habían sustituído, que decidió dedicarse a hacer expediciones por su cuenta. En una, estuvo a punto de morir; en otra descubrió la Baja California. Pero se vió suplantado por Coronado y volvió a España a pedir apoyo.

Francisco Vázquez de Coronado (1510?–1554), explorer of what is today the S.W. United States (1540–1542).

FINAL DE CORTÉS

Mas no lo encontró: su suerte, sin duda, se había torcido. Y cuenta la historia, o la leyenda, que después de haber estado un día esperando largo tiempo una audiencia del emperador, vió que éste salía de palacio sin recibirle. Cortés se acercó a él por la ventanilla de la silla de manos. Carlos V, sorprendido del atrevimiento, le preguntó: «¿Quién sois?» Y él le respondió: «Soy, Señor, un hombre que ha conquistado para Vos más provincias que ciudades Os legaron Vuestros padres y abuelos.» Después de esto, abandonado y pobre, se retiró a una finca que tenía en Sevilla, donde murió. Sus restos fueron trasladados a Méjico.

sedan chair

= las ciudades que vuestros padres y abuelos os legaron

Hernán Cortés fué uno de los más grandes conquistadores; si tuvo los defectos propios de ellos, tuvo condiciones y méritos que lo hacen superior a todos: saber, talento, actividad, genio de organización, valor y energía.

Firma de Cortés.
(Bettman Archive)

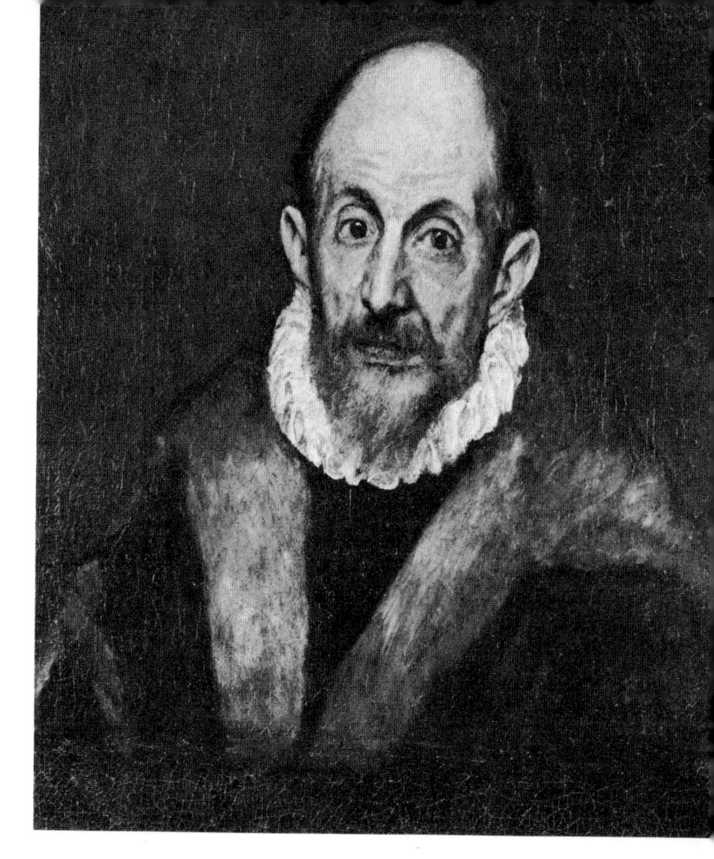

Retrato de hombre (tal vez el artista mismo) por El Greco. *(Metropolitan Museum of Art, Purchase, 1924, Joseph Pulitzer Bequest.)*

EL GRECO

España en su pintura

Domingo Theotocopuli (1541-1614) nació en Candía, capital de Creta, en el archipiélago griego. Por eso se le llamó «El Greco.» Llegó a España en 1576 y empezó a pintar para la iglesia de Santo Domingo de Toledo. Vivió siempre en esta ciudad, e hizo de España su segunda patria. Su amigo, el poeta Paravicino, alude a estas dos patrias, la natural y la adoptiva, en un hermoso soneto que escribió después de la muerte del pintor:

Crete

El Greco = El Griego

> Creta le dió la vida, y los pinceles
> Toledo, mejor patria, donde empieza
> a lograr, con la muerte, eternidades.

Crete gave him life, and Toledo —a better country where he begins to enjoy, with death, eternity — (gave him) his brushes.

Pintó siempre en Toledo, efectivamente; pero también pintó varias de sus grandes obras para Madrid y otras ciudades; para El Escorial y muchos pueblecitos. Como buen artista del renacimiento, El Greco era, además de pintor, escultor, arquitecto y miniaturista. Esta última habilidad del maestro se aprecia en la finura del detalle de algunos de sus cuadros.

Se conocen casi todas las obras del Greco, pero se conoce poco de su vida. Se supone que el lienzo que tiene el título de «La familia,» representa la suya. Del mismo modo, se supone que es su hijo el muchacho que lleva la antorcha en el cuadro de «El Entierro del Conde de Orgaz,» y el que sirvió de modelo para la figura de San Martín, en algunos de los cuadros de este asunto.

"The Burial of the Count of Orgaz"

Tampoco se sabe exactamente si son autorretratos del pintor algunos de los caballeros de sus cuadros: por ejemplo, el de la barba rubia que mira al espectador en el citado lienzo de «El Entierro,» y en el de «San Mauricio.» Más bien podemos formarnos una idea de la persona del Greco por lo que dicen de él sus contemporáneos, quienes lo consideraban como un hombre original y extraordinario, digno de admiración. El pintor Pacheco afirmaba: «En todo fué singular, como lo fué su pintura.»

Francisco Pacheco (1564–1654), father-in-law and teacher of Velázquez

TOLEDO, A LA LLEGADA DEL GRECO

Al llegar El Greco a Toledo, en 1576, esta ciudad era un foco de arte. En ella coexistían modelos de todos los estilos, de todas las épocas y de todas clases. Y en este ambiente exuberante pintó El Greco, y sus obras enriquecieron el caudal artístico de la ciudad del Tajo. En ella quedaron «El Espolio,» en la catedral; el «Entierro del Conde de Orgaz,» en Santo Tomé; y muchos cuadros en diferentes iglesias, principalmente en Santo Domingo el Antiguo. «La Asunción,» pintada para el altar mayor de esta iglesia, se encuentra hoy en el Museo de Chicago.

Roman, Visigothic, Hebrew, Arabic, Mudejar, etc.

"Christ despoiled of his garments" (Spolium)

"The Assumption"

LA CASA DEL GRECO

También, la casa contigua a la del Greco es un museo de sus obras. Allí, en torno a una sala, parecen

around a room, appear to be taking their seats

Vista del patio de la casa del Greco en Toledo.

tomar asiento, en cónclave, los doce apóstoles,— «el Apostolado» — llenos de vida y color, maravilla de técnica.

"The Apostolate"

Además de los cuadros, se conservan en la Casa del Greco, mobiliario y cerámica de la época y una interesante biblioteca. En ella aparecen la Biblia, las obras maestras de las literaturas clásicas — griega y romana — y las del renacimiento, entre ellas las de Dante, Petrarca, Ariosto, el Tasso, etc. que muestran, no sólo la formación cultural del gran pintor, sino su carácter y sus gustos.

Documents discovered recently indicate that the painter's house was really next to the present-day "House of El Greco".

Petrarch

Por otra parte, no podía haber elegido El Greco un lugar más en armonía con éstos, que aquel en que puso su casa. Precisamente en el Museo Metropolitano de Nueva York, se halla el cuadro de la vista de Toledo, por El Greco, que ofrece un dramático ambiente. Uno de sus méritos consiste en ser una anticipación del paisaje sin figuras, tipo de pintura que aún no había aparecido en el mundo. Don Manuel B. Cossío describe de esta manera el paisaje de Toledo, en su conocido libro — traducido al inglés — *El Greco y su obra:*

Educator, art critic and authority on El Greco. (1859–1935)

Vista de Toledo. *(Courtesy of the Metropolitan Museum of Art)*

EL PAISAJE DE TOLEDO

This region of tillable red earth, near Toledo, is called "La Sagra."

Archeozoic . . . with its over-riding stones, its evergreen oaks, its thyme

El paisaje de Toledo resume los accidentes geográficos más típicos de las altas mesetas castellanas: la vasta, despoblada y árida llanura, donde alterna la estepa con la roja tierra de labor . . . y la dura sierra arcaica, con sus piedras caballeras, sus encinas, su tomillo y romero, sus colmenares, sus huertos de frutales, donde quiera que asoma el agua [cigarrales]; y, en llegando [a la sierra], la rompe con violencia el Tajo, que forma en Toledo una de las hoces más admirables de la geografía de nuestra península.

en cuanto llega . . . the Tagus River . . . most remarkably carved ravines

En sus viajes por Italia, pudo apreciar El Greco el ambiente espiritual refinado en que vivían los grandes maestros del renacimiento.

Michelangelo, Titian, Tintoretto and Veronese

Este refinamiento se reflejaba en su casa de Toledo. Asimismo su pintura, a través de su personalidad, reflejaba las profundas impresiones que aquellos maestros habían dejado en su retina. Volvía entusiasmado del color de Tiziano, del movimiento de Tintoretto, de la fuerza de Miguel Angel; pero se mantenía siempre «él mismo,» con su poder creador. Por eso Góngora, en su conocido soneto al Greco, pudo decir con razón: «que dió espíritu al leño, vida al lino.»

Titian . . . Michelangelo

but he always remained himself (retained his individuality)

(Góngora, 1561–1627, famous Cordoban poet.)

to wood, life to canvas . . .

Expulsión de los mercaderes del templo. *(Courtesy of the Frick Collection)*

El Espolio. Catedral de Toledo. *(Bettman Archive)*

EL GRECO, PRECURSOR DE LA PINTURA MODERNA

El Greco es un maravilloso precursor de la pintura moderna. Puede esto apreciarse, por ejemplo, en el cuadro de «El Espolio,» una de las joyas de la pintura universal. Es, acaso, el cuadro del Greco de mayor dramatismo, debido, en parte, al arte en el empleo de los colores de la escala fría. El cabildo, que había encargado al Greco este cuadro, cuando lo vió terminado, le ordenó que quitase de él las figuras de las tres Marías porque su presencia en aquella escena era contraria a la verdad. Pero las figuras quedaron allí, como muestra de la fuerte personalidad del autor, aunque fué amenazado con la cárcel.

For this reason he shocked and displeased many contemporaries and was not appreciated until the 20th century.

arte en el empleo de los colores de la escala fría: skill in the use of the cool scale of colors (green, gray, etc.)

había encargado al Greco este cuadro: had ordered this picture from El Greco

En 1580, Felipe II encarga al Greco el cuadro de «San Mauricio» para el monasterio de El Escorial. Pero tampoco satisface al rey ni a los frailes, quienes lo rechazan, diciéndole al pintor que «los santos se deben pintar de modo que no quiten la devoción.» Le censuraban, entre otras cosas, el excesivo alargamiento de las figuras. El Greco decía que lo hacía así para distinguir a los santos de los hombres. Esta idea da a su pintura un carácter de exaltación mística. Del mismo modo, la acentuación de la asimetría de las facciones en los rostros que pinta, se consideraba entonces como un síntoma de locura; después se ha explicado científicamente como un efecto de astigmatismo; y hoy se toma como una modalidad intencional característica de la pintura del Greco. Era ésta, pues, disonante porque en su concepción y rasgos, chocaba con las normas tradicionales y con el gusto dominante.

de modo que no quiten la devoción: in such a way as not to repel devotion

modalidad: peculiarity

«EL ENTIERRO DEL CONDE DE ORGAZ»

El cuadro más conocido y más famoso del Greco es «El Entierro del Conde de Orgaz.» Representa el momento en que va a ser enterrado el conde – caballero devoto de San Agustín y de San Esteban. Según la leyenda toledana, estos santos bajan del cielo para colocar con sus propias manos al conde en la sepultura. El asombro que este milagro causa en los

El Greco uses this scene of purely local interest to depict the universality of death.

asombro: astonishment

entourage

caballeros del cortejo se ve pintado en sus rostros que son retratos de los personajes de la época.

It was formerly supposed that the unclothed figure to the right of the Virgin represented the Count as it reached Heaven. But modern photographs have disclosed the figure of a child in the arms of the angel in the center of the picture. Thus, traditionally, were souls represented in painting.

El cuadro está dividido en dos regiones: la superior celestial, divina; y la inferior, terrenal, humana. En el conjunto — como en Don Quijote de Cervantes — se combinan el idealismo y el realismo.

EL REALISMO Y EL IDEALISMO

Por los mismos años, nos dice Cossío, se concebían en la misma amplia y soleada llanura castellana, la novela y el cuadro, las dos fuentes de vida más intensa, las dos más armónicas conjunciones de idealismo y realismo que en el arte español se han producido.

Y, refiriéndose también al «Entierro,» dice del Greco:

A poetic legend suited his idealistic temperament . . . cloistered intensity

He had only to give full rein to ... a piece of masterly technique

A su temperamento ideal convenía una leyenda poética; a su honda y recogida intensidad, un milagro más místico que heroico; a su naturalismo español, una escena puramente nacional ocurrida en Toledo; a su melancólico y humano dramatismo, un entierro. No tuvo sino entregarse por entero a su espontáneo impulso, para producir, a la vez que un trozo de técnica magistral, una obra claramente expresiva de aquellas épocas en que un artista — sin pretenderlo ni aun sospecharlo siquiera — acierta a condensar el tipo característico de un pueblo y el ambiente espiritual del mismo, en determinada época de su vida. «El Entierro del Conde de Orgaz» es, en efecto, una de las páginas más verídicas de la historia de España.

EL GRECO, ESCULTOR

El Greco's sculpture has the same characteristics as his painting.

El Greco, como escultor, trazó varios diseños para las esculturas que modelaba su hijo, también artista. Y, lo mismo que Tintoretto, hacía muñecos en actitudes violentas, como bosquejos para las figuras de sus propios cuadros. De esta manera evitaba la dificultad de mantener a los modelos de carne y hueso en las posturas insostenibles que, a veces, se ven en sus obras.

absorbed

Sumido en el ambiente artístico creado por él en su casa; rodeado por una de las ciudades más

El entierro del Conde de Orgaz. Iglesia de Santo Tomé, Toledo.

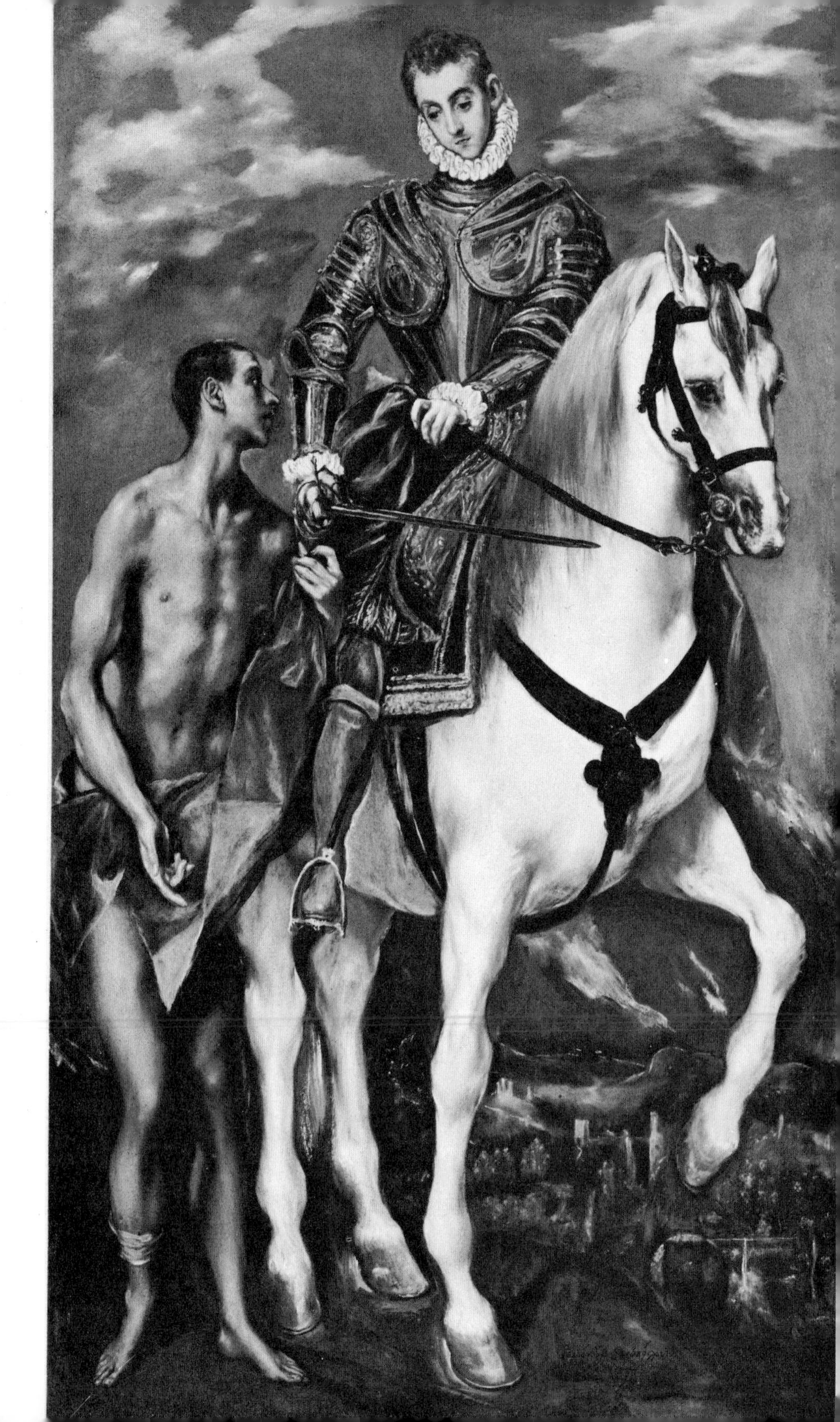

evocadoras, lo encontró la muerte, cuando llegaba casi a los 77 años, en el de 1625.

A la izquierda: San Martín, compartiendo su capa con el pobre.

El interés por la pintura del Greco es cada vez mayor «por ser el gran precursor de la pintura moderna.» Sus cuadros se encuentran por todos los museos del mundo, y en España los hay hasta en pequeñas aldeas. Y para explicar las razones de este interés, nada mejor que estas líneas, dignas del gran pintor, de Cossío quien nos enseñó en España, ante los lienzos originales, a comprenderlo y a admirarlo:

LA PERSONALIDAD DEL GRECO

Su arte quedará como el esfuerzo más genial y logrado para transmitir al lienzo lo puro dinámico, la fuerza en toda su vivacidad, el movimiento... El Greco es, ante todo, un germen de libre personalidad, extravagante, anárquica ... Venecia lo educa en el arte. Tiziano le enseña la técnica. Tintoretto lo seduce por el dramatismo en fondo y forma, por las tonalidades de carmín y plata. Miguel Angel lo endurece y amarga, lo excita y reconcentra, pero, sobre todo, lo viriliza. La adusta y agria Castilla fué para él benigna, porque le hizo libre. Solitario en ella, olvida reglas y abandona maestros ... Se apodera, al fin, del genio de la tierra y del alma española ... y llega a hacer obra original y eterna y encuentra un camino que puede llamar suyo ... despeñándose unas veces, acertando otras, como todo el que se aventura por nuevos derroteros.

el esfuerzo más genial y logrado: the most genial *(characteristic of a genius)* and successful effort

Venecia: Venice

adusta: bleak

Se apodera, al fin, del: Finally, he grasps the

despeñándose unas veces, acertando otras ... derroteros: sometimes plunging *(into failure)*, sometimes succeeding ... channels

A V.sa pido y suplico mande se nombren tasadores que se junten con los que yo nombrare que en ello recibire md.

Domco Theotocopuli

Autógrafo del Greco con ocasión de ir a vender uno de sus cuadros. Dice así: «A vuestra merced pido y suplico mande se nombren tasadores *(appraisers)* que se junten con los que yo nombrare que en ello recibiré merced (gran favor).»
Domenico Theotocopuli

SANTA TERESA
Y
LA MISTICA ESPAÑOLA

Puede decirse que el místico es el tipo opuesto del pícaro y del caballero. El caballero está pronto a perder la vida por la defensa del honor; el pícaro, por la satisfacción de sus necesidades primarias; el místico, por el logro de su aspiración suprema: la fusión con Dios.

is ready to

Son tipos muy castellanos aunque muy diferentes entre sí El Cid, Don Quijote, Lazarillo, Santa Teresa. Todos se mueven en el mismo duro escenario que les obliga a ser fuertes física y moralmente; firmes en sus quereres; sobrios en sus necesidades; tenaces en la dominación de los obstáculos. Estas cualidades que tienen en común, unos las ponen al servicio del bien; otros, al del mal; todos al servicio del fin que persiguen. Así como el pícaro considera que todos los medios son aceptables para llegar a su fin, Don Quijote o el místico actúan conforme a principios morales y religiosos. Y este sentido ético influye en la sociedad española entre los siglos XVI y XVII, hasta en los pícaros. En Séneca ya florecen estas cualidades,que se desarrollan desde los comienzos de la era cristiana y llegan a producir el misticismo y el ascetismo en los siglos citados.

harsh setting . . . firm in their aims

in the service of good; others in the service of evil

See pages 4–7.

El místico español es muy representativo del alma castellana y muy distinto del místico en general, por las peculiares condiciones del medio y la época en que nace. Armoniza lo puro del espíritu — lo ideal — y la realidad de la vida — lo real — lo mismo que logran El Greco, en «El entierro del Conde de Orgaz,» y Cervantes, por medio de Don Quijote y Sancho. Los móviles del místico son la fe y las obras; el éxtasis y la acción; lo divino y lo humano fundidos en

because of the particular condition of the medium

The motivating forces . . . good works

through

the religious feelings of one's innermost self

their souls soaring still higher

the supreme poet *(1542-1591)*

un ideal supremo. Y la literatura mística trata de explicar lo ideal, mediante imágenes tomadas de la realidad.

Aunque la contrarreforma limitó la libre expresión de la intimidad religiosa, para evitar la herejía, los místicos se liberan de esta limitación remontando su espíritu. A veces fueron perseguidos por las autoridades eclesiásticas: Fray Luis de León y Santa Teresa. Además de estas dos grandes figuras de la literatura religiosa, sobresalen San Juan de la Cruz, el poeta cumbre de la mística española, y el eminente escritor y orador sagrado, Fray Luis de Granada (1504-1588).

SANTA TERESA DE JESUS

(1512–1582)

facing a bleak high region of harsh climate

Teresa de Cepeda – Santa Teresa de Jesús – nació en Avila, ciudad castellana, evocadora, que se levanta amurallada frente a la paramera de clima inclemente y de suelo cubierto de duros peñascos.

El carácter de Teresa es también recio, pero al mismo tiempo es tierno, comprensivo y humano. Es incansable en su labor constante de fundadora y reformadora de monasterios. Y va de pueblo en pueblo y de ciudad en ciudad, a pié, a caballo, en carro; y siempre luchando con los elementos.

among the pots and pans

awareness

Si es Santa Teresa activa en su vivir, es pasiva en sus éxtasis. En su estilo literario pasa de un modo natural del tono vivo e idiomático de su prosa a la exaltación religiosa de sus versos; con la misma naturalidad afirma que «Dios está entre los pucheros» que ansía la muerte para alcanzar la vida del cielo. Se llama a Santa Teresa «la Doctora mística» por su manejo de temas filosóficos y teológicos; pero la conciencia de la limitación de sus conocimientos da a sus palabras un tono encantador de sincera modestia y naturalidad que hacen de su estilo llano un modelo de buen castellano sin pretensiones literarias.

Principal prose works: "400 cartas"; "Camino de perfección"; "El castillo interior" or "Las moradas".

Siguen unos fragmentos de algunas de sus más conocidas obras en prosa y en verso.

Angulo del huerto de la casa donde nació Santa Teresa en Avila.

Las moradas

Se dirige a las monjas para convencerlas del «provecho que se saca del humilde conocimiento de sí mismo.»

Mientras estamos en la tierra no hay cosa que más nos importe que la humildad. Y así torno a decir que es muy bueno y muy rebueno tratar de entrar primero en el aposento a donde se trata de esto, que volar a los demás, porque éste es el camino; y si podemos ir por lo seguro y llano, ¿para qué hemos de querer alas para volar?... Y, a mi sentir, nunca nos acabamos de conocer si no procuramos conocer a Dios: mirando su grandeza, acudamos a nuestra bajeza; y mirando su limpieza, veremos nuestra suciedad; considerando su humildad, veremos cuán lejos estamos de ser humildes. Hay dos ganancias de esto: la primera, está claro, que parece una cosa blanca mucho más blanca cabe la negra; y, al contrario, la negra cabe la blanca. La segunda es porque nuestro entendimiento y voluntad se hace más noble y más aparejada para todo bien, tratando a vueltas de sí con Dios, y si nunca salimos de nuestro cieno de miserias es mucho inconveniente.

moradas: moradas del alma, *the mansions of the soul*

very, very good indeed to endeavor first to enter the chamber (of the soul) where this is dealt with, rather than to fly to the others, for this is the (right) road

beside black, and conversely, black beside white

better equipped... reaching upward to God through ourselves

it is indeed a pity

Versos nacidos del fuego del amor de Dios

Vivo sin vivir en mí,
y tan alta vida espero,
que muero porque no muero.

GLOSA

¡Ay qué larga es esta vida,
qué duros estos destierros,
bars
esta cárcel y estos hierros,
en que el alma está metida!
Just the waiting for departure (death)
Sólo esperar la salida
me causa un dolor tan fiero,
que muero porque no muero.

Sólo con la confianza
vivo de que he de morir;
porque muriendo, el vivir
me asegura mi esperanza:
death where life is attained
¡muerte do el vivir se alcanza!
no te tardes que te espero,
que muero porque no muero.

Bear in mind . . . and do not be
Mira que el amor es fuerte,
vida, no seas molesta,
mira que sólo me resta
para ganarte, perderte;
venga ya la dulce muerte,
venga el morir muy ligero,
que muero porque no muero.

= esta
Sácame de aquesta muerte,
mi Dios, y dame la vida;
don't hold me helpless in these strong fetters
no me tengas impedida
en este lazo tan fuerte;
mira que muero por verte
y vivir sin tí no puedo,
que muero porque no muero.

Lloraré mi muerte ya
y lamentaré mi vida,
en tanto que detenida
por mis pecados está.
¡Oh, mi Dios, cuándo será
= de verdad
cuando yo diga de vero
que muero porque no muero!

Vista de Avila desde el Convento de la Encarnación donde vivió Santa Teresa.

Libro de su vida

Considero algunas veces cuán mal lo hacen los padres que no procuran que vean sus hijos siempre cosas de virtud de todas maneras . . . Mi madre era aficionada a libros de caballería y no tan mal tomaba este pasatiempo como yo lo tomé para mí . . . Y por ventura [ella] lo hacía para no pensar en grandes trabajos que tenía y ocupar sus hijos que no anduviesen en otras cosas perdidos . . . Yo comencé a quedarme en costumbre de leerlos, y aquella pequeña falta que en ella vi, me comenzó a enfriar los [buenos] deseos y [me hizo también] faltar en lo demás, y parecíame que no era malo, con gastar muchas horas del día y de la noche en tan vano ejercicio.

cosas de virtud de todas maneras: all kinds of virtuous acts

libros de caballería y no tan mal tomaba este pasatiempo como yo lo tomé para mí: novels of chivalry, and she didn't take to this pastime nearly as badly as I did

y ocupar sus hijos que no anduviesen en otras cosas perdidos: and to keep her children busy and out of mischief

quedarme en costumbre de: = acostumbrarme a, acquire the habit of

enfriar: to weaken

Teresa de Jesus

Exterior de la Universidad de Salamanca, con la estatua de Fray Luis de León en el centro del Patio de las Escuelas.

FRAY LUIS DE LEON

(1527?–1591) An Augustinian monk, he studied at the University of Salamanca.

Fray Luis de León es un escritor ascético-místico tan admirable en sus versos como en su prosa. Su estilo es un prodigio de equilibrio entre la idea y el sentimiento, entre la más exquisita belleza y la más noble sencillez. La siguiente anécdota prueba su digna serenidad: Después de unos años de encarcelamiento bajo la Inquisición, al volver a su cátedra de la Universidad de Salamanca, de donde era profesor, comenzó su clase plácidamente con estas históricas palabras: «Decíamos ayer...» Con ellas borraba aquel paréntesis de su vida que no quería comentar.

on again taking over his (professorial) chair in

Fray Luis tiene un fuerte sentimiento de la naturaleza que contempla y luego comenta en sus escritos. El trozo siguiente está tomado de una de sus más famosas obras en prosa:

feeling for

Los nombres de Cristo

SELECCIÓN DEL PRIMER LIBRO

Era por el mes de Junio a las vueltas de la fiesta de San Juan, al tiempo que en Salamanca comienzan a cesar los estudios, cuando Marcelo... se retiró como a puerto sabroso, a la soledad de una granja que ... tiene mi monasterio en la ribera de Tormes.... Es la huerta grande y estaba entonces bien poblada de árboles, aunque puestos sin orden; mas eso mismo hacía deleite en la vista, y, sobre todo, la hora y la sazón....

about the time ... *June 24* ... the courses are ending

as to a delightful haven

Tributary of the Duero river; passes through Salamanca.

but that in itself was a delight to the eye

Pues entrados en ella, primero, y por un espacio pequeño, se anduvieron paseando y gozando del frescor, y después se sentaron juntos a la sombra de unas parras y junto a la corriente de una pequeña fuente, en ciertos asientos. Nace la fuente de la cuesta que tiene la casa a sus espaldas y entraba en la huerta por aquella parte, y corriendo y tropezando parecía reírse. Tenían también delante de los ojos y cerca de ellos una alta y hermosa alameda. Y más adelante y no muy lejos, se veía el río Tormes, que aun en aquel tiempo, hinchiendo sus riberas, iba torciendo el paso por aquella vega. El día era sosegado y purísimo y la hora muy fresca. Así que, asentándose y callando por un pequeño tiempo después de sentados, Sabino, que así me place llamar al que de los tres era más mozo, mirando hacia Marcelo comenzó a decir así:

= estuvieron

The spring has its source in the slope behind the house

tree-lined way (poplar grove)

swelling (flooding) its banks, it went twisting its way

= me gusta llamar al que era el más joven de los tres

—Algunos hay a quien la vista del campo los enmudece, y debe ser condición de entendimiento profundo; mas yo, como los pájaros, en viendo lo verde, deseo o cantar o hablar.

the very moment I see anything green

Entonces Sabino, sacando del seno un papel escrito y no muy grande, —Aquí— dice —está mi deseo y mi esperanza—. Y desplegando el papel, leyó el título que decía: *De los Nombres de Cristo;* y no leyó más, y dijo luego: —Por cierto caso hallé hoy este papel, que es de Marcelo, adonde parece tiene apuntados algunos de los nombres con que Cristo es llamado en la Sagrada

By chance

Anagrama de Cristo, con la primera y última letras, Alfa y Omega, del alfabeto griego, para significar "principio y fin de todas las cosas".

And so . . . so suitable for such conversations, it will not be difficult for us to persuade M. (to explain the matter)

Escritura. Por manera que, pues . . . el tiempo es nuestro y el día santo y la sazón tan apropósito de pláticas semejantes, no nos será dificultoso el rendir a Marcelo.

as if withdrawing completely within himself . . . sowed with (dotted with)

Calló Marcelo un poco y como recogiéndose todo en sí mismo por un espacio pequeño, alzó después los ojos al cielo, que ya estaba sembrado de estrellas, y teniéndolos en ellas como enclavados, comenzó a decir así:

Even if reason did not prove it, and if one could not understand in any other way how precious a thing is . . . and the harmony that exists among these splendors

placed as if in battle array

If we heed what is happening in our innermost being

— Cuando la razón no lo demostrara, ni por otro camino se pudiera entender cuán amable cosa sea la paz, esta vista hermosa del cielo que se nos descubre ahora y el concierto que tienen entre sí estos resplandores que lucen en él, nos dan suficiente testimonio. . . . Adonde el ejército de las estrellas, puesto como en ordenanza luce hermosísimo; adonde cada una de ellas inviolablemente guarda su puesto; adonde no usurpa ninguna el lugar de su vecina ni la turba en su oficio ni, menos, olvidada del suyo, rompe jamás la ley eterna y santa que le puso la Providencia. Si estamos atentos a lo secreto que en nosotros pasa, veremos que este concierto y orden de las estrellas, mirándolo, pone en nuestras almas sosiego.

La siguiente selección de su conocida composición «Vida retirada» es un ejemplo de las obras en verso de Fr. Luis de León:

Vida retirada

SELECCIÓN

¡Qué descansada vida
la del que huye el mundanal rüido
y sigue la escondida
senda por donde han ido
los pocos sabios que en el mundo han sido!...

that of the man who flees from worldly clamor

Del monte en la ladera,
por mi mano plantado tengo un huerto
que con la primavera,
de bella flor cubierto,
ya muestra en esperanza el fruto cierto.

= en la ladera del monte

already shows in prospect the unfailing fruit

El aire el huerto orea,
y ofrece mil olores al sentido,
los árboles menea
con un manso rüido
que del oro y del cetro pone olvido...

sense of smell

which brings forgetfulness of gold and power

Y mientras miserable-
mente se están los otros abrasando
en sed insaciable
del no durable mando,
tendido yo a la sombra esté cantando.

burning with insatiable thirst for transitory power, let me, while lying in the shade, be singing

A la sombra tendido
de yedra y lauro eterno coronado,
puesto el atento oído
al son dulce, acordado,
del plectro, sabiamente meneado.

with my ear attentive to the sweet harmonious sound of the plectrum (i.e. lyre) skilfully played

FRAY LUIS DE GRANADA

Fray Luis de Granada era de pobrísima familia andaluza, pero llegó a ser, por su saber y virtud confesor de reyes y de nobles. Su obra fundamental es: *Introducción al símbolo de la fe,* obra profunda en la que reflexiona sobre la belleza de las cosas de la naturaleza como obras del Creador. Entre ellas describe la granada, fruta propia de la ciudad de este nombre, que aparece como emblema en el escudo de España, desde que Granada fué conquistada por los Reyes Católicos a los árabes, en 1492.

La granada

¡El artificio de una hermosa granada! ¡Cuánto nos declara la hermosura y artificio del Criador!

. . . .

Primeramente Él la vistió por de fuera con una ropa hecha a su medida, que la cerca toda y defiende de la destemplanza de los soles y aires; la cual por de fuera es algo tiesa y dura . . . dentro de ella están repartidos y asentados los granos por tal orden, que ningún lugar, por pequeño que sea, quede desocupado y vacío. Está toda ella repartida en diversos cascos, y entre casco y casco se extiende una tela más delicada que un cendal, . . . Y para que nada faltase a la gracia de esta fruta, remátase toda ella en lo alto con una corona real, de donde parece que los reyes tomaron la forma de la suya. En lo cual parece haber querido el

. . . .

Criador mostrar que era ésta, reina de las frutas. Porque ella es alegre a la vista, dulce al paladar, sabrosa a los sanos y saludable a los enfermos . . .

workmanship (skillful construction)

made to measure which surrounds it all and protects it from the extremes of sun and wind

fixed in such order . . . however small it may be

sections . . . sendal *(gauze-like silken cloth)*

this whole is capped

Fray Luys de granada

SAN JUAN DE LA CRUZ

San Juan de la Cruz es el último gran místico. En l llegan al más alto grado el fervor religioso y el entimiento poético. Estuvo en la cárcel, como Fr. uis de León, y en ella compuso de memoria — pues o le permitían escribir — su *Cántico espiritual,* unos le los versos más bellos de la literatura castellana. n ellos el Alma va elevándose hasta su unión con ios, el Esposo. De aquí el título de *Canciones entre l Alma y el Esposo.* Lucha por aniquilar toda aspiación y deseo y lo predica con ardor. Rechaza todo o material en la religión; por eso no gusta del culto las imágenes; trata de huír de la realidad sensible.

(1542–1591)

by heart

Hence

he doesn't like the worship of images

anciones entre el Alma y el Esposo

Pastores los que fuerdes
allá por las majadas al otero,
si por ventura vierdes
Aquél que yo más quiero,
decidle que adolezco, peno y muero.

You shepherds who may go there to the knoll where the sheepfolds are, if by chance you should see (fueredes *and* vieredes *are old forms of the future subjunctive of* ir *and* ver)

¡Oh bosques y espesuras
plantadas por la mano del Amado,
oh prado de verduras
de flores esmaltado!
decid si por vosotros ha pasado.

enameled with flowers ... say whether he has passed among you

Descubre tu presencia,
y máteme tu vista y hermosura;
mira que es la dolencia
de amor, que no se cura
sino con la presencia y la figura.

let your presence and your beauty kill me

ESPOSO

La blanca palomica
al arca con el ramo se ha tornado
y ya la tortolica
al socio deseado
en las riberas verdes ha hallado.

has returned to the ark with the (olive) branch ... has found the longed-for mate on the green banks

En soledad vivía
y en soledad ha puesto ya su nido,
y en soledad la guía
a solas su querido,
también en soledad de amor, herido.

alone

EL PICARO

Creación literaria de España

with his own distinctive characteristics

El pícaro es uno de esos tipos característicos que aparecen en España, a través de su historia, con modalidades propias. Entre tales tipos se encuentran: el místico, el descubridor, el conquistador, el caballero, el escudero, el quijote, el donjuan, el guerrillero, el majo, etc.

it may be said that he is

opposite

El pícaro puede decirse que es la antítesis del héroe, la contrafigura del caballero. No actúa, como ellos, por móviles generosos, sino por impulsos primarios, empezando por el de la satisfacción del hambre. Todos los medios son buenos para él pícaro aunque sean reprobables según nuestra moral.

This period marks the beginning of the economic and moral decadence of the House of Austria, with Phillip III and IV; a period which, nonetheless, coincides, with the literary flowering of the Golden Age.

found herself deeply involved

Estos pintorescos y picarescos tipos los recoge una literatura que, por sus protagonistas, se llama «picaresca.» Se desarrolla en la segunda mitad del siglo XVI y en la primera del XVII. En esta época la vida es difícil en España a causa de una grave crisis económica. Por otra parte, las costumbres aventureras difundidas por la conquista y colonización de América han arraigado de tal forma y han dejado una inquietud tal en algunos hombres, que éstos ya no se satisfacen con las actividades de la vida normal cotidiana. Por eso encontramos entre los pícaros a los que fueron guerreros, en expediciones a América, o en las constantes guerras en que España se veía envuelta.

conceited, fallen in station

lower their apparent standard of living

mean

doesn't attain large proportions

Pero también abundan en esta literatura los hidalgos vanidosos, venidos a menos, que hacen maravillas de habilidad para vivir sin dinero y que prefieren morir de hambre a manifestarla o a descender en las apariencias de su vida. Abundan, en fin, en la picaresca los mendigos, los farsantes y la gente maleante. Pero en éstos, todo es pequeño, hasta su maldad que no llega a alcanzar proporciones de grandeza.

La literatura picaresca es, más que un retrato de la sociedad, una exageración, una caricatura de ella. Pinta escenas llenas de colorido y de realismo y, a

eces, de comicidad, debida, en parte, a las situa-
ones difíciles en que se encuentra el pícaro para
lir adelante de sus engaños y falsedades.

to get out of

MOZO DE MUCHOS AMOS

Tiene la novela picaresca caracteres propios, muy
narcados: Es una novela autobiográfica, en la que el
ícaro — casi siempre un mozo — relata sus aventuras
on desenfado. Refleja el bajo medio en que se mue-
e; utiliza el lenguaje que le es propio, a consecuen-
ia de lo cual se enriquece el vocabulario, no siempre,
aturalmente, con voces selectas. Retrata otras clases
ociales, pero no como realmente son, sino como el
ícaro las ve, que es como se ve él mismo: actuando
olamente por móviles ruines, pues lo noble que
ueda haber en sus acciones, no sabe apreciarlo. A la
elleza, opone la picaresca lo feo; a la exaltación del
mor, del honor, de la gloria, la de la crueldad, el
ngaño, la ignominia; al idealismo, el realismo con
n fuerte espíritu crítico de la sociedad y todo ello
on una intención ejemplar y moralizadora, envuelta
n humorismo tanto más, cuanto que el pícaro, sin
aberlo, hasta tiene, a veces, un sentimiento ascético
e la vida.

its own peculiar characteristics

Here servant boy

perfect naturalness. He reflects the low society ... which is peculiar to him

since whatever there may be of nobleness in their actions, he cannot understand

enveloped in humor all the more since the pícaro

El Lazarillo de Tormes

La novela picaresca nace como tal con la publica-
ón (1554) de la vida de *El Lazarillo de Tormes,*
bra de autor desconocido. Es no sólo la más antigua,
no la más famosa de las novelas picarescas.

begins as such

El asunto de *El Lazarillo de Tormes* es la autobio-
rafía de un pilluelo, Lázaro, de origen muy pobre,
acido en Tormes, pueblecito de la provincia de
alamanca. Siendo aún un niño, lo entregó su madre
un ciego para que se ganase la vida sirviéndole de
uía. De aquí, que desde entonces se llame lazarillo
quien desempeña este servicio. Lázaro de Tormes
s, pues, el lazarillo por excelencia. Cometió bas-
antes tropelías con su desgraciado amo, las cuales
an lugar en la obra a escenas cómicas y, a veces, de
n realismo exagerado.

Hence, from then on

He committed many outrages upon

El matrimonio

El retórico

El ciego era astuto, avaro, cínico y desconfiado co el muchacho, quien aprendió estas mismas mañas e la amarga escuela de su amo. Como bautizo d sangre, Lázaro sufrió esta burla del viejo, cuando a salir de Salamanca por un puente donde había u toro de piedra, el ciego le dijo:

distrustful of

had this trick played on him by the old man

— Lázaro, llega el oído a este toro y oirás u gran ruido dentro de él — . . . Y dióme una cala bazada en el diablo del toro, que más de tres día me duró el dolor de la cornada, y díjome: — Necio aprende: que el mozo del ciego un punto ha d saber más que el diablo.

And he shoved my head against the confounded bull (with such force) . . . horn jab

has to be a little sharper than the devil

Y así Lázaro nace a la vida de pícaro haciéndos esta triste consideración: — Parecióme que en aque instante desperté de la simpleza en que, como niñ dormido, estaba —. Y «como la necesidad es tan gra maestra» Lázaro aprendió las picardías ingeniosas qu dan a este libro su peculiar tono humorístico.

is introduced to . . .

particular

Una de sus burlas más conocidas consistía e beberse el vino del jarro del ciego sin que éste s enterase, chupando mediante una paja y, una ve descubierta esta treta, abriendo un agujero en e fondo de la jarra, en el que ponía la boca. Otra d las famosas burlas consistió en comerse una longaniza que había asado para el ciego, dándole a éste u nabo en su lugar. La última, por la que perdió s puesto, consistió en colocar al ciego, un día de lluvia frente a un poste de piedra, diciéndole que saltas hacia adelante, con fuerza, para salvar un arroyo. E ciego lo creyó, y se estrelló contra el poste. Lazarill comete esta mala acción como réplica a la que e ciego le había hecho al comenzar su vida juntos.

without the latter becoming aware of it

jug

one rainy day

to jump over (clear of)

Lázaro sirve después a un clérigo, circunstanci que aprovecha el autor para hacer una crítica de

Juegos de manos *(Juggling)*

La caza

clero. Con este cambio, la situación del muchacho, lejos de mejorar, empeoró. Él mismo dice: «Escapé del trueno y dí en el relámpago.» Se moría también de hambre con el clérigo, porque sólo le daba al día un pedazo de pan y otro de cebolla. Comía bien cuando iba con el clérigo a dar los auxilios espirituales a algún enfermo o en los velatorios; por lo cual, todos los días rogaba Lázaro a Dios que se muriese alguien o, por lo menos, que se muriese él mismo de pronto, antes que morirse lentamente de hambre. Ideó la manera de conseguir una llave que sirviese para el arcón donde guardaba su amo el pan y de allí iba sacando poco a poco los mendrugos; pero el clérigo notó la falta, aunque no comprendía cómo podía ser, puesto que él no se separaba de la llave. Primero pensó si serían ratones; luego, si culebras. Una noche, no sabiendo Lázaro dónde esconder la llave, se la metió en la boca; y como era hueca, comenzó a silbar con la respiración. El clérigo creyó que era el silbo de la serpiente y, a oscuras, se dirigió a aquel punto y dió un golpe tal sobre la cabeza del muchacho, que lo dejó herido y sin sentido por tres días. Descubrió el cura el engaño y cuando el chico volvió en sí, le dijo: —A fé que los ratones y culebras que me destruían el pan ya los he cazado—. Y poniendo al muchacho en mitad de la calle, se entró en la casa y cerró tras sí la puerta.

Escapé del trueno y dí en el relámpago: I jumped out of the frying pan into the fire (escaped the thunder and ran into the lightning)

velatorios: wakes

Ideó la manera de: He figured out a way

puesto que él no se separaba de la llave: since he never parted with the key

si serían ratones: whether there might be

a oscuras ... un golpe tal: in the dark . . . such a blow

volvió en sí: came to . . .

A fé: = verdaderamente

El tercer amo de Lázaro es un escudero, un hidalgo pobre. Este fué el único por el cual el muchacho llegó a sentir compasión y una especie de emoción ante los sacrificios de que era capaz el escudero por no descender de su rango. A continuación se transcribe un trozo, que da idea del sentido del honor que tenía el escudero a quien Lázaro sirvió.

por no descender de su rango: in order not to lose caste

Ejercicio de las armas *(Practice at arms)*

El armero *(The armorer)*

De cuando Lázaro servía a un escudero.

I was forced to take strength from weakness

I found myself

Wandering from door to door with very little relief ... God caused me to meet ... fairly well dressed ... his gait and bearing orderly

De esta manera me fué forzoso sacar fuerzas de flaqueza y, poco a poco, con la ayuda de las buenas gentes, di conmigo en esta insigne ciudad de Toledo ... Andando así discurriendo de puerta en puerta, con harto poco remedio, porque ya la caridad se subió al cielo, topóme Dios con un escudero que iba por la calle, con razonable vestido, bien peinado, su paso y compás en orden. Miróme, y yo [le miré] a él, y díjome:

— Muchacho, ¿buscas amo?

Yo le dije: — Sí, señor.

follow me (come along behind me) ... for God has been good to you (in letting you) run into me

— Pues vente tras mí — me respondió —, que Dios te ha hecho merced en topar conmigo. Alguna buena oración rezaste hoy.

dress and bearing, to be one I had need of

Y seguíle dando gracias a Dios por lo que le oí y también porque me parecía, según su hábito y continente, ser el que yo había menester.

without stopping

since it was already past lunch time

Cuenta Lazarillo cómo pasaron de largo por la plaza del mercado donde él creía que iban a comprar la comida; cómo entraron en la iglesia a oír misa; cómo se dirigieron hacia la casa, lleno él de alborozo al pensar que encontrarían la mesa puesta y la comida servida, por ser ya pasada la hora del almuerzo.

After we had entered, he took off ... neatly, blowing the dust off a stone bench

beside it ... in great detail

preterite of satisfacer

the best I knew how to lie

Después que fuimos entrados, quita de sobre sí su capa, y, preguntando si tenía las manos limpias, la sacudimos y doblamos y muy limpiamente, soplando un poyo que allí estaba, la puso en él. Y hecho esto sentóse cabo de ella, preguntándome muy por extenso de dónde era y cómo había venido a aquella ciudad. ... Yo le satisfice de mi persona lo mejor que mentir supe, diciendo mis

El médico

El notario *(The notary)*

bienes y callando lo demás. . . . Después de esto, consideraba aquel tener cerrada la puerta con llave, ni sentir arriba ni abajo pasos de viva persona por la casa. Todo lo que yo había visto eran paredes, sin ver en ella silleta ni tajo ni banco ni mesa ni aun tal arcaz como el de marras. Finalmente, ella parecía casa encantada. Estando así díjome:

I thought about that keeping the door locked and not hearing, upstairs or down

nor such a chest as the one so well known to me

— Tú, mozo ¿has comido?

— No, señor — dije yo —, que aún no eran dadas las ocho cuando con vuestra merced encontré.

why it hadn't even struck eight

— Pues, aunque de mañana, yo había almorzado y, cuando así como algo, hágote saber que hasta la noche me estoy así. Por eso, pásate como pudieres, que después cenaremos. . . .

early . . . I remain thus (without eating) . . . So, you get along the best you can

Allí se me representaron de nuevo mis fatigas y torné a llorar mis trabajos. . . . Finalmente, allí lloré mi trabajosa vida pasada y mi cercana muerte venidera. Y con todo, disimulando lo mejor que pude, dije: — Señor, mozo soy que no me fatigo mucho por comer. . .

Then my hardships came to mind again

my fast approaching death

I'm a boy who doesn't worry too much about eating

— Virtud es esa — dijo él —, y por esto te querré yo más. Porque el hartar es de los puercos y el comer regladamente es de los hombres de bien.

gorging oneself is . . . for honest men

— ¡Bien te he entendido! — dije yo entre mí —. Maldita tanta medicina y bondad como aquestos mis amos que yo hallo hallan en el hambre!

I said to myself: May the Devil take all the concern for healing and goodness that these masters I find, find in hunger

Púseme a un cabo del portal y saqué unos pedazos de pan del seno que me habían quedado de los de por Dios. Él, que vió esto, díjome: — Ven acá, mozo, ¿qué comes?

that I had left of those I begged in God's name

Yo lleguéme a él y mostréle el pan. Tomóme él un pedazo, de tres que eran, el mejor y más grande. Y díjome:

El letrado *(The scholar)*

Estados religiosos *(Religious ranks)*

— Por mi vida que parece éste buen pan.

— ¡Y cómo! — dije yo —. . .

— Sí, a fé! — dijo él — ¿Adónde lo hubiste?. . Y llevándolo a la boca, comenzó a dar en él ta fieros bocados como yo en el otro.

— Sabrosísimo pan está — dijo —, ¡por Dios!

Y como le sentí de qué pié cojeaba, dime prisa Porque le vi en disposición, si acababa antes qu yo, de ayudarme a lo que quedase. . . . Y entr en una camareta que allí estaba y sacó un jarr desbocado y no muy nuevo y, después que hub bebido, convidóme con él. Yo, por hacer el con tinente dije: — Señor, no bebo vino.

— Agua es — me respondió —. Bien puedes be ber —. Entonces tomé el jarro y bebí; no mucho porque de sed no era mi congoja.

Después estuvieron hablando hasta la noche am y criado; aquél le enseñó a éste a hacer la cama, u camastro sucio y mezquino. Y cuando estuvo hech le dijo que como ya era noche y la plaza estaba lejo para ir a comprar y solía haber ladrones, era mejo pasarse como pudiesen sin cenar.

— Señor, de mí — dije yo — ninguna pena teng vuestra merced, que sé pasar una noche y au más, si es menester, sin comer.

— Vivirás más y más sano — me respondió — Porque, como decíamos hoy, no hay tal cosa e el mundo para vivir mucho que comer poco. . . Y acostóse en la cama poniendo por cabecera la calzas y el jubón y mandóme echar a sus pies.

Lázaro no pudo dormir porque se moría de ham bre. Cuando se levantaron Lázaro ayudó a vestirs al escudero:

Upon my soul

Where did you get it?

And, as I saw what his weakness was (on what foot he was limping) . . . all set

small bedroom

offered it to me . . . I pretending to be abstemious

thirst wasn't my complaint

messy old bed

and there usually were thieves, it was better to get along as best they could without supper

don't worry in the least about me

You'll live longer and healthier . . . there's nothing like eating little to live long

using his trousers and jacket as a pillow, and ordered me to lie at his feet

El rey y sus privados *(court favorites)*

Mercaderes

Echéle aguamanos, peinóse y puso su espada en el talabarte y al tiempo que la ponía díjome:

— Oh, si supieses, mozo, qué pieza es ésta! No hay marco de oro en el mundo por que yo la diese... — Y sacóla de la vaina y tentóla con los dedos, diciendo... — Yo me obligo con ella cercenar un copo de lana. — Y yo dije entre mí: — Y yo con mis dientes, aunque no son de acero, un pan de cuatro libras.

Tornóla a meter y ciñósela, y un sartal de cuentas gruesas del talabarte. Y con un paso sosegado y el cuerpo derecho, haciendo con él y con la cabeza muy gentiles meneos, echando el cabo de la capa sobre el hombro y a veces sobre el brazo, y poniendo la mano derecha en el costado, salió por la puerta diciendo: Lázaro, mira por la casa en tanto que voy a oír misa ... Y súbese por la calle arriba con tan gentil semblante y continente que quien no le conociera pensara ser muy cercano pariente del conde Alarcos...

— ¡Bendito seáis Vos, Señor —, quedé yo diciendo — que dais la enfermedad y ponéis el remedio! ¿Quién encontrará a mi señor que no piense, según el contento que de sí lleva, haber anoche bien cenado y dormido en buena cama y, aunque ahora es de mañana, no le cuenten por muy bien almorzado? ... ¿A quién no engañará aquella buena disposición y razonable capa y sayo? ¿Y quién pensará que aquel gentilhombre se pasó ayer todo el día sin comer, con aquel mendrugo de pan que su criado Lázaro trajo un día y una noche en el arca de su seno, do no se le podía pegar mucha limpieza?... Nadie, por cierto lo sospechara. ¡Oh Señor, y cuántos de aquéstos debéis vos tener por el mundo derramados, que padecen

---

Echéle aguamanos: I poured water for him to wash his hands

talabarte: sword belt

qué pieza es ésta: what a fine blade this is

marco de oro: gold mark *(coin)*

Yo me obligo con ella cercenar un copo de lana: I guarantee to slice a wisp of wool with it

Tornóla a meter y ciñósela, y un sartal de cuentas gruesas del talabarte: He put it back and girded himself with it and with a string of heavy beads belonging to the sword belt

muy gentiles meneos: very elegant movements

mira por la casa en tanto que: look after the house while ...

Y súbese por la calle arriba: And he went off up the street

pensara ser muy cercano pariente del conde Alarcos: ... would have thought he was close kin to Count Alarcos, *i.e. a person of wealth and position*

¿Quién encontrará a mi señor que no piense, según el contento que de sí lleva, haber anoche bien cenado ... no le cuenten por muy bien almorzado?: Who could meet my master, and not think from his air of contentment, that he had supped well last night ... and not believe him to have breakfasted well?

¿A quién no engañará: Who would not be deceived by

do no se le podía pegar mucha limpieza: where not much cleanliness could have stuck to it

aquéstos = éstos

El pastor

La labranza *(Farming)*

por la negra, que llaman, honra lo que por vos no sufrirían!

who suffer for the appearance of what they call honor what they would not endure for you.

Siguió viviendo Lázaro con el escudero hasta que un día se encontró en la calle con un entierro:

Venía luego una que debía ser mujer del difunto, cargada de luto y con ella otras muchas mujeres; la cual iba llorando a grandes voces y diciendo: — Marido y señor mío ¿A dónde os me llevan? A la casa triste y desdichada, a la casa lóbrega y oscura; a la casa donde nunca comen ni beben!

Where are they taking you?

Yo que aquello oí, juntóseme el cielo con la tierra y dije: — ¡Oh, desdichado de mí! A mi casa llevan este muerto.

the world tumbled about my ears

Lleno de pánico, Lázaro se abre paso entre la gente y llega sin resuello a la casa, donde el hidalgo se alarma, al pronto, al verlo en aquel estado; pero al conocer la causa, se ríe durante largo rato mientras el muchacho cierra fuertemente la puerta. Lázaro no respira hasta que ve que el entierro pasa de largo.

pushes his way through ... breathless ... at first

Por fin, el escudero, obligado por la justicia a pagar la renta que debe de la casa, desaparece, en ausencia de Lázaro, que queda de nuevo sin amo y sin albergue.

Sirve después a un fraile de la Merced, con quien no le va mejor que con los anteriores amos. Y, por último, ayuda a un bulero, persona encargada de repartir las bulas y recaudar su importe. Protegido por personas que conoce en esta época, se casa y consigue un puesto de pregonero en Toledo. Lo desempeña con la falta de escrúpulos a que está acostumbrado; es decir, deja de ser pícaro y se convierte en cínico.

Mercedarian friar

town crier

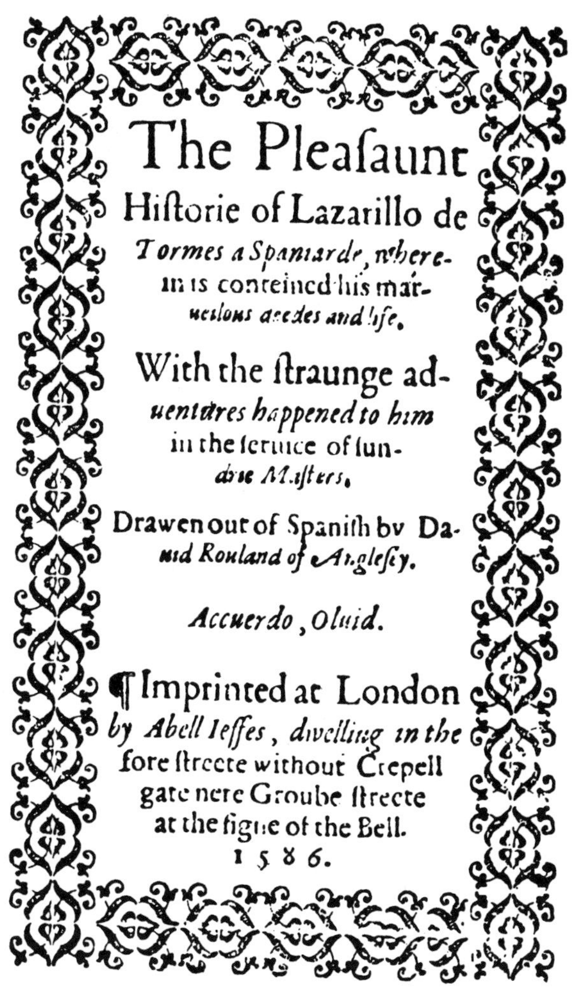
The Pleaſaunt
Hiſtorie of Lazarillo de
*Tormes a Spaniarde, wherein is conteined his mar-
ueilous deedes and life.*

With the ſtraunge ad-
uentures happened to him
in the ſeruice of ſun-
drie Maſters.

Drawen out of Spaniſh by Da-
uid Rouland of Angleſey.

Accuerdo, Oluid.

¶ Imprinted at London
by Abell Jeffes, dwelling in the
fore ſtreete without Crepell
gate nere Groube ſtreete
at the ſigne of the Bell.
1586.

Portada de la primera edición inglesa de «El Lazarillo de Tormes».

INFLUJO DE LA PICARESCA EN OTRAS LITERATURAS

Otra de las más famosas novelas picarescas es el *Guzmán de Alfarache,* de Mateo Alemán, que usa un castellano muy puro y hace una sátira de todas las clases sociales.

(1547–1614?)

La literatura picaresca produce un aluvión de imitadores en todas partes. En Inglaterra influye en su literatura y en Francia, da lugar a la aparición del *Gil Blas* de Le Sage, que nos ofrece el tipo del pícaro francés. Fué escrito entre 1715 y 1735.

(1668–1747)

DON QUIJOTE

España da la primera novela del mundo

Don Miguel de Unamuno, en su famosa obra *Vida de Don Quijote y Sancho* — que es un estudio crítico del inmortal libro de Cervantes *El ingenioso hidalgo Don Quijote de la Mancha* — dice que aunque murió Don Quijote, perdura el quijotismo, como símbolo de las más altas aspiraciones del hombre: heroísmo, verdad, justicia, gloria, inmortalidad. Porque estas aspiraciones se encarnan, a veces, en el hombre de carne y hueso, que lucha por realizar lo que considera su misión sin reparar en sacrificios ni en conveniencias. La encarnación de estas aspiraciones, es el tipo que crea Cervantes en el héroe de su novela, obra cumbre de la literatura española. Don Quijote, en efecto, se propone matar los pecados capitales de este modo:

quixotism

without considering personal loss or gain

A la soberbia, en los gigantes; a la avaricia y la envidia, en la generosidad y buen pecho; a la ira, en el reposado continente y quietud de ánimo; a la gula y el sueño, en el poco comer que comemos y en el mucho velar que velamos; a la lujuria y la lascivia, en la lealtad que guardamos a las que hemos hecho señoras de nuestros pensamientos; a la pereza, con andar por todas las partes del mundo buscando las ocasiones que nos puedan hacer y nos hagan, sobre cristianos, famosos caballeros.

(to slay) pride in giants, avarice and envy with generosity and goodness of heart; wrath with calm self-restraint and tranquillity of spirit . . . by eating as little as we do eat and keeping the long vigils that we keep . . . by our loyalty to those . . . opportunities that can and do make us, in addition to Christians, famous knights.

Y considera su misión elevada hasta tal punto que afirma:

Los religiosos, con toda paz y sosiego, piden al cielo el bien de la tierra, pero los caballeros ponemos en ejecución lo que ellos piden, defendiéndolo con el valor de nuestros brazos y filo de nuestras espadas. Así que somos ministros de Dios en la tierra.

beseech Heaven for good on earth, but we knights put into practice that for which they plead

Esta disposición de ánimo, este impulso místico de cruzado, lleva a Don Quijote por la vida para

spiritual attitude

Supuesto retrato de Cervantes por Juan de Jáuregui. Academia Española de la Lengua, Madrid. *(Bettman Archive)*

hacer que triunfe el ideal. Y así dice: «Por el honor y la libertad se debe arriesgar la vida.»

to insure the triumph of

El quijote imaginario como el real, constituyen un tipo muy español. Así lo afirma este profundo comentario:

Ríete, lector, de mis fantasmas como yo me río de mis desengaños; y acuérdate en medio de tu risa, de que tú los soñaste conmigo, porque toda España ha sido Don Quijote.

Entre Miguel de Cervantes y su héroe existe también una íntima relación y homogeneidad de carácter. Cervantes se encarna en Don Quijote y hace que éste sufra las consecuencias de sus propios errores, de su desafortunada actuación a través de la vida. Ambos se parecen en sus gustos, en sus ambiciones, en sus ideales generosos, en sus nobles anhelos; ambos son amantes de los libros de caballería. Este tipo de lecturas apasionaba por entonces y a Don Quijote le hacían pasar «las noches de claro en claro y los días de turbio en turbio»; e influyeron en él hasta el punto de hacerle perder el juicio. Su locura consistía en creer que lo que sólo vivía en su imaginación vivía en el mundo real, y en no ver la desproporción que existe entre los impulsos juveniles de su alma y los medios físicos con que cuenta para realizarlos. No distingue entre lo que sueña y lo que puede, entre lo ideal y lo real. En la obra de Cervantes se armonizan prodigiosamente estos dos aspectos de la vida que parecían irreconciliables.

identifies himself with . . . unhappy behavior throughout his life

was all the rage in those days . . . kept him wide awake from sunset to sunrise and mentally fogged from dawn to dusk

the physical means on which he relies to realize them

LOS LIBROS DE CABALLERÍA

Don Quijote, en su locura, se inspira en los caballeros de la edad media, especialmente en el famosísimo *Amadís de Gaula,* padre de una gran familia de caballeros andantes, que España vuelve a crear en sus libros de caballería. El *Amadís de Gaula* tuvo un éxito sin precedentes, en España y fuera de España. Su héroe fué considerado como modelo de caballeros andantes. Los cuatro tomos en que se narraban sus aventuras, los tenía en lugar preferente en su biblioteca el buen Don Alonso Quijano, aquel hidalgo pobre que vivía «en un lugar de La Mancha de cuyo nombre no quiero acordarme,» según la frase con que empieza Cervantes su obra.

find his inspiration in

The "Amadís de Gaula" had an unprecedented success *(This famous novel of chivalry—earliest known version in print, 1508—served as a model for an entire cycle of novels of the genre.)*

Para la mayoría de los lectores, el Quijote es simplemente la historia de este buen hidalgo que sale por los caminos en busca de aventuras — flaco por falta de alimento y de sueño y por sobra de cavilar,—

from too much pondering,

Don Quijote sale en busca de aventuras. Dibujo de Daniel Urrabieta Vierge. ***(Courtesy of The Hispanic Society of America)***

caballero en su también flaco Rocinante. Le acompaña como escudero un labriego gordo, simple e interesado, pero que se convierte en leal servidor de su señor, a quien admira, a pesar de su locura. Sancho, que es su nombre, con su sentido práctico de la vida, con su realismo, es la antítesis del idealismo de Don Quijote. No obstante su limitación intelectual, tiene el buen sentido popular español, con el que trata de corregir los errores de su amo. Son dos tipos aparentemente opuestos y que, sin embargo, se comprenden y se completan en la alegría como en la desgracia. En la convivencia, el loco llega a ser modelo de altas virtudes; y el cuerdo, malicioso y glotón, también llega a serlo de cualidades como la lealtad, bondad y buen sentido. Aun convencido de que nada bueno va a lograr acompañando a su señor, no quiere separarse de él, porque tiene la convicción de que su ayuda, y hasta su consejo, le hacen falta a su desorientado caballero.

caballero en: riding
simple e interesado: simple minded and self-interested
con su sentido práctico de la vida: with his practical outlook on life
el buen sentido popular español: the common, horse sense of the Spanish countryman
En la convivencia ... llega a ser modelo: In the course of their living together . . . gets to be a model
serlo: = ser modelo
le hacen falta a: are needed by

Sin embargo, se ve lo poco que una cosa y otra le sirven en la graciosísima escena siguiente de esta selección de *Don Quijote,* que pertenece al Capítulo XVIII de la primera parte.

EL INGENIOSO HIDALGO DON QVIXOTE DE LA MANCHA,

Compueſto por Miguel de Ceruantes Saauedra.

DIRIGIDO AL DVQVE DE BEIAR, Marques de Gibraleon, Conde de Benalcaçar, y Bañares, Vizconde de la Puebla de Alcozer, Señor de las villas de Capilla, Curiel, y Burguillos.

Año,  1605.

CON PRIVILEGIO,

EN MADRID, Por Iuan de la Cueſta.

Véndeſe en caſa de Franciſco de Robles, librero del Rey nr̃o ſeñor.

El ingenioso hidalgo Don Quijote de la Mancha

De la aventura de los rebaños de ovejas que se le antojaron ejércitos.

which he imagined to be

En estos coloquios iban Don Quijote y su escudero, cuando vió Don Quijote que por el camino que iban venía hacia ellos una grande y espesa polvareda; y, en viéndola, se volvió a Sancho y le dijo:

along the road on which they were traveling

= en cuanto la vió

—Este es el día, ¡oh Sancho! en el cual se ha de ver el bien que me tiene guardado mi suerte; éste es el día, digo, en que se ha de mostrar, tanto como en otro alguno, el valor de mi brazo, y en el que tengo de hacer obras que queden escritas en el libro de la Fama por todos los venideros siglos. ¿Ves aquella polvareda que allí se levanta, Sancho? Pues toda es cuajada de un copiosísimo ejército que, de diversas e innumerables gentes, por allí viene marchando.

that fate has in store for me

... in any other (day)

= tengo que

all that (cloud) is thickened with a vast army ... made up of

—A esa cuenta, dos deben de ser —dijo Sancho—, porque de esta parte contraria se levanta asimismo otra semejante polvareda.

From the looks of things ... on the opposite side ... another dust cloud just like it.

Volvió a mirarlo Don Quijote y vió que así era la verdad; y alegrándose sobre manera, pensó sin duda alguna que eran dos ejércitos que venían a embestirse y a encontrarse en mitad de aquella espaciosa llanura. Porque tenía a todas horas y momentos llena la fantasía de aquellas batallas, encantamentos, sucesos, desatinos, amores, desafíos, que en los libros de caballería se cuentan; y todo cuanto hablaba, pensaba o hacía, era encaminado a cosas semejantes; y la polvareda que había visto la levantaban dos grandes manadas de ovejas y carneros que por aquel mismo camino, de dos diferentes partes, venían, las cuales, con el polvo, no se echaron de ver hasta que llegaron cerca. Y con tanto ahínco afirmaba Don Quijote que eran ejércitos, que Sancho lo vino a creer, y a decirle:

becoming overjoyed

For at all times his imagination was filled with ... and everything that he said

could not be distinguished

En la página opuesta: Portada de la primera edición de «Don Quijote».

—Señor, pues ¿qué hemos de hacer nosotros?

—¿Qué? —dijo Don Quijote. —Favorecer ayudar a los menesterosos y desvalidos. Y has d saber, Sancho, que este que viene por nuestr frente le conduce y guía el gran emperador Ali fanfarón, señor de la grande isla Trapobana; est otro que a mis espaldas marcha es el de su enemig el rey de los garamantas, Pentapolín del Arre mangado Brazo, porque siempre entra en la batallas con el brazo desnudo... Y para que mejo los veas y notes, retirémonos a aquel altillo qu allí se hace de donde se deben de descubrir lo dos ejércitos.

Hiciéronlo así, y pusiéronse sobre una lom desde la cual se vieran bien las dos manadas qu a Don Quijote se le hicieron ejércitos, si las nube de polvo que levantaban no les turbara y cegar la vista; pero, con todo esto, viendo en su imagina ción lo que no veía ni había, con voz levantad comenzó a decir:

—Aquel caballero que allí ves de las armas jal des, que trae en el escudo un león coronado, ren dido a los pies de una doncella, es el valeros Laurcalco, señor de la Puente de Plata; ... el otr de los miembros gigánteos, que está a su derecha mano, es el nunca medroso Brandabarbarán de Boliche, señor de las tres Arabias, que viene armado de aquel cuero de serpiente y tiene por escudo una puerta que, según es fama, es una de las del templo que derribó Sansón...

Y de esta manera fué nombrando muchos caba lleros del uno y del otro escuadrón, que él se imaginaba, y a todos les dió sus armas, colores, empresas y motes de improviso, llevado de la imaginación de su nunca vista locura, y, sin parar, prosiguió diciendo:

—A este escuadrón frontero forman y hacen gentes de diversas naciones: ... los númidas du dosos en sus promesas; los persas, en arcos y fle chas, famosos; los medos, que pelean huyendo; los árabes, de mudables casas; los escitas, tan crueles como blancos; los etíopes de horadados labios, y

that is coming toward us ... Ceilán, *i.e.* Ceylon

Ancient African tribe ... Pentapolín of the Rolled-up Sleeve

let us retire to that little hill which rises over there, from which there must be a good view of the

from which the two flocks of sheep which Don Quijote thought were armies might have been clearly seen ... had not disturbed and blinded their sight

loudly (authoritatively)

bright yellow

puente = *m.* or *f.*

with the limbs of a giant

so it is said

from both armies ... devices and emblems on the spur of the moment, carried away by the inventiveness of his unprecedented madness

untrustworthy ... who fight while fleeing ... with no fixed home (*i.e.* nomads); the Scythians ... pierced

otras infinitas naciones cuyos rostros conozco y veo, aunque de los nombres no me acuerdo. En estotro escuadrón, vienen los que beben las corrientes cristalinas del olivífero Betis; los que tersan y pulen sus rostros con el licor del siempre rico y dorado Tajo; los que gozan las provechosas aguas del divino Genil; los que pisan los tartesios campos, de pastos abundantes; ... los manchegos, ricos y coronados de rubias espigas; ... los que su ganado apacientan en las extendidas dehesas del tortuoso Guadiana, celebrado por su escondido curso. ...

Estaba Sancho Panza colgado de sus palabras, sin hablar ninguna, y de cuando en cuando volvía la cabeza a ver si veía los caballeros y gigantes que su amo nombraba; y como no descubría a ninguno, le dijo:

— Señor, encomiendo al diablo hombre ni gigante ni caballero de cuantos vuestra merced dice, que parece por todo esto; a lo menos, yo no los veo; quizá todo debe ser encantamento, como las fantasmas de anoche.

— ¿Cómo dices eso? — respondió Don Quijote. — ¿No oyes el relinchar de los caballos, el tocar de los clarines, el ruido de los atambores?

— No oigo otra cosa — respondió Sancho — sino muchos balidos de ovejas y carneros.

Y así era la verdad, porque ya llegaban cerca los dos rebaños.

— El miedo que tienes — dijo Don Quijote — te hace, Sancho, que ni veas, ni oigas a derechas; porque uno de los efectos del miedo es turbar los sentidos y hacer que las cosas no parezcan lo que son; y si es que tanto temes, retírate a una parte y déjame solo; que solo basto a dar la victoria a la parte a quien yo diere mi ayuda. — Y diciendo esto, puso las espuelas a Rocinante y, puesta la lanza en el ristre, bajó de la costezuela como un rayo.

Dióle Sancho voces, diciéndole:

— Vuélvase vuestra merced, señor Don Quijote, que voto a Dios, que son carneros y ovejas las que va a embestir. Vuélvase...

and innumerable other nations

this other ... olive-bearing ... those who smooth and polish

From La Mancha, *a wide plain of New Castile*

its hidden (underground) course

hanging on

trying to see

may the Devil take any man, giant or knight of all those you mention, that appears anywhere around here

How can you say that?

makes you unable to see or hear properly ... go off to one side ... I alone suffice to bring victory to the side to which I give my assistance.

Sancho shouted after him

Come back

for I swear to Heaven

Molino de viento en La Mancha.

Not even for that did Don Quijote turn back, rather . . . he began to spear them . . . as if he were really spearing

that they were of no avail . . . began to salute his ears with stones as big as your fist . . . At this instant there came a stone (of candied-almond shape), and hitting him in the side buried two of his ribs. Such was the blow that the poor knight came crashing down off his horse.

= matado

= prisa

Ni por ésas volvió Don Quijote; antes . . . s entró por medio del escuadrón de las ovejas, comenzó de alancearlas con tanto coraje y denued como si de veras alanceara a sus mortales enemigos Los pastores y ganaderos que con la manada ve nían dábanle voces que no hiciese aquello; pero viendo que no aprovechaban, desciñéronse las hon das y comenzaron a saludarle los oídos con piedra como el puño . . . Llegó en esto una peladilla d arroyo y dándole en un lado, le sepultó dos cos tillas en el cuerpo . . . Tal fué el golpe . . . que l fué forzoso al pobre caballero dar consigo de caballo abajo. Llegáronse a él los pastores y cre yeron que le habían muerto . . . y con much priesa . . . se fueron.

i.e. Dulcinea del Toboso

Del mismo modo cree D. Quijote que los sere más vulgares, — arrieros, venteros, labradores, — so señores de castillos encantados y que una aldeana qu encuentra en el camino es la dama de sus pensa mientos, como se ve en el capítulo siguiente.

Donde se cuenta lo que le sucedió a Don Quijote yendo a ver a su señora Dulcinea del Toboso.

[Díjole Don Quijote:] — Sancho amigo, la noche se nos va entrando a más andar y con más escuridad de la que habíamos menester para alcanzar a ver con el día al Toboso, adonde tengo determinado de ir antes que en otra aventura me ponga, y allí tomaré la bendición y buena licencia de la sin par Dulcinea; con la cual licencia pienso y tengo por cierto de acabar y dar felice cima a toda peligrosa aventura, porque ninguna cosa de esta vida hace más valientes a los caballeros andantes que verse favorecidos de sus damas.

night is coming on apace, and it will be dark too soon for us to reach Toboso in daylight . . . I shall receive the blessing and kind permission of the peerless . . . I am certain to bring any dangerous adventure to a successful conclusion

— Yo así lo creo — respondió Sancho —; pero tengo por dificultoso que vuesa merced pueda hablarla ni verse con ella en parte, a lo menos, que pueda recibir su bendición, si ya no se la echa desde las bardas del corral, por donde yo la ví la vez primera cuando le llevé la carta donde iban

I think it will be difficult for your grace to speak to her or see her, at least in any place where she can give you her blessing, unless she tosses it over . . . which contained

= noticias

las nuevas de las sandeces y locuras que vues merced quedaba haciendo en el corazón de Sierr Morena.

So, you took those to be barnyard walls

They couldn't have been anything but . . . or whatever you call them

—¿Bardas de corral se te antojaron aquéllas Sancho, —dijo Don Quijote— adonde o por dond viste aquella jamás bastantemente alabada genti leza y hermosura? No debían de ser sino galería o corredores o lonjas o como las llamen, de ricos reales palacios.

That could be . . . but they looked like barnyard walls to me, unless my memory fails me

—Todo pudo ser —respondió Sancho— pero mí, bardas me parecieron, si no es que soy falto d memoria.

if and when I see her

—Con todo eso, vamos allá, Sancho, que, com yo la vea, . . . cualquier rayo que del sol de su belleza llegue a mis ojos alumbrará mi entendi miento y fortalecerá mi corazón, de modo que quede único y sin igual en discreción y valentía. . .

anything worth telling. . .at the sight of which Don Quijote's spirits rose and Sancho's fell for he didn't know Dulcinea's house (where she lived) and never in his life

once night had fallen, and in the meantime

evergreen oaks

En estas y otras semejantes pláticas se les pas aquella noche y el día siguiente, sin acontecerle cosa que de contar fuese. . . En fin, otro día a anochecer descubrieron la gran ciudad del Toboso con cuya vista se le alegraron los espíritus a Don Quijote y se le entristecieron a Sancho porque no sabía la casa de Dulcinea ni en su vida la había visto como no la había visto su señor. De modo que, el uno por verla y el otro por no haberla visto, estaban alborotados . . . Finalmente ordenó Don Quijote entrar en la ciudad entrada la noche, y en tanto que la hora se llegaba, se quedaron entre unas encinas que cerca del Toboso estaban.

to consider what he will do

donkeys

Don Quijote manda, por segunda vez, a Sancho al Toboso para que busque a Dulcinea. Como Sancho sabe que esto es imposible, se detiene en el camino a reflexionar qué hará, cuando ve venir a unas labradoras sobre unos jumentos y decide hacerle creer que son Dulcinea y sus damas.

= cuando

Como Don Quijote le vió, le dijo: —¿Qué hay, Sancho amigo? ¿Podré señalar este día con piedra blanca o negra?

— Mejor será — respondió Sancho — que vuesa nerced le señale con almagre, porque le echen)ien de ver los que le vieren.

so that it may be clearly seen by all who look at it

— De ese modo — replicó Don Quijote — buenas 1uevas traes.

= buenas noticias

— Tan buenas — respondió Sancho — que no tiene nás que hacer vuesa merced sino picar a Rocinante / salir a lo raso a ver a la señora Dulcinea del Toboso, que con otras dos doncellas suyas viene a ver a vuesa merced.

put the spurs to

come out in the open

— ¡Santo Dios! ¿Qué es lo que dices, Sancho amigo? — dijo Don Quijote — Mira no me engañes ni quieras con falsas alegrías alegrar mis verdaderas ristezas.

Now don't try to deceive me, nor try to beguile my true sorrows with false joys.

— ¿Qué sacaría yo de engañar a vuesa merced — respondió Sancho — y más estando tan cerca de descubrir mi verdad? Pique, señor, y venga y verá venir a la princesa nuestra ama, vestida y adornada, en fin, como quien ella es. Sus doncellas y ella, todas son un ascua de oro, todas mazorcas de perlas, todas son diamantes, todas rubíes, todas telas de brocado; los cabellos sueltos por las espaldas, que son otros tantos rayos de sol que andan jugando con el viento...

= ganaría

especially since you are so close to finding out (that I am telling) the truth? Spur on, sir

all are embers of gold and pearls on the cob ... their hair let loose over their shoulders is like so many sunbeams

Ya en esto salieron de la selva y descubrieron cerca a las tres aldeanas. Tendió Don Quijote los ojos por todo el camino del Toboso y como no vió sino a las tres labradoras, turbóse todo y preguntó a Sancho si la había dejado fuera de la ciudad.

he got all upset

— ¿Cómo fuera de la ciudad? — respondió — ¿Por ventura tiene vuesa merced los ojos en el colodrillo, que no ve que son éstas las que aquí vienen, resplandecientes como el mismo sol a medio día?

What do you mean...?

—Yo no veo, Sancho — dijo Don Quijote — sino a tres labradoras sobre tres borricos...

—Vive el Señor que me pele estas barbas si tal fuese verdad.

As God is my witness, I'd tear out this beard of mine if that were true.

— Pues yo te digo, Sancho amigo — dijo Don Quijote — que es tan verdad que son borricos o borricas, como yo soy Don Quijote y tú Sancho Panza; a lo menos, a mí tales me parecen.

open up those eyes of yours

—Calle, señor, y no diga la tal palabra, sin despabile esos ojos y venga a hacer reverencia a l señora de sus pensamientos, que ya llega cerca.

he seized by the halter the jackass that belonged to one of the three farm girls

Y diciendo ésto, se adelantó a recibir a las tre aldeanas y, apeándose del rucio, tuvo del cabestr al jumento de una de las tres labradoras, y hi cando ambas rodillas en el suelo, dijo:

may it please your haughtiness and greatness to receive into grace and favor

turned into a statue of marble

world-weary

—Reina y princesa y duquesa de la hermosura vuestra altivez y grandeza sea servida de recibi en su gracia y buen talante al cautivo caballer vuestro, que allí está hecho piedra mármol, tod turbado y sin pulso de verse ante vuestra magn fica presencia. Yo soy Sancho Panza, su escuder y él es el asendereado caballero Don Quijote d la Mancha, llamado por otro nombre el Caballer de la Triste Figura.

popping (out of his head)

very ungracious and peeved

A esta sazón ya se había puesto Don Quijote d hinojos junto a Sancho y miraba con ojos desenca jados y vista turbada a la que Sancho llamab reina y señora. . . . Las labradoras estaban asimi mo atónitas viendo aquellos dos hombres ta diferentes hincados de rodillas que no dejaba pasar adelante a su compañera; pero rompiend el silencio la detenida, toda desgraciada y mohina dijo:

Get out of the way, bad luck to you . . . priesa = prisa

—Apártense, nora mala, del camino y déjenno pasar; que vamos de priesa . . .

not being satisfied with my misfortune, has blocked all the roads through which . . . this wretched soul that I have in my body

—Levántate, Sancho, —dijo a este punto Do Quijote— que ya veo que la Fortuna, de mi ma no harta, tiene tomados los caminos todos por dond pueda venir algún contento a esta ánima mezquin que tengo en las carnes. Y tú . . . único remedi de este afligido corazón que te adora, ya que e maligno encantador me persigue, y ha puest nubes y cataratas en mis ojos, y para sólo ellos no para otros, ha mudado y transformado tu si igual hermosura y rostro en el de una labrador pobre . . . no dejes de mirarme blanda y amorosa mente.

Las labradoras responden con groseras expre siones de enojo, diciéndoles:

Pastores manchegos con sus rebaños.

and we shall be grateful to you

—Apártense y déjennos ir y agradecérselo hemos.

very happy to have got out of his entanglement so well

Apartóse Sancho y dejólas ir, contentísimo de haber salido bien de su enredo...

Archaic = Vuelvo a

—Ahora torno a decir y diré mil veces —dijo Don Quijote— que soy el más desdichado de los hombres.

That rascal of a Sancho had all he could do to hide his laughter

Harto tenía que hacer el socarrón de Sancho en disimular la risa, oyendo las sandeces de su amo tan delicadamente engañado.

to bristles of the color of a bright red ox, solely to test

A pesar de todos los tropiezos, Don Quijote nunca pierde la confianza. Así sigue creyendo que la simple labradora del Toboso es la señora de sus pensamientos, Dulcinea, imagen del amor perfecto, a quien los encantadores han dado aquella rústica apariencia cambiándole «sus cabellos de oro purísimo en cerdas de color de buey bermejo,» sólo para poner a prueba su amor por ella.

And the fact is... *Turgenev, the Russian novelist, author of "Fathers and Sons."*

Y es que, como dice Turguenef, «así como Hamlet es el símbolo de la duda, Don Quijote es el símbolo de la fe.»

to right wrongs

Y también es el símbolo del altruísmo; se olvida de sí a cada paso por «deshacer entuertos;» mientras que Hamlet persigue ante todo, el cumplimiento de anhelos personales y el logro de sus ambiciones.

Shakespeare (1564–1616) and Cervantes are representative men of the Renaissance (renacentistas) *who reach perfection in the use of the vernacular tongue and employ human and universal themes, basing their work on a solid classical culture.*

Por tanto, se puede comparar, aunque sea por oposición, el héroe de Shakespeare con el de Cervantes; y se pueden comparar ambos autores, que son contemporáneos y que representan el punto culminante de las literaturas inglesa y española respectivamente. Ambos son renacentistas, ambos manejan problemas morales.

an epic of genius

La vida de Cervantes nos ilumina y explica la vida de Don Quijote; en éste se refleja el espíritu heroico de aquél. Los dos son tipos representativos del español de su siglo. Pero Don Quijote es, además, una de las grandes creaciones de la literatura universal por ser la síntesis de dos mundos, el ideal y el real; el de la risa y el del llanto; por ser una genial epopeya.

«Posada de la Sangre» en Toledo, donde vivió y escribió Cervantes. *(Ewing Galloway, New York)*

VIDA DE CERVANTES

Miguel de Cervantes Saavedra nace en 1547, en Alcalá de Henares, como Cisneros. Su padre era cirujano en la ciudad y el muchacho comienza sus estudios en ella, pero los continúa en Sevilla y en Madrid, porque su familia no encuentra acomodo en ninguna parte. Esta falta de asiento familiar influye en el espíritu andariego del joven Miguel. Con el

no encuentra acomodo: cannot settle down

Esta falta de asiento familiar influye en el espíritu andariego: This lack of family stability influences the restless spirit

afán de conocer Francia e Italia, sigue a estos países, como criado, al cardenal Acuaviva.

In the war against the Turks, which ended with the battle of Lepanto (1572), Spain was allied with the forces of the Papacy and Venice.

lining up (reporting for duty) on deck ... he take shelter

A los 24 años, su entusiasmo por defender la causa de la cristiandad contra los turcos lo lleva a enrolarse en la armada española. Al comenzar la batalla de Lepanto, lo encuentran los jefes formando sobre cubierta con el cuerpo sacudido por la fiebre y el rostro amarillo, y le ordenan que se guarezca en el interior del buque porque no está en condiciones de soportar la lucha. Cervantes responde que prefiere morir defendiendo la cristiandad que salvarse perdiendo «la más alta ocasión que vieron los siglos pasados y esperan ver los venideros.» Efectivamente, en la batalla de Lepanto se decidió, en gran parte, el futuro de Europa. Y allí quedó Cervantes inútil de la mano izquierda por lo que se le conoce con el nombre de «el manco de Lepanto.» La protección que le dispensa Don Juan de Austria, almirante de la escuadra, desde que descubre sus excepcionales cualidades es, acaso, causa de su desgracia. Le da unas cartas de presentación para altas personalidades españolas, cuando termina la guerra. Pero el barco en que regresa es apresado por los piratas turcos quienes, al ver las elogiosas recomendaciones de Cervantes que se hacen en las misivas, creen que les ha de valer mucho dinero su rescate y se lo llevan cautivo a Argel. Pero durante su cautiverio llega a ser respetado y obedecido por todos a causa de su saber y su talento. Este período de cinco años deja una profunda huella en su creación literaria.

And there Cervantes lost the use of his left hand ... the one-armed man ... *Don Juan was the natural son of Charles V.*

letters of introduction

believe that his ransom is going to be worth a lot of money to them ... Algiers

Al regresar a España espera alguna recompensa por los servicios prestados y por las penalidades sufridas a causa de ellos; pero esa recompensa no llega nunca. Intenta ganarse la vida de varias maneras, siempre sin éxito. Entre otras cosas, escribe comedias que le dan poco dinero. A los cuarenta años decide dedicarse a los negocios. Es nombrado provisor de la Armada Invencible; y la Armada naufraga:. se consuela escribiendo una oda patriótica sobre ella. Contrae matrimonio con Doña Catalina de Salazar, mujer rica del pueblecito de Esquivias, donde se conserva su casa. Logra a poco el enfadoso cargo de recaudador de contribuciones morosas; pero todo le

troubles

"La Invencible" was the ambitious name given by Philip II to an armada of 130 vessels which he sent against England.

A little later he succeeds in getting the irksome job of collector of delinquent taxes ...

sale mal y, por no poder responder con una fianza, va a la cárcel de Sevilla.

because he can't make bail

Este hecho desgraciado para él es afortunado para la cultura, porque en la prisión concibe Cervantes la idea del Quijote, de la figura que describe así: «Frisaba la edad de nuestro hidalgo con los cincuenta años. Era de complexión recia, seco de carnes, enjuto de rostro, gran madrugador y amigo de la caza.» Y escribe Cervantes la obra poco después de salir de la cárcel, a los 58 años de edad, o sea, en la madurez de su vida, mientras lucha con los reveses de la fortuna y de la existencia que no es para él nada plácida. Ya está cansado, desilusionado, pobre, enfermo y sólo sueña con poder descansar de tanta lucha. No tiene más satisfacción que la del éxito sin precedentes de la publicación del Quijote, — 1605 — que le da tanta gloria como poco dinero.

Was bordering ... on

He was a man of rugged constitution, lean, gaunt of face, an early riser, and fond of hunting ... or to put it another way

El final de su vida en Madrid es más apacible. Se dedica a publicar sus demás obras: las *Novelas ejemplares;* la segunda parte del Quijote — 1615. *Persiles y Segismunda* se publica después de su muerte, que le llega en 1616. Pocos días antes de morir escribe el prólogo a su última obra que es como una despedida del mundo. En él dice: «A Dios gracias; a Dios, donaires; a Dios, regocijados amigos, que yo me voy muriendo y deseando veros contentos en la otra vida.»

In addition to the works mentioned, Cervantes published "Eight Comedies and Eight New Interludes" in 1616, of which the best known is probably "The Cave of Salamanca".

Farewell to drolleries ... witticisms ... merry friends

ÉXITO DE SU OBRA

Entre todas sus obras, el Quijote alcanzó tal popularidad que surgieron varias imitaciones; y su héroe ha sido tomado en todos los tiempos y países como protagonista, no sólo en la literatura, sino en la pintura, la escultura y la música.

One of the most famous is the "Quijote" of Avellaneda (pseudonym of a writer as yet unidentified).

Musical treatments: Strauss' "Don Quijote"; Manuel de Falla's "El Retablo de Maese Pedro"; Oscar Esplá's "Don Quijote velando las armas", etc.

Todo ello prueba la magnitud del éxito de esta obra de Cervantes de la cual dice él mismo: «Los niños la manosean; los mozos la leen; los hombres la entienden; y los viejos la celebran.» Sus lectores son, efectivamente, muy numerosos y de varios tipos, porque la sencillez y claridad del estilo cervantino a todos agrada y porque todos hallan eco a sus propias ideas y sentimientos en la obra y se deleitan con su lectura. Y es que el Quijote es, ante todo, como se

thumb through it ... praise it

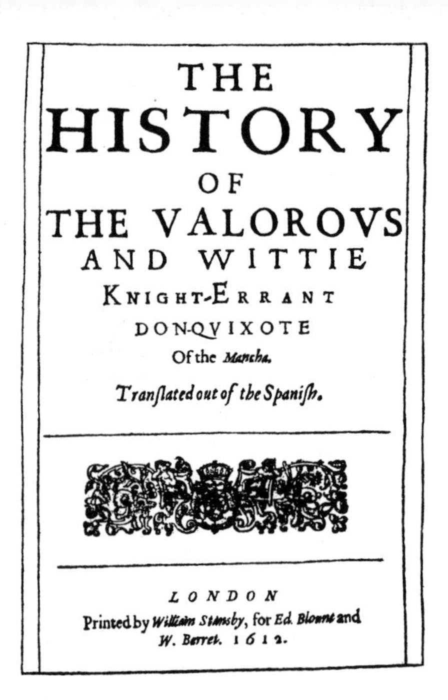
THE
HISTORY
OF
THE VALOROVS
AND WITTIE
KNIGHT-ERRANT
DON-QVIXOTE
Of the *Mancha.*
Translated out of the Spanish.

LONDON
Printed by *William Stansby*, for *Ed. Blount* and
W. Barret. 1612.

En la página opuesta: «Cuadro de las lanzas» o de «La rendición *(surrender)* de Breda» de Velázquez.

ha dicho, una epopeya, porque abarca todos los sectores de la vida y maneja ideas universales.

Pero además *El Quijote* es la primera novela moderna del mundo, la que da a España la primacía en la aparición de este género líterario. Sus numerosos personajes son una serie de tipos que sólo Cervantes ha sabido recoger. En cuanto a su estructura, emplea todas las formas de la literatura anterior — picaresca, caballeresca, pastoril, morisca, de aventuras, de intriga. Coloca las figuras dentro de la vida española de su época y en torno al gran hidalgo. Y una de las grandes ironías de la obra consiste en que éste va recuperando la razón conforme va perdiendo la salud. Ya en la segunda parte del Quijote, empieza el caballero a sentir desilusión, a perder confianza, a cansarse de sufrir atropellos morales y materiales, de los cuales ya se va dando cuenta. Y la muerte de Don Quijote coincide con la cordura de Don Alonso Quijano. O sea, Don Quijote muere cuando deja de ser quijote. Por eso dice al final: «Vámonos poco a poco, pues ya en los nidos de antaño no hay pájaros hogaño. Yo fuí loco y ya soy cuerdo; fuí Don Quijote de la Mancha y soy ahora Alonso Quijano el Bueno.» Así lo llamaban porque, loco o cuerdo, nunca hizo mal a nadie intencionadamente y puso siempre su esfuerzo a favor de las causas justas.

around the great knight

in the same measure as

of which he is gradually becoming aware

Don Quijote interrupts the hopeful encouragements of those who surround him, to say:

Not so fast (everybody); in yesteryear's nests there are no birds this year

VELAZQUEZ

El creador de la perspectiva aérea

Diego de Silva Velázquez nació en Sevilla en 1599. Su familia disfrutaba de una posición social elevada que le permitió entregarse sin trabas económicas a la libre producción del arte, a pintar como y cuando quería. Su sentido artístico estuvo favorecido, asimismo, por el ambiente familiar que era de gustos refinados. Llegó a ser un caballero típico de la época: amable, agudo, ingenioso, bien vestido, bien plantado, — como se le ve en el cuadro de «Las Meninas» —, y generoso siempre en la ayuda de sus colegas.

enjoyed . . . financial difficulties

well set-up . . . "The Maids of Honor". . . in aiding

«Las Meninas» de Velázquez.

Su padre le dió desde niño una educación esmerada, especialmente en latín y en filosofía, disciplinas consideradas como indispensable base de cultura. Pero todos los libros de Diego, incluso los de asunto más abstracto, aparecían llenos de ilustraciones al margen; y a veces, estas ilustraciones eran pequeñas maravillas que anunciaban un gran artista.

those dealing with the most abstract matters ... that gave promise of

Al fin se convencieron sus allegados de que sus aficiones iban más hacia el arte que hacia la ciencia. Y como vivía por entonces en Sevilla el gran pintor Herrera el Viejo, enviaron al muchacho a su estudio. Pero tenía el maestro tan mal genio, que Diego se negó a seguir yendo.

relatives . . . tended more toward

(1576–1656)

such a bad temper

to continue

Entonces se trasladó a la academia de otro gran maestro, Pacheco, que había de ser luego su suegro. Pacheco era de carácter dulce y, sobre todo, un verdadero maestro. De él aprendió Velázquez mucho de su saber pictórico y, especialmente, la firmeza en el dibujo, base de toda buena pintura. En su estudio copió del natural y las obras de los grandes pintores; pero en cuanto fué capaz de apreciarlos en toda su grandeza, huyó de imitarlos, porque se decía: «Prefiero ser malo en mi estilo, ser yo mismo, que ser bueno en el estilo de los demás.» Y con este criterio, se dedicó a pintar tal y como él veía y sentía la realidad. Pacheco le había inculcado el respeto a la forma y a la representación fiel de la naturaleza; es decir, a reproducir la verdad pura, sin falsearla, la vida misma, después de observarla rigurosamente.

The painter Francisco Pacheco, who was later to be his father-in-law.

a sure hand in drawing

from nature

he avoided

just as

Y tanto la observó, que descubrió la manera de representar el aire, el ambiente; era cosa que nadie había logrado hasta entonces y que los pintores siguieron luchando por lograr, después de Velázquez. En este sentido, es el pintor más grande del mundo.

that no one had accomplished up to that time

Logró también Velázquez dar a los rostros la máxima expresión, y a las facciones la máxima exactitud; es decir, logró ser un asombroso retratista. A causa de esta habilidad, un envidioso de su arte dijo al rey despectivamente: «Total, Velázquez sabe pintar una cabeza.» Velázquez respondió al enterarse: «Esta crítica es el mayor honor, porque no conozco a nadie que sepa hacerlo.»

one who was envious of his skill . . . To sum up

VELÁZQUEZ, PINTOR DE CÁMARA

court painter

Los primeros retratos que hizo a Felipe IV le gustaron tanto al rey que llamó a Velázquez y le nombró «pintor de cámara.» A poco, se anunció un concurso real para un cuadro que representase el reciente episodio de la expulsión de los moriscos. Velázquez ganó el premio. Después pintó el retrato ecuestre de Felipe

Shortly afterwards

Moriscos: *the descendants of Moslems who elected formal conversion to Christianity rather than banishment from Spain in 1502. They were expelled, first from Valencia in 1609 and then from all Spain.*

Arriba: «Retrato ecuestre de Felipe IV.» *En la página opuesta:* «Los borrachos.» Museo del Prado.

IV que fué del agrado de éste; pero los caballistas (the experts on horses) censuraron tanto las incorrecciones de los detalles del caballo, que Velázquez, molesto por la crítica, guardó el cuadro en su estudio, de donde no salió hasta después de su muerte.

Velázquez conoció en Madrid a Rubens con quien llegó a tener una gran amistad. Rubens, mediante los relatos (stories) de sus viajes, despertó en Velázquez el deseo vehementísimo de ir a estudiar a Italia. Para la plena realización de este sueño, pintó y vendió el cuadro de «Los borrachos.» ("The Topers") En él se ve la influencia del Renacimiento en la elección del dios Baco (Bacchus) como figura central: es decir, la elección de un tema clásico, aunque tratado con ironía, — como vuelve a hacer luego en el cuadro de «La fragua de Vulcano.» ("The Forge of Vulcan")

VIAJE A ITALIA

El viaje a Italia causa en Velázquez una revolución estética, una nueva visión del arte que le induce a retocar y repintar todos sus cuadros anteriores que no le gustan ya. Es como si se arrepintiese de ellos: por eso se llama esta época de su pintura, «de los arrepentimientos.» En Italia pinta sus dos únicos paisajes, en el parque de la famosa «Villa Médicis» donde vivía.

all his earlier paintings which no longer pleased him

A Roman villa belonging in the 1600's to the famous Medici family of Florence.

Al volver a España, impresionado por el colorido de Tiziano, de Tintoretto y de tantos otros pintores renacentistas, pinta su «Pablillos de Valladolid,» admirable por la valoración de los colores. Pero también está impresionado e influído, en este sentido, por El Greco. En este período de su pintura hace Velázquez el retrato ecuestre del privado del rey, el Conde-Duque de Olivares, quien en su desmedida ambición, se hace retratar como el rey, a caballo. Este retrato acaso influyese en la caída del privado, ocurrida a poco; e hizo temer a Velázquez por la pérdida de su puesto en palacio.

A contemporary actor (buffoon).
... color valuation

Gaspar de Guzmán (1587–1645)

the fall of the court favorite which took place shortly after; and made Velázquez fear for

IESVS NAZARÆNVS REX IVDÆORVM

«EL CRISTO» DE VELÁZQUEZ

En la página opuesta: «El Cristo de Velázquez».

Los cuadros de asunto religioso en Velázquez son pocos. El principal de ellos es «El Cristo,» tan conocido en todo el mundo. Se dice que lo pintó en desagravio de una aventura amorosa. Hizo en su obra un detenido estudio del natural, sobrio, sereno, sin efectismos. La expresión del rostro le ofrecía tal problema que, por miedo a no poderle dar toda la dignidad debida, decidió eludirlo. Para ello, colocó la cabeza inclinada y medio oculta por el cabello colgante. La serenidad de la figura – incluso por estar clavada en la cruz mediante cuatro clavos en lugar de tres – le quita dramatismo. Por eso no siempre es el preferido de los devotos este «Cristo de Velázquez,» a quien, con este título, dedica Unamuno uno de sus más hermosos poemas, de donde son los versos siguientes:

in penance for

without striving for effect

nailed to the cross with

robs it of dramatic effect

Milagro es éste del pincel, mostrándonos
al Hombre que murió por redimirnos
de la muerte fatídica del hombre.

fatal

¿En qué piensas Tú, muerto, Cristo mío?
¿Por qué ese velo de cerrada noche
de tu abundosa cabellera negra
de nazareno, cae sobre tu frente?
Miras dentro de Ti donde está el reino
de Dios; dentro de Ti, donde alborea
el sol eterno de las almas vivas...

veil of darkest night

Sobre tu pecho la cabeza doblas
cual sobre el tallo una azucena ajada
por el sol; dobla tu frente ebúrnea
de la ciencia del mal la pesadumbre...

you bow

= como

grief of the awareness of evil weighs down upon your ivory brow

Con esos brazos a la cruz clavados
has hecho, maestro carpintero, casa
de Dios a nuestra pobre tierra, dándole
morada en nuestro suelo. Cuatro clavos
hijos del arte humano, te enclavijan
al árbol de tu muerte y vida nuestra...
.... y llueve sangre
de las manos del Cristo taladradas...
¡Y con ellas apuñas sendos clavos
manejando los remos de la cruz!

dwelling

and [of] our life

pierced... and with each (hand) you grasp its nail

«La Coronación de la Virgen» es también un cuadro de perfección académica, frío, poco espiritual, cuyas figuras son más humanas que divinas.

SEGUNDO VIAJE A ITALIA

Durante su segundo viaje a Italia, retrata Velázquez al Papa Inocencio X, a quien había llegado su fama. Es un magnífico retrato por el cual recibió del Pontífice, además de la cantidad estipulada, una cadena y un medallón de oro, como regalo. Hubiera seguido pintando en Roma después de este éxito; pero lo reclamaba con urgencia el rey para emprender la decoración de los palacios reales. La lentitud y dificultad que entonces ofrecían los viajes; los peligros a que se vió expuesto, retrasaron su llegada casi un año. La acumulación y urgencia del trabajo le hacen acordarse, como siempre, de sus amigos pintores. Y llama a Zurbarán a quien le unía una gran amistad desde la infancia.

but the King urgently demanded his return

which traveling presented at the time

to whom he was bound by ... *Francisco de Zurbarán (1598–1662) dealt principally with monastic life and historical subjects.*

En esta nueva vuelta a España comienza su tercera época, en que pinta los bufones y enanos, en cuyos cuadros llega al máximo el naturalismo de Velázquez. Quiere demostrar con ellos que el arte tiene poder para dominar hasta lo más abyecto de la naturaleza.

Pinta también el cuadro de «Las Hilanderas,» interior, prodigioso de luz y color, de la famosa Fábrica de tapices de Madrid, que surtió a tantos palacios. La hilandera principal se destaca en maravilloso escorzo, y es asombrosa la perspectiva aérea.

"The Spinners"

supplied

EL CUADRO DE «LAS MENINAS»

Pero donde ésta, es decir, la pintura del aire, del ambiente, llega al más alto grado, es en el cuadro de «Las Meninas.» El mayor elogio de esta perfección lograda son las palabras de Teófilo Gautier, quien, colocado ante el lienzo, exclamó: —¿Dónde está el cuadro?

Nineteenth century French poet and critic.

Su composición es una de las más complicadas e ingeniosas que existen: Velázquez aparece de pié, ante un gran lienzo donde está retratando a los reyes. A éstos sólo se les ve reflejados en un espejo que hay al fondo de la sala, porque se supone que estarían posando donde está el espectador. En el centro del

En la página opuesta: «Retrato del papa Inocencio X.» Galería Doria, Roma.

A la izquierda: La infanta Margarita (detalle del cuadro «Las Meninas»). *En la página opuesta:* «Las Hilanderas» *(The Spinners). (Monkmeyer Press Photo Service)*

cuadro se agrupan las meninas — niñas — que son la infantita Margarita con sus damas de honor; un enano, una enana — de los que había en la corte para divertir a los palaciegos a su costa — y un perro. Este grupo se supone que estaba mirando y distrayendo a los reyes. La luz y el ambiente de la habitación fueron logrados de tal forma que dan la impresión de que el espectador podría entrar también en aquel estudio.

at their expense

were managed in such a way

JUICIOS SOBRE VELÁZQUEZ

Alguien censuró a Velázquez por el atrevimiento que suponía colocarse él como figura principal, en un cuadro en que aparecen los reyes tan empequeñecidos. Pero la prueba de que el rey no se molestó por ello es que, según se dice, cogiendo él mismo la paleta y

for his audacity in placing himself . . . so reduced in size

os pinceles pintó sobre el pecho del autorretrato de /elázquez la cruz de caballero de Santiago, que ›stenta. Fué la anticipación a su promesa de nom- ›rar al pintor caballero de esa encopetada Orden nilitar. Pero se oponían sus miembros por no haber ido posible probar a Velázquez la requerida ascen- lencia noble por los cuatro costados. En protesta a a imposición del rey, se negaron a asistir a la cere- nonia de la toma de hábito; y Velázquez no lo llegó vestir en vida; pero sí lo vistió después de muerto, lurante los días en que su cadáver estuvo expuesto n capilla ardiente. Era el año 1660.

Knight of (the Order of) Saint James *(one of the four great military orders: Santiago, Calatrava, Alcántara and Montesa)*. . . . aristocratic

on both sides of his family *(i.e. grandparents on both sides)* . . . arbitrariness . . . the investiture *(with the robes of the order)* . . . lay in state

Se atribuyen a Velázquez 110 cuadros y 72 retratos. En su época existían en España muchas colecciones ›articulares en que abundaban sus obras. Pero fueron lesapareciendo poco a poco. Si España perdió la ›ropiedad material de tantas obras de arte, el mundo ;anó el privilegio de poder admirar en los museos donde fueron a parar, las obras de Velázquez. ¡Gran ›rivilegio! De ellas ha podido decir Whistler que «son le la calidad de los mármoles de Fidias.»

i.e. to collectors abroad

physical ownership

where they came to rest

The Greek sculptor, Phidias (c. 500 – c. 432 B.C.)

LOPE DE VEGA

El teatro nacional

Lope Félix de Vega Carpio es el más famoso de los dramaturgos españoles y uno de los más grandes de Europa en la época en que vivió, que era la del gran renacimiento de la literatura europea. Es, también, el más fecundo escritor de comedias; hasta el punto de que

> «mas de ciento en horas veinticuatro
> pasaron de las musas al teatro.»

i.e. He wrote each of more than a hundred comedies in twenty-four hours.

Nació en 1562 en Madrid, ciudad que acababa de ser convertida en corte por Felipe II. Su padre era bordador. La industria del bordado era floreciente, sobre todo en su aplicación a los ornamentos de iglesia — casullas, capas pluviales, etc. — una de las riquezas artísticas de España. Por tanto, Lope era de familia artesana, y no de estirpe noble, como, a veces, pretendió.

Theretofore Valladolid had been the residence of the royal court.

copes ... artistic treasures

JUVENTUD

Era un talento despierto; su amigo y cronista Montalbán, dice que a los cinco años sabía leer español y latín. Estudió en el colegio de los Jesuítas y en la Universidad de Alcalá, centros que eran de reciente fundación. Pronto sintió vocación decidida por la literatura y se dedicó a ella con entusiasmo. Pero también lo sintió por las armas desde su juventud. Y a los 21 años, embarcó en la armada dirigida por el marqués de Santa Cruz, que logró la anexión de Portugal a España. Y zarpó después, con la «Armada Invencible», enviada por Felipe II contra Inglaterra. Lope se salvó de milagro en el desastre naval producido por las tempestades.

His was a sprightly talent

Juan Pérez de Montalbán, *(1602–1638), dramatist; biographer of Lope.*

1595 and 1510, respectively

he set sail (weighed anchor)

Su juventud está llena de aventuras guerreras y amorosas, algunas de las cuales dan con él en la cárcel. Al salir de ella, se casa con Isabel de Urbina y lo hace por poderes, a causa de haber sido condenado a destierro de Castilla. Durante una temporada vive el matrimonio en Valencia.

land him in jail

by proxy, because of having been condemned to exile

El primer retrato de Lope de Vega, publicado en las dos primeras ediciones de *La Arcadia* (1598-99).

LOPE EN VALENCIA

La universidad de esta ciudad era ya importante; mas, a la llegada de Lope, se reorganiza y alcanza gran esplendor. Lope vive en un ambiente culto, de tipo renacentista debido a la estrecha relación que existió siempre entre el Levante de España e Italia, donde el Renacimiento aún estaba floreciente. Pero, junto a este ambiente renacentista, se conservaba en Valencia la tradición árabe, hasta el punto de que aún vivían en la huerta grupos de mozárabes, con sus costumbres. Estos dos influjos tan diferentes, complicaron y enriquecieron el espíritu de Lope de Vega, que encontró en Valencia campo para desarrollar todas sus actividades, muy especialmente en las fiestas locales.

Until national unity was achieved by Ferdinand and Isabel, this region was a part of the Kingdom of Aragon to which also belonged for many years a number of Italian territories.

Descendants of Christians who lived under the rule of the Arabs and who adopted Moorish speech and customs.

Se representaban en ellas autos sacramentales, es decir, obras dramáticas de asunto religioso; había procesiones; salían carrozas en que aparecían mezcladas, a veces, alegorías sagradas y profanas; se quemaban en público, después de premiadas, las fallas, grupos de figuras, o muñecos, alusivos a los acontecimientos del año. Todas estas fiestas las organizaba y dirigía Lope de Vega que, con ello, se ganaba la vida en aquella época.

Even today, in one church of Elche, a play depicting the Assumption is still presented.

after prizes were awarded, the bonfires. *Fallas are bonfires, lit in the streets of Valencia on the eve of St. Joseph (March 19), a custom continued to this day.*

SECRETARIO DEL DUQUE DE ALBA

Al volver a Castilla se instaló en Alba de Tormes, en el palacio del duque de Alba, como secretario suyo. En este retiro tuvo tiempo para escribir muchas de

Castilian town from which the Dukes of Alba took title.

Grabado del siglo XVII. Cabalgata *(Cavalcade)* de los caballeros de la corte española escoltando *(escorting)* a los del Príncipe de Gales (Wales) al entrar en el patio del palacio real. A la izquierda se levanta un escenario *(stage)* con cómicos *(actors)*. *(Bettman Archive)*

sus poesías y comedias. La muerte de su primera mujer, Isabel, y la de sus dos hijas y, luego, su segundo matrimonio, proporcionan a Lope una larga temporada de alejamiento de la corte. Pero, pasado en ésta el luto por la muerte de Felipe II, se prepara la celebración de la doble boda del heredero de la corona, el príncipe Felipe, y la de su hermana. Lope organiza los festejos, que tienen tanto sabor renacentista como nacional: arcos de triunfo; fuegos artificiales; almuerzos en grutas marinas en cuyas aguas aparecían tritones y sirenas; representaciones teatrales; torneos; simulacros de asalto e incendio de una fortaleza turca levantada, al efecto, en la playa, y luchas burlescas contra los piratas, que eran temas de actualidad; un duelo, en fin, entre El Carnaval — representado por el mismo Lope — y la Cuaresma. Al final de los festejos, Lope de Vega leyó unos romances

afforded Lope a long period of retirement

The marriage of Prince Philip, later Philip IV, to the French Princess Elizabeth and that of her brother, Louis XIII, to Anne of Austria, sister of Philip.

character of the Renaissance

sham battles . . . erected for the purpose . . . topics of current interest

Carnival . . . Lent

suyos alusivos a la boda; y escribió de la fiesta: «Ni la habrá ni espera España verla mejor.»

There will never be, nor does Spain hope to see a better one

«SAN ISIDRO DE MADRID»

Sin embargo, hubo otras también muy buenas y sonadas, como la que se hizo en Madrid para celebrar el paso de los restos de San Isidoro, de Sevilla a León. Lope de Vega escribió una obra teatral llamada «San Isidro de Madrid» llena de gracia y sabor local, amenizada con danzas, alegorías, canciones, etc. Se hizo tan popular que dió a conocer por todas partes la vida y milagros del labrador Isidro, a quien ya en 1212 la leyenda había convertido en guía de Alfonso VIII a través de Sierra Morena, para darle a los cristianos el triunfo sobre los almohades. Después de aquellas fiestas San Isidro fué proclamado patrón de Madrid; y, por él, se les llama «isidros» a los aldeanos y labradores que acuden a la capital y recorren sus calles con aire desorientado y admirativo, como los que acudieron a aquellos festejos.

there were others, too, very good and much praised, like the one that took place

local color

plowman Isidro, *patron saint of Madrid*

This battle, that of Las Navas de Tolosa, on the southern slope of the Sierra Morena, opened up the valley of the Guadalquivir to reconquest by the Christians.

En un patio de palacio tuvo lugar la celebración literaria de la canonización conjunta de San Isidro, Santa Teresa, San Felipe Neri, San Ignacio de Loyola y San Francisco Javier. Lope de Vega presidía, sentado frente al jurado que había de adjudicar los premios a las mejores poesías alusivas al acto. En el público sólo se admitían poetas; y la averiguación de si lo eran, en el momento de la entrada, dió lugar a chistosas escenas y agudas respuestas por parte de los supuestos poetas. El primer premio fué para Lope; pero presentó además, bajo pseudónimo, una composición para cada tema que, intencionadamente, no se atenían a las bases del concurso, para poder él mismo atacar, como lo hizo con mucha gracia, al desconocido autor.

simultaneous

Saint Philip Neri, Italian priest (1515–1595); Saint Ignatius, founder of the Society of Jesus, and his friend and follower, Saint Francis Xavier.

and the investigation as to whether they were (poets)

did not abide by the rules of the contest, in order that he might attack

Para los festejos acudieron representaciones de los pueblos: autoridades, clero, gremios, con sus banderas, estandartes y músicas. Hubo oficios religiosos y toros y cañas. Lope de Vega, que tomaba parte en todo, iba haciendo su arte cada vez más popular, más nacional, más fundido con el espíritu español, espíritu que plasma espontáneamente en sus obras.

religious functions, bullfights and cane-tourneys *(sham battles on horseback to show skill)*

which he blends

VEJEZ

Con esto se distraía de algunos de los grandes dolores de su vida: su hija predilecta, Marcela, ingresó en un convento. Él quedó viudo por segunda vez. Después se ordenó de sacerdote. Su creciente fervor religioso llega a hacerle esperar el perdón de su vida. Y envejecido, pobre y triste, murió a los 73 años de edad. Veinticuatro horas antes de su muerte aún escribió su poema «La edad de oro», regó su huerto y dijo su última misa. Al morir, le rodeaban sus mejores amigos. A petición de Marcela, pasó el entierro por delante del convento donde estaba en clausura; y así pudo dar al padre su último adiós. Más de 150 oraciones fúnebres fueron dedicadas a Lope, en justa correspondencia a todas las que él había pronunciado. Fué enterrado en la iglesia de San Sebastián de Madrid; pero se ignora hoy el paradero de sus restos.

he was ordained as a priest ... leads him to hope for the forgiveness of the sins of his past

In 1635

in cloister (for always)

funeral orations

in fitting compensation for

FECUNDIDAD LITERARIA DE LOPE

La vitalidad de Lope es sobrehumana; en este sentido Cervantes le llamó «monstruo de la naturaleza»; y por su constante renacer de sí mismo en su continua labor literaria, se le conoce como «el fénix de los ingenios». No parece posible que su vida tan llena de trabajo le diese tiempo para tantos viajes, expediciones, amores y atenciones sociales. Él dice que escribió 1500 obras; de las dramáticas se conocen 470, de mayor o menor mérito. Sin embargo, en conjunto, se apreciaba tanto su producción de todas clases que en su tiempo, para elogiar una cosa aunque fuese material, se decía: «es de Lope.» Se le admiraba como a un genio y llegó a rodearle un ambiente de apoteosis.

Phoenix, *the mythological bird which supposedly burned itself every 500 years on a funeral pyre, to rise from its ashes young and beautiful again*... social activities

GRAN POETA LÍRICO

Lope de Vega es uno de los más grandes líricos del siglo de oro, al lado de Góngora y Quevedo, a los que sobrepasa en gracia, soltura y espontaneidad de estilo. Es además un poeta popular, porque lo mismo compone canciones de boda que de camino o de siega; es decir, usa las mismas formas que el pueblo crea en sus canciones para acompañar sus acontecimientos y sus faenas. Y combina lo culto con lo popular en los llamados romances artísticos y canciones religiosas.

Luis de Góngora y Argote (1561–1627) *and* Francisco de Quevedo (1580–1645)

for he composes songs for weddings as well as for wanderers or harvesters

Vista de unos olivares del surdeste de España.

Letrilla de la recolección de la aceituna

¡Ay fortuna!
cógeme esta aceituna.
Aceituna lisonjera
verde y tierna por de fuera,
y por de dentro madera;
fruta dura e importuna.

¡Ay fortuna!
cógeme esta aceituna.
Fruta en madurar tan larga,
que sin aderezo amarga;
y aunque se coja una carga,
se ha de comer sólo una.

¡Ay fortuna!
cógeme esta aceituna.

pick up for me

on the oustide and on the inside . . . vexatious

Fruit that takes so long to ripen and is bitter without seasoning, and though one may gather a load

LOPE, DRAMATURGO

El teatro de Lope refleja el pueblo español en toda su variedad: señores y villanos; caballeros y pícaros; clérigos y seglares. En sus medios de expresión alternan los discreteos filosóficos, con los frívolos; la distinción, con la bajeza. Por otra parte, la obra de Lope aparece completamente fundida con su persona; la vida de sus héroes con la suya y con la de los que le rodean; y del mismo modo, él vive la vida de sus personajes. Esto es posible porque Lope hace de ellos seres verdaderos, creaciones humanas, acaso tan poderosas como las de Cervantes.

laymen

ingenious verbal fusillades of a philosophical nature

Probably Lope's best characterizations are to be found in these all-time favorites: "El castigo sin venganza", "La dama boba", "Peribáñez", "El mejor alcalde el rey", "El caballero de Olmedo".

A La cabeza de esta página: El famoso «Corral de la Pacheca» según un grabado de la época, donde tenían lugar las representaciones teatrales de Lope y otros grandes autores dramáticos.

El teatro de Lope de Vega es clásico y es nacional; por eso perdura, e interesa, no a una sola clase social sino a todas, porque a todas las representa en sus obras, donde aparecen desde el aldeano hasta el rey con sus problemas. Divierte al público con su ingenio; lo conmueve con sus propios conflictos de amor y honra, que son sus temas dominantes; y lo entretiene con la variedad de versificación y de situaciones—cómicas, trágicas—y con la riqueza de colorido y de arte escénico, realzada por la música y los bailes populares.

Entre las principales comedias de Lope se encuentra *Fuenteovejuna.*

ARGUMENTO DE FUENTEOVEJUNA

Este pueblo de la provincia de Córdoba es el héroe colectivo de esta obra que destaca el sentimiento del honor popular. El Comendador de la Orden de Calatrava, uno de los personajes principales, es un caballero poderoso, dueño de extensas tierras, a cuyos vasallos trataba despótica y tiránicamente. No respeta ni su honor ni su hacienda y habían de obedecerle ciegamente o sufrir duros castigos y hasta la muerte.

shows up in sharp relief the sense of honor among the people. The Commander of the (military) order of Calatrava, *(a position of great dignity and power)*

possessions

"Fuenteovejuna" is the drama of liberty itself, for it represents the rise in mass of the people against the tyranny and injustice of the Comendador.

La visita del Comendador era, pues, temida en Fuenteovejuna, desde el punto en que se la anunciaba: habían de entregarle los productos de sus tierras, los animales que criaban para él y sufrir el abuso que de hombres y mujeres hacía.

Laurencia, hermosa labradora hija del alcalde, Esteban, está enamorada de Frondoso, joven labrador que la ama a su vez. Se ha concertado el matrimonio con el consentimiento y agrado de los padres de ambos. Cuando se está celebrando la fiesta de la boda se presenta el Comendador ordenando que se suspenda y que prendan a Frondoso, porque se ha permitido defender a su novia de las persecuciones del caballero. Todos piden piedad para los novios; el alcalde trata de oponerse al atropello, pero le arrebatan el bastón de mando. El pueblo, humillado injustamente, decide dar muerte al Comendador. Cometido el acto e investigadas las causas, los reyes perdonan al pueblo.

who in turn loves her

he has dared

they snatch from him the staff of authority

Fuenteovejuna

Escena de la boda en el campo de Fuenteovejuna

Los novios, los padres, aldeanos, aldeanas, músicos y cantores.

When animation and merriment are at their height

Cuando mayor es la animación y la alegría, sale el comendador con sus acompañantes y tropas.

COMENDADOR

Stop the wedding, and nobody get excited!

¡Estése la boda queda
y no se alborote nadie!...

LAURENCIA

Huye por aquí Frondoso.

COMENDADOR

Don't permit that

Eso no, prendedle, atadle....

ROJO, *padre de Frondoso*

Give yourself up, lad.

Date, muchacho, a prisión.

FRONDOSO

Pues ¿quieres tú que me maten?

ROJO

¿Por qué?

COMENDADOR

No soy hombre yo
que mato, sin culpa, a nadie,

for if I were, those soldiers would have run him through

que si lo fuera, lo hubieran
pasado de parte a parte
esos soldados que traigo.
Llevadlo, mando, a la cárcel,

where his own father may pass judgment on his guilt

donde la culpa que tiene
sentencie su mismo padre.

PASCUALA

Señor, mirad que se casa.

COMENDADOR

How does this getting married obligate me?

¿Qué me obliga el que se case?
¿No hay otra gente en el pueblo?

PASCUALA

Si os ofendió, perdonadle...

COMENDADOR

Es esto contra el Maestre;...
es su honor y es importante
para el ejemplo, el castigo;
que habrá otro día quien trate
de alzar pendón contra él,
pues ya sabéis que una tarde
al comendador Mayor
(¡qué vasallos más leales!)
puso una ballesta al pecho.

This is an offense against the Grand Master

For someday, someone else may rise against him, since you know that one afternoon he pointed a crossbow at the breast of the Grand Commander

ESTEBAN

Supuesto que el disculparle
ya puede tocar a un suegro,
no es mucho que en causas tales
se descomponga con vos
un hombre, en efecto, amante;
porque si vos pretendéis
su propria mujer quitarle
¿qué mucho que la defienda?

Assuming that absolving him of blame may concern a father-in-law, it is not to be wondered at that in such disputes he becomes angry with you, a man who is, in effect a lover

Is it any wonder that he defends her?

COMENDADOR

Majadero sois, alcalde.

Simpleton

ESTEBAN

Por vuestra virtud, señor.

Thanks to you (if I am)

COMENDADOR

Nunca yo quise quitarle
su mujer, pues no lo era.

I never tried to take his wife from him, since she was not his wife

ESTEBAN

Sí quisisteis...—Y esto, baste;
que reyes hay en Castilla,
que nuevas órdenes hacen,
con que desórdenes quitan...

You did try. And now that's enough of this

with which they wipe out disorders (lawlessness)

COMENDADOR

¡Hola!, la vara quitadle.

take his staff (of authority) from him

ESTEBAN

Tomad, señor, norabuena.

with pleasure = en hora buena sea

COMENDADOR

Pues con ella quiero darle
como a caballo brioso.

strike him

ESTEBAN

Por señor os sufro. Dadme.

As my master I submit to you

PASCUALA

¡A un viejo de palos das! — You would beat an old man!

LAURENCIA

Si le das porque es mi padre
¿qué vengas en él de mí? — What vengeance are you taking on him because of me?

COMENDADOR

Llevadla y haced que guarden
su persona diez soldados. — Take her away and have ten soldiers guard her.

Vanse los suyos

ESTEBAN

Justicia del cielo baje.

PASCUALA

Volvióse en luto la boda.
¿No hay aquí un hombre que hable? — Who will speak up?

Sala del Concejo de Fuenteovejuna

BARRILDO

Ya está lo más del pueblo prevenido. — Most of the village has already been warned

ESTEBAN

Frondoso con prisiones en la torre, — in shackles
y mi hija Laurencia en tanto aprieto,
si la piedad de Dios no los socorre... — if God in his mercy does not help them
Un hombre cuyas canas baña el llanto, — whose gray beard is wet with tears
labradores honrados, os pregunta...
Respondedme: ¿Hay alguno de vosotros
que no esté lastimado en honra y vida? — whose life and honor have not been damaged
¿No os lamentáis los unos con los otros? — Do you not tell each other your complaints
Pues si ya la tenéis todos perdida
¿a qué aguardáis? ¿Qué desventura es ésta? — What are you waiting for?

JUAN

La mayor que en el mundo fué sufrida.
Mas pues ya se publica y manifiesta
que en paz tienen los reyes a Castilla
y su venida a Córdoba se apresta,
vayan dos regidores a la villa
y echándose a sus piés pidan remedio... — The greatest (misfortune)... But since it is proclaimed and made manifest that the monarchs have restored peace to Castile, and preparations are being made for their arrival in Córdoba, let two councilmen go...

REGIDOR

La hija quitan con tan gran fiereza
a un hombre honrado de quien es regida
la patria en que vivís, y en la cabeza — by whom the district in which you live is ruled

la vara quiebran tan injustamente.
¿Qué esclavo se trató con más bajeza?

UAN

¿Qué es lo que quieres tú que el pueblo intente?

REGIDOR

Morir o dar la muerte a los tiranos...

ESTEBAN

El rey sólo es señor después del cielo, — After God, the King alone is master
y no bárbaros hombres inhumanos...

JUAN

Si nuestras desventuras se compasan, — If our misfortunes are so ordered that we will at last lose our lives
para perder las vidas ¿qué aguardamos?
Las casas y las viñas nos abrasan:
tiranos son; ¡a la venganza vamos!

En este momento irrumpe en la escena Laurencia que viene excitadísima y con el traje y los cabellos descompuestos. — irrumpe en la escena: bursts on the stage; descompuestos: in disorder

LAURENCIA

Dejadme entrar, que bien puedo, — for well I may (have a right) in the Municipal (town) Council
en Concejo de los hombres;
que bien puede una mujer
si no a dar voto, a dar voces. — (to) vote . . . (to) cry out (*here:* to speak her mind)
¿Conocéisme? . . .

ESTEBAN

¿No es mi hija?
¡Hija mía!

LAURENCIA

No me nombres
tu hija.

ESTEBAN

¿Por qué, mis ojos? — my dear
¿Por qué?

LAURENCIA

Por muchas razones:
Aún no era yo de Frondoso, — I was not yet Frondoso's (bride)
para que digas que tome
como marido, venganza,
que aquí por tu cuenta corre: — now it is your concern, for until the wedding night (has arrived) the obligation is the father's and not the husband's
que en tanto que de las bodas
no haya llegado la noche,
del padre, y no del marido,
la obligación presupone...

from your sight

Llevóme de vuestros ojos
a su casa Fernán Gómez;
la oveja al lobo dejáis
como cobardes pastores.
¡Qué dagas no ví en mi pecho!

wild acts

¡Qué desatinos enormes,
qué palabras, qué amenazas!...
¿Vosotros sois hombres nobles?
¿Vosotros padres y deudos?

You whose hearts are not torn with pain, on seeing me so deeply afflicted?

¿Vosotros que no se os rompen
las entrañas de dolor,
de verme en tantos dolores?

the name Fuenteovejuna expresses it well

Ovejas sois, bien lo dice
de Fuenteovejuna el nombre.
Dadme unas armas a mí,
pues sois piedras, pues sois bronces,
pues sois jaspes, pues sois tigres...
—Tigres no, porque feroces

quien = a quien

siguen quien roba sus hijos
matando a los cazadores...
A Frondoso quiere ya,
sin sentencia, sin pregones,
colgar, el Comendador,

merlon *(the solid part between two openings in the top of a battlement)*...and I am glad, half-men

del almena de una torre;
de todos hará lo mismo,
y yo me huelgo, medio-hombres.

ESTEBAN

Yo, hija, no soy de aquellos

who let you call them such vile names

que permiten que los nombres
con esos títulos viles.
Iré sólo, si se pone
todo el mundo contra mí.

JUAN

no matter how much the high station of the adversary frightens me

Y yo, por más que me asombre
la grandeza del contrario.

REGIDOR

Unfurl a cloth to the wind on a pole, and let those monsters die.

Muramos todos. Descoge
un lienzo al viento en un palo,
y mueran estos inormes.

JUAN

¿Qué orden pensáis tener?

MENGO

Ir a matarle sin orden.
Juntad al pueblo a una voz,
que todos están conformes
en que los tiranos mueran.

Call the people together, for they agree unanimously that the tyrants should die.

ESTEBAN

Tomad espadas, lanzones,
ballestas, chuzos y palos.
¡Los reyes nuestros señores
vivan!

crossbows

TODOS

¡Vivan muchos años!

Long may they live!

MENGO

¡Mueran traidores tiranos!

Down with . . . !

TODOS

¡Traidores tiranos, mueran!

Vanse.

LAURENCIA

Caminad, que el cielo os oye.
¡Ah, mujeres de la villa!
Acudid por que se cobre
vuestro honor, acudid todas! . . .
Que puestas todas en orden
acometamos a un hecho
que dé espanto a todo el orbe!

for Heaven hears you (your prayers)

in order that you may recover

Once we are all in order, let's undertake a feat that will astound the whole world!

Vanse.

El pueblo en masa da muerte al Comendador entre bastidores.

Todos se conjuran a no delatar a nadie, aunque les den tormento. Y así lo cumplen, contestando invariablemente a la pregunta de «¿Quién mató al Comendador?» con la respuesta de: «Fuenteovejuna, Señor.»

even though they be tortured

La Plaza Mayor de Madrid, según un grabado de la época.

Habitación de los reyes en Tordesillas

Tordesillas *is a city in the province of Valladolid, as are Olmedo and Medina (del Campo), which are referred to below.*

Los reyes han enviado a un juez para que averigü lo ocurrido en Fuenteovejuna; el juez vuelve y cuent a los reyes lo siguiente:

JUEZ

A Fuenteovejuna fuí
de la suerte que has mandado
y, con especial cuidado
y diligencia, asistí.
Haciendo averiguación
del cometido delito,
una hoja no se ha escrito
que sea en comprobación;
porque conformes, a una,
con un valeroso pecho,
en pidiendo quien lo ha hecho
responden: «Fuenteovejuna.»
Trescientos he atormentado
con no pequeño rigor,
y te prometo, señor,
que más que esto no he sacado.
Hasta niños de diez años
al potro arrimé, y no ha sido
posible haberlo inquirido
ni por halagos ni engaños.
Y pues tan mal se acomoda
el poderlo averiguar
o los has de perdonar,
o matar la villa toda.
Todos vienen ante ti;
para más certificarte
de ellos podrás informarte.

as you commanded

not one sheet has been written in confirmation (of the crime), for when I demanded (to know) who did it, they answered bravely, as one man

I got no more than this *(with a gesture he shows the end of a finger nail as indication of infinitesimal amount)*

I even placed ten-year-old children on the rack, and it has not been possible to investigate the matter either through flattery or deception. And, since the investigation has turned out so badly

All are coming before you to give you further evidence

REY

Que entren, pues vienen, les di.

tell them (diles)

Salen los dos alcaldes, Frondoso, Laurencia demás mujeres, y los villanos.

ESTEBAN

Señor, tuyos ser queremos,
Rey nuestro eres natural,
y con título de tal

ya tus armas puesto habemos.
Esperamos tu clemencia
y que veas esperamos
que en este caso te damos,
por abono la inocencia.

Now we display your arms (we are your devoted subjects)

we give you our innocence as our bond

EY

Pues no puede averiguarse
el suceso por escrito,
aunque fué grave el delito,
por fuerza ha de perdonarse...

it must of necessity be forgiven

ONDOSO

Su majestad habla, en fin,
como quien tanto ha acertado.
Y aquí, discreto senado
«Fuenteovejuna» da fin.

as one who is absolutely right ... audience (gathering)

Todos quedan contentos y se disponen a celebrar boda.

Entre las demás comedias de Lope de Vega son agníficas por el estudio psicológico de los caracteres por su ambiente poético *El castigo sin venganza* y *l caballero de Olmedo.* De éste se cuenta en la obra:

Que de noche le mataron
al caballero,
la gala de Medina,
la flor de Olmedo.
Las sombras le avisaron
que no saliese
y le aconsejaron
que no se fuese
al caballero,
la gala de Medina,
la flor de Olmedo.

"the pride" *(Medina del Campo and Olmedo were important cities of Old Castile. The former was noted for its livestock market, and here the first "bank" was established — a park bench served as a counter on which change was made.)*

En conjunto la obra de Lope es sorprendente e nigualable por su abundancia, gusto y arte para cominar en escena todos los elementos estéticos. De aquí u modernidad, su atractivo y su eterna juventud.

FEIJOO

La España del siglo XVIII

prolific writer

Fray Benito Jerónimo Feijóo, distinguido polígrafo, nació en una aldea de Orense (Galicia), en el año 1676. Alcanzó y vivió, por tanto, el gran cambio político y espiritual que se produjo en España con la extinción de la dinastía de Austria — al morir Carlos II sin sucesión — y con la entronización de la casa francesa de Borbón. Algunos de los monarcas de esta nueva dinastía, como Felipe V, Fernando VI y Carlos III, amparan y animan en España el afán renovador y reformista, extendido por Europa. Feijóo también lo ampara y es uno de los espíritus más finos y « preocupados » por España. Es una gran figura de su siglo, tanto moral como intelectualmente, y quizás el escritor más importante del siglo XVIII español.

the zeal to renovate and reform

Su aspecto físico lo conocemos, no sólo por algún retrato que se conserva de él, sino por la descripción que nos hace de su persona el predicador encargado de la oración fúnebre en sus exequias:

exequias: funeral rites

«Era de estatura prócer, como de ocho palmos o más, el cuerpo muy derecho, sus miembros muy robustos y proporcionados, su cara más larga que lo justo, el color medianamente blanco, los ojos vivos, penetrantes y apacibles, el semblante plácido, la nariz proporcionada y algo inclinada hacia el lado izquierdo, el labio inferior belfo y carnoso, el cutis muy delicado, la complexión sana y enhiesto y erguido y ágil en sus movimientos, de suerte que su persona desde luego enviaba especie de hombre grande.»

estatura prócer: = muy alto
ocho palmos: ...6 feet
que lo justo: than the average
plácido: gentle, peaceful
belfo y carnoso: thick and fleshy lipped
enhiesto y erguido: erectant and straight
desde luego enviaba especie de: = desde el primer momento daba la impresión de

Por otra parte, podemos conocer los antecedentes de su propio carácter por lo que Feijóo nos dice, a su vez, de su padre:

Por otra parte: On the other hand
a su vez: in turn

«Era un caballero perfecto, gran gramático; tenía tanta memoria que podía aprender 300 versos de Virgilio en una hora y dictar cuatro cartas a la vez». Este don de la memoria lo heredó el hijo, que era capaz de recordar cualquier cosa que hubiese leído, citando el título del libro, la página y el autor.

Virgilio: Virgil: *Publius Virgilius, el más famoso poeta romano (siglo I antes de J.C.) autor de la "Eneida", las "Bucólicas" y las "Geórgicas."*

Con estas condiciones, su padre lo dedicó al estudio de las Letras; pero él, a los 14 años, quiso profesar en

Fernando VI, admirador y defensor de Feijóo, frente a la Inquisición.

Carlos III. Retrato de Mengs

la Orden benedictina. Estudió en la Universidad de Salamanca y obtuvo la cátedra de Teología en la Universidad de Oviedo, donde, con su título de Doctor, fué profesor durante 40 años. Muchos de sus discípulos llegaron a ser hombres notables y conservaron siempre por él gran admiración y cariño, llamándole «Padre Maestro.»

professorship, chair

Sin embargo, Feijóo no comenzó su labor literaria hasta que se jubiló. En el mundo de la ciencia mantuvo siempre valientemente en sus escritos su independencia de criterio; por eso se llamaba a sí mismo «ciudadano libre de la República de las Letras.» Escribía en un estilo metódico, vigoroso, llano y persuasivo, del cual el mismo Feijóo dice: «Bueno o malo, no lo busqué yo: él se me vino.»

he retired

Su campo como escritor es muy vario y amplio, pues todo le interesa. Su obra se podría agrupar, por los temas de que se ocupa, en tratados de Medicina, Matemáticas, Física, Astronomía, Filosofía, Estética, Historia y Folklore. Pero sus obras más famosas son: «Cartas Eruditas» y «Teatro Crítico Universal.» Éste consta de ocho tomos y es una serie de estudios, que hoy se llamarían «ensayos,» en los que trata ampliamente toda clase de temas.

treatises

Estatua de Feijóo, en la plaza que lleva su nombre, en Oviedo.

Sus trabajos dedicados a combatir el error, las supersticiones y los prejuicios son numerosísimos, porque le daba tal importancia a esta campaña que, según sus propias palabras: «El que lograse hacer patente al mundo, no digo todos, sino la mitad de los artificios con que el hombre engaña al hombre, merecería con gran justicia el glorioso nombre de «bienhechor del linaje humano.» Damos aquí algunos ejemplos curiosos y frecuentes sobre los artificios que Feijóo combatió.

make clear

devices

benefactor of the human race

Mesa de trabajo de Feijóo, donde escribió algunas de sus obras.

Como la medicina se encontraba en aquella época, no sólo muy atrasada, sino mezclada con gran cantidad de prejuicios y de errores, éstos causaban grandes daños. Por ejemplo, se consideraban las enfermedades mentales como el efecto de «tener los demonios en el cuerpo»; y la medicina no lograba aún explicar su verdadera causa. Se creía que era muy peligroso pasar de pronto del calor al frío, y Feijóo lo negaba presentando el hecho diario de levantarse de la cama caliente al frío del dormitorio (que en aquella época estaba casi a la misma temperatura exterior) sin que hiciera daño. Daba reglas para la conservación de la salud. Del agua de nieve decía: «A cualquier hora la bebo; me ha servido siempre para conciliar un blando y benigno sueño; por la mañana en ayunas la bebo frecuentemente». Observaba el beneficioso influjo del trabajo en el sueño: «El rico da mil vueltas en la cama; mientras que el pobre, después de trabajar, cae rendido y duerme. Puede decirse que el pobre trabaja de día y el rico, de noche.»

before breakfast

Aseguraba la gente que todos los años llovía el día de Santa Clara y Feijóo tuvo la paciencia de anotar, con testigos, durante 26 años, que no llovió nunca en ese día. Creían que gritando: «¡Benito!» se detenía una araña que estuviese tejiendo su tela; y él descubrió que lo que producía el hecho era la vibración de la voz. Se creía que el hielo que se forma a veces en el invierno por dentro de los cristales de las ventanas, era el mismo que el de fuera que atravesaba el cristal; y él demostró la verdad científica de este fenómeno.

spinning its web

Algunos pueblos creían en la existencia de «la mujer sirena» y del «hombre pez.» Según la leyenda, la existencia de estos seres sobrenaturales se debía a la maldición de una madre que, desesperada de ver siempre metidos en el mar a sus hijos, le gritó a la niña que le deseaba se volviese sirena; y al niño le dijo furiosa: «Permita Dios que te vuelvas pez.» Muchos viajeros aseguraban haberlos visto en alta mar.

May the Lord turn you into a fish
on the high seas

Se daba también por cierta la existencia de los «vampiros». De las «Cartas Eruditas» de Feijóo tomamos estas «Reflexiones críticas sobre apariciones de espíritus y los llamados vampiros»:

«Se dice que los vampiros chupan la sangre... Las prevaricaciones de la imaginativa respectiva a objetos que causan terror y espanto, son sumamente contagiosas: un iluso hace cuatro ilusos; cuatro, veinte; veinte, ciento; y así, empezando el error por un individuo, en muy corto tiempo, ocupa todo el territorio: «Viresque acquirit eundo.» Esto sucedió, sin duda en la especie de los vampiros... y en otros tiempos sucedió en orden a hechiceros y brujas... Es comunísimo atribuir a la hechicería mil cosas que son... efecto natural del demasiado terror que desquicia el cerebro de ánimos muy apocados... Estoy firme en que las mismas causas han concurrido en la especie de los vampiros. Algún embustero inventó esa patraña; otros le siguieron y la esparcieron. Esparcida, inspiró un gran terror a las gentes. Aterrados los ánimos, no pensaban en otra cosa sino en si venía

suck
The turns of imagination with respect to
deluded person
= La fuerza se adquiere con el ejercicio.
sorcerers and witches
unhinges
meek
= seguro
liar
humbug (hoax)
spread

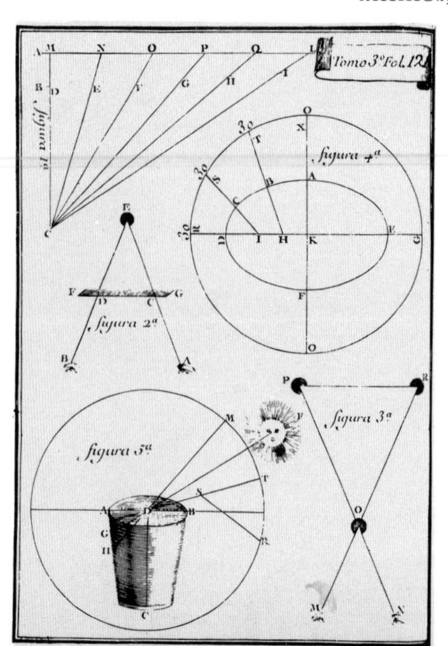

Lámina de figuras geométricas en el "Teatro Crítico Universal".

gún vampiro a chuparles la sangre o torcerles el escuezo; y, puestos en ese estado, cualquiera strépito nocturno, cualquiera indispocición que s sobreviniese, la atribuían a la malignidad de gún vampiro...» Y termina Feijóo la carta con fórmula de la época: «Deseo tener muchas casiones de servir a Vuestra Merced a quien uarde Dios muchos años.»

wring their necks

racket

anything at all that was wrong with them

Your Grace

A pesar de esta constante lucha contra el error, a eces el mismo Feijóo cae en él; pero, en cuanto se a cuenta, logra dominarse y convencerse de la verdad, unque no siempre puede probarla. Un ejemplo de lo es el terror que sintió una tarde en que, paseando or el campo de Galicia – región en extremo húmeda lluviosa – vió levantarse ante él, entre una espesa iebla, una figura vaga y descomunal. El benedictino, n el primer instante, retrocedió atemorizado ante quella sombra que le seguía, y se bajaba o se levanaba, según él lo hacía. Pero pronto logró reflexionar comprendió que se trataba de su propia sombra, royectada sobre la espesa niebla, como se hubiese royectado sobre un muro. Y se sintió alegre como empre que destruía un error en sí mismo.

as soon as he realizes it

enormous

backed away frightened

it was a matter of, it had to do with

Las párrafos siguientes que pertenecen al Capítulo I el «Teatro Crítico Universal», en la parte titulada Mapa intelectual y cotejo de Naciones» nos muesan otro aspecto del elevado espíritu de Feijóo:

"Intellectual Map and Comparison of Nations"

DISCURSO SEGUNDO. 43

Tabla primera, en que se ponen los significantes del temperamento.

Temperamento.	Sanguineo, ó aereo.	Colerico, ó igneo.	Flematico, ó aqueo.	Melancolico, ó terreo.
Habitud del cuerpo externo.	Cutis bellosa, mucha carne, y blanda. Agilidad. Incremento velóz. Freqüentes sudores.	Dureza, agilidad, flaqueza, cutis negra, cabellos crespos, y retorcidos, cabeza delgada, ojos pequeños, paso acelerado, lengua aspera, poca saliva.	Mucha carne, crasicie, mucha saliva, poca sed, mucha mucosidad, canicie temprana, venas, y arterias angostas, coccion tarda.	Cuerpo tenue, lampiño, cutis seca, y aspera, huesos duros.
Cara.	Rosada, roja, amena, hermosa.	Algo negra, algo parda, cetrina.	Blanca, mugeril, gorda, carnosa.	Parda, obscura, negra, plumbea, abatida.
Voz.	Firme, dulce, agraciada.	Velóz, precipitada.	Sutil, aguda.	Humilde, caída, timida.
Pulso.	Fuerte, grande, lleno.	Vehemente, freqüente, duro.	Tardo, raro, blando.	Tardo, pequeño, algo duro.
Sueño.	Mucho, y suave.	Poco, y con muchas interrupciones.	Suave, mucho, facil.	Turbulento.
Sueños.	Gustosos, de bayles, caminatas á caballo, vuelos.	Turbulentos, de guerra, y furor.	De aguas, y cosas humedas.	Tristes, de muertos.
Qualidades primeras.	Calor, humedad.	Calor, sequedad.	Frialdad, humedad.	Frialdad, sequedad.
Virtudes.	Mansedumbre, gratitud, afabilidad, urbanidad.	Prontitud en obrar, fortaleza, constancia, vigilancia.	Mansedumbre, entendimiento quieto, paz en la conversacion.	Fidelidad, estabilidad, prudencia; pero mayor en la juventud, que en la vejéz.

Vi-

Tabla del "Teatro Crítico Universal" que explica los diferentes temperamentos.

THEATRO CRITICO
UNIVERSAL,

ó Discursos varios en todo género de materias, para desengaño de errores comunes:

ESCRITO

POR EL MUY ILUSTRE SEÑOR

D. FR. BENITO GERONYMO FEYJOÓ Y MONTENEGRO,
Maestro General del Orden de San Benito, del Consejo de S. M. &c.

TOMO PRIMERO.

NUEVA IMPRESION,
En la qual ván puestas las addiciones del Suplemento en sus lugares.

MADRID. M.DCC.LXIX.

Por D. JOACHIN IBARRA, Impresor de Camara de S. M.

Con las Licencias necesarias.

A costa de la Compañia de Impresores, y Libreros del Reyno.

Portada de la edición de 1769 del "Teatro Crítico Universal".

«No es dudable que la diferente temperie de los países induce sensible diversidad en hombres, brutos y plantas... Es manifiesto que hay tierras donde los hombres son o más corpulentos o más ágiles o más fuertes o más sanos o más hermosos... A las distintas disposiciones del cuerpo se siguen distintas calidades de ánimo; de distinto temperamento resultan distintas inclinaciones, y de distintas inclinaciones, distintas costumbres... Pero estoy muy distante de la común opinión y tengo por casi imperceptible la desigualdad que hay de unas naciones a otras en orden al uso del discurso.»

= clima

spirit

in so far as reasoning is concerned

«Apenas los españoles, debajo de la conducta de Cortés, entraron en América, cuando tuvieron muchas ocasiones de conocer que aquellos naturales eran de la misma especie que ellos e hijos del mismo Padre. Léense en la historia de la conquista de Méjico estratagemas militares de aquella gente nada inferiores a las de cartagineses, griegos y romanos. Muchos han observado que los criollos o hijos de españoles que nacen en aquella tierra, son de más viveza o agilidad intelectual que los que produce España... Es discurrir groseramente hacer bajo concepto de la capacidad de los indios porque, al principio, daban pedazos de oro por cuentas de vidrio. Más rudo es que ellos, quien por esto los juzga rudos. Si se mira sin prevención, más hermoso es el vidrio que el oro... Tenían oro y no vidrio; por eso era entre ellos, y con razón, más digna alhaja de una Princesa, un pequeño collar de cuentas de vidrio que una gran cadena de oro.»

under the leadership

= Dios

Carthaginians: *People of Phoenician origin, founders of Carthage (814 B.C.), North Africa, and enemies of the Romans.*

It is a gross conjecture to be scornful of

glass beads

who judges them stupid on his own account

objectively

Las opiniones de Feijóo sobre muchas cosas eran muy diferentes de las dominantes en España, y aun en el mundo, en el siglo XVIII. En una ocasión apareció públicamente para defender de las acusaciones de la Inquisición a un amigo médico de ideas también reformadoras. Demostró que no era herético combatir teorías que la ciencia moderna consideraba falsas; ni censurar la escolástica, que había degenerado en las universidades y no servía para descubrir la verdad.

scholasticism

Por esta posición suya ante las ideas, y por s
manera de pensar, se puede decir que Feijóo es
primer enciclopedista de España y un ilustre precurs
de lo que se llama en Europa «el siglo de las luces
En Alemania se titula «Aufklärung,» y sus famos
representantes son escritores como Goethe, Schiller
Lessing. En el mismo siglo XVIII Rousseau, Voltai
y Montesquieu representan en Francia el enciclop
dismo. En toda Europa es también la época de l
reyes reformadores, como José de Austria, Catalina d
Rusia o Leopoldo de Toscana, quienes tratan d
poner en práctica al gobernar, las teorías de los enc
clopedistas. En España corresponde este período a l
forma de gobierno que se conoce con el nombre d
«despotismo ilustrado», implantado por Carlos II
Su fórmula es: «todo para el pueblo y nada con
pueblo.» A éste se le imponía desde el poder l
cultura y los adelantos materiales. Otra gran figur
de este período es el magistrado y polígrafo, Jov
llanos, gran poeta y ensayista que, con el Padre Feijó
es uno de los espíritus más notables y representativo
de esta época.

enciclopedista: follower of the theories of the philosophers of the XVIIIth century

el siglo de las luces: the age of enlightenment

Aufklärung: Enlightenment

enciclopedismo: *Philosophical movement in the XVIIIth century by the writers of the Encyclopedia.*

Carlos III: *hijo de Felipe V, 1759–1788*

Jovellanos: *Gaspar Melchor de Jovellanos, 1744–1815*

Por su espíritu enciclopedista así como por l
censura de ciertas creencias fanáticas, fué perseguid
Feijóo por la Inquisición, a pesar de que ya funcionab
débilmente. El rey Fernando VI – que como el pap
Benedicto XIV, era admirador suyo – dió una orde
en la que decía de los escritos del monje benedictino
«No debe haber quien se atreva a impugnarlos n
mucho menos, a prohibir que se impriman siend
como son, de mi gusto.» Esta orden es característica
clara prueba del absolutismo borbónico, aunqu
saliese en este caso de un rey liberal. Gracias a ella, l
Inquisición se limitó a borrar algunas frases en lo
libros del benedictino; pero él, escribió: «Reina ho
un Inquisidor General amantísimo de la antigualla
que amenaza con el rayo en su mano a todo libro qu
dice algo de lo infinito que se ignora en España.»

dare to attack them as false

being as they are

Gobierno sin parlamento en el que el rey da las leyes.

devoted follower of all that is out of date

with thunderbolt in hand (like Jupiter)

Con su mérito y el apoyo del rey y de las alta
personalidades que lo admiraban, Feijóo pudo habe
desempeñado los más altos cargos; mas sólo aceptó e
de Consejero del Reino y el de Maestre General de l
Orden de Benedictinos. Odiaba la vida de Madrid

support

could have filled the highest positions

ı cambio, vivía felíz en su retiro y en la modestia de
ı celda del convento de San Vicente. Por ella pasa-
an para visitarlo los más ilustres personajes de
spaña y del extranjero, que siempre lo encontraban
yendo y estudiando. Iban para conocerlo o para
edirle consejo o aclaración sobre alguna duda en
ıateria religiosa. Su celda era, pues, como un lugar
e peregrinación. Desde aquel sitio maravilloso, — pilgrimage
gún decía él: «Sólo se ve el cielo que es, por tanto,
l que sólo se lleva las atenciones.» De allí salía poco; — receives our
ormía únicamente cuatro horas; su correspondencia
e llevaba casi dos días por semana. Allí fué enveje- — growing old
endo, aunque sin perder la conciencia de su vejez y
rocurando evitar las faltas que él había observado en
ɔs viejos. Allí fué perdiendo el oído, la vista, la
osibilidad de andar. Y murió a los 87 años, en 1764.
e dice que deseaba que sobre su tumba se pusiese la
guiente inscripción llena de ironía:

«Aquí yace un estudiante, — Here lies
de mediana pluma y labio, — = mediano escritor y orador
que trabajó por ser sabio
y murió, al fin, ignorante.»

El gran polígrafo español del siglo XIX, don Marce-
no Menéndez Pelayo dice que Feijóo es un anti-
atriota, por defender la cultura europea y combatir
ertas tradiciones de la vida española; pero muestra
ı admiración por él cuando exclama: «¡Qué vigor en
ı polémica y qué brío en el ataque! Peregrino por — What courage in controversy and what spirit in attack
ɔdos los campos de la humanidad, pasó sin esfuerzo
e lo más encumbrado a lo más humilde.» Estas frases — from the highest to the lowest
ıuestran la gran admiración que la figura del bene-
ictino ha causado en los más importantes críticos:
Era el máximo erudito de su tiempo,» «Astro de
rimera magnitud en el dilatado cielo benedictino,» — far-flung
Sol que destierra sombras de errores comunes,» — banishes
Cicerón castellano,» «Maestro de maestros.» — Cicero of Castile

GOYA

Padre de la pintura moderna

En un pueblecito de Aragón que tiene un nombre an español y tan bonito como Fuendetodos, nació n 1746 Francisco Goya Lucientes. Su padre era dorador de oficio; su madre pertenecía a una familia de origen noble. No se sabe dónde pasó su infancia l muchacho, aunque se supone que fué en su pueblo natal. A los 14 años, entró en un taller de dibujo en Zaragoza y a los 20, se trasladó a Madrid. En esta ciudad empezó a pintar en el estudio del pintor Bayeu, padre de la que luego fué su mujer.

= Fuente de todos

studio

became

Su carácter pendenciero y enamoradizo le obligó a alir ocultamente de Madrid, lo mismo que había alido de Zaragoza. Escapó a Italia, confundido con una cuadrilla de toreros que iban a torear a aquel país. Durante su convivencia con ellos, los observó conoció muchas cosas curiosas de su manera de vivir que sirvieron de tema a sus dibujos.

quarrelsome and amorous

mingling with

While living among them

Pintó en Roma y, después de empapar su espíritu n la contemplación de la buena pintura, rompió con todas las normas pictóricas establecidas. Entonces pintó a su manera, manera personalísima, nacida de a observación de cada faceta de la vida.

saturate

Después de esta temporada, volvió a España para pintar la bóveda de la iglesia del Pilar de Zaragoza. Regresó a Madrid donde casó con Josefa Bayeu. Durante su matrimonio tuvo que trabajar intensamente para poder sacar adelante a los veinte hijos que tuvieron. Uno de sus trabajos consistía en pintar cartones que servían de modelo para el tejido de tapices, en la fábrica o Real Manufactura de Tapices de Madrid. Este trabajo requería técnica especial y difícil, cuyo aprendizaje le costó tiempo y disgustos con los maestros de taller. Pinta también en las capillas de San Francisco el Grande y varios retratos de personajes que le ponen en relación con las altas esferas sociales, con lo cual crece su fama. Le ayudan en ello su protector, el arquitecto Villanueva – autor

La Virgen del Pilar, patron saint of Zaragoza.

his married life . . . to bring up and educate

18th century neo-classic church near the National Palace, in Madrid.

En la página opuesta: Las majas del balcón. Metropolitan Museum de Nueva York.

Minister under Charles III and IV; his philosophy: "everything for the people, and nothing with the people."

de las principales construcciones de Madrid — y el ministro Floridablanca. Éste lo presenta al infante Don Luis, con quien traba gran amistad, pintando a poco el grupo de la familia. En una carta a un amigo, Goya se refiere a esta amistad del modo siguiente:

UNA CARTA DE GOYA

The Infante Louis, son of King Charles IV.

owing to the fact that other artists had tried and failed

after I shot a rabbit: "This dauber is more of a fan than I am."

Acabo de llegar de Arenas muy cansado. Su Alteza me ha hecho mil honores. He hecho su retrato, el de su señora, niño y niña, con un aplauso inesperado, por haber ido ya otros pintores y no haber acertado a esto. He ido dos veces a caza con su Alteza, y tira muy bien; y la última tarde me dijo sobre tirar un conejo: «Este pintamonas aún es más aficionado que yo.» He estado un mes continuamente con estos señores y son unos ángeles; me han regalado mil duros y una bata para mi mujer toda de oro y plata que vale treinta mil reales, según me dijeron allí dos guardarropas.

En 1785 logra ser nombrado oficialmente pintor de la fábrica de tapices. Domina la técnica; y se puede seguir la evolución de su pintura en la serie de tapices, que representan variados asuntos y tipos españoles, y que llenan los palacios y museos de España.

Familia del Infante don Luis. Museo del Prado.

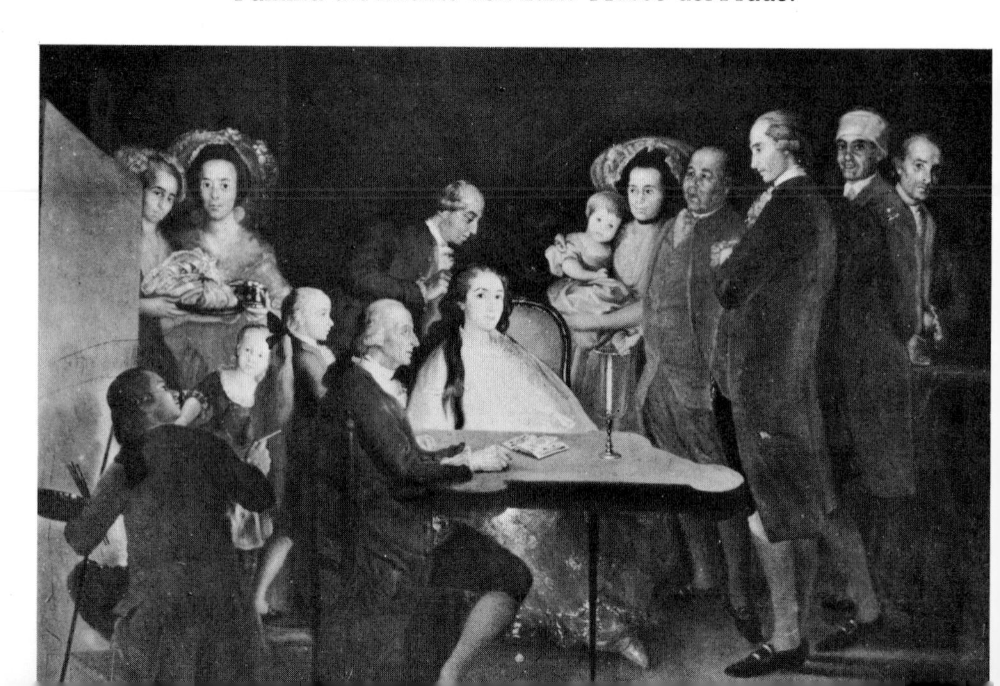

La familia de Carlos IV. Museo del Prado.

GOYA, PINTOR DE LA CORTE

Su fama es tan grande que le lleva a ser nombrado pintor de la corte. Este hecho produce un cambio en la vida de Goya. Tiene que ponerse en el nivel social a que las circunstancias le obligan: viste bien; echa coche. Sobre esto dice en otra de sus cartas:

He rises to the status of coach-owner

Si estuviera más despacio, te contaría lo que me honraron el rey y el príncipe y la princesa que, por la gracia de Dios, me proporcionó el enseñarles cuatro cuadros; y les besé la mano, que aún no había tenido tanta dicha jamás; y te digo que no podía desear más en cuanto a gustarles mis obras, según el gusto que tuvieron de verlas y las satisfacciones que logré con el rey.

If I had more time . . . how I was honored by . . . gave me the opportunity

as for my works pleasing them, I couldn't ask for more

tokens of esteem which I received from

CUADRO DE «LA FAMILIA DE CARLOS IV»

Esta es la época en que pinta Goya uno de los cuadros más importantes y que más fama le han dado: «La familia de Carlos IV.» Es un cuadro maravilloso por su colorido, por ser un precursor del

(1788–1808) Father of the absolutist Ferdinand VII (second from the left)

Frescos de Goya en la cúpula y crucero de San Antonio de la Florida, Madrid.

impresionismo y, en su belleza, una sátira de los tipos de aquella decadente corte, toda relumbrón. Y pintó también numerosos retratos del príncipe, de los infantes y de miembros del séquito, aristócratas, literatos, artistas, etc.

all tinsel

entourage, following

Unos años después Goya enfermó gravemente y perdió casi el oído. A la época de su convalecencia corresponden sus supuestos amores con la duquesa de Alba. Le hizo varios retratos y se dice que esta dama le servió de modelo para sus dos Majas, la vestida y la desnuda, cuadros famosos que se conservan en el Museo del Prado de Madrid. La silueta de la duquesa parece adivinarse, además, en muchas de las figuras de mujer que pinta desde entonces.

almost lost his hearing

National art gallery

seems to be recognizable

FRESCOS DE SAN ANTONIO DE LA FLORIDA

San Antonio de la Florida, tumba de Goya.

En el año 1798 empezó a pintar los techos de la ermita de San Antonio de la Florida, en un barrio popular de las afueras de Madrid. La composición de la pintura de la cúpula central — semiesférica — es de una gran originalidad, y una maravilla de distribución de formas y colores. Varias figuras de majos y majas se asoman a una barandilla pintada alrededor de la cúpula, como si estuviesen mirando dentro de la iglesia. No prestan atención a la escena principal de la pintura, que está representada por un grupo de figuras que presencian el milagro de San Antonio. Según la leyenda popular, este santo había resucitado a un muerto para que probase con sus palabras la inocencia de su padre, a quien se acusaba de haberle asesinado. El hijo declara la verdad de lo ocurrido y salva a su padre. La ermita de San Antonio de la Florida fué convertida en monumento nacional y en tumba de Goya a principios del siglo XX.

are at a balcony

An identical chapel, for worship, was constructed beside it so that the paintings would not be subjected to possible injury from the candles.

Tapices de Goya. El Escorial. *(By Burton Holmes from Ewing Galloway, N. Y.)*

«LA QUINTA DEL SORDO»

The war to overthrow the forces of Napoleon . . . large old house

Al comenzar la guerra de la Independencia, — 1808 —, vivía Goya en un caserón en las afueras de Madrid, frente a la Casa de Campo, parque del palacio real. Aquella casa de Goya es conocida con el nombre de «Quinta del Sordo» porque, cuando la habitaba, ya había perdido el oído. Desde ella presenció horrorizado los fusilamientos del 3 de mayo, asunto de uno de sus cuadros más patéticos, realistas y famosos. El retrato del General Palafox, defensor de la ciudad de Zaragoza durante su sitio por los franceses, es otro recuerdo de la época de la invasión napoleónica. La dignidad física con que aparece en el retrato se acrecienta con la dignidad moral que revela esta contestación al mariscal francés Moncey que le invitaba a rendirse:

Palafox, his forces, and the citizens of Zaragoza heroically withstood a two months' siege, then were besieged again, and finally captured.

CARTA DEL GENERAL PALAFOX

(who are) determined

while . . . to have spilled the innocent (blood)

Sesenta mil hombres resueltos a batirse no conocen más premio que el honor, ni yo que los mando: tengo esta honra que no la cambio por todos los imperios. . . . Nada le importa un sitio a quien sabe morir con honor. . . . La sangre española vertida nos cubre de gloria; al paso que es ignominioso para las armas francesas haber vertido la inocente. . . El señor Mariscal del Imperio sabrá que el entusiasmo de 11 millones de habitantes no se apaga con opresión, y que el que quiere ser libre, lo es. . . Tengo el honor de contestar a V.E., Señor Mariscal Moncey, con toda atención, en el único lenguaje que conozco, y de asegurarle mis más sagrados deberes. *Cuartel General de Zaragoza.— 22 de diciembre de 1808.— El General Palafox.*

Al pie de la página opuesta: La maja vestida. *Arriba:* Los fusilamientos del 3 de mayo. Museo del Prado.

ÚLTIMA ÉPOCA

Algunos años después, Goya se fué a París y luego a Burdeos. Los retratos que hace en esta época ofrecen una tonalidad verdosa, oscura, porque sus modelos son los españoles desterrados por el absolutismo de Fernando VII. Aparecen pobremente vestidos y con expresiones melancólicas y pesimistas.

Burdeos: Bordeaux
oscura: gloomy *(in accord with the sad state of mind of the exiles)*
Fernando VII: *King of Spain (1814–1833)*

Este último período de la pintura de Goya es la iniciación del movimiento romántico, de que se hablará en el capítulo siguiente. Pinta esta serie de retratos entre sus ochenta y uno y sus ochenta y cinco años de edad, lo que representa un esfuerzo increíble para captar la realidad como lo hace, y darle vida. Cuando estaba retratando a su amigo Molina, murió de repente en sus brazos. Era el año de 1828.

como lo hace: as he does

La gallina ciega *(Blind man's buff).* Tapiz de Goya.

TEMAS Y TÉCNICA

Si Goya hubiese muerto joven, su evolución pictórica hubiese quedado a la mitad del camino, pues esta evolución llegó hasta el fin de su vida. La larga duración de ésta le permite recorrer, en el color, todos los matices — desde los negros y grises más sombríos, hasta los más brillantes y jugosos; en sus modelos, toda la escala social, desde el hampa, hasta la corte; en los asuntos, los más variados, tanto en los religiosos como en los profanos. Las figuras de los primeros tienen, con frecuencia, más de humano

rich
life of the underworld

que de divino; parecen más bien personas de las que vemos todos los días, que figuras idealizadas; sin embargo, algunas están llenas de unción.

Entre sus cuadros de asunto profano, los hay de varios tipos: históricos, alegóricos, mitológicos, de género, además de los retratos. En cuanto a la técnica, pinta lienzos, murales, tapices y hace aguafuertes, grabados y litografías.

de género: everyday life

aguafuertes, grabados: etchings, engravings

Retrato de Goya por Vicente López. Museo del Prado.

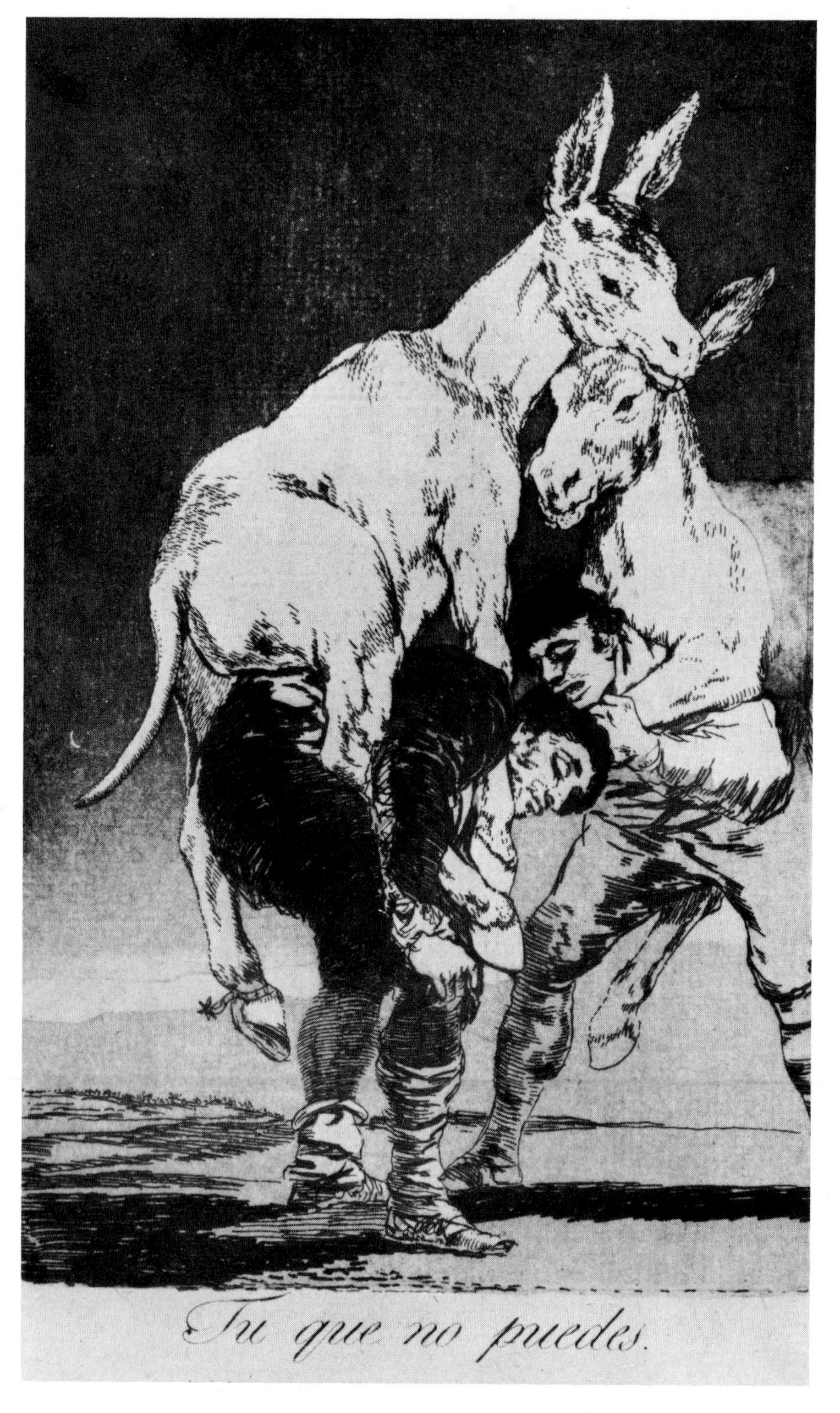

Uno de los «Caprichos» de Goya. *(Courtesy of the Hispanic Society of America*

CARACTERÍSTICA DE LA PINTURA DE GOYA

«Quinta del Sordo».

Las figuras pintadas por Goya tienen como carac-
rística el estar dibujadas con masas de color. Puede
acerlo así porque antes y después y siempre es un
rmidable dibujante que domina la línea. Según él
ismo, sus maestros fueron Velázquez, Rembrandt y
naturaleza. Pero también se ve a veces el influjo
: El Greco.

«LOS CAPRICHOS»

Precisamente por su dominio del dibujo, pudo ser,
lemás de pintor, un gran aguafuertista y grabador.
n este campo fué tan admirable y tan conocido como
a la pintura. Sus grabados pueden agruparse en
arias series: los «Caprichos», tan populares como
l Quijote o Don Juan Tenorio, muestran la energía
el autor en sus rasgos e intención expresiva, tanto
omo en sus títulos; los «Desastres de la guerra,»
velan su obsesión por los que presencia, y los repre-
nta con un naturalismo que hace daño; las «Esce-
as de tauromaquia» son interesantísimas como
emplos del impresionismo de Goya y por la admi-
able captación del movimiento; y los «Proverbios
Disparates» son modelo de expresionismo. Todas
s escenas y los tipos son españolísimos, aunque, a
eces, deformados por la distancia y la expatriación.

Caprichos: Sketches begun as light satire, they developed into scathing criticism of society.

la guerra: The war (1808–1813) against the invading forces of Napoleon.

que hace daño: **that hurts**

tauromaquia: **bullfighting**

expresionismo: Expressionism brought forceful expression of reality through simplification of form and color.

Goya vivió amargado en muchas épocas por dife-
entes causas: la envidia de unos; los ataques de los
cadémicos que le censuraban su desprecio por las
eglas estéticas; la crítica de los operarios de la fábrica
e tapices; la acusación de los que lo suponían afran-
esado y, por ello, le llamaban antipatriota, o de los
ue le creían antirreligioso. Era una personalidad
otente con aspectos tan varios en su carácter como
n su pintura. Un famoso crítico de arte lo describe
sí: «Goya es aragonés de cuna; de amores, madri-
eño; sólido observador, como un sajón; elegante y
dorador de bellezas, como un francés; equilibrador
le luces, como el gran holandés; discutidor violento;
eal amigo; mala cabeza; buen corazón; y gran
intor.»

afrancesado: **Frenchified** *(a supporter of or sympathizer with the French)*

de cuna: **by birth**

el gran holandés: **Rembrandt**

mala cabeza; buen corazón: wild, but kindhearted

DON JUAN

España crea esta leyenda

El Don Juan es una figura que aparece por primera vez en la literatura en la genial obra dramática de Fray Gabriel Téllez, conocido por el pseudónimo de Tirso de Molina (1584-1648). Su drama de carácter religioso, *El burlador de Sevilla,* es una obra llena de

Spanish dramatist of the Golden Age (17th century)

deceiver

Num. 219.

EL BVRLADOR DE SEVILLA,
Y COMBIDADO DE PIEDRA.

COMEDIA
FAMOSA,

DEL MAESTRO TIRSO DE MOLINA.

Hablan en ella las perſonas ſiguientes.

Don Diego Tenorio, viejo.
Don Juan Tenorio, ſu hijo.
Catalinon, lacayo.
El Rey de Napoles.
El Duque Octavio.
Don Pedro Tenorio.
El Marquès de la Mota.
Don Gonzalo de Vlloa.
El Rey de Caſtilla.
Fabio, criado.
Iſabela, Duqueſa.
Tiſbea, peſcadora.
Beliſa, villana.
Aminta.
Anfriſo, peſcador.
Coridon peſcador.
Gaſeno, Labrador.
Patricio, Labrador.
Ripio, criado.

JORNADA PRIMERA.

Salen D. Juan Tenorio, è Iſabela Duqueſa.
Iſab. Duque Octavio, por aqui
podràs ſalir mas ſeguro.
D. Jua. Duqueſa, de nuevo os juro
dame, Duqueſa, la mano.
Iſab. No me detengas, villano,
ha del Rey, Soldados, gente.
Sale el Rey de Napoles con una vela en

oesía. Presenta el ambiente de libertinaje de las lases altas de la sociedad. Su mayor mérito consiste n haber lanzado al mundo uno de los personajes iterarios más universales y que ha servido de modelo escritores de otros países: a Molière en Francia, a yron en Inglaterra y, dentro de la misma España, Zorrilla y a Espronceda. El «burlador» concebido n el Siglo de Oro, es el perfecto tipo del joven descreído, seguro de sí mismo y que hace una profesión e la conquista de las mujeres.

libertinism, licentiousness

unbelieving, atheistic

El título de la obra más conocida del teatro románico español es Don Juan Tenorio de José Zorrilla. Nace éste en Valladolid – Castilla – en el año 1817. Desde su infancia goza con la lectura y devora las obras de los grandes románticos: Walter Scott, Dumas, Víctor Hugo, el Duque de Rivas, Espronceda, y otros. Todos contribuyen a exaltar su imaginación que ya era viva. Siendo aún muy joven, siente una poderosa vocación literaria. Arrastrado por ella, huye de la casa paterna para dedicarse de lleno a la literatura en Madrid, donde lleva una vida pobre y bohemia.

Duque de Rivas (1791–1865), poet and dramatist, author of "Don Alvaro o la fuerza del sino"; José de Espronceda (1802-1842), poet, author of "El estudiante de Salamanca".

entirely

EL ENTIERRO DE LARRA

A poco de su llegada, muere Larra en 1837; y en el entierro de este famoso escritor romántico – el primer periodista y crítico español moderno, – nace Zorrilla al mundo de la literatura.

Mariano José de Larra, "Fígaro," (1809–1837), satirist, critic, novelist.

Uno de los asistentes al acto, el poeta Pastor Díaz, nos deja esta descripción llena de carácter:

One of those attending the funeral services

Era una tarde de febrero. Un carro fúnebre caminaba por las calles de Madrid. Seguíanle, en silenciosa procesión, centenares de jóvenes con semblante melancólico, con ojos aterrados. Sobre aquel carro iba un ataúd; en el ataúd, los restos de Larra; sobre el ataúd una corona . . . Todos tristes, todos abismados en el dolor, conducíamos a nuestro poeta a su capitolio, al cementerio de la Puerta de Fuencarral, donde las manos de la amistad le habían preparado un nicho . . .

with wild eyes *(due to the impression caused by Larra's suicide)*

completely cast down . . . pantheon

En la página opuesta: Portada de *El burlador de Sevilla*.

Cumplido nuestro triste deber, un encanto ine plicable nos detenía en derredor de aquel túmul . . . y buscábamos un intérprete de nuestra afli ción, un acento que reprodujera toda nuestra tri teza . . . Entonces, de enmedio de nosotros y com si saliera de bajo aquel sepulcro, vimos brotar aparecer un joven, casi un niño, para todos de conocido. Alzó su pálido semblante, clavó e aquella tumba y en el cielo una mirada sublim y, dejando oír una voz que por primera vez sonat en nuestros oídos, leyó en cortados y trémul acentos unos versos que alguien tuvo que arranc de sus manos porque, desfallecido a la fuerza c su emoción, el mismo autor no pudo concluirlc Nuestro asombro fué igual a nuestro entusiasm y, así que supimos el nombre del dichoso mort que tan suaves y celestiales armonías nos hab hecho escuchar, . . . bendijimos a la Providenc que, tan ostensiblemente, hacía aparecer un gen sobre la tumba de otro. Y los mismos que, e fúnebre pompa, habíamos conducido al ilust Larra a la mansión de los muertos, salimos c aquel recinto llevando en triunfo a otro poeta mundo de los vivos y proclamando con entusiasm el nombre de Zorrilla.

a voice that might give expression to the sadness of all of us

from our midst

fainting from the depth of his emotion

preterite of bendecir

manifestly

a funeral procession . . . place

TEMAS Y PERSONAJES DE ZORRILLA

Pronto llega a ser Zorrilla un escritor famoso fecundo. Busca temas para sus obras en sus viaj por las viejas ciudades españolas, donde recoge leye das y tradiciones, que unas veces pone en verso otras en prosa. De aquí que Zorrilla sea un poe nacional, un cantor o trovador de su patria, como se llama a sí mismo, cuando dice:

> Mi voz, mi corazón, mi fantasía,
> la gloria cantan de la patria mía.

Hence Zorrilla may be considered

= cantan la gloria

La versión dramática del *Don Juan Tenorio* d Zorrilla está escrita en versos fáciles y sonoros qu por su musicalidad, se pegan al oído. Por eso, y pc la frecuencia con que se representa la obra en Españ son muchos los espectadores que la saben casi de m moria. El interés dramático no decae un moment Sus defectos son comprensibles cuando se sabe qu

are catching

Zorilla escribió esta obra en veinte días, por encargo urgente de un actor. Se estrenó *El Tenorio* — como vulgarmente se le llama — en 1844 y alcanzó un gran éxito que no evitó el que su autor muriese pobre en 1893. Desde su estreno sigue representándose sin interrupción, por lo menos una vez al año, el día 2 de noviembre, día de los difuntos. Esta costumbre obedece a un culto popular tradicional, puesto que la conmemoración de los muertos ya existía entre los romanos — sin ir más lejos — en honor de los dioses manes, que eran las almas de los antepasados. Y en España la representación del *Tenorio,* — de *El misterio de Don Juan Tenorio,* como lo llama Unamuno — es casi un rito artístico-religioso.

which did not prevent

All Souls' Day

without looking further — in honor of the Manes *(spirits of the dead)*

Sus personajes están también sacados de ella: hombres y mujeres del pueblo; aventureros inquietos; calaveras que malgastan el dinero y los años juveniles; caballeros pendencieros, cuyos lances sitúa el autor en pintorescos claustros y callejuelas medievales; guerreros cristianos y árabes que aparecen en campaña, — así es en su drama histórico *La toma de Granada,* tan popular en esta ciudad como *Don Juan Tenorio* en toda España.

reckless fellows

quarrelsome

This work depicts the capture of Granada by the Catholic Sovereigns in 1492.

En sus dramas de asunto religioso ofrece una religión sencilla popular, basada en milagros; y en las obras de temas legendarios o históricos maneja los antiguos conceptos del amor, el honor, la lealtad y la justicia.

DON JUAN TENORIO Y LOS DEMÁS DON JUANES

El respeto a la tradición nacional distingue a Don Juan Tenorio de Zorrilla de todos los otros «Don Juanes»: de Don Félix de Montemar (de *El estudiante de Salamanca* de Espronceda), que obra movido por el escepticismo; del Don Juan de Byron, cuya característica es el cinismo; y del Don Juan de *El Burlador de Sevilla,* que se condena. El Don Juan Tenorio es una interpretación original de la figura del «burlador». El acierto de Zorrilla consiste en haber armonizado la salvación de Don Juan por el amor — que agrada al público — con su salvación por la fe — que agrada a la iglesia.

Una lectura de Zorrilla en el estudio de Esquivel.

Cuadro del pintor romántico José María Esquivel.

Don Juan Tenorio

El drama de Don Juan Tenorio consta de dos partes y siete actos. Los cuatro primeros actos pasan en una noche; los tres restantes, en otra noche, cinco años después.

A continuación va un resumen del argumento con una selección de sus versos más conocidos.

«ESCENA DEL MESÓN»

inn

shielding all of his face but his eyes with his cape

En el primer cuadro, la escena representa un mesón. Aparece un caballero embozado y con antifaz: es Don Juan. Su equipo no extraña porque es carnaval, y permite al caballero no ser conocido por el mesonero al hablarle éste sobre una apuesta que han hecho Don Juan y Don Luis Mejía, del siguiente modo:

I am aware that Luis Mejía and Juan Tenorio made a wager as to which one would most successfully do the most harm in the space of one year.

Que apostaron me es notorio
a quién haría en un año
con más fortuna, más daño,
Luis Mejía y Juan Tenorio.

En un momento en que sale de escena Don Juan, entra, también enmascarado, el Comendador Don Gonzalo de Ulloa. Es el padre de Doña Inés, una novicia de diecisiete años, enamorada de Don Juan. Habiendo oído cosas terribles de él, acude al mesón para convencerse por sí mismo, sin ser visto, de la maldad de Don Juan, e impedir la boda proyectada. Por eso dice:

if it is true [that there is such] a bet, I would rather see her dead than his wife

but I do not want Tenorio to cut a shroud for her from the bridal veil

. . . . Mas, a ser cierta
la apuesta, primero muerta
que esposa suya la quiero.
Enlace es de gran ventaja,
mas no quiero que Tenorio
del velo del desposorio
le recorte una mortaja.

MESONERO

Cerca de las ocho son.

D. GONZALO

¿Y esa es hora señalada?

Mesonero

Cierra el plazo y es asunto
de perder, quien no esté a punto
de la primer campanada.

The time is almost up, and it is a matter of losing for the one who is not here right on the first stroke of the bell.

Llega Don Diego Tenorio, padre de Don Juan, también embozado.

D. Diego

.......Quiero ver
por mis ojos la verdad
y el monstruo de liviandad
a quien pude dar el ser.

viciousness to whom I, alas, gave life

Aparecen cuatro caballeros enmascarados que se sientan alrededor de una mesa. Van a ser jueces en la apuesta de D. Juan y D. Luis. A poco interrumpen la conversación y dice uno de ellos:

Pero, ¡silencio! ¿Qué pasa?
A dar el reloj comienza
los cuartos para las ocho.

Dan las ocho.

Entra gente curiosa en el mesón y, con ella, D. Luis Mejía y D. Juan Tenorio con antifaces. No se dan a conocer hasta que, apoderándose cada uno de una silla, dicen:

They do not reveal their identity

Don Juan

Que ésta [silla] es mía haré notorio.

D. Luis

Y yo también que ésta es mía.

D. Juan

Luego sois D. Luis Mejía.

D. Luis

Seréis, pues, D. Juan Tenorio.

Cada uno de ellos hace una larga relación de sus infamias ante sus jueces, tratando ambos de exagerarlas.

Each one gives a lengthy account of his misdeeds

D. Juan

Por donde quiera que fuí
la razón atropellé,
la virtud escarnecí,
a la justicia burlé
y a las mujeres vendí.

I betrayed women

Yo a las cabañas bajé,
yo a los palacios subí,
yo los claustros escalé
y en todas partes dejé
memoria amarga de mí.

I scaled the convent walls

Ambos quedan empatados en maldades. Para decidir la victoria a su favor, D. Juan apuesta a D. Luis que le quitará la novia antes de la boda, fijada para el día siguiente. D. Luis lo desafía. D. Gonzalo, descubriéndose el rostro, interviene recriminándole por sus intenciones. D. Juan le apuesta a él también que raptará a su hija. D. Diego, indignado, le reprocha su actitud, y D. Juan, sin saber que es su padre, le arranca el antifaz, descubriéndole el rostro, y D. Juan queda confuso. Al salir él y D. Luis para batirse, los detiene la ronda; mas logran escapar.

are tied (remain equal)

accusing him in turn

he will abduct

the night patrol

«ESCENA DE LA CALLE»

En la escena II aparece la fachada de la casa de Doña Ana, prometida de D. Luis. Llega éste que quiere advertirla de lo que pasa; pero es preso por unos hombres apostados por D. Juan, en el momento en que éste y D. Luis sacan las espadas para batirse. D. Juan soborna con dinero a la criada de Doña Ana para que lo deje entrar; y a Brígida, la dueña de Doña Inés, para que le prepare una entrevista con ésta. Asegurada así la cooperación de las dos mujeres, se despide de su criado diciéndole:

who intends to warn her

her companion and confidante

D. Juan

Con oro nada hay que falle.
Ciutti, ya sabes mi intento:
A las nueve, en el convento;
a las diez, en esta calle.

nothing fails ... *Don Juan's servant*

«CARTA DE DON JUAN»

En el acto III, la escena representa una sala del convento. La abadesa dice a Doña Inés que su padre quiere adelantar el acto de su profesión, y se extraña del poco entusiasmo con que la novicia acoge la noticia. Cuando Doña Inés queda sola, llega Brígida que le entrega un devocionario que D. Juan le envía. Al abrirlo, cae al suelo un papel que iba dentro. Es una carta. La emoción inmuta a Doña Inés. Al fin lee temblorosa:

to advance the date when she is to take her vows

Doña Inés del alma mía,
luz de donde el sol la toma, — light from which the sun takes his
hermosísima paloma
privada de libertad... — deprived
Si os dignáis por estas letras
pasar vuestros lindos ojos,
no los tornéis con enojos
sin concluir; acabad...

Nuestros padres de consuno — in accord
nuestras bodas acordaron
porque los cielos juntaron
los destinos de los dos.
Y halagada desde entonces
con tan risueña esperanza
mi alma, Doña Inés, no alcanza
otro porvenir que vos.
De amor, con ella en mi pecho
brotó una chispa ligera
que han convertido en hoguera
tiempo y afición tenaz;
— my soul, Inez, comprehends no other future than you. With it (hope) in my heart, a faint spark of love was kindled which time and tenacious love have turned to raging fire
y esta llama que en mí mismo
se alimenta inextinguible,
cada día más terrible
va creciendo y más voraz...
— = cada día va creciendo ...

En vano, para apagarla,
concurren tiempo y ausencia
que, doblando su violencia
no hoguera ya, volcán es. — = ya no es hoguera, (sino) volcán
Y yo que en medio del cráter,
desamparado batallo,
suspendido en él me hallo
entre mi tumba y mi Inés...

Inés, alma de mi alma,
perpetuo imán de mi vida,
perla sin concha, escondida
entre las algas del mar;
garza que nunca del nido
osastes tender el vuelo
el diáfano azul del cielo
para aprender a cruzar.
— who from your nest never dared try your wings to learn to traverse this diaphanous blue of the heavens
Si es que a través de esos muros
el mundo apenada miras — = miras el mundo apenado

y por el mundo suspiras
de libertad con afán,
acuérdate que al pié mismo
de estos muros que te guardan,
para salvarte te aguardan
los brazos de tu Don Juan.

to save you there await you

Se oye el toque de ánimas. Brígida dice a Doña Inés que como al mismo tiempo que tocan las campanas, está nombrando a D. Juan, éste se le puede aparecer. En efecto, se oyen pasos y se presenta D. Juan. Doña Inés cree que delira y se desmaya. D. Juan la coge en sus brazos y se la lleva, seguido de Brígida.

tolling of bells *(announcing evening prayers for souls in Purgatory)* . . . since she is mentioning Don Juan at the same time the bells are tolling, he is apt to appear

Al mismo tiempo D. Gonzalo llega al convento para apresurar la profesión de su hija, temeroso de que D. Juan cumpla su amenaza. Ve la carta que al desmayarse se le cayó a Doña Inés. Al leerla, crece su alarma. En esto, entra la tornera a decir que un hombre ha saltado las tapias del convento. El Comendador sale en su persecución.

to hasten . . . fearful

that Doña Inés dropped when she fainted

«LA ESCENA DEL SOFÁ»

En el acto IV, Doña Inés despierta de su desmayo en una lujosa finca de D. Juan, a orillas del Guadalquivir. No sabe dónde está. Brígida la acompaña; le inventa la historia de que hubo en el convento un incendio del cual la salvó D. Juan. Aunque Doña Inés siente crecer su amor por él, quiere irse de allí. Pero cuando se dispone a salir, aparece D. Juan que trata de calmar a la joven; y tiene lugar la popular «escena del sofá» en que D. Juan le dirige los apasionados versos siguientes:

Cálmate, pues, vida mía,
reposa aquí y, un momento,
olvida de tu convento
la triste cárcel sombría.
¡Ah! ¿No es cierto, ángel de amor,
que en esta apartada orilla
más pura la luna brilla
y se respira mejor?. . .
Esa agua limpia y serena
que atraviesa sin temor

= olvida la triste cárcel sombría de tu convento

la barca del pescador
que espera cantando el día,
¿no es cierto, paloma mía,
que está respirando amor?...

Y esas dos líquidas perlas
que se desprenden tranquilas
de tus radiantes pupilas
convidándome a beberlas;
evaporarse a no verlas
de sí mismas al calor,
y ese encendido color
que en tu semblante no había,
¿no es verdad, hermosa mía,
que están respirando amor?

they evaporate of their own heat so they can no longer be seen

Mira aquí a tus plantas, pues,
todo el altivo rigor
de este corazón traidor
que rendirse no creía,
adorando, vida mía,
la esclavitud de tu amor.

feet

which I never thought would surrender

Doña Inés

Callad, por Dios, oh Don Juan,
que no podré resistir
mucho tiempo, sin morir,
tan nunca sentido afán...
Tu presencia me enajena,
tus palabras me alucinan,
y tus ojos me fascinan,
y tu aliento me envenena.
¡Don Juan, Don Juan, yo lo imploro
de tu hidalga compasión:
o arráncame el corazón
o ámame, porque te adoro!

Formal address with archaic Vos

= un afán (pasión) nunca tan sentido

D. Juan

No es, Doña Inés, Satanás
quien pone este amor en mí;
es Dios que quiere, por tí,
ganarme para Él quizás...
Sí, iré mi orgullo a postrar
ante el buen Comendador
y habrá de darme tu amor
o me tendrá que matar.

= tendrá que darme

Se oye en el Guadalquivir ruido de remos. Llega un embozado, que es Don Luis, y a poco el Comendador. D. Juan cae de rodillas a sus pies y le confiesa el amor puro que siente por su hija, amor nunca sentido por él, que le augura su regeneración. El Comendador, no lo cree, y él exclama desesperado: «Comendador, ¡que me pierdes!» Ambos ofenden de tal modo a D. Juan que éste, ciego de ira, los mata. Al huir declama:

you are condemning me to perdition

Llamé al cielo y no me oyó.
Y pues sus puertas me cierra,
de mis pasos en la tierra
responda el cielo, no yo.

«ESCENA DEL ESCULTOR»

En la segunda parte, la escena representa un cementerio en forma de bellísimo jardín. En primer término se ven las estatuas orantes del Comendador y D. Luis Mejía, y en el centro, en pie, la de Doña Inés; las tres se levantan sobre sus propias tumbas.

Han pasado cinco años. Es una clara noche de verano; la luna lo ilumina todo. Entra D. Juan y encuentra allí al escultor, autor de las estatuas. Le cuenta a D. Juan, sin conocerlo, que el cementerio lo mandó hacer D. Diego en el solar que había ocupado su palacio derruído, dejando dispuesto que se enterrasen allí, no sólo las personas de su familia, sino las víctimas de su hijo. El escultor hace de éste una acusación dura y despreciativa. D. Juan escucha, dominándose, y dice que conoció a todos ellos. Al fin, el escultor descubre quién es. Primero cree que aquel hombre está loco; luego tiene miedo de él, y se marcha, dejándole las llaves del cementerio. D. Juan queda meditabundo recordando su pasado y exclama:

makes a denunciation of the latter

¡Hermosa noche, ay de mí!
¡Cuántas como ésta tan puras,
en infames aventuras
desatinado perdí!

¡Cuántas al mismo fulgor
de esta luna transparente
arranqué a algún inocente
la existencia y el honor!

I tore from

ANTE LA TUMBA DE DOÑA INÉS

Y mirando con nostalgia la tumba de Doña Inés, mplora:

> Mármol en quien Doña Inés
> en cuerpo y sin alma existe,
> deja que el alma de un triste
> llore un momento a tus pies.

in which *(Note the personification of the statue.)*

Mientras permanece arrodillado con el rostro entre ıs manos, un denso vapor oculta la estatua. Cuando : disipa, ésta ha desaparecido. En su lugar aparece ntre resplandores y flores la sombra de Doña Inés ue le dice a D. Juan que lo espera en la sepultura ara salvarlo.

auras of light

Desaparece la sombra y reaparece la estatua. Las tras se mueven oscilantes. D. Juan tan pronto cree ue delira como que todo aquello es real. Siente avor; mas se domina y desafía a las estatuas.

D. Juan as readily believes that he is delirious as that all of that is real.

Entran en el cementerio Avellaneda y el Capitán :entellas, antiguos amigos, y D. Juan los invita a enar en su casa. La misma invitación le hace a la statua del Comendador, para probar su valor ante us amigos.

«LA CENA»

En la segunda escena, aparece el comedor de). Juan. La mesa está puesta, ricamente provista y dornada con guirnaldas. Los tres caballeros comen beben alegremente. Hay un sitio reservado para el :omendador. A poco, suenan lejos unos aldabonazos; n seguida, más cerca. Todos quedan suspensos.). Juan se levanta y echa la llave a la puerta del omedor y vuelve a su sitio. Pero, después de llamar esa misma puerta, el Comendador pasa a través de lla sin abrirla. «El convidado de piedra» ha acepado la invitación de D. Juan y viene a anunciarle ue va morir pero que hay otra vida.

blows on the door *(with a huge knocker)*...and locks the door

The complete title of Tirso's drama dealing with the Don Juan legend is "El burlador de Sevilla y Convidado de piedra."

Avellaneda y Centellas desafían a D. Juan por creer es ha dado un vino compuesto que les ha hecho er fantasmas. A la puerta de la casa deciden que). Juan se batirá con los dos, uno tras otro, y así se upone que lo hacen.

drugged

«EN EL PANTEÓN»

En el acto tercero vuelve a aparecer el panteón de la familia Tenorio. Entra D. Juan en el cementerio embozado y abstraído. Desea comprobar la verdad de las palabras del Comendador.

D. JUAN

La efigie de esa tumba me ha invitado
a venir a buscar prueba más cierta
de la verdad en que dudé obstinado.
Heme aquí, pues, Comendador, despierta.

Here am I

Llama al sepulcro, que se cambia en una mesa que parodia horriblemente la mesa en que comieron en casa de D. Juan. En vez de guirnaldas y lujoso servicio, hay culebras, huesos, un plato de ceniza, una copa de fuego y un reloj de arena. Todos los sepulcros se abren y dejan paso a los esqueletos que encierran, envueltos en sus sudarios. Sombras y espectros pueblan el fondo de la escena. La tumba de Doña Inés permanece sin alteración. En la escena siguiente aparece la estatua del Comendador que dice:

unchanged

Aquí me tienes, Don Juan,
y he aquí que vienen conmigo
los que tu eterno castigo
de Dios reclamando están.

. . . .

and behold, there come with me those who are demanding of God your everlasting punishment

D. JUAN

Concibo que me engañé.
¡No son sueños, ellos son!

(mirando a los espectros)

COMENDADOR

Mas el festín que me has dado
debo volverte; y así
llega, Don Juan, que yo aquí
cubierto te he preparado.

I have set a place for you here

D. JUAN

Ceniza, bien; pero ¿fuego?

ESTATUA

El de la ira omnipotente,
do arderás eternamente
por tu desenfreno ciego.

= donde

blind and unbridled licentiousness

D. JUAN

¿Con que hay otra vida más
y otro mundo que el de aquí?
¿Con que es verdad, ¡ay de mí!
lo que no creí jamás?
¡Fatal verdad que me hiela
la sangre en el corazón!
¡Verdad que mi perdición
solamente me revela!
¿Y ese reló?

A truth which my perdition alone reveals to me ... reloj (*Here:* hourglass)

ESTATUA

Es la medida
de tu tiempo.

D. JUAN

¿Expira ya?

ESTATUA

Sí; en cada grano se va
un instante de tu vida.

= cada grano de arena

D. JUAN

¿Y esos me quedan no más?

ESTATUA

Sí.

D. JUAN

¡Injusto Dios! Tu poder
me haces ahora conocer,
cuando tiempo no me das
de arrepentirme.

ESTATUA

Don Juan,
un punto de contrición
da a un alma la salvación,
y ese punto aún te lo dan.

D. JUAN

¡Imposible! En un momento
borrar treinta años malditos
de crímenes y delitos!

(Tocan a muerto.)

the bells toll *(for the dead)*

ESTATUA

Aprovéchalo con tiento,
porque el plazo va a expirar,

Take advantage of it (this moment) carefully

las campanas están doblando (tolling) por ti

service for the dead

y las campanas doblando...

(Se oye a lo lejos el oficio de difuntos. Se ve pasar por la izquierda luz de hachones, y se oye rezar dentro.)

D. JUAN

¿Y aquel entierro que pasa?

ESTATUA

Es el tuyo.

D. JUAN

Begone, feigned statue (stone)!

¡Aparta piedra fingida!
Suelta, suéltame la mano,
que aún queda el último grano
en el reloj de mi vida.
Suéltala, que si es verdad
que un punto de contrición
da a un alma la salvación
de toda una eternidad,
yo, santo Dios, creo en tí:
Si es mi maldad inaudita,
tu piedad es infinita...
¡Señor, ten piedad de mí!

«REDENCIÓN DE DON JUAN»

Don Juan se hinca de rodillas, tendiendo al cielo la mano que le deja libre la estatua. Las sombras van a lanzarse sobre él. Mas en este momento se abre la tumba de Doña Inés, quien coge la mano que D. Juan tiende al cielo.

SOMBRA DE DOÑA INÉS

= sostiene

longing

No: heme ya aquí,
Don Juan; mi mano asegura,
esta mano que a la altura
tendió tu contrito afán,
y Dios perdona a Don Juan
al pie de mi sepultura...

make way for

Las flores se abren y dan paso a ángeles. Lluvia de flores, luz de aurora; música, sobre un lecho florido que se levanta en el lugar de la tumba.

FALLA

Innovación y tradición

Manuel de Falla. Dibujo de Picasso. ***(Foto Mas)***

Manuel de Falla es uno de los más grandes músicos modernos. Nació en Cádiz, en 1876, de padre valenciano y de madre catalana. De ellos hereda lo que hay de mediterráneo en su carácter, es decir, solidez y, al mismo tiempo, flexibilidad. Igualmente hereda, de su andaluza ciudad natal, la gracia, la imaginación y el humor. Su espíritu es, pues, rico en facetas.

Desde niño se movió en el ambiente artístico refinado que dominaba en Cádiz, donde existía una tradición musical. Oía música constantemente en su casa, porque su madre tocaba el piano; y en las casas de los amigos, y en la iglesia de San Francisco. En ésta, tocó con su madre, un Viernes Santo, «Las Siete Palabras» de Haydn, a los nueve años. Su experiencia hasta entonces se limitaba, pues, a la música de cámara. Acaso esto influyó en su preocupación constante por sacar el máximo efecto de una pequeña orquesta o de un solo instrumento, como la guitarra. Fué siempre Falla un entusiasta tan grande de ésta que, cuando le pidieron que hiciera una composición musical a la muerte de Debussy, muchos años después, escribió para guitarra su «Homenaje.»

Franz Josef Haydn, *Austrian composer, 1732–1809* . . . at the age of nine . . . chamber music

Claude Debussy, *French composer, 1862–1918.*

En vista de su disposición para la música y de su amor por ella, sus padres lo enviaron a estudiar con Tragó, conocido compositor español. Mas a quien Falla llamó siempre su «maestro» fué a Pedrell, otro famoso compositor, español también, iniciador de la música moderna española, autor de un «Cancionero popular» y de otro de la antigua música española de Victoria. Sentía con igual pasión la música popular que la culta de los grandes maestros. Y esta doble pasión la heredó su discípulo.

aptitude for music

Felipe Pedrell, *1841–1922.*

Spanish Composer of the sixteenth century

LA FIESTA DEL CANTE HONDO

Un episodio de la vida de Falla prueba el entusiasmo que ambos sentían por la música popular. Se celebró en Granada, por vez primera y única, un fiesta de «Cante hondo.» Es éste un estilo de cant popular andaluz antiguo, cuyo modelo es la llamad «Seguidilla gitana.» No debe confundirse, com algunos hacen, con el «Cante flamenco» tambié popular y andaluz, pero moderno. Durante el sigl XIX fué degenerando el Cante flamenco por la ordi nariez de los lugares a que quedaba relegado. Y, po otra parte, el «Cante hondo» iba desapareciend porque, no pudiéndose conservar escrito con las nota de la escala normal, como cualquier música, era nece sario conservarlo de viva voz, oralmente; y, conform iban desapareciendo los buenos *cantaores*, se ib perdiendo el estilo. La invención del fonógrafo, l salvó a tiempo.

The so-called gypsy Seguidilla

On account of the coarseness of the places to which it was relegated

by word of mouth, orally ... cantaores = cantadores (singers)

Con el fin de conocer lo que oralmente quedab aún de dicho estilo, se anunció un concurso de Cant hondo, en Granada. El maestro Falla dirigió l organización. Acudieron *cantaores* y *cantaoras* d todos los rincones de Andalucía: niños, jóvenes, viejo y hasta una ciega; muchos de ellos eran pobres algunos, incluso, habían ido andando desde lejos.

had come on foot from afar

LA ZAMBRA

La fiesta tuvo lugar en la espaciosa Plaza de lo Aljibes dentro del recinto de la Alhambra. En e centro se levantó el clásico tablado donde, demá de los cantos, tuvieron lugar las danzas correspon dientes, con *bailaoras* y *bailaores* gitanos que son lo que conservan el antiguo baile llamado *zambra*. L zambra en su origen, no era sino una reunión par contar historias como las de «Las mil y una noches, en las cuales había también canto y baile. Su músic estaba tan arraigada en el alma española que s cuenta el siguiente hecho curioso:

cisterns (subterranean reservoirs) ... enclosure ... traditional

was only

Cuando el cardenal Cisneros fué a Andalucía par difundir el cristianismo entre los moriscos, lo mism que hacía quemar las copias del Corán que hallaba prohibía que se celebrasen las zambras, por ser fiesta de origen árabe. Pero se encontró con que, hasta er las más alejadas aldeas de la Alpujarra, en las iglesias en vez de tocar el órgano, cuando no lo tenían, acom pañaban fervorosamente la misa con música de zam

Region on the southern slope of the Sierra Nevada in Andalusia.

ra; y tuvo que renunciar a prohibirla. En nuestros ías se llama zambra solamente a la fiesta gitana. Es uy original y espectacular, por lo vistoso de los ajes; por el peinado de los negros y lisos cabellos e las mujeres, adornados con flores; y por el aire elto y elegante de los *bailaores* al moverse rítmicaente al compás de las palmas. Las castañuelas y la uitarra forman el acompañamiento de muchas de tas danzas.

he had to cancel the banning of it

the clapping of hands

Danzas y cantos de este tipo se sucedieron en la esta del Cante hondo a que nos referimos. Todo el onjunto evocador desfiló por aquel tablado, sobre el ndo formado por los propios torreones y murallas e la Alcazaba de la Alhambra, debidamente ilumiados para realzar su tono rojizo. En el silencio de na estrellada noche de verano, el canto y la guitarra, nían inflexiones emocionantes y dramáticas. Conibuían a ello, las condiciones acústicas de aquella laza, cuyos subterráneos aljibes árabes que le dan ombre, ampliaban el sonido, sirviendo de cajas de sonancia. Era una música que llevaba en sí – según maestro aseguraba – 1°, recuerdos de la liturgia izantina adoptada por la iglesia medieval, especialente desde el siglo XI; 2°, tonalidades de la música rabe, debidas a la larga permanencia de los musulanes en España; y 3°, influencias gitanas, ocasionadas or el establecimiento de grupos de esta raza en el glo XV. Fué aquélla una fiesta inolvidable. Y a lla asistió en espíritu el maestro Pedrell a los ochenta un años, enviando, dos meses antes de morir, una ntusiasta adhesión y una emocionante felicitación l discípulo.

followed each other

The whole evocative ensemble marched across that stage, against a background formed by the very towers and walls of the fortress of the Alhambra

underground reservoirs

serving as resonance boxes

traces of Byzantine liturgy

«LA VIDA BREVE»

Si Pedrell fué el maestro de Falla antes de 1907, esde este año lo fué Debussy. En París conoció al élebre compositor francés, estudió con él y trabaron os dos una grande amistad y mutua admiración. Ya abía escrito Don Manuel en 1905 su primera obra, *a Vida breve,* que ganó el «Premio de la Ópera spañola» concedido por la Academia de Bellas Artes e Madrid. Mas esta obra no se estrenó hasta 1913, n Francia y hasta 1914, en Madrid.

Antonia Mercé, «La Argentina», famosa bailarina e intérprete de las obras de Falla.

Su asunto es el drama de una gitana granadin Salud, abandonada por su amado. Mientras se es celebrando la boda de éste con otra gitana, Sal irrumpe en el patio en que tiene lugar la fiesta después de pedirle en la mayor desesperación que mate porque sin él no puede resistir la vida, c muerta repentinamente. Esta obra recoge temas pop lares andaluces; y es la más importante de la prime época de la música de Falla. A ella también pert necen las cuatro «Piezas españolas para piano,» técnica modernísima, que aparecen en 1909, el mism año que muere otro conocido gran músico españo Albéniz.

endure life

Isaac Albéniz, *1860–1909.*

«EL SOMBRERO DE TRES PICOS»

A la segunda época pertenecen las *Noches en l jardines de España, El sombrero de tres picos;* *amor brujo;* y la *Sinfonía bética,* dedicada a Rubi stein.

"The Three-cornered Hat"

Las *Noches en los jardines de España* son tres no turnos para orquesta y piano: *Generalife; Danza jana;* y *En los jardines de la Sierra de Córdoba.*

Arab palace of the same period as the Alhambra and located nearby

El sombrero de tres picos es un *ballet* que estrenó en Londres en 1919, con tres de los mejor bailarines de la época, entre ellos Massine. Éste pa una larga temporada en Sevilla para estudiar y ave guar por qué los *bailaores* andaluces no podían s imitados, ni siquiera por los grandes bailarines, no eran de Andalucía. Gracias a su aguda sensibil dad consiguió una técnica, dentro de aquel estilo, q le dió el éxito artístico. Estaba entonces en su apog el ballet ruso, y *El sombrero de tres picos* triun completado con las originales decoraciones y traj de Picasso.

his keen perceptiveness

made perfect by

El asunto de este ballet es el de una novela cort del mismo título, obra del escritor granadino del sig XIX, Pedro Antonio Alarcón. Desarrolla el tema una antigua balada popular: un molinero andalu feo, de mala figura y astuto, pero hombre bueno humorista, casó con una bellísima navarra. No tiene hijos, viven felices trabajando en su molino, próxim a Guadix [Granada]. Llegaban al molino, paseand desde la ciudad, señores importantes, entre ellos

misshapen . . . woman of Navarre

bispo y el corregidor. Este se enamora de la moli-
era; y para encontrarla sóla, inventa un motivo para
etener al molinero. Al llegar presuroso al molino,
e cae a un caz y cree ahogarse. Entra en la casa y
iene que poner sus ropas a secar en la cocina, y me-
erse en la cama. Mientras tanto, la molinera escapa
la ciudad en busca del marido para advertirle de lo
ue pasa; él, temiendo lo que ha ocurrido, vuelve al
nolino; pero se cruza en el camino con su mujer, sin
erla en la oscuridad de la noche. Lo primero que
alta a su vista, al entrar en el molino, es la ropa del
orregidor. Temiendo que la molinera le es infiel,
e le ocurre vengarse poniéndose la ropa de aquel,
ara ir a visitar a la corregidora. Tras varias peri-
ecias y confusiones, se encuentran los cuatro per-
onajes principales en la sala del corregidor, el cual
e ha vestido con la ropa del molinero. Hay explica-
iones, se reconcilian, y se prometen volver a ser muy
elices.

Official with functions of judge, mayor, governor, formerly appointed by the king

he falls into a millrace and thinks he is going to drown

he passes his wife on the road

the first thing that meets his eye

peripetia *(sudden reverse of circumstances)*

En el ballet, cada vez que aparece la molinera en
scena se inicia el tema de la «Jota navarra»; y con
l molinero va unido el de «El paño moruno,»
nodelos de la música del norte y del sur respectiva-
nente, armonizados por Falla y pertenecientes ambos
l conjunto de las *Siete canciones españolas*. El ballet
lel *Sombrero de tres picos* se considera como la más
lta representación de la música llamada «del armis-
icio,» pero, con el carácter y originalidad del autor,
on su exquisito sentido del ritmo.

on stage . . . *A dance and tune of Navarre* . . . that (theme) of "The Moorish Cloth"

reconciliation of old and new forms

«DANZA DEL AMOR BRUJO»

Sin embargo, la *Danza del amor brujo* (1915) es
onsiderada musicalmente como la obra maestra de
nuestros días, en su conjunto. Su título ha sido tra-
lucido erróneamente al francés y al inglés. Su asunto
s el drama de una gitana, Candelas, que no pudo
orresponder al amor de un hombre tirano, celoso,
ruel e infiel. Después de muerto, se le aparece a
Candelas cada vez que alguien le hace el amor. Por
so no se atreve a aceptar al gitano que ama y de
quien es amada. Éste concibe la estratagema de que
ına hermosísima amiga de Candelas, Lucía, se pre-
ente al espectro cuando se le aparezca a ella. La

Dance of Bewitched Love

as a whole

Rendered as "Sorcerer's Love" in both languages. The translation now used, and correctly so, is "Love the Magician".

when it appears before her

belleza irresistible de Lucía atrae hacia sí el espectro y Candelas, al fin, puede ser feliz. La más famosa intérprete de esta danza fué La Argentina, bailarina que hacía de ella una creación en la que cada movimiento respondía a una tonalidad.

EN EL «CARMEN» DE FALLA

La princesa de Polignac pidió a Falla que compusiera una obra para ser representada en un teatro guiñol que tenía en su palacio de París. Falla concibió para ello la idea de *El retablo de Maese Pedro*. Volvió de sus *tournées* por el extranjero y logró su sueño de instalarse en Granada para trabajar. Encontró un carmen modesto pero gracioso, con jardín en dos planos, en la colina de la Alhambra. Allí había árboles, flores, una fuentecilla y una vista sorprendente, a gran altura, sobre la vega y la sierra.

> teatro guiñol: puppet theater
> *El retablo de Maese Pedro*: "The Puppet Show of Master Pedro"
> tournées por el extranjero: trips abroad
> carmen: house with a garden

Esta instalación de Falla en Granada la evoca el poeta español Juan Ramón Jiménez, al trazar la silueta del compositor, cuando dice:

Se fué a Granada por silencio y tiempo, y Granada le sobredió armonía y eternidad. Tal paseante de la Antequeruela Alta ve acaso una menuda presencia neta y negra, bordes blancos, tecla negra de pie entre el lustroso hojear unánime de un alto jardín segundo; . . . La soledad es absoluta en la Antequeruela, donde se exalta aquel balcón verde, con aquella persiana verde, con aquella farola verde. . . .

> por: = en busca de
> le sobredió: gave him in addition
> Tal paseante … jardín segundo: Anyone strolling by the Antequeruela Alta sees, perhaps, a small neat figure in black with white fringes (his collar and cuffs), a black piano key standing midst the unanimous fluttering of shiny leaves of a second-level garden *(Antequeruela Alta is a quarter of the city, lying below Falla's "carmen".)*

Aquel «balcón verde» era de la sala-estudio del maestro, donde tenía el piano y donde reunía a todos sus íntimos amigos, los domingos por la tarde. Falla hablaba quedo, pero con viveza en la expresión y con fuego en los ojos; sus ademanes comedidos parecían refrenar la pasión; y de su figura menuda y fina emanaba la proverbial cortesía gaditana. Conversaba sobre arte, historia, literatura, y sobre temas del día, con un grupo de personas selectas, que siempre ha existido en Granada, pertenecientes a todos los campos de la cultura.

> quedo … ademanes comedidos: softly . . . measured gestures
> gaditana: gaditan (of Cádiz)

Entre ellas acudía un muchacho, rebosante de vida, de juventud, de ingenio, de simpatía y de gracia andaluza, que interrumpía su propia charla con

> rebosante de vida: bubbling over with life

Vista de la colina de la Alhambra donde estaba el carmen de Falla.

joviales carcajadas, que tan pronto se sentaba al piano para ilustrar alguna apreciación suya sobre la música o la poesía, como recitaba algún poema con espontáneo énfasis: era Federico García Lorca. Su *Romancero gitano* armonizaba con las danzas del *Amor brujo;* y romances y danzas, se fundían en la púrpura del poniente, que flotaba sobre la vega. El maestro charlaba y tocaba el piano, que vibraba bajo su pulsación nerviosa, precisa y expresiva. Después de oírle, toda otra interpretación de sus obras resultaba débil y descolorida.

who was as likely to sit down
. . . some personal opinion

fused with the purplish color of the setting sun

turned out to be (sounded)

«EL RETABLO DE MAESE PEDRO»

En este retiro ofrecía Falla a sus amigos no sólo audiciones de sus obras anteriores, sino las primicias

the first fruits (private auditions) of those (works) on which he was working

based on

at the top of

puppet theater

to right wrongs

because everything seemed wrong to him

stage setting of the "Retablo" *(of Falla)*

broke the record

altar pieces

in torrents

de las que tenía entre manos, las de su tercera época. Allí sonaron por primera vez las voces de Melisendra, de Don Gaiferos, de Don Quijote, personajes principales del citado *Retablo,* inspirado en esta misma escena del Quijote, y en la pintura de uno de los techos de la sala de la Justicia, del palacio de la Alhambra. En la pintura aparece una joven cautiva cristiana que tienen los moros encadenada en lo alto de una torre; un caballero, Don Gaiferos, se dispone a libertarla, desafiando todos los peligros. Esta misma leyenda es la que representa, de pueblo en pueblo, Maese Pedro en su retablo, según nos cuenta el Quijote. El hidalgo, que ha salido por los campos de La Mancha «para deshacer entuertos» tropieza con el teatrito de Maese Pedro y presencia una representación que tiene lugar en una venta. Un muchacho va explicando lo que en la escena va pasando y Don Quijote, que se sienta entre el público, todo lo va discutiendo porque todo le parece equivocado; y, ya furioso, acaba por arremeter con su lanza contra los muñecos, produciéndose grande alboroto.

La música va evocando todas estas escenas; a cada personaje lo presenta con un tema diferente.

La *mise en scène* del *Retablo* ofrecía grandes dificultades, entre ellas, la existencia de un teatro de muñecos – aquel en que se representaba la leyenda – dentro de otro – el del Quijote. Se resolvieron los obstáculos, y la representación fué un éxito, ante un público selecto de París donde el escenario de la Ópera Cómica fué convertido en un gran teatro guiñol. En Inglaterra se sustituyeron los muñecos mayores por actores provistos de máscaras. Falla batió el record en este tipo de representaciones.

«EL CONCIERTO PARA CLAVICORDIO»

Magnífica y singular fué también la ejecución, por el mismo Falla, de su *Concierto para clavicordio y cinco instrumentos* en la catedral de Sevilla, el día del Corpus. No es fácil imaginarse, sin haberla visto, esta ceremonia en una catedral gótica española: lucen su magnificencia los retablos y esculturas de los grandes artistas medievales o del renacimiento; el sol entra a raudales por las grandes vidrieras de colores la gran custodia brilla como un templete de plata que es otra maravilla de arte; las nubes de incienso velan las bóvedas; y la música del *Concierto,* prodigiosamente interpretada por su autor, vibra llenándolo todo con su grandiosidad.

la gran custodia brilla como un templete de plata: the great shrine gleams like a silver tabernacle
velan: veil

«LA ATLÁNTIDA»

La última obra de Falla, *La Atlántida,* se basa en una leyenda recogida por el poeta catalán Jacinto Verdaguer. Según esta leyenda, existía en épocas remotas un continente llamado La Atlántida, desaparecido después en el fondo del Atlántico. En dicho continente se hallaba el Jardín de las Hespérides, siete doncellas que fueron transformadas en las estrellas del mismo nombre que vemos en el cielo. En este jardín habitaban también los Titanes y el héroe mitológico Hércules, cuya tumba, según la leyenda, se halla en el fondo del volcán Teide, en Tenerife, bajo la montaña vestida de naranjos. En conformidad con esto, las Canarias serían las únicas tierras que aún emergen del continente sumergido.

La Atlántida: Atlantis
Tenerife: *One of the Canary Islands*

Comenzó Falla su poema sinfónico *La Atlántida* en su carmen granadino; pero su creación le llevó muchos años y no pudo terminarla del todo antes de morir en la Córdoba argentina. (Lo ha hecho recientemente su discípulo Ernesto Hafter.) Salió de España, durante la guerra, y buscó un nuevo rincón de trabajo en la Argentina. Y allí terminó su obra y su vida, lejos de su Córdoba y de su Granada españolas, en 1947.

le llevó: took him

À Argentina - Candelas, la admirable!
en recuerdo emocionado de su espléndida
creación del Amor Brujo, en París.
Su devoto amigo
Manuel de Falla

Dedicatoria *(Dedication)* de Falla a La Argentina. *(Foto Mas)*

FRANCISCO GINER

El educador de la España liberal

And he would straighten up, like a hissing tongue of light, and scatter and catch on, like a sparkling vine of red-hot coals, and then he would attack like a flashing lionet, and then would channel himself like a rivulet of pure gold; and would appear ... unattainable

Iba y venía como un fuego con viento. Y se erguía, silbante víbora de luz, y se derramaba y se prendía, chispeante enredadera de ascuas, y se abalanzaba, leonzuelo relampagueante, y se encauzaba, reguero puro de oro; y aparecía, sin unión visible, aquí y allá, por todas partes, delgado, aéreo, inasequible, con la elasticidad libre de la diabólica llama...

Sí, una alegre llama condenada a la tierra, llena de pensativo y alerta sentimiento;...Y sus lenguas innumerables lo lamían todo, [rosa, llaga, estrella] en una caritativa renovación constante.... era ... niño en el niño, mujer en la mujer, hombre en cada hombre, el joven, el enfermo, el listo, el peor, el sano, el viejo, el inocente; y árbol en el paisaje, pájaro y flor, y más que nada, luz, graciosa luz, luz.

Estas palabras del poeta Juan Ramón Jiménez son una bella y sagaz anticipación de la figura de don Francisco Giner, tema de este capítulo.

of manorial ancestry

Hay en el Sur de España, en la provincia de Málaga, una pintoresca ciudad de origen romano y de abolengo señorial: se llama Ronda. En mitad de ella, un puente de piedra salta sobre un profundo corte o tajo del terreno. A este accidente geográfico debe su nombre de «Tajo de Ronda,» este lugar que es muy conocido por los turistas, y celebrado como una de las maravillas naturales del mundo. El puente pone en comunicación el barrio señorial y el popular. Desde el pretil del puente se disfruta de las bellezas de aquel abismo de 300 pies de profundidad. A un lado del puente el paisaje es risueño, soleado, verde; sobre su verdura se destacan blancos molinos movidos por las aguas espumosas del río que corre por el fondo del Tajo; al otro lado, se nos ofrece, por el contrario, un paisaje triste, severo, sombrío. La gente distingue ambos paisajes llamándoles «el lado alegre»

El Tajo de Ronda. En una de esas casas nació don Francisco.

Don Francisco Giner en el jardín de la Institución.

y «el lado triste» respectivamente. Por tanto, e[l] puente es una línea divisoria entre dos paisajes [y] entre dos clases sociales.

dividing line

Cerca de este lugar hay una casa de dos pisos serena y espaciosa, de tipo andaluz; en ella nació do[n] Francisco Giner en 1839. Esta fecha y la de su muert[e] (1915) fueron grabadas en la fachada de su casa. E[s] una fachada azotada por el viento que sube bramand[o] del Tajo y que infunde de noche terror a los niños que le llaman «La Draga.» Desde los balcones s[e] divisa el magnífico panorama de la Serranía d[e] Ronda.

that by night instils terror in children ... "The Dragoness"

the mountain ranges of Ronda

El espíritu del rondeño que nos ocupa fué incon movible y fuerte como este ambiente físico de su primera infancia. Al mismo tiempo, su madre, muje[r] de gran temple moral, formó su carácter. La profe sión del padre, alto funcionario público, obligaba a la familia a cambiar de residencia frecuentemente.

= de que hablamos

of strong moral temper

Por eso Francisco, el mayor de varios hermanos, fué a la escuela en Cádiz; cursó la segunda enseñanza en Alicante; estudió filosofía en la universidad de Barcelona; y terminó la carrera en la de Granada. En esta ciudad aprendió a pintar y a tocar el piano. Su gran sentido musical le proporcionó siempre un entretenimiento, ya ejecutando obras clásicas, ya im provisando o imitando con gracia el estilo de los grandes maestros. En Granada, también, formó parte de un grupo selecto de intelectuales, artistas y lite ratos, conocido con el nombre de «La Cuerda grana dina.» Y en Granada aparecieron sus primeros escritos en una revista literario-filosófica que publi caba con un grupo de compañeros de estudios. Esta fué la época en que el joven Giner alternó más en la vida social, asistiendo a los saraos y veladas en los que se bailaba, se hacía música, y se leían o recitaban poesías.

attended high school

completed his formal education *(in philosophy and law)*

The Grenadine League *(literally:* Cord)

was most active socially ... attending soirées *(with poetry and music recitals)* and evening parties

Vivía la familia en Madrid, cuando la madre murió, produciendo en Francisco una profunda crisis sentimental y religiosa. No siendo de su agrado el apoyo de tipo político que su tío, el famoso orador Ríos Rosas, hubiese podido prestarle, decidió seguir el camino de la filosofía, pues encontró un gran maes-

a deep emotional and religious crisis. Since the kind of political backing that his uncle, the famous orator Ríos Rosas, would have been able to give him was not to his liking...

ro, el filósofo Sanz del Río, cuyo influjo fué definitivo en su vida.

VIDA UNIVERSITARIA

Siendo aún muy joven, hizo oposiciones y ganó la cátedra de «Filosofía del Derecho» de la Universidad de Madrid. Mas pronto perdió este puesto que significaba la realización de su vocación y su medio de vida: Sanz del Río acababa de renunciar a su cátedra por negarse a firmar un documento en que se obligaba a los profesores a declararse católicos y a dar su adhesión a la dinastía borbónica. Giner y Salmerón — quien pocos años después había de ser presidente de la primera república —, entre otros, hicieron causa común con el maestro, porque consideraban el documento un atentado a la libertad de pensamiento y de enseñanza.

took competitive examinations

his livelihood

by refusing to sign

declaration of attachment to the Bourbon Dynasty *(began with Philip V in 1700 and ended with Alfonso XIII in 1931)*

violation of *(It was a decree issued during the reign of Isabel II in a period of reaction.)*

El gobierno liberal de 1868 devolvió las cátedras a los profesores y don Francisco se dedicó desde entonces a la obra de la educación con el entusiasmo que le prestaba su fe en ella. La reforma de la enseñanza, la reforma penitenciaria y la delincuencia infantil agobiaban su espíritu, por considerar que era muy urgente la resolución de sus problemas.

ENCARCELAMIENTO

En la época reaccionaria de la restauración monárquica, se repitió la persecución a los profesores liberales y Giner volvió a perder su cátedra, por no aceptar un ofrecimiento poco digno, del gobierno. Entonces, aunque se hallaba enfermo, fué sacado de la cama y encarcelado en el castillo de Santa Catalina, cerca de Cádiz.

unworthy

Al enterarse de esto el gobierno inglés le envió a su embajador en España para invitarlo a fundar una universidad española en Gibraltar. Giner agradeció el honor pero lo declinó con la esperanza de poderla fundar pronto en su patria.

Since 1805 Gibraltar has been a British fortress.

Durante su encarcelamiento concibió la idea y planeó la creación de una Universidad Libre, es decir, desligada económica y profesionalmente de la intervención del Estado, cosa rara en España. Su fin

free

Giner considered imperative the active cooperation of the family with the school. On co-education, he believed it ridiculous to separate what was inevitably together in life.

sería la formación del carácter del alumno y el descubrimiento de la verdad, sin limitaciones de ningún género; la creación de un ambiente íntimo, familiar y humano, basado en el mutuo amor y en el respeto a la conciencia de cada cual, en la mutua comprensión y tolerancia. Habría de ser un ambiente «completamente ajeno a todo partido político, a toda secta religiosa, a toda escuela filosófica; apartado de todo apasionamiento o discordia, de todo cuanto no sea la elaboración de un ideal pedagógico,» según dicen sus Estatutos.

free of any

of anything that is not ... statutes

CREACIÓN DE LA «INSTITUCIÓN LIBRE DE ENSEÑANZA»

En efecto, cuando recobró la libertad don Francisco — como le llamaban sus compañeros y discípulos cariñosa y respetuosamente — realizó su plan creando la «Institución Libre de Enseñanza» (1876). Comenzó su obra con un grupo de eminentes profesores universitarios, que vivían de su sueldo oficial y enseñaban gratis en la Institución. Los alumnos, en su mayoría eran hijos de los profesores. Y gracias a la calidad moral e intelectual de éstos, al escaso número de aquéllos y a la homogeneidad del ambiente, fue posible ensayar nuevos métodos pedagógicos en la que hoy se llamaría una «escuela progresiva.»

Among them: Nicolás Salmerón, Joaquín Costa, Adolfo Posada, Gumersindo de Azcárate, Juan Valera, Gumersindo Moret, José de Caso, Alfredo Calderón, etc.

Para lograr el máximo fruto había que tomar a los alumnos desde su primera infancia; y, junto al centro universitario, se fundó una escuela de párvulos, una primaria y otra secundaria.

pre-school childhood
(1878)

En este centro de enseñanza, tan ampliamente concebido, no existían exámenes ni se conferían títulos. Este hecho respondía a la concepción pedagógica de que el cultivo de la ciencia debe ser desinteresado, sin más finalidad que el puro placer de saber. Tampoco existían premios ni castigos, porque el ideal era conseguir que el alumno obrase bien por el solo placer del deber cumplido, y por evitar el descontento de sí mismo que debía producirle el haber obrado mal. Había que hacer de cada niño, un hombre capaz de pensar; había que hacer de él un *gentleman*, un caballero, con todo el alcance moral que tiene este concepto. Y es que, para don Fran-

and to avoid the dissatisfaction with himself that poor performance of duty ought to produce in him

moral scope

sco, educar era mucho más importante que enseñar.

He wanted to form "men"—not "professional robots".

Sin embargo, había que aprender; pero no de emoria en los libros, como estaba en uso, sino en a vida, observando la naturaleza y cuanto nos rodea. or eso el libro de texto se reducía al propio cuaerno, escrito por el alumno en clase, sólo con quellas cosas que había comprendido y asimilado; orque había que evitar la pedantería, es decir, el ablar con suficiencia de lo que no se sabe. Y el ejor remedio para este vicio consistía en que el aestro, hábilmente, hiciese evidente al alumno u ignorancia.

as was the custom ... all that

his own notebook

pretended *or* superficial knowledge

SU PROGRAMA

Establecía como base la enseñanza integral; como ovedad el estudio de la historia del arte y la práctica de las bellas artes — singularmente de la música, lásica y popular — y de las artes industriales. Se prendían oficios, como trabajo manual y como medio e llegar a ser *self-supporting.* Se fomentaba el usto por ello con visitas a ciudades históricas y a os museos, y con la asistencia a conciertos; así como e fomentaba el amor y goce de la naturaleza, mediante excursiones al campo, a la sierra y a la costa. Ninguna de estas prácticas existían entonces en España y apenas, en Europa: éste es su mayor mérito.

an integral (all branches of learning) plan of instruction; as a novelty

trades

was encouraged (promoted)

Las excursiones formaban parte del programa de ducación física, además, pues con ellas se pretendía ue los alumnos se hiciesen fuertes y aprendiesen a alerse por sí, venciendo las dificultades. Se completaba esta parte del programa con los juegos organizados — juegos nacionales y extranjeros. Y es curioso l hecho de que la primera pelota de fútbol que ubo en España la llevó, de Inglaterra, don Francisco.

an attempt was made to have students become strong and to learn to get along by themselves

ANHELOS PEDAGÓGICOS

Con frecuencia él o sus compañeros hacían viajes a áquel país y a otros de Europa, para mantenerse en elación constante con el movimiento pedagógico en ada uno de ellos. Y aceptaban cuanto les parecía ceptable, aunque conservando siempre vivo el genuino espíritu español. De Alemania le atraía al maestro la solidez de la investigación científica; de

Francia la agudeza intelectual; de Inglaterra, la firme formación de la personalidad; de Norteamérica, la audacia de sus métodos pedagógicos, debida a su juventud como pueblo. Según dice uno de sus discípulos, « La fluidez, la renovación vertical de las capas — no clases — sociales, según la eficiencia de cada cual, es un fenómeno al que don Francisco prestó su adhesión entusiasta. » Efectivamente, hubiera sentido un íntimo goce al ver cómo los estudiantes de los EE. UU., por necesidad o por deseo de independencia, prestan sus servicios, a cambio de sus estudios, unidos todos en la vida estudiantil cotidiana, sin el más ligero sentimiento de diferencia de clase, « educados en la idea de que la vida es servicio y la democracia un estilo de vida, no un mero pensar. »

levels

each one . . . support

a way of life, not just an idea

Reintegrado definitivamente a su cátedra de la Universidad, Giner deseaba lo mejor de cada país para los muchachos españoles. El elevarlos moral e intelectualmente y el fortalecerlos físicamente era su gran preocupación, su obsesión. En todo momento trataba de conocer sus defectos, sus faltas, para buscarles remedio, y reaccionaba en cada caso según las circunstancias. Las dos anécdotas siguientas dan idea de estas benévolas y firmes reacciones suyas:

Reinstated

SENTIDO HUMANO

Viajaba una vez, como de ordinario en un departamento de tercera donde entraron unos charlatanes y alegres estudiantes que iban de vacaciones. Pronto empezó don Francisco a preguntarles sobre sus aficiones, sus clases, sus profesores, etc. Los muchachos, confiados por el atractivo de su viejo compañero de viaje, opinaron a sus anchas sobre los profesores de la Universidad de Madrid y, especialmente, sobre « cierto profesor Giner, muy sabio, pero muy exigente en todo, en especial respecto a la manera de comportarse los alumnos, » etc. etc. A cada censura de los chicos don Francisco se volvía a un íntimo amigo y distinguido profesor con quien viajaba y le preguntaba socarronamente: « ¿Oye V., Alfredo? » Este, que parecía dormitar, sonreía. Al final del viaje, todos eran los mejores amigos. Los muchachos, con la charla y el poder sujestivo de aquel viejecito, le pidieron su

in a third-class compartment . . . who were on vacation

expressed themselves freely about

jokingly (ironically)

the power of suggestion

arjeta para visitarle. Al leer el nombre quedaron consternados e intentando dar explicaciones; pero don Francisco, cordial y comprensivamente los disculpó, rogándoles, tan solo, que fuesen en adelante más respetuosos al juzgar a quienes no conocieran y, sobre todo, más cautos.

to apologize

merely

PRESENCIA DE ÁNIMO

En otra ocasión, durante una algarada estudiantil, los revoltosos irrumpieron en la clase de don Francisco, gritando violentamente e interrumpiendo la explicación. El maestro se puso de pié; su figura aparecía gigantesca, poderosa, llena de majestad. Así, permaneció impávido hasta que su voz se pudo oír. Entonces, invitó a los estudiantes, con tanta amabilidad como firmeza, a que tomasen asiento; los muchachos obedecieron movidos por aquella poderosa serenidad que no pensaban haber encontrado. Entonces, tranquilamente, sin la menor alteración en la voz, dijo Giner: «Ahora, con permiso de Vs., vamos a continuar la clase.» Esta salida inesperada desconcertó a los revoltosos un momento, el tiempo suficiente para que el maestro empezase a hablar. Desde este instante, su palabra poderosa, su mirada intensa y la vibración de todo su ser lograron de aquella masa estudiantil desmandada lo que parecía que sólo la violencia hubiese podido lograr. Y la razón es que emanaba de su persona su interés profundo, emocionado y hasta admirativo, por la juventud. Y esos sentimientos los percibían los muchachos, como se perciben en las siguientes líneas suyas:

disturbance . . . burst into the classroom lecture

lecture . . . stood up

which they were not expecting to find

This unexpected sally

did with that unruly group of students what only violence had seemed able to accomplish

> Una minoría, importante por la calidad, y perteneciente, no pocas veces, a aquellas capas inferiores medias que lindan con el jornalero. . . trabaja, lucha, padece, en una miseria mal disimulada; sacrifica su reposo, su salud, sus diversiones, su alegría y frescura juvenil; pero pone su alma en su labor; no quiere vegetar; vive y se entera.

lower middle levels that border on the day-laborer . . . in ill-concealed poverty

= ilusiones juveniles

learns (finds out about)

IDEAS SOBRE LOS PRINCIPIOS FUNDAMENTALES

Sentía una amargura profunda ante la incomprensión entre los hombres. Y como creía que la com-

"Nada humano le era ajeno," says Professor Zulueta.

prensión se logra mediante la educación, a ella dedic[ó]
su vida, tratando de borrar las discordias y el odio.
Así pugna Giner por:

Reactions characteristic of barbarous peoples.... whether we like it or not

> Evitar la guerra, la barbarie, la intolerancia, e[l]
> salvaje africanismo; trabajar en paz y armonía co[n]
> todo el mundo en los problemas sin fin, técnico[s]
> o espirituales, comunes a todos, queramos o no.

Su sentido del derecho, se ha dicho, forma parte del
«evangelio» de la conducta (o conjunto de principios
según los cuales debe cada uno comportarse).

Respecto a la religión, escribe don Francisco y lo
repite en sus conversaciones:

relation (fusion)

everywhere else

not only because of everything that

> La vida entera del hombre, en cuanto es reali-
> zada en íntimo enlace de amor y subordinación
> a Dios, como ideal y modelo inimitable, consti-
> tuye la religión . . . En la escuela y doquiera, debe
> ser cultivado el sentido religioso de la vida, des-
> pertando gradualmente en el niño la concienci[a]
> de nuestra subordinación [humildad] universal
> sentido de reverencia, de emoción serena y sim-
> patía [caridad] no sólo por cuanto nos rodea sino
> y sobre todo, de veneración y de amor por l[a]
> fuente de donde todo ello brota.

En cuanto a la bondad afirma:

Each individual

> Cada cual debe hacer — sin límite — todo el bie[n]
> que racionalmente pueda; y recoger — sin límite —
> todo el que racionalmente necesite...
>
> La bondad supone en el espíritu la disposi-
> ción a hacer el bien por motivos puros y a pesa[r]
> de las contrariedades que puedan asaltarnos.

i.e. modern as well as "ancient classics"

En cuanto a la belleza, considera fundamental par[a]
la formación del espíritu la contemplación y goce d[e]
las cosas bellas: del arte y de la naturaleza. De ah[í]
la importancia de la lectura de las obras clásicas, d[e]
las visitas a museos y monumentos, de las excursione[s]
al campo. Fué don Francisco el primero que con su[s]
discípulos visitó los museos; recorrió la Sierra d[e]
Guadarrama en todas direcciones y en todas las estaciones del año. Además del goce de la naturaleza
quería lograr el endurecimiento físico y moral del
niño.

La Sierra de Guadarrama.

Con haber sido tan importante y numerosa la obra scrita de Giner – recogida en 22 volúmenes por la ditorial *La lectura* – lo fué aún más su labor orienadora, ya « administrando el santo sacramento de la alabra, » como él decía refiriéndose a la labor de onsejo de todo maestro; ya con el ejemplo de su onducta intachable. Era ante todo y sobre todo un ducador: maestro y padre; censor, juez y paño de ágrimas; tierno y severo; humilde y firme; bondadoso entero; comprensivo e inflexible; mesurado y reuelto. Se interesaba por los problemas de todos y ada uno; por eso todos encontraban alivio a sus reocupaciones y comprensión, en presencia de quella figura menuda, enjuta, grácil, llena de vitaliad, de espiritual expresión, de natural distinción n aquel su vestir modesto en extremo y pulcro hasta a exageración. Todos encontraban eco en aquella nirada intensa de sus ojos oscuros que pasaban de la nayor ternura a la máxima severidad; de la radiante legría a la más profunda amargura; y a todos inundía respeto y hasta veneración su cabeza de tez ronceada por el sol, en contraste con la blancura de su barba y sus cabellos recortados alrededor de ına amplia y brillante calva. Su alma era generosa n consejo y ayuda, como era su mano dándolo todo y quedándose sin nada para sí.

refiriéndose a la labor de consejo de todo maestro: referring to the advisory work of every educator

paño de lágrimas ... entero: sympathizer and consoler (tear cloth) ... upright

hasta la exageración: to the point of exaggeration

Por todo ello su autoridad era enorme y por eso buscaban su consejo todo tipo de personas, incluso hombres de Estado, a través de los cuales pudo colaborar intensamente – aunque de modo indirecto, pues nunca fué hombre político – en la reorganización nacional. Salieron de sus clases o gozaron de su amistad figuras prominentes de la intelectualidad española. Entre ellas nos son más conocidas las de

hombres de Estado: statesmen

Salieron de sus clases o gozaron de su amistad figuras prominentes de la intelectualidad española: There came from his classes or enjoyed his friendship prominent figures of the Spanish intelligentsia

Don Francisco en El Pardo.

Cossío, Sorolla, Unamuno, Altamira, Juan Ramón Jiménez y los hermanos Machado.*

But rather than in concrete figures, one must seek his spiritual legacy in that diffuse, profound labor

Pero su legado espiritual hay que buscarlo, más que en figuras concretas, en aquella labor difusa, profunda, que tan vigorosamente influyó en la formación de una nueva España, nacional y europea. A ese renacer cultural alude el poeta Antonio Machado en su conocida elegía:

Manuel B. Cossío, the educational expert and art critic, we have already met in our study of El Greco. Joaquín Sorolla y Bastida, 1862–1923, one of the most notable of modern Spanish painters is best known for his work dealing with the sea. Many of his paintings are to be seen in the Hispanic Society of New York. Miguel de Unamuno, 1864–1936, rector of the University of Salamanca, won international fame as philosophical essayist, novelist and poet. Rafael Altamira, 1866–1951, is the famous Spanish historian, author of *Historia de España y de la civilización española* (1900-1910). Juan Ramón Jiménez, 1881-1958, celebrated poet, author of *Platero y yo* and Nobel Prize winner (1956), spent more than a decade on the Rollins College faculty before moving on to the University of Puerto Rico, where he died. The Machado brothers, Antonio (1875-1939) and Manuel (1874-1947) are both great poets, in quite different ways. Antonio is one of Spain's great lyricists; Manuel is clearly a follower of the modernists.

«A DON FRANCISCO GINER»

Como se fué el maestro,
luz de esta mañana
ıe dijo: —Van tres días
ue mi hermano Francisco no trabaja.
Murió? . . . Sólo sabemos
ue se nos fué por una senda clara,
iciéndonos: «Hacedme
n duelo de labores y esperanzas.
ed buenos y no más; sed lo que he sido
ntre vosotros: alma.
'ivid, la vida sigue,
os muertos mueren y las sombras pasan;
eva quien deja y vive el que ha vivido.
Yunques, sonad; enmudeced, campanas!»

Y hacia otra luz más pura
partió el hermano de la luz del alba,
del sol de los talleres,
el viejo alegre de la vida santa.

¡Oh, sí, llevad, amigos,
su cuerpo a la montaña,
a los azules montes
del ancho Guadarrama.
Allí hay barrancos hondos
de pinos verdes donde el viento canta.
Su corazón repose
bajo una encina casta
en tierra de tomillos donde juegan
mariposas doradas.
Allí el maestro un día
soñaba un nuevo florecer de España.

For three days

For me wear mourning of labor and hope.

Be good and nothing more

Live, for life goes on

He gains who leaves (something), and he who has lived lives on

Ring out, anvils; be still (tolling) bells!

gorges

a chaste oak where thymes grow

Don Miguel de Unamuno nos ofrece un recuerdo de Don Francisco en estas hermosas líneas, que son un magnífico retrato moral:

Pronto, el 18 de este mes, hará dos años que se nos fué para siempre de esta nuestra España, de esta su España, de este mundo. ¡Pero no se nos fué del todo, no! Aún nos queda; aún nos queda aquí a los que le conocimos, es decir, a los que le quisimos; aún le llevamos dentro — y él nos

But he didn't leave us completely, no! He is still with us; he is still here with those of us who knew him, that is to say, those of us who loved him

lleva — a aquel gran maestro, es decir, a aquel gran agitador de espíritus. Que es lo que era sobre todo. Porque aquel hombre que se pasó la vida clamando «¡Paz! ¡paz!» era un gran luchador. No podía ser de otra manera. La verdadera paz, la paz fecunda, la paz digna, la paz justa, no se obtiene más que con la lucha.

¡Y qué hombre de pasión, de intensa pasión, de encendida pasión era aquel hombre que iba predicando serenidad!...

Nunca olvidaremos nuestras conversaciones con él, con nuestro Sócrates español, con aquel supremo partero de las mentes ajenas. Inquiría, objetaba, obligábanos a pensar. Y después de una de aquellas intensas charlas con él, volvíamos a casa ... habiendo descubierto en nosotros mismos puntos de vista que ignorábamos antes, conociéndonos mejor y conociendo mejor nuestros propios pensamientos ...

One who helps bring to light the ideas of others (as Socrates did).

profoundly earnest

Éste era el maestro.

Don Francisco con sus discípulos predilectos y colaboradores, don Ricardo Rubio y don Manuel B. Cossío, en el jardín de la Institución, 1882.

Retrato de Galdós por Joaquín Sorolla. *(Courtesy of The Hispanic Society of America)*

GALDOS

España y la novela moderna

Benito Pérez Galdós (1843-1920) es cumbre de la novela contemporánea española y pertenece al grupo de los grandes novelistas europeos de fines del siglo XIX. Nació en Las Palmas — islas Canarias — el último de varios hermanos. Era un niño tímido a causa, en parte, de su naturaleza enfermiza; hablaba poco y no se hacía notar; se entretenía solo y sabía de todo antes que los demás niños de su edad. Por eso, con frecuencia se veía admirado por los pequeños y por los mayores; pero él no se daba importancia, aunque a los 13 años ya había leído, no sólo muchas obras maestras de la literatura española — Cervantes espe-

he kept himself in the background

cialmente — sino de la extranjera: Dumas, Víct
Hugo, Goethe, etc. — además de autores clásicos, ent
ellos Cicerón y San Agustín, que dieron a su cultu
una firme base.

Terminadas la primera y la segunda enseñanza e
Las Palmas, en escuelas inglesas, arrancó, no s
esfuerzo, de su ciudad natal y se dirigió a Madrid pa
estudiar en la Universidad Central. Era un joven d
veinte años, aún no cumplidos, cuyo retrato hace
mismo poco después al presentar a uno de sus pe
sonajes:

«No era de los más habladores; el profundo se
tido moral de aquel insigne joven le hacía mu
sobrio de palabras en las disputas; . . . pero en
conversación urbana sabía mostrar una elocuenci
picante, emanada siempre del buen sentido y de
apreciación justa de las cosas del mundo. N
admitía falsedades ni mistificaciones» . . .

i.e. he used well chosen words and used them sparingly

piquant

deceits

SU AMBIENTE EN MADRID

Eran los años en que llegaba también a Madri
desde Alemania, el filósofo Sanz del Río, inspirado
de la juventud liberal de entonces. Galdós conoció
aquel grupo en el que figuraban hombres políticos d
la primera República española (1873-1874), como Sa
merón y Castelar, y educadores, como Joaquín Cost
y Francisco Giner. Este y «don Benito», como resp
tuosa y afectuosamente se le llamaba en Madrid
llegaron a ser amigos; don Francisco escribió un
crítica juvenil sobre «La Fontana de Oro», primer
obra de Galdós, escrita a los veinticuatro años de edad

"La Fontana de Oro" was the name of a café where the liberals met.

Galdós estudió Derecho por hacer una carrera; per
su verdadero interés era la literatura. Pasaba las hora
en la biblioteca del Ateneo, donde también escuchab
clases y conferencias; se acercaba a los corrillos en qu
los ateneístas de varias generaciones discutían co
exaltación las más opuestas ideas, pero dentro de
más cordial y respetuosa tolerancia; asistía a las te
tulias de los cafés; a los estrenos de los teatros; a tod
festejo público, cortejo funeral o fiesta real; a l
audiencias públicas para estudiar la psicología de l
acusados, como hacía con cuantas personas le inter
saban como posibles personajes de sus obras; paseat

a scientific, literary and artistic club in Madrid, of distinguished membership

little groups . . . members of the Ateneo

meetings (of friends) in

public courts of justice

the people being tried

todas horas por las calles y los paseos de Madrid, boulevards
tanto por los populares y típicos Barrios Bajos, como lower-class districts
por los aristocráticos. Y todo el material recogido de
este modo, lo utilizaba luego magistralmente en sus
numerosas obras que pasan del centenar. Pinta en run into the hundreds
sus libros la sociedad española en todos sus aspectos
— social, moral, religioso e histórico. Al mismo tiempo
que crea la novela moderna de ambiente contemporáneo, busca inspiración en el pasado histórico. Y así
da comienzo a las magníficas series de los «Episodios
Nacionales», obra histórica por su documentación, al
par que novelesca. as well as fictional

LA NOVELA GALDOSIANA

En su discurso de entrada en la Academia Española, define lo que debe ser la novela: «Imagen de la
vida . . . Y el arte de componerla consiste en reproducir
los caracteres humanos, las pasiones, las debilidades,
lo grande y lo pequeño, las almas y las fisonomías,
todo lo espiritual y lo físico que nos rodea y el lenguaje que es la marca de la raza, y las viviendas que
son el signo de la familia» . . .

This cultural center, founded 1713 and given official sanction by Philip V in 1714, decides questions of spelling, grammar and usage. Its motto: LIMPIA, FIXA (FIJA) Y DA ESPLENDOR

modes of life

La novela de Galdós se caracteriza por la variedad
de sus ambientes, la extraordinaria diversidad y número de sus problemas y personajes y la comprensión
de ellos por el autor, comparable a la de Cervantes,
que en esto, como en otras cosas, fué su maestro. Es
otra nota característica, la reaparición de los mismos
personajes en varias de sus obras. En cada una pone
de relieve algún sentimiento predominante: el de la
libertad, el de la patria, el del honor, el de la tolerancia.

he puts in relief

La obra de Galdós comprende novelas, episodios
nacionales, dramas y comedias. Todas ellas las escribió
en el espacio de 51 años: medio siglo de constante
evolución.

«LA FONTANA DE ORO»

Su primera obra «La Fontana de Oro» está inspirada por el fervor liberal que se levantaba entre los
perseguidos por la reacción, es decir por los gobiernos
absolutistas del reinado de Fernando VII. Dan idea
de ese ambiente los siguientes párrafos:

Tipos de los primeros años del siglo XIX, época de Goya. Dibujo del mismo Galdós.

Trozo de un discurso en la Fontana de Oro

Sin dificultad ninguna Lázaro entró en el café.. La elocuencia muda de sus horas de silencio y soledad, salía por primera vez a su boca . . . ¿Cómo queréis que haya libertad – decía – si unos cuantos se erigen en sacerdotes exclusivos de ella, cuando ese gran sacerdocio a todos nos corresponde y no es patrimonio de ninguna clase [social] . . . Entre los millones de ciudadanos que pertenecen a la sagrada comunión del liberalismo vemos surgir una casta privilegiada que se cree única conservadora del orden, única cumplidora de las leyes, única apta para dirigir la opinión. ¿Hemos de consentir esto? ¿Hemos de ser siempre esclavos? ¿Esclavos ayer del despotismo de uno; esclavos hoy del orgullo de ciento?. . . No puede durar mucho tiempo el imperio de la injusticia. Felizmente aún no han puesto mordazas en nuestras bocas; aún no han atado todas nuestras manos; aún podemos alzar un brazo para señalarles; aún tenemos aliento en nuestros pechos para poder decir: «¡Ese!» Están entre nosotros, los conocemos. Esta gran revolución no ha llegado a su augusto apogeo, no ha llegado al punto supremo de justicia. . . ¿Nos detendremos con timidez, asustados de nuestra propia obra? Detenerse en esta mitad [del camino] es caer, es peor que volver atrás, es peor que no haber empezado. Hay que optar entre los dos extremos: o seguir adelante o maldecir la hora en que hemos nacido. (*Grandes y estrepitosos aplausos*)

as "ministers"
"ministry"
citizens
keeper . . . executor . . . the only one capable of
gags
Here: lungs . . . "That's the culprit."
majestic climax
timidity, frightened at
to choose

LOS «EPISODIOS NACIONALES»

El sentido histórico de la novela es el que desarrolla entre los años de 1873-1879 en las dos primeras series de los «Episodios Nacionales». Cada serie consta de diez novelas que en realidad forman una sola. La primera serie es de carácter autobiográfico, porque el protagonista, un muchacho al empezar la novela, cuenta él mismo su historia. Pero la originalidad de esta obra de Galdós consiste en que, a pesar de ser una autobiografía y tener un muchacho como pro-

The other three series appeared several years later.

agonista, no trata de la vida de un pícaro, sino de un oven de origen humilde también, pero que llega a ser un perfecto caballero aunque empieza su vida como pilluelo. Su sentido del honor nace de su repugnancia a la inmoralidad de la época y de su amor al trabajo.

Dibujo de Galdós que aparece en la primera edición de «Trafalgar».

Trafalgar

El primer tomo de esta serie se llama «Trafalgar» y tiene como punto culminante la batalla de este nombre, ganada por la escuadra inglesa al mando de Nelson. A este episodio pertenece el siguiente trozo:

batalla: Naval battle (1805) between the combined forces of Spain and France against England, fought near Cadiz.

— ¡Gabrielillo, aquí!

Marcial me llamaba; acudí prontamente y le hallé empeñado en servir uno de los cañones que había quedado sin gente. Una bala había llevado a Medio-hombre la punta de su pierna de palo, lo cual le hacía decir:

— ¡Si llego a traer la de carne y hueso!...

Dos marinos muertos yacían a su lado; un tercero, gravemente herido, se esforzaba en seguir sirviendo la pieza.

— Compadre — le dijo Marcial —, ya tú no puedes ni encender una cerilla.

Arrancó el botafuego de manos del herido y me lo entregó diciendo:

— Toma, Gabrielillo: si tienes miedo, vas al agua.

Esto diciendo, cargó el cañón con toda la prisa que le fué posible, ayudado de un grumete que estaba casi ileso; lo cebaron y apuntaron; ambos exclamaron «¡fuego!»; acerqué la mecha y el cañón disparó. Se repitió la operación por segunda y tercera vez, y el ruido del cañón disparado por mí, retumbó de un modo extraordinario en mi alma. El considerarme, no ya espectador, sino actor decidido en tan grandiosa tragedia, disipó por un instante el miedo y me sentí con grandes bríos ...

Marcial, cuya fatigada naturaleza comenzaba a rendirse después del esfuerzo, respiró con ansia, se secó la sangre que afluía en abundancia de su ca-

empeñado en servir: engrossed in looking after
bala: bullet
pierna de palo: wooden leg
Si llego a traer la de: Well, I've still got the one of
sirviendo la pieza: manning the cannon
encender una cerilla: to strike a match
botafuego: linstock *(forked stick that held the match)*
grumete ... ileso: cabin boy ... unscathed
cebaron ... apuntaron: loaded ... aimed
mecha: = botafuego
retumbó: roared
con grandes bríos: in great spirits
afluía: flowed

beza, cerró los ojos, sus brazos se extendieron co
desmayo y dijo:

—No puedo más, se me sube la pólvora a l toldilla (la cabeza). Gabriel, tráeme agua...

Un gran estrépito nos dejó sin movimiento. E palo mayor, tronchado por la fogonadura cay sobre el combés... El navío quedó lleno de escom bros y el desorden fué espantoso... Saliendo e busca de agua para mi amo, presencié el acto d arriar la bandera que aún flotaba en la cangreja uno de los pocos restos de arboladura que queda ban en pie. Aquel lienzo glorioso, y agujereado por mil partes, señal de nuestra honra, que con gregaba bajo sus pliegues a todos los combatientes descendió del mástil para no izarse más. La ide de un orgullo abatido, de un ánimo esforzado qu sucumbe ante fuerzas superiores, no puede encon trar imagen más perfecta para representarse a lo ojos humanos que la de aquella oriflama que s abate y desaparece como un sol que se pone. El d aquella tarde tristísima, tocando al término de s carrera en el momento de su rendición, ilumin nuestra bandera con el último rayo.

El fuego cesó y los ingleses entraron en el barc vencido... Los oficiales ingleses trataban a lo nuestros con delicada cortesía. Uno de ellos s acercó a mi amo [quien] quiso enterarse por él d los pormenores del combate... ¿Y Churruca?

—Ha muerto—contestó el inglés con tristeza.

—¿Y Galiano? Galiano es un héroe y un sabio

—Sí—, repuso sombríamente el inglés, —per ha muerto también...

Mi amo lloró como hombre, después de habe cumplido con su deber como marino...

—Pero ustedes no han sufrido menos que nos otros. Nuestros enemigos habrán tenido pérdida de consideración.

—Una sobre todo, irreparable—contestó e inglés con tanta congoja como la de D. Alonso— hemos perdido al primero de nuestros marinos, a heroico, al divino, al sublime almirante Nelson.

I can't go on, the powder is choking up my "noodle"

mainmast, lopped off at ... mast hole ... half deck ... ship

lowering ... fore-and-aft sail ... rigging

= bandera

folds

to be raised

humbled

= bandera ... is humbled

coming to the end

the details

fulfilled

= considerables

anguish

sailor, mariner

Doña Perfecta

Entre 1876 y 1878 produce Galdós las tres principales novelas que él llama contemporáneas de la primera época: «Doña Perfecta», «La familia de León Roch» y «Gloria». En las tres se sustenta la tesis de los daños que causan a la sociedad el fanatismo religioso y la intolerancia. Doña Perfecta, al mismo tiempo que representa un tipo de mujer española, es un símbolo universal.

En esta novela se ponen frente a frente dos actitudes opuestas de la vida: el tradicional fanatismo en doña Perfecta; el liberalismo de la época en Pepe Rey.

A continuación van algunos hermosos párrafos de una conversación entre éste y doña Perfecta:

—Vine a Orbajosa llamado por usted—dijo Pepe Rey.

—Y es cierto. Tu padre y yo concertamos que te casaras con Rosario. Viniste a conocerla. Yo te acepté desde luego como hijo... Tú aparentaste amar a Rosario...

from the first ... pretended to

—Perdóneme usted—objetó Pepe. —Yo amaba y amo a Rosario; usted aparentó aceptarme por hijo; usted, recibiéndome con engañosa cordialidad, empleó desde el primer momento todas las artes de la astucia para contrariarme y estorbar el cumplimiento de las proposiciones hechas a mi padre; usted se propuso desde el primer día desesperarme, aburrirme; y, con los labios llenos de sonrisas y de palabras cariñosas, me ha estado matando, achicharrándome a fuego lento; ... Usted me ha desprestigiado en la ciudad; ... usted me ha tenido en constante ausencia de la escogida de mi corazón; usted ha mortificado a su hija con un encierro inquisitorial que le hará perder la vida, si Dios no pone la mano en ello.

deceitful

to thwart me ... interfere with

to drive me to despair and boredom

parching me over a slow fire

disparaged

my beloved one ... have mortified ... seclusion

Doña Perfecta se puso como la grana. Pero aquella viva llamarada de su orgullo ofendido y de su pensamiento descubierto pasó rápidamente, dejándola pálida y verdosa. Sus labios temblaban... Dejóse caer en el sofá y se cubrió el rostro con las manos...

turned the color of scarlet

flash

—Querida tía—indicó Pepe, poniéndole una

mano en el hombro . . . — Hábleme usted, dígam
que me equivoco al pensar lo que pienso y recc
noceré mi error.

— Déjame. Tú no eres hijo de mi hermano. S
lo fueras no me insultarías como me has insul
tado. . .

Al decir esto, la señora había descubierto su
rostro y contemplaba a su sobrino con expresión
beatífica. Pepe estaba perplejo. Las lágrimas, as
como la dulce voz de la hermana de su padre, n
podían ser fenómenos insignificantes para el alm
del matemático. Las palabras le retozaban en l
boca para pedir perdón. . . Achaques de matemá
tico. Dicen que Newton era también así.

— ¡Por Dios, querida tía!

— ¿Para qué nombras a Dios si no crees en él? S
creyeras en él, si fueras buen cristiano, no aven
turarías pérfidos juicios sobre mi conducta. Yo so
una mujer piadosa, ¿entiendes? Yo tengo mi con
ciencia tranquila, ¿entiendes? Yo sé lo que hag
y por qué lo hago, ¿entiendes?

— Entiendo, entiendo, entiendo. . .

— Dado tu carácter arrebatado, . . . debí aborda
la cuestión de frente y decirte: «Sobrino mío, n
quiero que seas esposo de mi hija.»

— Ese es el lenguaje que debió usted emplea
desde el primer día. . . Después de ser acuchillad
en las tinieblas, ese bofetón a la luz del día m
complace mucho. . .

Pepe calló. Hubo una larga pausa. . .

— Me casaré con Rosario.

Doña Perfecta se levantó indignada, majestuosa
terrible. Su actitud era la del anatema hech
mujer.

— Eres un loco. ¡Casarte tú con mi hija, casart
tú con ella no queriendo yo!. . .

Los labios trémulos de la señora articularon esta
palabras con el verdadero acento de la tragedia.

— ¡No queriendo usted!. . . Ella opina de dis
tinto modo. . .

— Menguado, ¿acaso no hay en el mundo má
que ella y tú? ¿No hay padres, no hay sociedad
no hay conciencia, no hay Dios?

I am mistaken

were leaping around

weaknesses, faults

disloyal

pious

to approach . . . face to face

the dark . . . blow

pleases

malediction in the form of

poor fellow

—Porque hay sociedad, porque hay conciencia, porque hay Dios ... digo y repito que me casaré con ella! ...

A «La familia de León Roch» pertenece la siguiente descripción que pinta con asombrosa fidelidad y humor una estampa de la época:

picture

Un duelo

Por la tarde empezaron a entrar los amigos. Vió León un lúgubre desfile de levitas negras, y oyó suspirillos que eran como la representación acústica de una tarjeta. Unos con cordial sentimiento y otros con indiferencia le manifestaron que sentían mucho lo que había pasado [la muerte de su esposa], sin determinar qué, dando lugar a una interpretación cómica. Algunos meneaban la cabeza cual si dijeran: «¡Qué mundo éste!» Otros le apretaban la mano como diciendo: «Ha perdido usted a su esposa. ¡Cuándo tendré yo igual suerte!» Doscientos guantes negros le estrujaron la mano. Aturdido y pensando poco en la frasecilla de cada uno, creía oír un susurro de ironía. Si los mil increíbles que le rodeaban en efigie soltaran la palabra desde aquel laberinto lioso en que se confunden la corbata y la boca, no formarían un concierto de burlas más horrible. Muchos habían venido por amistad, otros por contemplar aquel caso inaudito, aquel escándalo de los escándalos, por ver de cerca al viudo que, después de haber matado a su mujer a disgustos, hacía alarde de sus relaciones nefandas con una mujer casada, bajo el mismo techo donde había espirado poco antes la esposa inocente ... Después de saludar al amigo, algunos iban a ver a la muerta en la capilla... ¡Estaba tan guapa! ...

doleful ... frock coats
card, note (of sympathy)
shook their heads as if
gloves
dazed ... murmur
should speak ... troublesome
necktie
killed ... with worries ... made a show ... infamous
roof ... expired
beautiful

El enjambre negro se fué aclarando. Al fin no quedaron más que tres amigos; luego, dos; después, uno. Este, que era el de más confianza, le acompañó un rato. Después León se quedó solo.

swarm ... clearing out
the most intimate (friend)

La novela desarrolla la tragedia de un matrimonio equivocado y un amor fuera de la ley, que debía haber sido el legítimo. Cuando León Roch ve claro su error,

mistaken marriage

with scorn

ya tarde, exclama con despecho: «Calle y sufra en silencio» el que no supo organizar su vida.

Fortunata y Jacinta

is posed ... at heart

is saturated with

a tenement house

En «Fortunata y Jacinta», acaso su obra maestra, se plantea el problema de la rivalidad entre dos mujeres por el amor de un hombre; son dos mujeres que se completan una en otra y que, en el fondo, se admiran. El libro rezuma de color local, dramatismo, humor y gracia. Los siguientes trozos muestran con vivo realismo la vida en una casa de vecindad del viejo Madrid.

turning a corner

rectangular

rows

big pilasters, pillars

coarse petticoats ... sheepskin rugs

buzzing ... swarm of bees

dirt ... paved only in spots

big awkward girl

triangular knitted shawl

slippers (woven from strips of cloth)

shoes ... with white uppers ... twisted heel

book satchel

rascal ... does nothing but wander around

i.e. characteristic (of Madrid)

= mira éste

— Aquí es — dijo Guillermina, después de andar un trecho por la calle del Bastero y de doblar una esquina. No tardaron en encontrarse dentro de un patio cuadrilongo. Jacinta miró hacia arriba y vió dos filas de corredores con antepechos de fábrica y pilastrones de madera pintados de ocre, mucha ropa tendida, mucho refajo amarillo, mucha zalea puesta a secar, y oyó un zumbido como de enjambre. En el patio, que era casi todo de tierra, empedrado sólo a trechos, había chiquillos de ambos sexos y de diferentes edades. Una zagalona tenía en la cabeza toquilla roja con agujeros; ... otra, toquilla blanca y otra estaba con las greñas al aire. Esta llevaba zapatillas de orillo y aquélla, botitas finas de caña blanca, pero ajadas ya y con el tacón torcido. Los chicos eran diversos tipos. Estaba el que va para la escuela con su cartera de estudio, y el pillete descalzo que no hace más que vagar. Por el vestido se diferenciaban poco, y menos aún por el lenguaje, que era duro y con inflexiones dejosas.

— Chicoooo ... *miá éste* ... Que te rompo la cara ... ¿sabeees?

show off

hopping around ... grasshopper

— ¿Ves esa farolona? — dijo Guillermina a su amiga, — es una de las hijas de Ido... Esa, esa que está dando brincos como un saltamontes. ¡Eh! chiquilla... No oyen ... venid acá.

male and female

mocking

Todos los chicos, varones y hembras, se pusieron a mirar a las dos señoras y callaban entre burlones y respetuosos, sin atreverse a acercarse. Las que se acercaban paso a paso, eran seis u ocho palomas pardas, con reflejos irisados en el cuello; lindísimas y gordas. Venían muy confiadas meneando el cuerpo como las chulas, picoteando en el suelo lo que encontraban, y eran tan mansas que llegaron sin asustarse hasta muy cerca de las señoras. De pronto, levantaron el vuelo y se plantaron en el tejado. En algunas puertas había mujeres que sacaban esteras a que se orearan y sillas y mesas. Por otras, salía como una humareda: era el polvo del barrido. Había vecinas que se estaban peinando las trenzas negras y aceitosas o las guedejas rubias, y tenían todo aquel matorral echado sobre la cara como un velo. Otras salían arrastrando zapatos en chancleta por aquellos empedrados de Dios y, al ver a las forasteras, corrían a sus guaridas a llamar a otras vecinas, y la noticia cundía y aparecían por las enrejadas ventanas cabezas peinadas o a medio peinar.

step by step (slowly)
rainbow-hued
swaying . . . working girls of Madrid . . . pecking
took flight . . . tile roof
something like a cloud of smoke . . . sweeping
tresses . . . oily . . . strands
thicket *(of hair)*
with their heels outside . . . blessed pavements *(of round stones)* . . . strangers . . . dens (dwelling places)
spread
grated

Vivía Plácido Estupiñá en la Cava de San Miguel. Su casa era una de las que forman el costado occidental de la Plaza Mayor, y como el basamento de ellas está muchos más bajo que el suelo de la Plaza, tiene una altura imponente y una estribación formidable, a modo de fortaleza. El piso en que el tal vivía era cuarto por la Plaza, y por la Cava, séptimo. No existen en Madrid alturas mayores, y para vencer aquéllas era forzoso apechugar con ciento veinte escalones, *todos de piedra,* como decía Plácido con orgullo, no pudiendo ponderar otra cosa de su domicilio. El ser *todas de piedra* . . . da a las escaleras de aquellas casas un aspecto lúgubre y monumental, como de castillo de leyendas, y Estupiñá no podía olvidar esta circunstancia, que le hacía interesante en cierto modo, pues no es lo mismo subir por viles peldaños de palo, como cada hijo de vecino.

. . . Un día de diciembre del 69 fué notada la falta del grande hombre en los círculos a donde solía ir. Pronto corrió la voz de que estaba malo,

base, foundation
buttress . . . like (that of) a fortress
to cope with
dismal
shabby steps
like everybody else
the rumor spread

y cuantos le conocían sintieron vivísimo interés por él. Muchos dependientes de tienda se lanzaron por aquellos escalones de piedra en busca de noticias del simpático enfermo que padecía de un reuma agudo en la pierna derecha. Barbarita . . . ordenó a Juanito que fuese a visitarlo, lo que «el Delfín» hizo de muy buen grado. Y sale a relucir aquí la visita del Delfín al anciano servidor y amigo de su casa, porque si Juanito Santa Cruz no hubiera hecho aquella visita, esta historia no se habría escrito. Se hubiera escrito otra, eso sí, porque por doquiera que el hombre vaya lleva consigo su novela; pero ésta, no.

store clerks

acute (attack of) rheumatism

the dauphin *(title of the eldest son of the French kings, here used as a humorous nickname)* . . . very gladly . . . makes a big splash

to be sure

wherever man goes

NOVELAS DEL SEGUNDO GRUPO

Entre las novelas contemporáneas del segundo grupo hay que citar también la serie de los «Torquemada», obras en que se presenta el problema de la ambición y la avaricia en el protagonista y el proceso de la deformación de su espíritu a medida que aumenta su riqueza como usurero. Por el contrario, «Misericordia» es la novela en que el espíritu domina a la materia en la figura excelsa de Benigna que pide limosna para mantener a su señora, sin que ésta llegue jamás a saberlo: es la novela de la más pura caridad. La última novela de Galdós es «El caballero encantado», de tipo fantástico y simbólico.

in proportion as

usurer

lofty . . . begs alms

PRINCIPALES OBRAS DRAMÁTICAS

Galdós es también un innovador del teatro español. Entre sus obras dramáticas, unas son adaptaciones de algunas de sus novelas a la escena, hechas por él mismo; otras, fueron desde luego escritas para ser representadas. Entre las mejores y más conocidas citaremos «El abuelo» y «La loca de la casa». En el teatro de Pérez Galdós dominan los temas del amor y de la hermandad, tema éste que se inicia ya en su segunda novela «El audaz», cuyo protagonista dice:

«Los hombres no han de ser iguales destruyéndose, no; no ha de haber igualdad en el mundo sino por el amor.»

"La loca de la casa" means "La imaginación".

brotherhood

"The Fearless One"

«Arco de Cuchilleros». Esta es una de las casas típicas del Madrid de Galdós. Su nombre se debe a que en su portal se colocaban en aquella época los afiladores de cuchillos *(knife grinders)*. En casas como ésta, «de aspecto lúgubre *(gloomy)* y monumental, como de castillo de leyendas», según caracteriza don Benito la de Estupiñá, vivían muchos de los personajes de sus obras.

MUERTE DE GALDÓS

Galdós siguió creando hasta su muerte. Sus últimas obras tuvo que dictarlas porque ya estaba ciego. Sus dramas apasionaban al público hasta causar alborotos y encendidas controversias. Don Benito permanecía impasible a todo y, a pesar de su fama, murió pobre. Iba modestamente vestido. —Ahí va don Benito— decían con simpatía los que lo conocían al verlo pasar por la calle con su abrigo pardo, su descolorido bufanda escocesa, y su deformado sombrero flexible; pero nadie que no lo conociera hubiese podido averiguar que bajo aquel atavío y tras aquel rostro cetrino de ojos apagados, se ocultaba uno de los espíritus más grandes de España y uno de sus más profundos intérpretes.

alborotos: disturbances
abrigo: overcoat ... bufanda escocesa: Scotch (checkered) muffler ... deformado: slouchy
atavío: costume ... cetrino: sallow, olive
apagados: dim

José Ortega y Gasset. Dibujo de Oroz.

JOSE ORTEGA Y GASSET

El ensayo en España

Pertenece Ortega y Gasset en la España contemporánea al grupo que sigue al de la llamada «generación del 98», que presidió la gran figura — otra «cumbre» — de don Miguel de Unamuno. Ortega, unos veinte años más joven que él, es la figura central de la vida intelectual española hasta su muerte (1955).

Name given by Azorín—one of its members—to the group of writers who around this historical date, in which Spain lost her remaining American Colonies, started to write in a new style, expressing their subjective attitude towards the national problems.

Nació Ortega en Madrid (1883) de familia ilustre en las letras y en la política. Su infancia y adolescencia transcurrieron en colegios de Córdoba y Málaga; la carrera universitaria la cursó en Madrid, donde se doctoró en Filosofía y Letras, a los veintiún años. Desde este momento, el joven filósofo empieza a colaborar en periódicos y revistas. Estudia también en Alemania y va a ser una de las primeras figuras de la

transcurrieron: were spent

va a ser: = *future*

España moderna, cuya voz ha sido oída y admirada en todo el mundo hispano. Su filosofía de la *razón vital* se conoce en Europa y en América.

Su palabra, viva, elegante, clara y expresiva y un cierto sentido dramático de orador, hicieron de él también uno de los profesores más ilustres de la Universidad Central, donde tuvo a su cargo la cátedra de Metafísica, hasta la Guerra Civil (1936-1939).

tuvo a su cargo: occupied, held

A Ortega se debe la fundación en 1923 de la «Revista de Occidente», gracias a la cual ha habido lugar en España en donde dar a conocer a pensadores, ensayistas y artistas, tanto españoles como europeos y americanos.

pensadores, ensayistas: thinkers, essayists

Unamuno desde Salamanca y Ortega desde Madrid dirigieron el pensamiento filosófico español hasta nuestros días; y se puede afirmar que ningún español de hoy, de cualquier generación que sea, ha quedado fuera de la influencia, directa o indirecta, de estos dos hombres.

EL PENSAMIENTO DE ORTEGA

Así como la obra de Unamuno es polifacética, pues cultivó en grado máximo la poesía, el drama, la novela, el ensayo y el artículo, Ortega es esencialmente ensayista, maestro en el pensamiento filosófico y en el estilo. Su obra es abundante desde su primer libro «Meditaciones del Quijote» (1914) hasta sus últimos ensayos, recogidos póstumamente en sus «Obras completas». El pensamiento español recobra con Ortega un tono universal. Toda su obra filosófica gira en torno a la vida humana que él considera un quehacer dinámico del *yo* con las cosas. El lo enuncia diciendo: «Yo soy yo y mi circunstancia.» De esta manera de comprender la realidad se deriva su idea de una *razón vital* porque vivir es no tener más remedio que razonar ante la inexorable circunstancia. Así, las cosas humanas sólo se comprenden en la vida, y ésta es la que da razón de esas cosas. Ortega, por eso, une a la *razón vital* la *razón histórica;* porque lo que al hombre le ha pasado en su vivir y en sus circunstancias es la historia en su sustantiva razón, en forma narrativa. Así, al interpretar Ortega la esencia misma de España en sus «Meditaciones» y en «España inverte-

polifacética: multifarious

ensayo: essay

póstumamente: after his death, posthumously

gira en torno a ... quehacer dinámico: concerns itself with ... dynamic occupation

enuncia: enounces

Yo soy yo y mi circunstancia: I am myself and all that surrounds me (my environment)

se deriva: is derived

es no tener más remedio que ... da razón de: is to be forced ... explains

sustantiva razón: individual reason

invertebrate . . . resorts to

brada», recurre a su procedimiento del *punto de vista* y *la perspectiva.* El primero se refiere al sujeto que contempla y conoce; y la segunda, al objeto contemplado, a la realidad fuera del individuo. Por eso dice Ortega:

strictly speaking . . . = cada vida . . . = otra vida

which cannot be substituted

Cada vida es un punto de vista sobre el universo. En rigor, lo que ella ve no lo puede ver otra. Cada individuo, — persona, pueblo, época, — es un órgano insustituible para la conquista de la verdad.

making appear simple

Se ha señalado que Ortega tiene el don de la claridad, la virtud de que aparezcan sencillos, incluso a los ojos del lector sin especial preparación, difíciles problemas filosóficos. Justamente la forma de exposición coloca a Ortega entre los grandes escritores de nuestro tiempo. Junto a la influencia de su pensamiento entre los escritores de habla española, hay que colocar la influencia de su estilo, en el que se funden la precisión del filósofo y el refinamiento del artista.

TEMAS Y ESTILO

multiplicity

Ortega trata en su obra una multiplicidad de temas, algunos de carácter fundamentalmente hispánico, como en «España invertebrada» (1921) donde hace una interpretación histórica de los defectos de España que, para el autor, son de constitución, de nacimiento. Señala como básicos la ausencia de unas minorías selectas capaces de dirigir a España política e intelectualmente.

an age-old inability to

so that

privileged

often . . . rustic . . . nature

La ausencia de los *mejores* ha creado en la masa, en el *pueblo,* una centenaria ceguera para distinguir el hombre mejor del hombre peor; de suerte que, cuando en nuestra tierra aparecen individuos privilegiados, la *masa* no sabe aprovecharlos, y, a menudo, los aniquila. Somos un pueblo pueblo, raza agrícola, temperamento rural. Es el signo más característico de las sociedades sin minorías, esto que llamo ruralismo.

i.e. the main characters are lacking (In Greek drama the chorus provided explanation and elaboration of the main action.)

En «La rebelión de las masas» (1930) este defecto que señaló en la constitución del español — la falta de minorías selectas — lo extiende a la de todos los pueblos en nuestros días y le hace exclamar: «Sólo hay coro.»

SUS IDEAS SOBRE EL AMOR

Pero, a pesar de ser Ortega el creador de todo un istema filosófico, nos interesa señalar, como una le sus notas fundamentales, su interés y preocupaión en todos los campos del pensar. Elegimos algunos e los textos en que se muestra, además, su bello estilo. l siguiente pertenece a «Estudios sobre el amor»:

En la elección de amada revela su fondo esencial l varón; en la elección de amado, la mujer. El ipo de humanidad que en el otro ser preferimos libuja el perfil de nuestro corazón. Es el amor un mpetu que emerge de lo más subterráneo de nuesra persona, y, al llegar al haz visible de la vida, rrastra en aluvión algas y conchas del abismo nterior. Un buen naturalista, filiando estos mateiales, puede reconstruir el fondo pelágico de que an sido arrancados... En muchos casos el tal ntusiasmo (el que puede sentir, por ejemplo, una nujer por un hombre) es sólo aparente: en realilad no existe. El amor auténtico y el falso se omportan — vistos desde lejos — con ademanes emejantes. Pero supongamos un caso en que el ntusiasmo sea efectivo: ¿qué debemos pensar? Jna de dos: o que el hombre no es tan menospreiable como creemos; o que la mujer no era, efecivamente, de tan selecta condición como la imainábamos.»

man, male being ... = lo revela la mujer

profile

the depths ... surface

classifying ... of the ocean (pelagic)

that

is real

one of two things

Y en otro lugar del mismo Estudio sobre «La lección en amor» añade:

Nada es más necesario, para esclarecer un poco os hechos del amor, que definir con algún rigor la ntervención en ellos del instinto sexual. Si es una ontería decir que el verdadero amor del hombre la mujer, y viceversa, no tiene nada de sexual, es tra tontería creer que amor es sexualidad. Entre tros muchos rasgos que lo diferencian, hay éste, undamental, de que el instinto tiende a ampliar ndefinidamente el número de objetos que lo satisacen, al paso que el amor tiende al exclusivismo. Esta oposición de tendencias se manifiesta claranente en el hecho de que nada inmunice tanto al arón para otras atracciones sexuales como el amoroso entusiasmo por una determinada mujer.

clarify

stupidity

differentiate

tends to

endlessly

immunizes

LA PINTURA DE VELÁZQUEZ

Ortega, en conferencias, artículos o ensayos, ha id
tocando todos los temas vivos del sentir y el pens
del pasado y el presente, y ante la obra de arte, esp
ñola y extranjera, el filósofo penetra con su habitu
agudeza. Pueden apreciarse estas cualidades en
siguiente párrafo tomado de sus «Papeles sobre Velá
quez y Goya»:

Nada en estos lienzos (los de Velázquez) no
inquieta a pesar de que en algunos se acumula
numerosas figuras y en *Las Lanzas* se nos present
toda una muchedumbre que en cualquier otr
pintor presentaría un aspecto tumultuoso. No
preguntamos cuál es la causa de este sorprendent
reposo en la obra de un pintor que pertenece a
época barroca. Porque esta época había llevad
hasta el frenesí la pintura de la inquietud... In
cluso las figuras quietas poseen formas que está
en movilidad perpetua: las piernas desnudas de lo
soldados en el *San Mauricio* del Greco, ondula
como llamas... A todo esto se contrapone el so
siego de Velázquez. Pero lo más sorprendente d
este sosiego es que Velázquez en sus cuadros d
composición no pinta figuras quietas sino que tan
bién están en movimiento. ¿De dónde provien
pues, el sentir nosotros tanto reposo al conten
plarlas? A mi juicio, de dos causas. Una es el do
genial que Velázquez poseía para lograr que l
cosas pintadas, aun moviéndose, estuviesen ell
cómodas. Y esto, a su vez, proviene de que l
presenta en sus movimientos propios, en sus gest
habituales. No sólo respeta la forma que el objet
posee en su espontánea aparición, sino también s
actitud. De aquí que su movilidad sea sosegad
El caballo a la derecha en *Las Lanzas* se está m
viendo, pero de un modo tan cotidiano que, pa
nosotros, espectadores, equivale a quietud. N
hablemos de los cuadros en que hay sólo una figur
y ésta en reposo. ¿Ha habido nunca Cristo m
cómodamente colocado que el de Velázquez, u
cuerpo que pueda estar más a gusto, más *arrell
nado* en una cruz?... Pero hay otra causa para qu
los cuadros de Velázquez engendren en nosotr

disturbs

See page 157

baroque *(seventeenth century style of composition)*

excess bordering on madness

All this is contrasted with

comes ... our feeling of

In my opinion

of genius

comfortable, at ease ... is the result ... of his presenting ... motions

everyday, normal

is equivalent to

Let's say nothing

See page 162

at ease ... "sprawled out"

produce

a impresión de sosiego tan inesperada ante un ntor de la época barroca. Esta causa es paradó-ca. Porque el tema de Velázquez es siempre la stantaneidad de una escena. Así, representan *as Lanzas* el instante en que un general vencido itrega las llaves de la ciudad a un general ven-dor y éste las rehusa; *Las Meninas,* un instante reciso, cualquiera, en el estudio de un pintor; s retratos ecuestres, el instante en que el caballo a una corveta... Son instantes inconfundibles, ue se excluyen uno a otro, según la trágica exi-encia de todo tiempo real. Esto nos aclara la iferencia entre el modo de tratar el movimiento elázquez y aquellos otros pintores. Estos pintan iovimientos *moviéndose,* mientras Velázquez pin- los movimientos en uno sólo de sus instantes, or tanto, *detenidos*... En fin, ahí tienen ustedes *as Meninas,* donde un retratista retrata el retratar.

instantaneousness
refuses
makes (gives) a leap
distinct
See page 158

MISIÓN DE LA UNIVERSIDAD

Ortega, profesor y, por tanto, educador de juven-des, tiene un ensayo de importante contenido, y lecuado en un libro como éste, dedicado a la juven-id: «Misión de la Universidad». De él son los párra-s siguientes:

El profesionalismo y el especialismo, al no ser ebidamente compensados, han roto en pedazos al ombre europeo, que, por lo mismo, está ausente e todos los puntos donde pretende y necesita estar. n el ingeniero está la ingeniería, que es sólo un ozo y una dimensión del hombre europeo; pero ste, que es un *integrum,* no se halla en su frag-iento *ingeniero*»...

La gran tarea inmediata tiene algo de rompe-ibezas... Hay que construir con los pedazos ispersos la unidad vital del hombre europeo. Es reciso lograr que cada individuo o ... muchos idividuos lleguen a ser, cada uno por sí, entero se hombre. ¿Quién puede hacer esto sino la Uni-ersidad?... Por eso, fuera de España se anuncia on gran vigor un movimiento para el cual la nseñanza superior es *primordialmente* enseñanza

balanced ... *past participle of* romper
engineer ... engineering
unity
puzzle
scattered
= ante todo

de la cultura o trasmisión a la nueva generación del sistema de ideas sobre el mundo y el hombre que llegó a madurez en la anterior.

Con esto tenemos que la enseñanza universitaria nos aparece integrada por estas tres funciones: I. Trasmisión de la cultura. II. Enseñanza de las profesiones. III. Investigación científica y educación de nuevos hombres de ciencia.

SENTIDO DE LA VIDA EN ORTEGA

Sobre la vida humana dice:

La realidad que *solemos* llamar *vida humana*, nuestra vida, la de cada cual, no tiene nada que ver con la biología o ciencia de los cuerpos orgánicos. La biología, como cualquier otra ciencia, no es más que una ocupación a que algunos hombres dedican *su vida*. El sentido primario y más verdadero de esta palabra *vida* no es, pues, biológico, sino biográfico, que es el que posee desde siempre en el lenguaje vulgar. Significa el conjunto de lo que pensamos y hacemos y somos, esa terrible faena —que cada hombre tiene que ejecutar por su cuenta— de sostenerse en el Universo, de llevarse o conducirse por entre las cosas y seres del mundo. Vivir es, de cierto, tratar con el mundo, dirigirse a él, ocuparse de él. Si estos actos y ocupaciones en que nuestro vivir consiste se produjesen en nosotros mecánicamente, no serían vivir vida humana; el autómata no vive. Lo grave del asunto es que la vida no nos es dada hecha, sino que, queramos o no, tenemos que irla decidiendo nosotros, instante tras instante. En cada minuto necesitamos resolver lo que vamos a hacer en el inmediato, y esto quiere decir que la vida del hombre constituye para él un problema perenne. Para decidir ahora lo que va a hacer y ser dentro de un momento, tiene, quiera o no, que formarse un plan por simple o pueril que sea. No es que deba formárselo, sino que no hay vida posible, sublime o ínfima, discreta o estúpida, que no consista esencialmente en conducirse según un plan. Incluso abandonar nuestra vida a la deriva en una hora de desesperación, es ya adoptar un plan. Toda vida

[each one ... has nothing in common with] [= tiene] [to be sure] [automaton] [to drift (along with the current)]

por fuerza, *se planea* a sí misma. O lo que es igual: al decidir cada acto nuestro, nos decidimos *porque* nos parece ser el que, dadas las circunstancias, tiene mejor sentido. *Es decir, que toda vida necesita, quiera o no, justificarse ante sus propios ojos.*

SIGNIFICACIÓN DE LA CULTURA

Sobre la cultura dice:

La casi totalidad de convicciones o *ideas* (sobre el Universo y sobre sí mismo) no se las fabrica robinsonescamente el individuo, sino que las recibe de su medio histórico, de su tiempo. En éste se dan, naturalmente, sistemas de convicciones muy distintos. Unos son supervivencia herrumbrosa y torpe de otros tiempos. Pero hay siempre un sistema de ideas vivas que representa el nivel superior del tiempo, un sistema que es plenamente actual. Ese sistema es la cultura.

La metáfora de las ideas como vías, caminos (= *methodos*) es tan vieja como la cultura misma. Se comprende muy bien su origen. Cuando nos hallamos en una situación difícil, confusa, nos parece tener delante una selva tupida, enmarañada y tenebrosa, por donde no podemos caminar, so pena de perdernos. Alguien nos explica la situación con una idea feliz, y entonces sentimos en nosotros una súbita iluminación. Es la luz de la evidencia. La maraña nos parece ahora ordenada, con líneas claras de estructura que semejan caminos francos, abiertos a ella. De aquí que vayan juntos los vocablos *método,* e *iluminación, ilustración, Aufklärung.* Lo que hoy llamamos *hombre culto* hace no más de un siglo, se decía *hombre ilustrado* — esto es, hombre que ve a plena luz los caminos de la vida.

robinsonescamente: in the manner of a Robinson Crusoe
supervivencia herrumbrosa: rusty (outmoded) survival
actual: up-to-date, of the present
tupida, enmarañada ... tenebrosa: thick, tangled ... frightfully dark
so pena: without danger
feliz: luminous
maraña: tangle
francos: unobstructed
vocablos: terms
ilustración: Enlightenment *(philosophical movement of eighteenth-century Europe, called Aufklärung in German)*

EL TRIUNFO DE LAS MASAS

A pesar de la belleza y profundidad de los textos citados, acaso sea uno de los más clarividentes sobre la crisis del mundo en que vivimos el que sigue, tomado de «La rebelión de las masas»:

El triunfo de las masas y la consiguiente magnífica ascensión de nivel vital han acontecido en

Europa por razones internas, después de dos sigl
de educación progresista de las muchedumbres
de un paralelo enriquecimiento económico de
sociedad. Pero ello es que el resultado coincide co
el rasgo más decisivo de la existencia americana;
por eso, porque coincide la situación moral d
hombre medio europeo con la del americano, h
acaecido que por primera vez el europeo entiend
la vida americana que antes le era un enigma y u
misterio. No se trata, pues, de un influjo que ser
un poco extraño, que sería un reflejo, sino de l
que menos se sospecha aún: se trata de una nivel
ción. Desde siempre se entreveía oscuramente po
los europeos que el nivel medio de la vida era m
alto en América que en el viejo continente. L
intuición poco analítica, pero evidente, de est
hecho dió origen a la idea, siempre aceptada, nunc
puesta en duda, de que América era el porveni
Se comprenderá que una idea tan amplia y ta
arraigada no podía venir del viento, como dice
que las orquídeas se crían en el aire, sin raíces. .
Vivimos en sazón de nivelaciones: se nivelan la
fortunas, se nivela la cultura entre las distinta
clases sociales, se nivelan los sexos. Pues bien, tam
bién se nivelan los continentes. . . Digo, pues, qu
hoy un italiano medio, un español medio, u
alemán medio, se diferencian menos en tono vita
de un yanqui o de un argentino que hace treint
años. Y este es el dato que no deben olvidar lo
americanos.

muchedumbres = masas
medio: average
acaecido: happened
nivelación: leveling
se entreveía oscuramente por los europeos: the Europeans vaguely surmised
se nivelan: are equalized, brought to the same level
tono vital: tenor of life
dato: fact

UNAMUNO, MACHADO, JIMENEZ

La poesía española contemporánea

Si buscamos una nota característica de la literatura de estos últimos cincuenta años, encontraremos que es la poesía, o una cierta tonalidad poética, la que alcanza a todas las formas literarias de los escritores contemporáneos. Desde el Siglo de Oro no ha tenido España un grupo de poetas comparables con el de este período que comprende la primera mitad del siglo XX. Una serie de figuras de primer orden, enlazadas y, a la vez, diferentes entre sí, dejan oír su voz particular en numerosas obras.

EL MODERNISMO

Caracteriza esta etapa un cierto subjetivismo que, como un nuevo romanticismo, rompe con el prosaísmo de la segunda parte del siglo XIX y florece con nueva intensidad. Los escritores de estos años revalorizan la antigua poesía medieval española, el romancero y los poetas de los siglos XVI y XVII. Esta revolución poética se debe, en gran medida, a un poeta del nuevo mundo, al gran nicaragüense Rubén Darío, padre del movimiento literario que irrumpe en las letras españolas a fines del siglo XIX y que es conocido con el nombre de «modernismo».

etapa: period
revalorizan: reappraise
irrumpe en: bursts into

Sobre éste dice el crítico Federico de Onís: «El modernismo es la forma hispánica de la crisis universal de las letras y del espíritu que inicia hacia 1885 la disolución del siglo XIX y que se había de manifestar en el arte, la ciencia, la religión, la política y, gradualmente, en los demás aspectos de la vida entera, con todos los caracteres, por lo tanto, de un hondo cambio histórico cuyo proceso continúa hoy.»

Entendido el modernismo en este amplio sentido de crisis renovadora (renovating), en que caben las más opuestas personalidades y no limitándolo al uso de ciertas formas y técnicas poéticas, podemos decir que este período está representado en la poesía española por tres grandes figuras: Miguel de Unamuno (1864-1936), espíritu multifacético (multifarious), lleno de personal emoción religiosa, de voz recia y dramática; Antonio Machado (1875-1937), sereno poeta, de tono moral y filosófico, matizado a veces de humor y melancolía; y Juan Ramón Jiménez (1881-1958), poeta íntimo y elegíaco, poeta de los sentidos, de refinado lirismo y figura nazarena.

Unamuno

Don Miguel de Unamuno, vasco, se castellaniza en su larga vida como profesor de griego y rector de la Universidad de Salamanca, cuya ciudad canta en un famoso poema del cual se han tomado las siguientes estrofas:

Salamanca

Alto soto de torres que al ponerse — grove
tras las encinas que el celaje esmaltan — evergreen oaks . . . sky . . . adorn with bright colors
dora a los rayos de su lumbre el padre
Sol de Castilla;
bosque de piedras que arrancó la historia
a las entrañas de la tierra madre, — depths (bowels)
remanso de quietud, yo te bendigo, — pool
¡mi Salamanca!
Miras a un lado, allende el Tormes lento, — beyond
de las encinas el follaje pardo — brown foliage
cual el follaje de tu piedra, inmoble, — like . . . motionless
denso y perenne. — perennial
Y de otro lado, por la calva Armuña, — barren Armuña *(a district near Salamanca)*
ondea el trigo, cual tu piedra, de oro, — waves . . . wheat
y entre los surcos al morir la tarde — furrows
duerme el sosiego. — peace reigns

. . . .

¡Oh, Salamanca! entre tus piedras de oro
aprendieron a amar los estudiantes
mientras los campos que te ciñen daban
jugosos frutos.
Del corazón en las honduras guardo — depths
tu alma robusta; cuando yo me muera
guarda, dorada Salamanca mía,
tú mi recuerdo.
Y cuando el sol al acostarse encienda — lights up . . . eternal . . . embroiders in relief
el oro secular que te recama,
con tu lenguaje, de lo eterno heraldo,
di tú que he sido. — announce that I have existed

Unamuno, extraordinario en todo, agitador de conciencias, como él mismo se llama, dejó oír su voz, tanto desde la cátedra como desde el periódico o el teatro. Apasionado y angustiado, gran maestro del ensayo moderno y de la novela, su persona aparece en todos los campos de la España contemporánea.

angustiado — anguished
ensayo — essay

Antonio Machado, dibujo del conocido dibujante Oroz.

Antonio Machado

Antonio Machado pasa su primera infancia en el precioso Palacio de las Dueñas, en Sevilla, del cual era conservador su padre. Todavía niño, va a Madrid y allí entra como alumno en la Institución Libre de Enseñanza. En ella fué discípulo de don Francisco Giner por quien siempre guardó veneración, y quien influyó profundamente en la formación filosófica y moral del poeta. Licenciado y doctor en la Universidad de Madrid, viajó por Europa y residió algunos años en París donde conoció a Rubén Darío. Catedrático de Lengua y Literatura Francesa de los Institutos de Segunda Enseñanza, vivió en la castellana Soria, en la señorial ciudad andaluza de Baeza y, por último, en la monumental Segovia. Hace la historia de su vida en la poesía siguiente, correspondiente a su obra «Campos de Castilla», llamada «Retrato», que realmente es el suyo:

curator

master of arts

professor

Retrato

Mi infancia son recuerdos de un patio de Sevilla
y un huerto claro donde madura el limonero;
mi juventud, veinte años en tierra de Castilla;
mi historia, algunos casos que recordar no quiero

. . . .

thrives . . . lemon tree

Adoro la hermosura, y en la moderna estética — aesthetics
corté las viejas rosas del huerto de Ronsard;
mas no amo los afeites de la actual cosmética — cosmetics ... present-day make-up
ni soy un ave de esas del nuevo gay-trinar. — gay warbling *(a pun on "gai savoir", name given to the poetry of the Provençal troubadours)*
¿Soy clásico o romántico? No sé. Dejar quisiera
mi verso como deja el capitán su espada:
famosa por la mano viril que la blandiera — brandished
no por el docto oficio del forjador preciada. — learned skill ... forger
Converso con el hombre que siempre va conmigo
– quien habla solo espera hablar a Dios un día – ;
mi soliloquio es plática con este buen amigo — conversation
que me enseñó el secreto de la filantropía.
Y al cabo, nada os debo; debéisme cuanto he escrito. — you owe me for all that
A mi trabajo acudo, con mi dinero pago
el traje que me cubre y la mansión que habito,
el pan que me alimenta y el lecho donde yago. — I lie
Y cuando llegue el día del último viaje
y esté al partir la nave que nunca ha de tornar, — = esté para partir
me encontraréis a bordo ligero de equipaje — on board, traveling light
casi desnudo, como los hijos de la mar.

La tierra de Alvargonzález

Está presente el paisaje castellano de la provincia de Soria en el siguiente fragmento de su poema de «La tierra de Alvargonzález»: — = Soria

. . . .

Ya están las zarzas floridas — blackberry bushes
y los ciruelos blanquean; — plum trees are white *(with flowers)*
y las abejas doradas
liban para sus colmenas, — bees ... gather honey ... hives
y en los nidos que coronan
las torres de las iglesias
asoman los garabatos — hooklike silhouettes ... storks
ganchudos de las cigüeñas.
Ya los olmos del camino — elm trees
y chopos de las riberas — black poplars
de los arroyos que buscan
al padre Duero, verdean. — turn green
El cielo está azul, los montes
sin nieve, son de violeta. — violet-colored

Tierra de olivar

olive grove

En su canción «Tierra de olivar», describe el paisaje tan diferente de Andalucía:

Desde mi ventana
¡campo de Baeza,
a la luna clara!
¡Montes de Cazorla,
Aznaitín y Mágina!
¡De luna y de piedra
también los cachorros
de Sierra Morena!

spurs

Sobre el olivar,
se vió a la lechuza
volar y volar.
Campo, campo, campo.
Entre los olivos,
los cortijos blancos.
Y la encina negra,
a medio camino
de Úbeda a Baeza.

a bird of ill omen

farmhouses

En la vida de Antonio Machado, el amor y la muerte, unidos en la figura de su joven esposa, Leonor, muerta al poco tiempo de su boda, están presentes en la parte quizás más entrañable de su poesía.

deep-felt

Junto al amor y la soledad, temas esenciales en la poesía de Machado, aparece Castilla, cuyas tierras están vistas al margen de todo provincialismo o regionalismo:

A orillas del Duero

...El Duero cruza el corazón de roble
de Iberia y de Castilla. ¡Oh tierra triste y noble,
la de los altos llanos y yermos y roquedas,
de campos sin arados, regatos ni arboledas;
decrépitas ciudades, caminos sin mesones,
y atónitos palurdos sin danzas ni canciones
que aun van, abandonando el mortecino hogar,
como tus largos ríos, Castilla, hacia la mar!
. . . .

sturdy
rocky places
plows, pools ... groves
peasants
dying (moribund)

Juan Ramón Jiménez

Uno de los últimos retratos de Juan Ramón Jiménez. *(Courtesy of "La Prensa," N. Y.)*

Juan Ramón Jiménez, «el andaluz universal», después de su infancia y adolescencia en el blanco y marinero pueblo de Moguer, vivió en Madrid; y vino a morir a las orillas tropicales del Atlántico, en la isla de Puerto Rico.

marinero: coastal

Vida y obra van en Juan Ramón inseparablemente unidas. Se puede decir que vive para la poesía o que la poesía es su vida. Poeta lírico por excelencia, busca siempre la belleza, la expresión del sentimiento íntimo de la misma y su obra es una recreación constante de ese mundo interior que va ensanchándose y profundizándose con los años, ligado inseparablemente al amor por todo lo bello: flor, animal, niño, mujer, Dios. Sobre su trayectoria poética dice él mismo en su libro «Eternidades»:

ensanchándose ... profundizándose: broadening ... becoming more profound

Poesía

Vino, primero, pura,
vestida de inocencia;
y la amé como un niño.
Luego se fué vistiendo
de no sé qué ropajes; — clothes
y la fuí odiando, sin saberlo.
Llegó a ser una reina
fastuosa de tesoros... — splendorous
¡Qué iracundia de yel y sin sentido! — bitter wrath

... Mas se fué desnudando. — started to undress
Y yo le sonreía.
Se quedó con la túnica
de su inocencia antigua.
Creí de nuevo en ella.
Y se quitó la túnica,
y apareció desnuda toda...
¡Oh, pasión de mi vida, poesía
desnuda, mía para siempre!

A su vida va unida la figura de su mujer, Zenobia, inspiradora, compañera y guía del poeta. Muere ella en el momento de plentitud de obra y fama de Juan Ramón, en los mismos días en que recibía el Premio Nobel de poesía (1956). Él, postrado por el dolor y la enfermedad, muere poco después. Los dos poetas andaluces acaban sus días en destierro voluntario de España: Machado, en el sur de Francia; Juan Ramón, en América. Ambos siguieron la suerte de muchos españoles, ante el resultado de la Guerra Civil (1939).

La obra abundante y rica de Juan Ramón Jiménez abarca desde la adolescencia («Rimas», 1902; «Arias tristes», 1903, en que domina la melancolía) en brillantes imágenes de color y musicalidad, hasta el último período de tono angustiado y trascendental que aparece en su último libro, «Animal de fondo», 1949. A la primera época corresponden las dos siguientes poesías:

Jardín Galante

— No era nadie. El agua. — ¿Nadie?
¿Que no es nadie el agua? — No
hay nadie. Es la flor. — ¿No hay nadie?
¿Pero no es nadie la flor?
— No hay nadie. Era el viento. — ¿Nadie?
¿No es el viento nadie? — No
hay nadie. Ilusión. — ¿No hay nadie?
¿Y no es nadie la ilusión?

Jardines lejanos, 1904

Generalife

Hablan las aguas y lloran,
bajo las adelfas blancas; — oleanders
bajo las adelfas rosas,
lloran las aguas y cantan,
por el arrayán en flor, — myrtle
sobre las aguas opacas.

¡Locura de canto y llanto,
de las almas, de las lágrimas!
Entre las cuatro paredes,
penan, cual llamas, las aguas; — like
las almas hablan y lloran,
las lágrimas olvidadas;
las aguas cantan y lloran,
las emparedadas almas. — behind walls (walled in)

¡Silencio! que ya no lloran.
¡Escuchad! que ya no hablan.
Se ha dormido el agua, y sueña
que la desenlagrimaban; — were freeing it of tears
que las almas que tenía,
no lágrimas, eran alas;
dulce niña en su jardín,
mujer con su rosa grana, — scarlet-red
niño que miraba el mundo,
hombre con su desposada...

blood-stained (wounded)

gray (gloomy)

Que cantaba y que reía...
Que cantaba y que lloraba,
con rojos de sol poniente
en las lágrimas más altas,
en el más alto llamar,
llorar de alma ensangrentada!

En agua el alma se pierde
y el cuerpo baja sin alma;
sin llanto el cuerpo se va,
que lo deja con el agua
llorando, hablando, cantando
— con las almas, con las lágrimas
del laberinto de pena —
entre las adelfas rosas
de la tarde parda y plata;
con el arrayán ya negro,
bajo las fuentes cerradas.

Unidad, 1925

«PLATERO Y YO»

Juan Ramón es universalmente conocido, más que por todas sus poesías, por la creación de un poema en prosa, traducido a muchas lenguas, cuento para niños y para viejos, de belleza única: «Platero y yo» (1914). Es la relación de la amistad del poeta con el borriquillo Platero, allá en sus tierras andaluzas, recreada por Juan Ramón desde Castilla. Los dos trozos siguientes pueden dar idea de este poema en prosa:

Platero

furry
cotton
jet
like ... beetles
warmly caresses ... snout ... hardly touching
sky-blue ... yellow
slow trot
jingle *(of bells)*

Platero es pequeño, peludo, suave; tan blando por fuera, que se diría todo de algodón, que no lleva huesos. Sólo los espejos de azabache de sus ojos son duros cual dos escarabajos de cristal negro.

Lo dejo suelto, y se va al prado, y acaricia tibiamente con su hocico, rozándolas apenas, las florecillas rosas, celestes y gualdas... Lo llamo dulcemente: «¿Platero?», y viene a mí con un trotecillo alegre, que parece que se ríe, en no sé qué cascabeleo ideal...

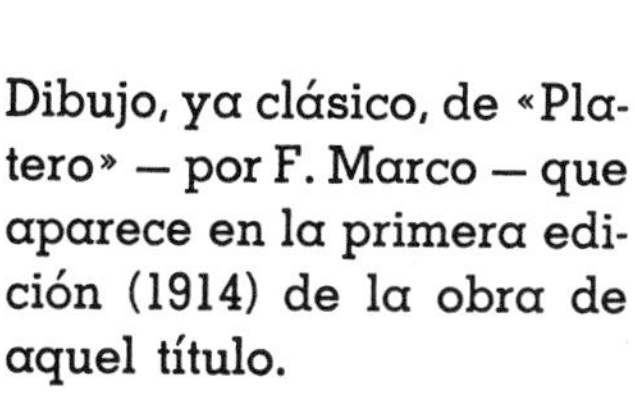

Dibujo, ya clásico, de «Platero» — por F. Marco — que aparece en la primera edición (1914) de la obra de aquel título.

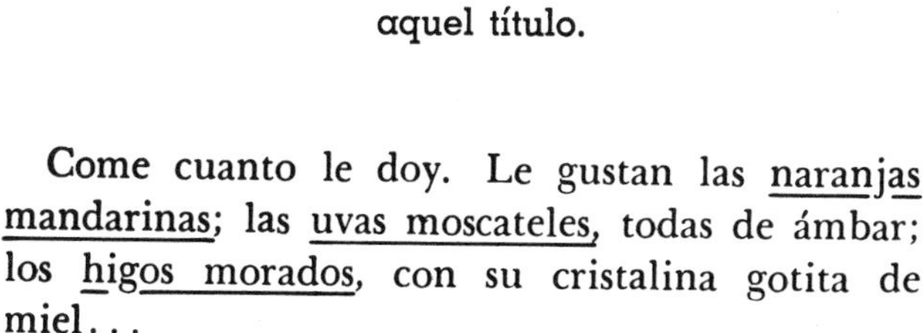

Come cuanto le doy. Le gustan las naranjas mandarinas; las uvas moscateles, todas de ámbar; los higos morados, con su cristalina gotita de miel...

tangerines ... muscatel grapes ... mulberry-colored figs

Es tierno y mimoso igual que un niño, que una niña...; pero fuerte y seco como de piedra. Cuando paso sobre él, los domingos, por las últimas callejas del pueblo, los hombres del campo, vestidos de limpio y despaciosos, se quedan mirándole:

pampered

cleanly dressed ... strolling

— Tiene acero...

Tiene acero. Acero y plata de luna, al mismo tiempo.

i.e. strength and vivacity

Melancolía

Esta tarde he ido con los niños a visitar la sepultura de Platero que está en el huerto de la Piña, al pie del pino paternal. En torno, abril había adornado la tierra húmeda de grandes lirios amarillos.

lilies

Cantaban los chamarices allá arriba, en la cúpula verde, toda pintada de cenit azul, y su trino menudo, florido y reidor, se iba en el aire de oro de la tarde tibia, como un claro sueño de amor nuevo.

greenfinches

delicate, exquisite, cheerful warbling

balmy (lukewarm)

Los niños, así que iban llegando, dejaban de gritar. Quietos y serios, sus ojos brillantes en mis ojos, me llenaban de preguntas ansiosas.

— ¡Platero amigo! — le dije yo a la tierra — si, como pienso, estás ahora en un prado del cielo y

furry back

as if . . . light . . . fluttered

llevas sobre tu lomo peludo a los ángeles adolescentes, ¿me habrás, quizá, olvidado? Platero, dime: ¿te acuerdas aún de mí?

Y, cual contestando mi pregunta, una leve mariposa blanca, que antes no había visto, revolaba insistentemente, igual que un alma, de lirio en lirio.

ÚLTIMAS OBRAS

newlywed

home

En prosa también escribe Juan Ramón Jiménez parte de su «Diario de un recién casado» (1917), con imágenes de mar y de tierras nuevas: Estados Unidos. Tiene estampas de un cierto tono impresionista que marcan una manera nueva del poeta en Puerto Rico que ha sido su hogar y su refugio durante los últimos años de su vida. Allí el poeta se ha sentido acompañado y querido, en un ambiente hispánico, hasta su muerte:

En amoroso llenar

engineer . . . stoking . . . watchman, making reports

helmsman

wireless operator

hammering

giving orders

palpitating

desirous

Todos vamos, tranquilos, trabajando:
el maquinista, fogueando; el vigilante,
datando; el timonel, guiando;
el pintor, pintando; el radiotelegrafista,
escuchando; el carpintero, martillando;
el capitán, dictando; la mujer,
cuidando, suspirando, palpitando.
. . . Y yo, dios deseante, deseando;
yo que te estoy llenando, en amoroso
llenar, en última conciencia mía,
como el sol o la luna, dios,
de un mundo todo uno para todos.

Una nueva dimensión, dramática y metafísica, se manifiesta en su último poema «Animal de fondo» en el siguiente trozo:

Conciencia hoy azul

Conciencia de hondo azul del día, hoy
concentración de trasparencia azul;
mar que sube a mi mano a darme sed
de mar y cielo en mar,
en olas abrazantes, de sal viva.
Mañana de verdad en fondo de aire
(cielo del agua fondo
de otro vivir aún en inmanencia) — **immanent (inherent)**
explosión suficiente (nube, ola, espuma
de ola y nube)
para llevarme en cuerpo y alma
al ámbito de todos los confines,
a ser el yo que anhelo
a ser el tú que anhelas en mi anhelo,
conciencia hoy de vasto azul,
conciencia deseante y deseada,
dios hoy azul, azul, azul y más azul,
igual que el dios de mi Moguer azul,
un día.

FEDERICO GARCIA LORCA

El teatro contemporáneo

A principios del siglo XX, se había producido en el teatro español un cambio profundo que llevó a cabo (accomplished) el gran comediógrafo Jacinto Benavente. Concibió (He created) un teatro en prosa, de un realismo estilizado, en el cual la vida contemporánea española quedó plasmada y satirizada (was captured and satirized). Su finura psicológica (His psychological insight) en la presentación de tipos, su agudeza de ingenio (the perceptive keenness of his creative faculty), su ágil diálogo y variedad de ambientes, así como la abundancia de su obra, le valieron en 1922 el Premio Nobel de literatura.

Contemporáneos de Benavente son los grandes escritores de la generación del 98. Todos ellos se asoman al teatro, en mayor o menor grado, puesto que el teatro es para ese grupo un medio más a ensayar en busca de nuevas formas de expresión.

try the theater

to try

Sin embargo, para muchos críticos contemporáneos el año 1927 marca un nuevo rumbo literario que coincide con la aparición en la poesía del libro de «Canciones» de Federico García Lorca y el estreno de su primera obra importante de teatro, «Mariana Pineda.» Esta doble aparición da lugar a que el poeta y crítico Pedro Salinas diga sobre García Lorca: «Paralelamente con el desarrollo de su lírica, su potente y rica personalidad ha llevado adelante una obra de autor dramático que es, seguramente, la más importante del nuevo teatro, auténticamente poético, español.»

new literary direction

= poesía lírica

Federico García Lorca pertenece al grupo llamado de «la nueva poesía.» Su vida breve e intensa, cortada dramáticamente a los 37 años, fué la de un gran artista, ya que cultivó con amor y dedicación, no sólo la poesía y el teatro, sino también la música y la pintura. Sus más famosas obras de poesía son: «Canciones» (1927), «Romancero Gitano» (1928), «Poema del Cante Hondo» (1931) y «Poeta en Nueva York» (1940). Angel del Río lo considera «no sólo el poeta contemporáneo español cuyo nombre ha alcanzado mayor universalidad, sino el que entre todos, estaba dotado de un genio poético más cierto . . . [capaz] de llegar a la perfección no como resultado de una técnica penosamente lograda sino casi «de golpe, como por un don divino.»

painfully achieved
all at once

Del libro de «Canciones» se eligen las siguientes:

Cazador

¡Alto pinar!
Cuatro palomas por el aire van.
Cuatro palomas
vuelan y tornan.
Llevan heridas
sus cuatro sombras.
¡Bajo pinar!
Cuatro palomas en la tierra están.

return

Canción de jinete

distant
jennet
and olives in my saddle-bag

Córdoba.
Lejana y sola.
Jaca negra, luna grande,
y aceitunas en mi alforja.
Aunque sepa los caminos
yo nunca llegaré a Córdoba.
Por el llano, por el viento,
jaca negra, luna roja.
La muerte me está mirando
desde las torres de Córdoba.
¡Ay qué camino tan largo!
¡Ay mi jaca valerosa!
¡Ay que la muerte me espera,
antes de llegar a Córdoba!
Córdoba.
Lejana y sola.

very much in the Spanish manner

Federico, muy en la manera española, enlaza l popular y lo culto. De su libro de poesía «Romancer Gitano,» uno de los más populares de la lírica e pañola, elegimos este conocido romance en que tr dición y renovación van de la mano.

Romance de la luna, luna

forge
bustle . . . spikenards

La luna vino a la fragua
con su polisón de nardos.
El niño la mira, mira.
El niño la está mirando.
En el aire conmovido
mueve la luna sus brazos

sensual
i.e. gleaming (Literally: of hard tin)

y enseña lúbrica y pura,
sus senos de duro estaño.
– Huye luna, luna, luna.
Si vinieran los gitanos
harían con tu corazón

necklesses . . . rings

collares y anillos blancos.
– Niño, déjame que baile.
Cuando vengan los gitanos,

te encontrarán sobre el yunque	anvil
con los ojillos cerrados.	
— Huye luna, luna, luna,	
que ya siento sus caballos.	
— Niño, déjame, no pises	
mi blancor almidonado.	starchy whiteness
El jinete se acercaba	El galope del caballo sonaba sobre la llanura como el redoble de un tambor.
tocando el tambor del llano.	
Dentro de la fragua el niño	
tiene los ojos cerrados.	
Por el olivar venían	
bronce y sueño, los gitanos.	*i.e. bronzelike and dreamy*
Las cabezas levantadas	
y los ojos entornados.	half-closed
¡Cómo canta la zumaya,	goatsucker *(a bird of ill omen)*
ay, cómo canta en el árbol!	
Por el cielo va la luna	
con el niño de la mano.	by the hand
Dentro de la fragua lloran	
dando gritos, los gitanos.	shouting
El aire la vela, vela.	holds a wake over it
El aire la está velando.	

Dámaso Alonso, nos dice, en su original y aguda manera, en el ensayo «Federico García Lorca y la expresión de lo español»: «García Lorca es, dentro de la literatura española, un nombre esperable, necesario, 'tenía que ser'.» Y afirma también que, así como en el siglo XIV se produce un Juan Ruiz y, en el XVII, un Lope de Vega, aparece «en el XX un Lorca . . . Surgió porque sí, porque tenía que ser, tenía que cumplirse la ley de nuestro destino: España se había expresado una vez más.»

which had to be

He came forth because it had to happen; the law of our destiny had to be fulfilled

El poeta se inspira principalmente en Andalucía, donde nació en Fuente Vaqueros (1898), pueblo de la hermosa vega de Granada. «Federico» se le llamaba en vida y se le sigue llamando con frecuencia en el mundo del arte, después de su dramática muerte en el año 1936, fusilado por un grupo de falangistas. Fué a la escuela en su pueblo; estudió el bachillerato y su carrera universitaria en Granada; vivió después en Madrid en la Residencia de Estudiantes; viajó por pueblos y ciudades de España y de Europa; y, en 1929 asistió a algunos cursos de la Universidad de Columbia, en Nueva York, y visitó Cuba. Las impresiones poéticas de su estancia en esta ciudad, constituyen su libro «Poeta en Nueva York», del cual tomamos la última estrofa de la «Oda a Walt Whitman»:

Falangist: *A member of the fascist political party governing Spain after the Civil War of 1936–39, and during the war in the nationalist side.*

= estadía

«Y tú, bello Walt Whitman, duerme a orillas del Hudson
con la barba hacia el polo y las manos abiertas.
Arcilla blanca o nieve, tu lengua está llamando
camaradas que velen tu gacela sin cuerpo.
Duerme, no queda nada.
Una danza de muros agita las praderas
y América se anega de máquinas y llanto.
Quiero que el aire fuerte de la noche más honda
quite flores y letras del arco donde duermes
y un niño negro anuncie a los blancos de oro
la llegada del reino de la espiga.»

gazelle

becomes flooded, drowns

Federico, después de su temporada en Nueva York recorrió Cuba y la Argentina, donde permaneció algún tiempo y donde su persona y sus obras dramáticas gozaron del mismo éxito que en España, representándose centenares de veces.

El gran poeta Jorge Guillén dice en su hermoso

prólogo a las «Obras completas de García Lorca»: «Lo sabe todo el mundo, es decir, en esta ocasión, el mundo entero: Federico García Lorca es una criatura extraordinaria... Junto al poeta... se respiraba un aura que él iluminaba con su propia luz. Entonces no hacía frío de invierno ni calor de verano: 'hacía... Federico'... A todas horas, aquel vivir estaba oreado por la gracia... Tanto interés por los unos y los otros, objetos y sujetos, no cabía en la canción, el romance, la oda: se necesitaba el teatro. Y Federico fue al teatro en toda su variedad.»

By the poet... one breathed a light

Desde la infancia, mostró García Lorca gran afición al teatro, y se puede decir que desde los 20 años alternó el cultivo de éste con el de la poesía. Sus obras dramáticas ofrecen formas muy variadas, desde el teatro fantástico, como «El maleficio de la mariposa» al de muñecos, como «Los títeres de cachiporra»; desde la tragedia del tipo clásico, como «La casa de Bernarda Alba» y «Yerma», a la melancólica

he was very fond of the theater

curse

The "billy-club" puppets

Federico García Lorca, delante del cortel *(poster)* de «La Barraca», teatro universitario, del cual fué creador y director. Aparece vestido con el «mono», uniforme del grupo de estudiantes que llevaba por toda España obras del teatro clásico y moderno, español, elegidas por el poeta. Federico se ocupaba, además, de todos los detalles, de la dicción, movimiento en la escena, música y buscaba la colaboración de artistas ilustres para las decoraciones y los trajes.

Arriba: Representación de "Yerma" en Cracovia (Polonia). *Photo Zaiks. En la página opuesta:* Federico señalando el emblema de "La Barraca". Al centro, el poeta Pedro Salinas (Alicante, 1932).

comedia, como «Doña Rosita la soltera», desde la farsa popular, como «La zapatera prodigiosa», al drama histórico en verso, como «Mariana Pineda,» para llegar a la creación de un teatro superrealista, como «Así que pasen cinco años.»

"The prodigious shoemaker's wife"

English title: "As 5 years pass"

Se inspira para «Mariana Pineda» en la heroína romántica granadina de este nombre, a la que convierte García Lorca en protagonista de su drama poético. Mariana fué condenada al cadalso por el gobierno reaccionario, por haber tomado parte en el movimiento liberal de 1831, bordando una bandera y ayudando a escapar de la muerte al hombre a quien amaba y a sus amigos. Buscan en casa de Mariana Pineda a los conspiradores, quienes pueden huir gracias a que ella, cantando y tocando el piano con asombrosa serenidad, da tiempo a la huída, produciendo la impresión de que allí no pasa nada. Mas descubierta la verdad, se llevan prisionera a Mariana y la depositan en un convento de monjas mientras llega el momento de la ejecución. Las monjas le toman gran cariño y sienten por ella honda compasión. Transcribimos la última escena del drama:

= de Granada

condemned to the scaffold

«ESTAMPA TERCERA»

Entran por el foro todas las monjas. Tienen la tristeza reflejada en los rostros. Las novicias 1ª y 2ª están en primer término. Sor Carmen, digna y traspasada de pena, está cerca de Mariana. Toda la escena irá adquiriendo hasta el final, una gran luz extrañísima de crepúsculo granadino. Luz rosa y verde entra por los arcos, y los cipreses se matizan exquisitamente hasta parecer piedras preciosas. Del techo desciende una suave luz naranja que se va intensificando hasta el final.

backstage

in the foreground

pick up those colors

MARIANA

¡Corazón, no me dejes! ¡Silencio! Con un ala,
¿dónde vas? Es preciso que tú también descanses.
Nos espera una larga locura de luceros
que hay detrás de la muerte. ¡Corazón no desmayes!

(like a bird) with a wing

an endless galaxy of stars awaits us beyond death

SOR CARMEN

¡Olvídate del mundo, preciosa Marianita!

MARIANA

¡Qué lejano lo siento!

SOR CARMEN

¡Ya vienen a buscarte!

MARIANA

¡Pero qué bien entiendo lo que dice esta luz!
¡Amor, amor, amor y eternas soledades! — eternal loneliness

Entra el juez por la puerta de la izquierda

NOVICIA 1ª

¡Es el juez!

NOVICIA 2ª

¡Se la llevan!

JUEZ

Señora, a sus órdenes;
hay un coche en la puerta...

SOR CARMEN

¡Que la Virgen te ampare! — May the Virgin protect you!

MARIANA

¡Os doy mi corazón! ¡Dadme un ramo de flores! — I give you my love!
En mis últimas horas yo quiero engalanarme. — I want to adorn myself
Quiero sentir la dura caricia de mi anillo — caress of my ring
y prenderme en el pelo mi mantilla de encaje. — lace
Amas la Libertad por encima de todo;
pero yo soy la misma Libertad. Doy mi sangre,
que es tu sangre y la sangre de todas las criaturas.
¡No se podrá comprar el corazón de nadie!

MARIANA

Una monja la ayuda a ponerse la mantilla.
Mariana se dirige al fondo gritando

Ahora sé lo que dicen el ruiseñor y el árbol.
El hombre es un cautivo y no puede librarse.
¡Libertad de lo alto! Libertad verdadera, — absolute
enciende para mí tus estrellas distantes.
¡Adiós! ¡Secad el llanto! — Dry your tears!

JUEZ

¡Vamos pronto!

SOR CARMEN

¡Adiós, hija!

MARIANA

Contad mi triste historia a los niños que pasen.

Sor Carmen

Porque has amado mucho, Dios te abrirá su puerta.
¡Ay, triste Marianita! ¡Rosa de los rosales!

Novicia 1ª

Arrodillándose.

Ya no verán tus ojos las naranjas de luz
que pondrá en los tejados de Granada, la tarde.

Monja 1ª

Arrodillándose.

Ni sentirás la dulce brisa de primavera
pasar de madrugada tocando tus cristales.

windows

Novicia 2ª

Arrodillándose y besando la orla del vestido de Mariana.

border, fringe

¡Clavellina de mayo! ¡Rosa de Andalucía!,
¡En las altas barandas tu novio está esperándote!

Flower of May!
Rose of Andalusia!

Sor Carmen

¡Mariana, Marianita, de bello y triste nombre,
que los niños lamenten tu dolor por la calle!

Mariana

Saliendo.

¡Yo soy la Libertad porque el amor lo quiso!
¡Pedro! ¡La Libertad por la cual me dejaste!
¡Yo soy la Libertad, herida por los hombres!
¡Amor, amor, amor y eternas soledades!

for love willed it to be so!
el hombre a quien Mariana amaba

Un campaneo vivo y solemne invade la escena y un coro de niños empieza el romance. Mariana se va, saliendo lentamente, apoyada en Sor Carmen. Todas las demás monjas están arrodilladas. Una luz maravillosa y delirante invade la escena. Al fondo los niños cantan:

ringing of bells

¡Oh, qué día tan triste en Granada,
que a las piedras hacía llorar,
al ver que Marianita se muere
en cadalso, por no declarar!

La música de este romance aparece en la edición "Aguilar."

De la «Leyenda del Tiempo,» subtítulo de «Así que pasen cinco años» tomamos la escena 1ª del acto III.

Bosque. Grandes troncos. En el centro un teatro rodeado de cortinas barrocas, con el telón echado. Una escalerilla une el tabladillo con el escenario. Al levantarse el telón cruzan entre los troncos dos

baroque
with the curtain down
narrow stairs unite this little stage with the stage itself

chalk

masks

He moves in a plastic, flexible way

figuras vestidas de negro con las caras blancas de yeso y las manos también blancas. Suena una música lejana. Sale el Arlequín. Viste de negro y verde. Lleva dos caretas, una en cada mano y ocultas tras la espalda. Acciona de modo plástico, como un bailarín.

ARLEQUÍN

sailboat

nobody can make a seed come to life in the midst of dreams

El sueño va sobre el tiempo
flotando como un velero.
Nadie puede abrir semillas
en el corazón del sueño.

Se pone una careta de alegrísima expresión.

Dawn brings up floes of blue ice!

¡Ay, cómo canta el alba, cómo canta!
¡Qué témpanos de hielo azul levanta!

Se quita la careta.

yesterday and tomorrow swallow sorrowful dark flowers

El tiempo va sobre el sueño
hundido hasta los cabellos.
Ayer y mañana comen
oscuras flores de duelo.

Se pone una careta de expresión dormida.

What a heavy scent of anemones rises in the air!

¡Ay, cómo canta la noche, cómo canta!
¡Qué espesuras de anémonas levanta!

Se la quita.

the cry of a child

the unsteady speech

Sobre la misma columna,
abrazados sueño y tiempo,
cruza el gemido del niño,
la lengua rota del viejo.

Con una careta.

¡Ay, cómo canta el alba, cómo canta!

Con la otra.

builds imaginary walls

in the plain of time

¡Qué espesuras de anémonas levanta!
Y si el sueño finge muros
en la llanura del tiempo,
el tiempo le hace creer
que nace en aquel momento.
¡Ay, cómo canta la noche, cómo canta!
¡Qué témpanos de hielo azul levanta!

background

Desde este momento se oyen en el fondo...y con medidos intervalos...trompas graves de caza. Aparece una muchacha, vestida de negro, con túnica griega. Viene saltando con una guirnalda.

MUCHACHA

¿Quién lo dice,
quién lo dirá?

Mi amante me aguarda
en el fondo del mar.

ARLEQUÍN

Gracioso.

Mentira

MUCHACHA

Verdad.
Perdí mi deseo,
perdí mi dedal,
y en los troncos grandes
los volví a encontrar.

An adaptation of popular nonsense verses.

thimble

I found them again

ARLEQUÍN

Irónico.

Una cuerda muy larga,
larga para bajar.

MUCHACHA

Tiburones y peces
y ramos de coral.

Sharks

ARLEQUÍN

Abajo está.

MUCHACHA

Muy abajo.

ARLEQUÍN

Dormido.

MUCHACHA

Abajo está.
Banderas de agua verde
lo nombran capitán.

ARLEQUÍN

Gracioso.

Mentira.

MUCHACHA

Verdad.
Perdí mi corona,
perdí mi dedal,
y a la media vuelta
los volví a encontrar.

and with a half turn I found them again

ARLEQUÍN

Ahora mismo.

MUCHACHA

¿Ahora?

ARLEQUÍN

Tu amante verás

a la media vuelta
del viento y del mar.

MUCHACHA
Asustada.
Mentira.

ARLEQUÍN
Verdad.
Yo te lo daré.

MUCHACHA
Inquieta.
No me lo darás.
No se llega nunca
al fondo del mar.

Y quedan para el final las obras más importante del teatro de García Lorca, sus tres tragedias que traducidas a lenguas europeas, son bien conocidas de público: «Bodas de sangre,» «Yerma» y «La casa de Bernarda Alba.» Este drama de mujeres en un pueblo español a principios de siglo, escrito poco antes de la muerte del autor, ha sido representado desde e Japón e Israel al Africa del Sur. Es una de las má intensas, contenidas y profundas de sus creaciones El crítico G. Torrente Ballester, dice sobre esta obra: «A nuestro juicio es el drama formalmente más perfecto de todo el teatro español contemporáneo y que sólo admite parangón con algunas obras clásicas.»

In our opinion
as to its form
which admits comparison only with

La casa de Bernarda Alba

ARGUMENTO DE LA TRAGEDIA

Empieza la obra con una escena de duelo, tras el entierro del esposo de Bernarda Alba. Y queda ésta a causa del luto, encerrada en el caserón con sus cinco hijas y La Poncia, antigua criada de la casa. La mayor de las hijas, Angustias, única del primer matrimonio de Bernarda, heredó de su padre una fortuna. Sólo en busca de ésta, va a casarse con ella Pepe El Romano. Este personaje que no aparece nunca en escena, puede decirse que es el eje de toda la acción dramática, pues está presente constantemente, en las palabras o en los pensamientos de las cinco hermanas Entre ellas reina la envidia, la cólera y todas las malas

scene of mourning following the funeral
large rambling house
the key figure

Escena primera de la "Casa de Bernarda Alba", con la famosa actriz griega Katina Patixnou.

pasiones. Adela, la hija más joven y bella, está verdaderamente enamorada de El Romano, quien le corresponde con un amor incontrolable y loco. Todas las hermanas sospechan la realidad; y cuando ésta se descubre, la madre sale en busca de Pepe y dispara sobre él; pero no logra matarlo. Adela lo cree muerto; y por ello y por no sobrevivir a su deshonra, sale rápida de la escena y se ahorca. Bernarda, firme, con su carácter «de pedernal», ordena que guarden silencio y que no trascienda la causa de la muerte de Adela.

quien le corresponde: who reciprocates her passion
realidad: truth
se descubre: becomes known
por no sobrevivir a su deshonra: in order not to survive her own dishonor
de pedernal: hard-rock
no trascienda: not to spread out

ACTO III

Cuatro paredes blancas, ligeramente azuladas, del patio interior de la casa de Bernarda. Es de noche. El decorado ha de ser de una perfecta simplicidad. Las puertas, iluminadas por la luz de los interiores, dan un tenue fulgor a la escena. En el centro, una mesa con un quinqué, donde están comiendo Bernarda y sus hijas. La Poncia les sirve. Prudencia [de visita] está sentada aparte. Al levantarse el telón hay un gran silencio, interrumpido por el ruido de platos y cubiertos.

quinqué: oil lamp
Prudencia: *amiga de Bernarda*

BERNARDA

¿Y tu marido cómo sigue?

PRUDENCIA

Igual...

BERNARDA

¿Y con tu hija?

cómo sigue: how is he getting along?
Igual: Same as usual
Y con tu hija: And (how is he getting along) with your daughter?

PRUDENCIA
No la ha perdonado.
BERNARDA
Hace bien.
PRUDENCIA
No sé qué te diga. Yo sufro por esto.
BERNARDA
Una hija que desobedece deja de ser hija par convertirse en una enemiga...
Se oye un gran golpe dado en los muros.
PRUDENCIA
¿Qué es eso?
BERNARDA
El caballo garañón que está encerrado y d coces...
Se oye otra vez el golpe.
LA PONCIA
¡Por Dios!
PRUDENCIA
Me ha retemblado dentro del pecho.
BERNARDA
(Levantándose furiosa) ...¡Echadlo que s revuelque en los montones de paja!...
Se dirige a la mesa y se sienta otra vez.
¡Ay, qué vida!
PRUDENCIA
Bregando como un hombre.
BERNARDA
Así es.
Adela se levanta de la mesa.
¿Dónde vas?
ADELA
A beber agua.
BERNARDA *A La Poncia.*
Trae un jarro de agua fresca.
A Adela.
Puedes sentarte.
PRUDENCIA
Y Angustias, ¿cuándo se casa?
BERNARDA
Vienen a pedirla dentro de tres días.
PRUDENCIA
¡Estarás contenta!

stallion
kicks
Throw him out and let him wallow in the haystacks
Struggling
They are coming to ask her in marriage

BERNARDA

¡Claro!

AMELIA *A Magdalena.*

¡Ya has derramado la sal! — There, you spilled the salt!

MAGDALENA

Peor suerte que tienes no vas a tener. — Your luck will never be worse than it is now.

AMELIA

Siempre trae mala sombra. — It always brings bad luck.

BERNARDA

¡Vamos!

PRUDENCIA *A Angustias.*

¿Te ha regalado ya el anillo? — engagement ring

ANGUSTIAS

Mírelo usted.

Se lo alarga. — she hands it to her

PRUDENCIA

Es precioso. Tres perlas. En mi tiempo las perlas significaban lágrimas.

ANGUSTIAS

Pero ya las cosas han cambiado.

ADELA

Yo creo que no. Las cosas significan siempre lo mismo. Los anillos de pedida deben ser de diamantes.

PRUDENCIA

Es más propio.

BERNARDA

Con perlas o sin ellas, las cosas son como uno se las propone.

MARTIRIO

O como Dios dispone... — *Según el refrán: "El hombre propone y Dios dispone."*

PRUDENCIA

Lo preciso es que todo sea para bien. — everything should be for the best.

ADELA

Que nunca se sabe. — One never knows

BERNARDA

No hay motivo para que no lo sea. — There is no reason why it shouldn't be

PRUDENCIA *A Angustias.*

Ya vendré a que me enseñes la ropa... — I'll come around so that you can show me the trousseau

Buenas noches.

LAS CINCO

Vaya Vd. con Dios. — good-bye

Sale Prudencia.

BERNARDA

Ya hemos comido.

Se levantan.

ADELA

Voy a llegarme hasta el portón para estirar las piernas y tomar un poco de fresco.

to stretch my legs

AMELIA

Yo voy contigo.

MARTIRIO

Y yo.

ADELA

No me voy a perder.

Con odio contenido.

AMELIA

La noche quiere compañía.

Salen.

BERNARDA

A Angustias, que está arreglando la mesa.

Ya te he dicho que quiero que hables con tu hermana Martirio...

ANGUSTIAS

Usted sabe que ella no me quiere.

BERNARDA

Cada uno sabe lo que lleva por dentro. Yo no me meto en los corazones, pero quiero buena fachada y armonía familiar. ¿Lo entiendes?

I'm not concerned about other people's feelings
a good appearance

ANGUSTIAS

Sí.

BERNARDA

Pues ya está...

That is all

Vuelven las que salieron y todas se van retirando.

LA PONCIA

Saliendo.

¿Estás todavía aquí?

BERNARDA

Disfrutando este silencio y sin lograr ver por parte alguna «la cosa tan grande» que aquí pasa, según tú.

= por ninguna parte
the terrible thing

LA PONCIA

Bernarda, dejemos esa conversación.

let's drop the subject

BERNARDA

En esta casa no hay ni un sí ni un no. Mi vigilancia lo puede todo.

everybody thinks alike (there's no discussion)
is all powerful

Representación de "La Casa de Bernarda Alba" en Barnard College, Nueva York.

LA PONCIA

No pasa nada por fuera. Eso es verdad. Tus hijas están y viven como metidas en alacenas. Pero ni tú ni nadie puede vigilar por el interior de los pechos.

como metidas en alacenas: as if they were shut up in closets

BERNARDA

Mis hijas tienen la respiración tranquila...

LA PONCIA

Bernarda, yo no quiero hablar porque temo tus intenciones. Pero no estés segura.

temo tus intenciones: I'm afraid of what you have in mind

BERNARDA

¡Segurísima!

LA PONCIA

More than likely lightning will strike or a stroke will stop your heart

A lo mejor cae un rayo. A lo mejor un golpe te para el corazón.

BERNARDA

well prepared to handle

Aquí no pasa nada. Yo estoy alerta contra tus suposiciones.

LA PONCIA

Pues mejor para ti.

BERNARDA

Why of course! (Ironical)

¡No faltaba más!...

LA PONCIA

¿A qué hora te llamo?

BERNARDA

A ninguna. Esta noche voy a dormir bien...

legacy

Federico García Lorca en su breve vida ha dejado un riquísimo legado poético y dramático que ha traspasado los límites peninsulares y su manera «lorquiana» de expresar el mundo de los sentimientos o de la naturaleza, ya sea con bellísimas imágenes poéticas o con frases simples, cargadas de dramatismo, está siempre llena de su extraordinaria personalidad.

En el «Llanto por Sánchez Mejías,» la famosa elegía del poeta a la muerte del amigo torero, aparece esta estrofa final, perfectamente aplicable a la propia personalidad de García Lorca:

if there is ever born

grieve

«Tardará mucho tiempo en nacer, si es que nace
un andaluz tan claro, tan rico de aventura.
Yo canto su elegancia con palabras que gimen
y recuerdo una brisa triste por los olivos».

Picasso a los setenta y tres años. *(Magnum Photo)*

PICASSO

Innovación de la pintura contemporánea

Pablo Ruiz Picasso es quizás el pintor contemporáneo más conocido y admirado en Europa y en América y cuya obra ha tenido mayor influencia en el arte de hoy. Pero también ha sido uno de los más discutidos por el público y por los críticos. Refiriéndonos a cuadros como «La Guitarra», la «Bailarina» o el «Pierrot,» tan ultramodernos cuando aparecieron, hay que reconocer que mientras unos decían que más que cuadros parecían «dibujos enigmáticos para alfombras de un manicomio de megalómanos,» otros aseguraban que tales cuadros eran «poemas escritos

enigmatic sketches for carpets in a madhouse for those suffering from delusions of grandeur which obviously do not let just anyone understand their beauty

en lengua extraña que no dejan comprender su hermosura al primero que llega.»

INFANCIA Y PRIMERA JUVENTUD

Nació el pintor en Málaga, ciudad marítima del sur de España, en 1881. Desde niño empezó a expresar dibujando sus originales ideas, de un modo personalísimo. Y así ha seguido toda su vida.

such aptitude as an artist

Su padre era profesor en la Escuela de Bellas Artes de Barcelona, donde Pablo estudió Historia del Arte y practicó el dibujo y la pintura durante varios años. Tenía tales condiciones de artista, que a los 19 años pudo hacer ya una exposición, con gran éxito. Entre las obras que presentó, había un retrato de su hermana que Picasso pintó con sólo 15 años.

Algún tiempo después, habiéndose trasladado a Madrid, se dedicó a copiar en el Museo del Prado los cuadros de los grandes maestros, con lo cual se hizo más profundo su conocimiento de la pintura.

VIAJES A PARÍS

short and chubby

he was wrapped up in . . . and he took shelter from rain under

En el año de 1900 fué a París por vez primera. Según cuentan los que le vieron llegar, era un muchacho rechoncho, de mirada penetrante y pelo muy negro; iba envuelto en un grueso abrigo para protegerse del frío, al que era muy sensible, y se guarecía de la lluvia bajo un amplio paraguas.

Sólo dos meses permaneció entonces en París; pero en este corto tiempo, pintó muchos cuadros en el estudio que le dejó un compatriota. El lienzo del «Arlequín y el compañero» es el primero en que se anuncia lo que luego se llamó «Época azul.»

less common and more fitting

he regularly visited an intellectual gathering of poets, painters, actors, and writers

his inmost thoughts

the world within himself

more at home

Volvió a París en 1901. Causaba asombro a sus compañeros su capacidad de trabajo y su talento. Fue entonces cuando decidió firmar sus cuadros con el apellido materno, Picasso, por parecerle menos corriente y más apropiado que Ruiz, que era el de su padre. Formó parte de una tertulia de artistas, entre los cuales eran más numerosos los escritores que los pintores. Picasso que aspiraba a expresar en su pintura toda su intimidad, todo su mundo interior, se sentía más en su ambiente con los escritores, porque los pintores seguían copiando la naturaleza, aun dentro de la línea impresionista. Sin embargo, ya algunos empezaban a dudar de esta forma pictórica y buscaban otros caminos. Por eso dice Gertrude Stein, la gran comentarista de la obra de Picasso: «El pintor del siglo XIX necesita tener el modelo delante y el del siglo XX descubre que no necesita modelo.»

Impressionism: *A style very popular among French painters of about 1870.*

«ÉPOCA AZUL»

En 1903 Picasso volvió a España. Su pintura ofrece ya una modalidad muy marcada: la de la «Época azul». En ella dominan los tonos azules con acentuado claroscuro, firme dibujo y sobriedad de líneas y colores. Influye en las características de este período, una nueva visión de España: la de la intensidad del azul del cielo y del mar, junto al oro de las tierras secas y de las mieses maduras. Dominan el negro, el azul marino y los tonos pardos propios del vestir de la gente del pueblo. En este tiempo pinta también varios retratos que impresionan por su fuerza, emoción y sencillez, y por la poesía de la expresión de sus rostros melancólicos. Las manos de dedos alargados recuerdan al Greco, como puede verse en «La mujer con la corneja.» Es una época llena de dramatismo.

already evidences a strongly marked style

marked difference between light and shadow

characteristic of the dress of country people

crow

Escasez (The Frugal Repast), 1904. (Collection, The Museum of Modern Art, New York—Gift of Abby Aldrich Rockefeller)

Pierrot, 1918. Payaso de la "época azul". *(Collection, The Museum of Modern Art, New York—Sam A. Lewisohn Bequest.)*

«ÉPOCA ROSA»

Después de haber vertido en sus obras todas estas impresiones y sentimientos, regresa a París y reacciona contra ellos como si quisiera huír de la tristeza y de la miseria humanas que todos estos cuadros reflejan. Y esa reacción produce la «Época rosa» de su pintura, (1904). En ella todo es armonía y suavidad de tonos rosados, distribuidos con arte. Una cierta vitalidad ideal en las figuras, contrasta con el dramatismo más realista de la «Época azul.» Por la frecuencia con que aparecen los arlequines, solos o con sus familias, se le llama también a la «Época rosa,» «período arlequín.» Los temas que Picasso representa entonces con más frecuencia y simpatía son los del circo. A él acude con sus amigos artistas y traba amistad con los payasos, acróbatas y titiriteros para conocer su vida, que despierta en Picasso vivo interés. Ambos períodos, el azul y el rosa, llenan los cinco primeros años de la obra del pintor. En 1908 se produce en su paleta un profundo cambio. Influye en él el interés que despierta en muchos artistas de entonces el arte negro africano. Por esta influencia y por el uso del color negro como dominante en sus cuadros, se llama esta fase de su pintura «Época negra.»

traba amistad: he strikes up a friendship
payasos: clowns
titiriteros: puppeteers

EL CUBISMO

Picasso va de nuevo a España y pinta su primer cuadro cubista, inspirado en la realidad, principalmente en la visión de los pueblos; pero la interpreta mediante formas y cuerpos geométricos: trapecios, triángulos, prismas, cubos. Tales formas son las que dan nombre a este arte. Lleva a París su cuadro y lo presenta en el famoso «Salón de Otoño,» donde causa sensación Picasso y donde se le consagra — con otro pintor español, Juan Gris, y el francés Georges Braque — como iniciador de esta moderna forma del arte. Y comienza (1908–1909), una época creadora en la cual Picasso no expone ningún otro cuadro, porque, según él, en todo lo que se está intentando, no se sabe aún lo que se hace, y se debe permanecer en silencio porque hay muy poca gente capaz de comprender

Salón de Otoño: The traditionally famous exhibit held each fall in Paris. It is a great honor to have a picture accepted for exhibition.

donde se le consagra: where he is immortalized

Tres músicos, 1921. Ejemplo de la fase cubista del pintor. *(Collection, The Museum of Modern Art, New York—Mrs. Simon Guggenheim Fund)*

hesitant steps

estos titubeos. Cree, sin embargo, que los que vienen después de los movimientos innovadores, sí pueden producir algo que satisfaga estéticamente porque ya saben lo que están haciendo.

still lifes of things to eat

Los primeros cuadros cubistas son paisajes y bodegones. Pero a Picasso le interesa, como a los grandes maestros españoles, más que estos temas, el hombre; puede decirse que éste es lo único que existe para él. Por eso lucha sin descanso por expresarlo en su esencia.

complex

Con la combinación enredada de formas se inicia en el cubismo un segundo período – 1910 y 1911 – llamado la «época heroica» del cubismo. En ella, Braque y Picasso, en su carrera innovadora, pugnan por desarrollar una nueva técnica en la pintura, la cual origina el «collage» que consiste en «no falsear» la realidad reproduciendo con la pintura las formas y colores de los objetos, sino en utilizar trozos de los objetos mismos, pedazos de metal, madera, periódico, tela, etc. aplicados sobre el lienzo y sujetos mediante alfileres u otros medios adhesivos. Se proponen con esto dar un valor mágico a los materiales sin valor, y, según Braque, acercarse de ese modo lo más posible a la realidad. Respecto al uso de trozos de periódicos hay que decir que el empleo de letras en la decoración le viene a España de tradición desde los árabes, que hacían maravillas de decoración con ellas y con frases completas en los muros de sus palacios, como, por ejemplo, en la Alhambra.

collage

using pins

by tradition

DECORACIONES PARA BALLETS

Al empezar la Guerra Mundial de 1914, los amigos franceses de Picasso se fueron a los campos de batalla. En la soledad y tristeza en que quedó, pintó varios retratos y autorretratos de técnica realista; pero siguió buscando nuevos caminos para su arte, movido por las impresiones guerreras. Le encargaron las decoraciones y figurines para el ballet *La Parada,* que es la aparición del cubismo en el arte escénico. Constituyó un gran éxito y produjo una revolución artística en Europa, así como la produjeron las decoraciones y figurines para el ballet *El sombrero de tres picos,* con música de Manuel de Falla, quien conservó siempre en su estudio los preciosos originales de Picasso.

which is Cubism brought to the stage

LA FASE CLASICISTA

Después de la guerra, hizo Picasso un viaje a Roma y la presencia de lo clásico influyó en sus figuras humanas. Son, sí, de tipo clásico, pero abultadas en todas sus proporciones; son mujeres grandes, gruesas; y hombres y centauros que parecen esculturas deformadas.

massive women

Pero Picasso, en su constante inquietud artística de expresión tomó otro camino entre 1927 y 1935, y volvió a tratar de representar el alma de las gentes mediante formas imaginadas, no vistas. Mas, como no lograba encontrar lo que buscaba por este nuevo camino, estuvo algún tiempo sin pintar.

Tres mujeres junto a la fuente, 1921. *(Collection, The Museum of Modern Art, New York—Gift of Mr. and Mrs. Allan D. Emil)*

La destrucción de Guernica, 1937. (*On extended loan to the Museum of Modern Art, New York, from the artist, Picasso*)

EL MURAL DE «LA DESTRUCCIÓN DE GUERNICA»

La Guerra Civil Española (1936–39) lo sacó de su inacción. La lucha causaba en su espíritu una impresión profunda y desgarradora que tuvo como manifestación plástica el mural, en blanco, negro y gris, que representa la destrucción del pueblo de Guernica. Guernica es una aldea del norte del país vasco, que en 1938 fué bombardeada y convertida en escombros por la aviación alemana al servicio del ejército franquista. En esta obra, justamente famosa, alcanza Picasso el máximo dramatismo en su pintura y logra un documento histórico, de fuerza extraordinaria y en un estilo nuevo, de la última tragedia española. Ha sido analizado e interpretado en numerosos libros de arte ese mural que presenta con estilizadas imágenes humanas, de animales y de casas de pueblo, una estampa desoladora del horror de la guerra. Lo brutal de la escena y la fuerza espiritual que rebosa de ella causa con tal intensidad aquel sentimiento que para muchos críticos esta pintura constituye una obra pacifista de gran altura.

desgarradora: heart-rending
Guernica: *Basque province in the North of Spain.*
escombros: debris
gran altura: of great importance

LA OBRA DE PICASSO EN EL EXILIO

En los últimos veinticinco años, exilado voluntaria-
nente de España en el sur de Francia, Picasso pudo
ealizar uno de los sueños pictóricos de su vida. Fué
n el verano de 1946, cuando se le presentó la ocasión,
nesperadamente, de realizar aquel sueño: el de pintar
nurales. El Museo de Antibes, instalado en el castillo
le esta ciudad del sur de Francia, pidió a Picasso una
intura, temiendo mucho recibir una negativa. Pero
l pintor aceptó con suma alegría, pues se lamentaba
le haber carecido siempre «una gran superficie» donde pintar. Y allá se fué el maestro y empezó a
lenar con las imágenes de su fantasía los muros de los
alones del castillo. Su primer mural lo tituló «Las
laves de Antibes»; con ellas se abrieron realmente
ara los aficionados a la pintura picassiana las puertas
le la hasta entonces insignificante ciudad de Antibes.
u castillo se ha convertido en un foco de atracción
or la pintura de Picasso que aparece allí llena de
umorismo, vitalidad, fantasía y firmeza de línea.

carecido: lacked

En su casa de campo, cerca de Vallauris, Picasso
igue pintando, haciendo esculturas y dedicándose a
a cerámica, arte menor que en sus manos alcanza
uevas dimensiones. En ella coordina, como en mu-
has de sus obras, elementos tradicionales de la
erámica folklórica española, con sus peculiares estili-
aciones de color y forma.

Vallauris: *village in the South of France*

Aunque físicamente alejado de España, en ese
mbiente mediterráneo, Picasso se siente en contacto
on su mundo primero y con todas las etapas sucesivas.
e atrae, como le atraía a Goya, el espectáculo de la

ambiente: atmosphere

Cabeza de mujer, 1909. *(Collection, The Museum of Modern Art, New York)*

fiesta de toros, por su dramatismo, movimiento y elementos pictóricos y tiene sobre ella una numerosa colección de dibujos que titula «Los toros.»

No abandona su constante búsqueda de formas, líneas y colores, ni sus ideas personalísimas sobre la pintura. Es una de ellas, fundamental para la comprensión de algunos de sus cuadros, su afirmación de que un niño, cuando está en brazos de su madre, no ve su cara sino en un solo aspecto, que sería como la pintaría si supiese hacerlo; también dice que se puede pintar una cara con las facciones que vemos mentalmente, o combinar facciones parciales (la «Mujer con melena larga»).

En resumen: los caminos seguidos por Picasso parecen inagotables. Siempre pintando a su modo con su personalidad extraordinaria, sigue siendo aún, a su avanzada edad, el gran renovador no sólo de la pintura contemporánea sino de todos los movimientos artísticos de hoy.

VOCABULARIO

Omitted from this vocabulary are:

(1) Most nouns and adjectives in a sense exactly equivalent to that of recognizable English cognates:

e.g. **poema, abstracto, agricultura, activo, silencio, gloria, rosario, magnitud, imitador, legislador, sociedad, crueldad, filosofía, fonógrafo, monótono, malicioso, millón, inmediato, acusación, dificultad, ángel, prisión, pretensión, acción,** *etc. etc.*

(2) Regular past participles of verbs whose infinitive is listed and participial adjectives which are cognate or derivative from verbs herein defined.

e.g. **acompañado, perfumado, proporcionado,** *etc. etc.*

(3) Easily recognizable proper names.
e.g. **Alfredo, Alicia,** *etc. etc.*

(4) Most adverbs ending in **-mente** if the adjectival form is given.

(5) Diminutives in **-ito, -ita, -illo, -illa, -ecito** and **-ecita;** superlatives in **-ísimo, ísima** unless the ending gives the word a special meaning.

e.g. **serenísimo,** *etc. etc.*

(6) All cardinal numbers and the ordinals through **décimo.**

(7) The names of the days of the week and of the months of the year.

Phrases and idioms are listed under the verb, if they are verbal, or under the first noun or significant word of the phrase or idiom.

Gender of nouns is indicated, except for masculine nouns ending in **-o** and feminine nouns ending in **-a, -dad, -tad, -tud, -ión** and **-ción.**

ABBREVIATIONS

adv.	adverb	*lit.*	literal(ly)
obs.	obsolete	*m.*	masculine
f.	feminine	*n.*	noun
fig.	figurative(ly)	*pl.*	plural

A

a to, at, on, by, in, into, for, with, toward
abad *m.* abbot
abadesa abbess
abajo down, downstairs
abandonar to abandon; leave; to forsake, desert
abandono abandon, abandonment; plight
abarcar to contain, embrace
abdicación abdication, renouncement
abdicar to abdicate; **— en (él)** to abdicate in (his favor)
abierto -a open
abismo abyss, chasm
abjurar to abjure; to retract under oath; **— de** to renounce
ablandar to soften, relent
abolengo ancestry, lineage; inheritance
abono security, guarantee
aborrecer to hate, to detest
aborrecido -a hated, abhorred
aborrecimiento hatred
abrasar to burn
abrazar to embrace
abrigo overcoat
abrir to open; to cut open
abrupto -a abrupt; rugged
absolutismo absolutism *(government by an absolute ruler)*
absoluto -a absolute, complete; **en —** absolutely
absorber to absorb
abstraído -a absent-minded; absorbed in
abuelo grandfather; *pl.* grandparents
abultado -a bulky, massive
abundar to abound, be plentiful
abundoso -a abundant
abusar to take advantage; to exceed
abyecto -a abject, servile
acá here, hither; **— y allá** here and there; **por —** hereabouts
acabar to finish, end; to become exhausted; **— de** (+ *inf.*) to have just
academia academy
académico -a academic; *n.* academician
acaso perhaps
accidente *m.* accident; **— geográfico** geographical accident *(irregularity or uneveness of the surface of the earth)*
accionar to gesticulate
aceite *m.* oil
aceituna olive
acento accent
acentuado -a marked, emphasized
aceptar to accept
acercar to bring *or* place near(er); **—se** to approach, draw near
acero steel
acertar to hit; to succeed; to guess right; **— a** to succeed in
acierto success; ability; tact
aclaración explanation
acoger to shelter, receive
acometer to attack; to undertake
acomodado -a well-to-do, wealthy
acomodar to fit, suit; to accommodate; to reconcile; to settle, resolve; **—se** to adapt oneself, put up with
acompañamiento accompaniment
acompañante *m.* attendant, companion
acompañar to accompany, escort
aconsejar to advise, counsel; **mal aconsejado** ill-advised
acontecer to happen
acontecimiento event, happening
acordado -a agreed; tuned, in tune, harmonious
acordar to resolve, agree; **—se (de)** to remember
acorrer to help
acostar to lay down; **—se** to lie down, go to bed
acostumbrar to accustom; **—se** to become accustomed
acrencentar(se) to increase
actitud attitude, position, posture
actividad activity; energy
acto act, action; ceremony; **— público** public function; **en —** in fact, deed
actualidad timeliness; present time
actuar to act; **— por** to act from
acuchillar to cut; to hack, slash
acudir to go, come; to attend; to resort to, have recourse to
acuerdo resolution; report; accord; opinion; **de —** in agreement, in accordance
acumulación accumulation, gathering
acusar to accuse
acústico -a acoustic
adelantar to advance; to progress; **—se** to go (come) forward
adelante forward; **en —** henceforth, in the future; **hacia —** forward; **más —** farther on, ahead
adelanto advancement
ademán *m.* gesture; manner
además (de) moreover, besides, in addition (to)
adhesión adherence; following

adicto -a addicted, devoted
adiós good-by
adivinación divination, prophecy, forecast
adivinar to foretell; to guess at
adivino -a soothsayer, wizard; fortune teller
adjudicar to adjudge, adjudicate
administrar to administer
admirable wonderful, noteworthy
admiración admiration, wonder
admirador -a admirer
admirar to admire, idolize, revere; **—se (de)** to be surprised, amazed (at); to wonder (at)
admirativo -a admiring
admitir to admit, permit
adolecer to suffer
adonde where, on which, whither; **— o por donde** where or whence
adoptar to adopt
adorador -a adorer, worshiper
adorar to adore, worship
adoratorio temple
adornado -a adorned, trimmed, decorated
adquirir to acquire
adusto -a austere, stern, bleak
advertir to warn
aéreo -a aerial, airy
afable affable, pleasant, courteous
afán *m.* anxiety, eagerness; desire; **con —** eagerly
afición fondness, inclination; affection
aficionado -a (a) fond (of); *n.* follower, fan
afirmación affirmation; statement
afirmar to affirm, assert
aflicción affliction, sorrow, grief
afligido -a afflicted, grieving
afluente *m.* tributary (stream)
afortunado -a fortunate, lucky
afueras *pl.* suburbs, outskirts
ágil agile, nimble
agilidad agility
agitador -a exciter, inciter
agitar to agitate, excite, disturb
agobiar to oppress, overwhelm
agotarse to be used up, become exhausted, give out
agraciado -a pleasing
agradable agreeable, pleasing; graceful
agradar to please, like; to be agreeable, pleasing
agradecer to thank, be grateful for
agradecido -a grateful, thankful
agrado pleasure, liking, taste
agravio offense, insult, affront
agrio -a acrid; rough
agrupar to group, cluster
agua water
aguafuerte *m.* etching
aguafuertista *m.* etcher
aguantar to bear, endure
aguardar to wait (for), expect
agudeza sharpness, acumen
agudo -a sharp, witty, keen
aguijar to prick, spur
aguileño -a aquiline, hawk(nosed)
agujero hole
ahí there; **de —** hence
ahincado -a earnest, constant
ahinco earnestness, eagerness, ardor
ahogar(se) to drown
ahora now
ahorcarse to hang oneself
aire *m.* air; wind, breeze; aspect; **por los —s** through the air
ajado -a faded, withered
ajeno -a another's; foreign
ala wing
alabar to praise
alacena cupboard
alado -a winged
alameda poplar grove
alargado -a lengthened, prolonged, extended, elongated
alargamiento lengthening, elongation
alargar (algo) to hand, reach
alarma alarm
alarmarse to become alarmed
alba dawn, daybreak
albedrío will; judgment
alberca pool, reservoir
albergue *m.* lodging, shelter
alborear to dawn
alborotar to disturb, agitate, excite; **—se** to become excited
alboroto disturbance, tumult
alborozo joy
alcalde *m.* mayor
alcanzar to overtake; to reach, attain; to suffice, be enough
aldea village
aldeano -a peasant, villager; *f.* peasant, village girl *or* woman
alegoría allegory
alegórico -a allegorical
alegrar to gladden, make happy; **—se** to rejoice, be glad
alegre joyful; gay, cheerful
alegría joy, rejoicing; mirth

alejado -a removed, separated, distant, apart
alejar(se) to move away, push away; to separate; to withdraw
Alemania Germany
alerta (on the) alert, watchful
alfarería pottery
alfarero potter
alférez, *m.* ensign, second lieutenant
alfiler *m.* pin
alfombra carpet, tapestry
alforja saddle-bag
alga alga, seaweed
algo some, something, somewhat
alguien somebody, someone; anyone
algún, alguno -a some, any
alhaja jewel
aliado -a ally
aliento breath
alimentado -a nourished
alimentar to nourish, feed
alimenticio -a nourishing
alimento nourishment, food
alistamiento enrollment, conscription
alivio relief
alma soul, spirit
almagre (almagra) *m.* red ocher, red earth
almirante *m.* admiral, commander *(of a fleet)*
almohade *m.* Almohade *(member of an Islamitic sect established in Africa and Spain in the twelfth and thirteenth centuries)*
almorzar to have breakfast *or* lunch
almuerzo lunch
alojar to lodge
alrededor (de) around, about; **a su —** around him *or* it
altamente highly, exceedingly
altanero -a haughty, arrogant
altar *m.* altar; **— mayor** high altar
alternar to alternate
alteza height; **Su (Vuestra) —** Her (Your) Highness
altivez *f.* haughtiness, arrogance, pride
altivo -a haughty, proud
alto -a tall, high, lofty; **en lo — de** at the top of
altruísmo altruism
altura height, elevation
alucinar to dazzle, fascinate
aludir to allude, refer
alumbrar to illuminate, light up
alumbre *m.* alum
alumno -a student, pupil
alusivo -a allusive; **— a** alluding to
aluvión flood
alzar to raise, lift; to erect; **—se** to get up, rise
allá there, thither, to that place; far, beyond
allegado -a relation, relative
allí there, in that place; **por —** along, around there
amabilidad affability, kindness
amable kind, amiable, affable; worthy of being loved
amado -a beloved, sweetheart; **Amado** Beloved (God)
amagar to threaten; **—le a uno** to threaten one with
amante amorous; **— de** passionately fond of; *n.* lover
amar to love
amargado -a embittered
amargar to offend, embitter; to sadden; **—se** to be(come) bitter
amargo -a bitter, harsh
amargura bitterness
amarillo -a yellow
ambición ambition; **su — de poder** his lust for power
ambiente *m.* atmosphere, setting
ámbito space; precincts
ambos -as both
amenaza threat
amenazar to threaten, menace
amenizar to render *or* make pleasant *or* agreeable
ameno -a pleasant; agreeable
amigo -a friend; **— de la caza** fond of hunting
amistad friendship
amo master; *f.* mistress *(of the house),* housekeeper
amor *m.* love; fondness; *pl.* love affairs, amours
amoratado -a livid, purplish
amoroso -a loving, affectionate; gentle
amparar to protect, shelter
amparo aid, protection
ampliar to amplify, enlarge
amplio -a ample, large
amurallado -a walled, surrounded by walls
anales *m. pl.* annals
anárquico -a anarchical
anclar to anchor
ancho -a broad, wide; **a sus —as** freely, unrestrictedly
andaluz -a Andalusian

andante errant
andar to go, walk; — **discurriendo** to wander about; — **errante** to wander, go astray; **se anduvieron paseando** they went strolling
andariego -a wandering, roving; swift
anecdótico -a anecdotic
anegarse to become flooded
anejo annex, extension
anémona anemone *(a kind of plant having large and colorful flowers)*
anexión annexation
angustioso -a full of anguish, anxious
anhelar to desire anxiously, long for
anhelo longing, desire, eagerness
anillo ring — **de pedida** engagement ring
ánima soul, spirit
animación animation, liveliness, gaiety
animado -a lovely, animated
ánimo spirit; mind; courage
aniquilar to annihilate
anoche last night
anochecer to grow dark; **al** — at nightfall
anónimo -a anonymous
anotar to note, jot down
ansia anxiety, eagerness; wish
ansiar to desire anxiously, yearn for
ansioso -a anxious, eager
ante before, in the presence of, in the face of; — **todo** above all, before all else
antecedentes *m. pl.* antecedents, background
antepasados *m. pl.* ancestors
antepecho guardrail; sill; parapet, breastwork; footboard *(of a carriage)*
anterior former, preceding, earlier, previous
antes before, formerly; first; rather; — **de** before; — **que** before, rather than; **cuanto** — as soon as possible, immediately, without delay
anticipación anticipation, foretaste
antifaz *m. (pl.* **antifaces)** mask
antigualla relic, antique, ancient custom **(despectivo)**
antigüedad ancient times, antiquity
antiguo -a old, ancient
antipatriota *m.* unpatriotic person
antítesis *f.* antithesis, opposite
antorcha torch
anunciar to announce, proclaim
añadir to add
añil *m.* indigo
año year; **a los...—s** at the age of..., when...years of age
apacentar to graze
apacible peaceful, calm
apagar to put out, turn off, extinguish; **—se** to become extinguished, die out
aparecer to appear; to turn up, show up
aparejado -a *ant.* prepared, equipped
aparentemente apparently
aparición appearance, apparition
apariencia appearance, outward show
apartado -a separated, distant; withdrawn
apartar to part, separate, remove; **—se** to withdraw, move away; **¡Aparta!** Away! Begone!
aparte apart, aside
apasionado -a passionate, impassioned
apasionamiento passion, emotion
apasionar to impassion; to move *or* affect strongly
apear(se) to dismount, alight
apellidar to name, proclaim; **—se** to be named
apellido surname, last name
apenado -a sorrowful, sad
apenas scarcely, hardly; no sooner than, as soon as
apiadarse to pity, take pity (on)
aplauso applause, approbation
aplicación attention
aplicar to apply; to attribute, impute
apocado -a of little courage, irresolute
apoderarse to take (possession of); to seize; to catch
apogeo apogee, height
aportar to bring; to contribute
aposento room, chamber
apostado stationed, posted
apostar to bet, wager
apostolado apostleship, apostolate
apoteosis *f.* apotheosis, deification
apoyarse to lean, to be supported
apoyo help, support, aid
apreciación appraisal, estimation, opinion, judgment
apreciar to appreciate; to estimate; to value, esteem
aprecio esteem, regard
aprender to learn
aprendizaje *m.* apprenticeship
apresar to capture, seize
apretar to press; to clutch
aprieto difficulty, trouble
apropriado -a appropriate, fit
aprovechable available; useful

aprovechar to avail, be of use; to make use of, profit by; **—se de** to take advantage of
apuesta bet, wager
apuestamente elegantly, politely
apuesto -a elegant, well-bred
apuntar to note, jot down
aquél, aquélla he, she; that one, the former; *pl.* they, those
aquel, aquella *adj.* that *(yonder)*
aquello that *(idea or thing)*
aqueste = **este**
aquí here; **de —** hence, from this point on; **por —** this way
ara altar
árabe Arabic, Arabian; *m.* Arab
aragonés -a Aragonese
araña spider; **tela de —** cobweb
arbitrio will, judgment, discretion
árbitro arbiter
árbol *m.* tree, mast
arca chest, ark (Noah's)
arcaico -a archaic
arcilla clay
arcipreste archpriest
arco arc, bow; arch; **en —s y flechas famosos** famous for their archery
arcón *m.* large chest
arder to burn; **— en aborrecimiento** to burn with hatred
ardiente ardent, burning
ardor *m.* ardor; heat
arena sand
Argonauta Argonaut
argumento plot
arlequín *m.* harlequin
arma weapon; *pl.* arms; troops; **—s de fuego** firearms
armada navy, fleet; **— Invencible** Invincible Armada
armadura armor; **— de valor** rich armor
armar to arm; **fué armado caballero** was knighted; **—se** to arm oneself
armiño ermine
armonía harmony
armónico harmonious
armonioso harmonïous
armonizar to harmonize, unite in harmony
arraigar to take root
arrancar to tear out (off), pull out; to snatch
arrastrar to drag; to urge; to attract
arrebatado -a rash, impetuous; enraged
arrebatador -a captivating; fiery, stirring
arrebatar to carry off, snatch
arreglar (la mesa) to set (the table)
arremeter to assail, attack
arrepentimiento repentance
arrepentirse to repent, regret, take back
arriano -a Arian
arriba up, upstairs
arriero *m.* muleteer, teamster
arriesgar to risk
arrimar to place near; **—se** to lean on *or* against; to join; **muy arrimados a** very close to
arrodillarse to kneel down
arrogante haughty, proud
arrojado -a fearless, rash, daring
arrojar to throw, cast (out), fling
arroyo rivulet, brook
arsenal *m.* shipyard; arsenal
arte *m. or f.* art; skill; **las siete —s liberales** the seven liberal arts; **bellas —s** fine arts
artesano mechanic, artisan
articular to articulate, pronounce
artificio workmanship, craft
artista *m., f.* artist; writer, poet; actor, performer
arzobispal archepiscopal
arzobispo archbishop
arzón *m.* saddletree
asaltar to assault, assail
asalto assault, attack
asamblea assembly, legislature; meeting
asar to roast
ascendencia ancestry
ascetismo asceticism *(rigorous abstention from indulgence in pleasure)*
ascua live coal, ember
asegurar to secure; to affirm; to assert, assure; **—se** to make sure
asentar to place, adjust, fix; to sit, settle
asesinar to murder, assassinate
asesinato murder, assassination
así so, thus, therefore; **— como** just as, as well as; **— que** so that, so it is that, and so
asiento seat, bench; stability
asilo shelter, asylum, refuge
asimetría asymmetry
asimilado -a assimilated
asimismo likewise, similarly
asistencia attendance, presence
asistente *m.* assistant, attendant
asistir (a) to attend
asomado -a looking out
asomar to begin to appear; to show; **—se a** to look out of

asombrar to astonish, amaze; to frighten; **—se de** to wonder, be astonished at
asombro amazement, wonder
asombroso -a amazing
áspero -a rough, harsh; knotty
aspiración aspiration, (vehement) desire
aspirar to aspire, desire eagerly
astro star
astucia astuteness
astuto -a cunning, sly, astute
asunción assumption, ascent, elevation
asunto matter, subject (matter); affair
asustado -a scared, frightened
atacar to attack
atambor *m.* drum
ataque *m.* attack, offensive
atar to tie, bind
ataúd *m.* coffin, casket
ataviar to deck, trim, adorn
atemorizar to frighten
atención attention, interest; civility, kindness; *pl.* affairs
atender to attend; to pay attention to, take care of
atento -a attentive, heedful
atenerse a to depend on, abide by
aterrado -a terrified; downcast
aterrar to terrify, frighten
atestiguar to witness, attest; to prove
atizado -a stirred
atollar to fall into the mire; **— en hondas cenizas** to sink in deep ashes
atónito -a astonished, amazed
atormentar to torture
atractivo -a attractive; *m.* attractiveness, charm
atraer to attract
atrás back(ward), behind, back
atrasado -a behind the times, backward; late
atravesar to cross, traverse
atreverse to dare, venture
atrevido -a bold, fearless, daring
atrevimiento audacity, effrontery, boldness
atribuir to attribute
atropellar to abuse, violate; to trample
atropello outrage, abuse
audacia audacity, boldness
audiencia audience, hearing
auditorio audience; auditorium
Aufklärung *(German word for)* Enlightenment (Época de las Luces)
augurar to augur
aula lecture hall, classroom
aumentar to increase, augment
aumento increase, enlargement
aun even; still
aún yet, still; as yet
aunque though, although, notwithstanding, even if
aura gentle breeze
aurora dawn
ausencia absence; **en — de** in the absence of
auténtico -a authentic
auto sacramental allegorical or religious play
autónomamente autonomously
autor -a author
autoridad authority
autorretrato self-portrait
auxilio aid, help, assistance; **los —s espirituales** extreme unction
avalorar to give value to
avance *m.* advance
avanzar to advance, push forward
avaricia covetousness *(one of the seven deadly sins);* avarice
avaro -a avaricious, miserly, stingy
ave *f.* bird, fowl
aventura adventure; event; risk; **— amorosa** love affair
aventurar(se) to venture, hazard, risk
aventurero -a adventurous, undisciplined; *n.* adventurer
avergonzado -a ashamed
avergonzar to shame; **—se** to be ashamed, embarrassed
averiguación investigation, inquiry
averiguar to inquire, investigate; to ascertain
avión airplane, martin *(bird)*
avisar to advise, announce; to warn
aviso advice, warning
¡ay! alas! **¡—de mí!** woe is me!
ayer yesterday
ayo -a tutor, teacher
ayuda aid, help
ayudar to help, aid
ayunas: en — before breakfast
ayuno fasting
azafrán *m.* saffron
azotado -a whipped, beaten
azotea *(flat)* roof
azteca Aztec
azúcar ***m.*** sugar
azucena white lily
azufre *m.* sulphur, brimstone
azul blue; **— marino** navy blue
azulado -a bluish

B

baba spittle, saliva
bachiller *m.* bachelor *(degree);* **— en leyes** bachelor of law
bachillerato high-school diploma
bailaor -a = **bailador -a** Andalusian dancer
bailar to dance
bailarín -a dancer
baile *m.* dance
bajar to descend, go *or* come down
bajeza meanness, lowliness
bajo -a low; **—a California** lower California; **en lo —** in the lower part; *adv.* under, below
bala bullet
balada ballad
balcón *m.* balcony
balido bleat, bleating
banco bench; bank
bandera banner, flag
bando faction, party
banquete *m.* banquet
bañar to bathe
baño bath, bathroom; *pl. (public)* baths
baranda railing
barba beard; chin
barbarie *f.* barbarousness; incivility
bárbaro -a barbarian, barbarous; cruel
barbero barber
barca small boat
barco vessel, boat
barda thatch; bramble covered wall, reed and bramble hedge
barranco gorge, ravine
barrera barrier
barriga belly; **de poca —** slim-waisted
barrio *(city)* district, suburb, quarter, neighborhood
barro clay, mud
barroco -a baroque
basar to support; to base, found; **—se en** to be based on
base *f.* base, basis, origin; background
bastante enough, sufficient
bastar to suffice, be enough
bastidor *m.* wing *(of stage scenery);* **entre —es** behind the scenes
bata dressing gown, negligée, bathrobe
batalla bottle
batallar to fight, struggle
batir to beat; **— el record** to beat the record; **—se** to fight
bautizar to baptize, christen
bautizo baptism; **— de sangre** first ordeal
beber to drink, absorb; **—se** to drink up
belfo blobber lipped, lip of an animal
belleza beauty
bello -a beautiful, fair; fine
bendecir to bless
bendición benediction, blessing
bendito -a blessed
beneficioso beneficial, profitable
benevolencia benevolence, kindness
benévolo -a benevolent, kind
benigno -a benign, kind, mild
besar to kiss; **— la mano** *(expression of courtesy and respect)* to greet, salute
beso kiss
bestia beast; **— de carga** beast of burden
bestialmente bestially, brutally
bético -a *obs.* Andalusian
biblioteca library
bien well, very well; very; **más —** rather; **si —** while, though
bien *m.* good, right; blessing; boon; *pl.* property, possessions, good qualities
bienhadado -a fortunate, lucky
bienhechor -a benefactor
biógrafo biographer
bizantino -a Byzantine
blanco -a white
blancor *m.* whiteness
blancura whiteness
blandir to brandish, wield
blando -a soft, kind
boca mouth
bocado mouthful, bite
boda wedding
bodegón *m.* still life; restaurant, tap room
bohemio -a bohemian
bombardear to bomb
bondad goodness, kindness; excellence
bondadoso -a good, kind
bonito -a pretty
borbónico -a Bourbonic *(of or pertaining to the Bourbons, a French family to which belong some of the rulers of France, Spain and other kingdoms)*
bordado embroidery
bordador -a embroiderer
bordar to embroider
borde *m.* border, edge
borgoñón Burgundian
borrar to erase, obliterate

borrico -a little donkey
bosque *m.* wood(s), forest
bosquejo sketch
botín *m.* booty, spoils *(of war)*
bóveda vault
bramar (por) to roar, bellow (for); to rage
brasero brazier, fire pan, pan for holding burning coals (for heating)
bravura courage
brazo arm; *pl.* hands, laborers; **en —s** (to hold) in the arms
bregar to fight, to start a row
breve brief, short
brial *m.* rich silken skirt
brillante brilliant, shining, glittering
brillantez *f.* brilliance
brillar to shine, sparkle
brindar to toast, drink to a person's health
brío determination, spirit
brioso -a spirited, lively
brisa breeze
brocado brocade
broma jest, joke; merriment
bronce *m.* bronze, brass
bronceado -a tanned, sunburned
brotar to spring, rush out; to issue
brujería sorcery, witchcraft
brujo -a witch, sorcerer
Bruselas Brussels
brutal terrific
bruto animal
búcaro vessel *or* receptacle *(made of aromatic clay)*
buen(o) -a good, kind; well
bufón *m.* buffoon, jester, fool
buho owl
bula papal bull, indulgence, papal letter sealed with the bulla
bulero person who sells papal bulls, indulgence seller
bullir to boil, bubble up
buque *m.* vessel, ship
burla mockery, fun; trick
burlador *m.* seducer, deceiver
burlarse to deceive, mock; to evade
burlesco -a burlesque, comical, funny
busca search
buscar to look for, seek

C

cabalgar to ride *(on horseback)*
caballería chivalry; cavalry
caballeresco -a knightly, chivalrous
caballero knight, cavalier, gentleman; **— andante** knight errant; **— en** mounted on, riding
caballo horse; **a —** on horseback
cabaña hut, lowly dwelling
cabecera principal part; head *(of a bed);* pillow, bolster
cabellera head of hair
cabello hair, hairdo
caber to go in(to); to fit; to have enough room; to be possible
cabeza head; **la — descubierta** bareheaded
cabildo chapter *(of a cathedral)*
cabo end; extreme; **al —** at last, after
cacique *m.* cacique, Indian chief; political boss
cachiporra billy club
cada each, every; **— uno** each (one), everyone
cadalso scaffold
cadáver *m.* cadaver, corpse
cadena chain
caer to fall (off), tumble (down); **— de rodillas** to fall to one's knees, kneel (down); **— muerto** to drop dead; **los ríos caigan al mar** the rivers empty into the sea
caída fall, downfall
caja box, case
cal *f.* lime
calamidad calamity
calcular to calculate
calentar to heat, warm
calentura fever
calidad quality; rank
califa *m.* caliph
calificar to qualify, judge
calmar to calm, quiet, soothe
calor *m.* heat, warmth; ardor
calva bald head, pate
calumnia calumny, slander, lie
calzada causeway
calzar to put on (spurs, shoes, *etc.);* to wear (shoes)
calzas *f. pl.* breeches
callar to keep silent; **—se** to keep *or* be quiet
calle *f.* street; **callejuela** little street, lane
cama bed
cámara chamber; **música de cámara** chamber music; **pintor de —** court painter
camarada *m.* comrade, companion

camareta small bedroom, bunkroom
cambiante changeable, changing
cambiar to change, exchange
cambio change, exchange; **a — de** in lieu of, in exchange for; **en —** on the other hand
caminante *m.* traveler, walker
caminar to walk; to go; to travel
camino way, road, path, travel; **por el —** along the road; **por este —** in this way; **por otro —** in any other way
camisa shirt; tunic, camise
campamento camp, encampment
campana bell
campanada stroke of a bell
campaneo bell ringing
campaña campaign
campeador surpassing in valor; *m.* warrior
campeón *m.* champion, defender
campiña open, planted field
campo country, field; **— de batalla** battlefield
canal *m.* channel, canal
canas *f. pl.* gray hair
canción ballad; song; **—es de camino** ballads
cancionero songbook
candela candle
cangreja fore-and-aft sail
canoa canoe
cansado -a tired, weary
cansancio fatigue
cansar to weary, tire; **—se** to become tired
cantaor -a = **cantador -a** Andalusian singer of popular songs
cantar to sing; *m.* poem, song; singing; **— de Mío Cid** Poem of the Cid
cante *m.* Andalusian song
cántico canticle
cantidad sum
canto song; chant; singing; **—s funerales** funeral dirges
cantor *m.* singer, minstrel
caña cane, reed
cañón *m.* cannon, gun
capa cape, mantle; *(social)* stratum *or* level; **— pluvial** cloak, an ecclesiastic's vestment in the form of a long cloak
capacidad capacity, ability, talent
capaz able, capable
capellán *m.* chaplain
capilla chapel
capitán *m.* captain
capítulo chapter
capricho whim
captación seizure, grasp
captar to seize, captivate
cara face
carácter *m.* character
característico -a characteristic, typical; *m.* characteristic, trait, feature
carbón *m.* charcoal
carcajada outburst of laughter, burst of laughter
cárcel *f.* jail, prison
careta mask
cargado -a loaded, full
cargar to load
cargo post, duty, burden
caricia caress
caridad charity
cariño love, fondness, affection
cariñoso -a affectionate, endearing, loving
caritativo -a charitable
carmín *m.* carmine *(color)*
carnaval *m.* Carnival *(festival season before Lent),* Mardi Gras
carne *f.* meat; flesh; **—y hueso** flesh and blood
carnero ram; mutton
carnoso -a fleshy, meaty
carpintero carpenter; **maestro —** master (head) carpenter
carrera run, race; course; career
carro cart; chariot; **— funébre** funeral coach; **— polar** = **Osa Menor** Little Bear *(the constellation which includes the North, or polestar)*
carroza large coach
carta letter; **—s de relación** *five letters written by Cortés to Charles V concerning his conquests in the New World*
cartaginés -a *Carthaginian (of or from Carthage, an important city founded by the Phoenicians on the coast of North Africa)*
cartón *m.* cardboard, pasteboard; painting *or* design *(executed on heavy paper)*
casa house, home; **— de campo** country house
casada married woman; wife
casamiento marriage
casar to marry; **—se** to get married; **—se con** to get married to
casco segment, section

caserón *m.* large tumble-down house
casi almost, nearly
caso case; occurrence, event
castañuela castanet
castellano -a Castilian, Spanish; *m.* Castilian, Spaniard, Spanish *(language)*
castigar to punish; **— con pena de muerte** to condemn to death
castigo punishment
castillo castle; *(fig.)* soul; **— de proa** forecastle
casto -a chaste
casualidad chance, accident **por —** by chance
casulla chasuble
catalán -a Catalonian
catarata cataract
cátedra professorship; class, classroom; subject; **— de profesor** professorial chair, professorship
catedral f. cathedral
categoría category, rank; class, quality
catolicismo Catholicism
católico -a Catholic
caudal *m.* abundance, volume; wealth; *adj.* copious, carrying much water
causa cause, motive, reason; case; **a — de** because of
causar to cause, occasion; to produce
cautiverio captivity
cautivo -a captive
cauto -a cautious, wary, prudent
cavar to dig
cavilar to ponder, brood
caza game, hunting
cazador *m.* hunter
cazar to hunt; to pursue; to snare
cebolla onion
ceder to yield, give in
céfiro zephyr, west wind; gentle wind
cegar to close *or* stop up; to blind
ceja eyebrow
cejar to go backward; to hesitate
celda cell
celebrar to celebrate; to honor, observe; to praise, applaud; **— la misa** to say Mass
célebre famous
celeste celestial, heavenly
celos *m. pl.* jealousy, suspicions
celoso -a jealous
cementerio cemetery
cena supper
cenar to have supper; to dine
cenceño -a lean, thin
cendal *m.* sendal, gauze
ceniciento -a ashen, ashy
ceniza ashes, cinders
censor *m.* censor, critic
censura criticism; censorship
censurar to criticize, censure
centenar *m.* hundred
centro center, middle
ceñir(se) to gird
cera wax
cerámica ceramics
cerca (de) near, close (to); about; **los de —** those nearby
cercano -a near, neighboring, close
cercar to surround, lay siege to; to encompass
cerda horse's hair; bristle
cerebro brain
cerrado -a closed, fenced in, enclosed; obscure
cerrar to close, shut; to end; **— con llave** to lock
certificar(se) to certify, attest; to give evidence
cervantino -a Cervantine, of or pertaining to Cervantes
cesar to cease, stop
cetro sceptre; *fig.* power
cicuta hemlock; poison
Cid = señor *m.* leader, chief
ciego -a blind; *n.* blind man, blind woman
cielo sky, heaven; **en el —** in Heaven
ciencia science; knowledge
cieno mire, slough, bog
científico -a scientific; *m.* scientist
cierto -a certain, a certain; fixed; sure; true; **por —** certainly; by the way
cigarral *m.* country place *(Toledo)*
cima summit
cínico -a cynical; *m.* cynic
cinismo cynicism
cinturón *m.* belt
ciprés *m.* cypress
circo circus
cirujano surgeon
citado -a quoted, aforementioned
citar to quote, cite
ciudad city; **de — en —** from city to city
ciudadano -a citizen
clamar to demand, cry out for
clarín *m.* bugle, clarion
clarividente clairvoyant, clear-sighted; sagacious
claro -a clear, light, bright; *adv.* clearly **¡claro!** of course!

laroscuro chiaroscuro *(light and shade)*
lase *f.* kind; class; lecture
laustro cloister, monastery, convent
lavellina pink, garden pink *(flower)*
lavicordio clavichord, harpsichord
lavar to fasten; to nail; to dig in; **— los ojos en** to stare at
lavo nail
lemencia mercy, clemency
lérigo clergyman
lero clergy
lima climate
obarde cowardly; *m.* coward
obardía cowardice
obrar to recover, regain; to collect
obrizo -a coppery, copper-colored
ocina kitchen
oche *m.* carriage, coach, car
ódice *m.* codex, old manuscript
odicia covetousness, greed
ódigo code *(of laws)*
oexistir to coexist
oger to catch, seize, take; to gather; to take hold of
oincidir to coincide
ojear to limp, hobble
olaborar to collaborate
olega *m.* colleague
olegio college, school, seminary; body *(of dignitaries)*
ólera anger, rage
olgante hanging
olgar to hang
olina hill
oliseo coliseum
olmado -a filled, heaped; **— de honores** showered with honors
olmar to heap with; to fulfill; to bestow liberally
olmenar *m.* apiary
olocar to place; to arrange
olodrillo back of the head; **tener los ojos en el —** to be as blind as a bat
olono settler, colonist
oloquio colloquy, discourse
olorido coloring; *(local)* color
ollage *(French)* collage *(painting showing pasted pieces of newspaper, cloth, wood and other materials)*
ollar *m.* necklace
omarca territory, region
ombatir to fight, combat
ombinar(se) to combine
omedia comedy; play, drama
omedido -a polite, courteous, moderate
omediógrafo playwright
comedor *m.* dining room
comendador *m.* commander, knight commander *(of a military order)*; **— mayor** Grand Commander
comentar to comment, discuss
comentarista *m.* commentator
comenzar to start, begin
comer to eat: **—se** to eat up
cometer to commit
comicidad comicalness, comedy
comida meal, food; dinner
comienzo beginning
como since, as; if; as well as; **— si** as if
cómo how, why; ¿—. . .? What do you mean . . .?
cómodamente comfortably
comodidad comfort, ease, leisure
compaña company, companion
compañero -a companion; **—s de estudios** fellow students; **— de viaje** traveling companion
compañía company; companionship; guest
comparar to compare
compartir to share
compás *m.* musical measure, beat, timing, tempo
compasar to measure; to arrange
compasión pity; sympathy
compatriota *m.* fellow countryman
compendio compendium, abridgement, summary
complacerse to take pleasure (in); to be pleased
complejidad complexity
completar to complete; to perfect; **se completan** they complement each other
complexión constitution; complexion
complicado -a complicated, intricate
complicar to complicate
componer to compose; to repair
comportarse to behave, comport oneself
compositor *m.* composer
comprar to buy, purchase; to shop; **ir a —** to go shopping, marketing
comprender to understand; to comprise, include
comprensible comprehensible, understandable
comprensión understanding
comprensivo -a understanding, comprehensive
comprobación confirmation, proof
comprobar to confirm, prove
compuesto -a composed, prepared

común common, usual; **— de** common to
comunal municipal; common
comunicar(se) to communicate; to connect
comunidad community; *pl.* the cities of Castile which revolted against the government of Charles V
con with, by, in; **— que** and so, then, so then
concebir to conceive, devise; to understand
conceder to give, bestow, grant; to concede
concejo municipal council; town hall
concepción idea, concept
concepto concept, idea, opinion
concertar to arrange, adjust; to combine; to agree
conciencia conscience; consciousness, awareness
concierto harmony, agreement; concert; concerto; contract
conciliador -a conciliating
conciliar to conciliate, reconcile; to compose
concilio council
concisión conciseness
cónclave *m.* conclave, meeting
concluir to finish, end
concurrir to compete, contribute; to concur
concurso contest
concha shell
conde *m.* count
condenar to condemn; to disapprove; **—se** to condemn
condensar to condense, compress
condición condition, state, temper, disposition; quality; stipulation
conducir to convey, take; to lead; to behave, conduct
conducta conduct; guidance
conferir to confer, give, grant
confesar to confess, acknowledge
confiado -a confident, trusting, unsuspicious
confianza confidence, faith
conforme alike, in conformity; **— a** in accordance with, while; **—s a uno** to a man
conformidad conformity, agreement; **en — con esto** in accordance with this
confundido -a confused; mingled
confundir to confuse, jumble; **—se** to be bewildered, confused
confusión confusion, disorder; perplexity
confuso -a confused, perplexed
congoja anguish, grief
conjunción union, consolidation
conjunto -a connected, united, **—a de** in connection with; *m.* whole, aggregate, ensemble; **en (el) —** as a whole, in all, totally
conjurarse to bind oneself by oath, pledge
conmemoración commemoration, anniversary, remembrance
conmigo with me
conmiseración pity, sympathy
conmover to touch, move, appeal to
conocer to know; to meet; to recognize; to be acquainted with
conocido -a (well) known; **tan —** so well known
conocimiento knowledge; *pl.* learning, erudition
conquista conquest
conquistador *m.* conquerer, conquistador
conquistar to conquer
consagrar to consecrate, apotheosize
consecuencia consequence; **a — de** because of, as a result of
conseguir to attain; to obtain, get, acquire
consejero adviser, minister
consejo advice, counsel; *(town)* council
consentimiento consent
consentir to allow, permit, tolerate
conservado -a conserved, maintained, preserved
conservar to keep, conserve, maintain; **—se** to maintain, preserve
consideración consideration, regard, respect; observation, reflection
considerar to consider, think (over *or* about), meditate upon; to regard; to believe
consigo with oneself, with himself, herself, *etc.*
consistir (en) to consist (of), **— en que** consists in the fact that
consolar to console, comfort
conspirador -a conspirer
constante constant, continual
constar (de) to consist (of), be composed (of)
consternado -a distressed
constituir to constitute
construir to build, construct
consuelo consolation, comfort

consulta question; consultation, consulting
consultar to consult, ask advice of; to advise
consultivo -a consultative, advisory
consumido -a consumed, exhausted
contar to count, reckon; to consider; to relate, tell; **—...años** to be...years old; **— con** to depend on, reckon with, count on
contemplar to contemplate, gaze upon
contemporáneo -a contemporary
contener to contain, hold; to curb, check; **— el avance de su enfermedad** to check the progress of his illness
contenido -a restrained; *m.* contents
contento -a happy, content; satisfied; *m.* happiness, joy
contestación answer
contestar to answer
continente *m.* continent; comportment, bearing
continuación continuation; **a —** following
continuar to follow, continue
contínuo -a continuous, constant
contra against
contradicción contradiction, opposition
contraer to contract; **—matrimonio** to marry
contrafigura opposite
contrariedad opposition; trouble; obstacle
contrario -a contrary, opposed, opposite; *m.* opponent, rival, competitor; **por el —; (al) —** on the contrary
contrarreforma Counter Reformation *(the reformatory movement in the Catholic Church which followed the Reformation)*
contrastar to contrast, oppose, place in opposition
contraste *m.* contrast, opposition
contrato contract
contribución contribution; tax
contribuir to contribute
contrición contrition, repentance
contrito -a contrite, repentant, penitent
controlar to control
convalecencia convalescence, recovery
convencer to convince; **—se** to be(come) convinced
conveniencia suitability, advantage; *pl.* income, gains
conveniente useful, suitable, advisable
convenir to agree; to suit; to fit, befit; to suit, be a good thing
convento convent, monastery
conversación conversation, talk; **en la misma —** in the middle of the conversation
conversar to talk
converso convert
convertir to convert, change; **—se en** to be(come) converted
convicción conviction, certainty
convidado guest; **— de piedra** stone guest
convidar to invite; **convidóme con él** offered it to me
convocar to convene, call together, summon
conyugal conjugal
coordinar to coordinate, harmonize.
copa goblet, cup
copia copy, copying
copiar to copy; **— del natural** to copy (draw) from life
copioso -a copious, abundant, numerous
copista *m.* copyist, transcriber
copla popular song, ballad
coraje *m.* anger; bravery
Corán *m.* Koran *(scriptures of the Mohammedans)*
corazón *m.* heart; spirit; **telas del —** fibers of my heart
cordillera mountain range
cordobés -a Cordovan; of *or* from Córdoba
cordón *m.* cord
cordura wisdom, prudence; sanity
corneja crow
coro choir, chorus
corona crown; wreath
coronar to crown
corpóreo -a corporeal
corpulento -a thick, heavy, corpulent
Corpus = Corpus Christi body of Christ *(religious festivity in honor of the Eucharist)*
corral *m.* yard, barnyard
corrección correction, reform
corredor *m.* corridor
corregidor -a *m.* *(Spanish office and title no longer in use)* magistrate; mayor; *f.* magistrate's wife
corregir to correct
correr to run; to move, flow; **— los mares** to sail the seas; **— por cuenta de uno** to be one's affair; **—se** to spread

correspondencia correspondence, mail
corresponder to belong, fit, befit; to return; **—se** to correspond
corriente usual, ordinary, common; *f.* current, course, stream; waters; **la — de una pequeña fuente** the stream from a small spring
cortado -a hesitating, confused
cortar to cut (out, off)
corte *m.* cut, shaft; *f.* (royal) court; *f. pl.* Spanish Parliament
cortedad brevity
cortejo cortege, retinue, entourage
cortesano -a courtly, of the court
cortesía courtesy
cortina curtain
corto -a short
cosa thing; matter; **todas las —s** everything; **—s de virtud** virtuous things (deeds *or* acts)
costa cost; coast; **a su —** at their expense
costado side
costar to cost; to cause; to occasion
costear to finance
costezuela little slope, hillside
costilla rib
costumbre *f.* habit, custom, way; **como de —** as customary
cotejo comparison
cotidiano -a daily
coz *f. (pl.* **coces**) kick, kickback, recoil *(of gun)*
craso -a fat
creador -a creative; *m.* creator, founder; **Creador** Creator, God
crear to create
crecer to grow (up); to swell; to increase, augment
crecido -a increased; large
creciente growing, increasing
creencia belief
creer to believe, think
crepúsculo twilight
cría brood, young *(of animals)*
criado -a *m.* servant; groom, valet; *f.* maid, servant
Criador Creator, God
criar to create; to breed; to raise, bring up
criatura creature, being
crimen *m.* crime
criollo -a person born in Spanish America whose parents are Spaniards
cristal *m.* glass; *pl.* window panes
cristalino -a crystalline, clear
cristiandad Christendom, Christianity
cristianísimo -a Most Christian
cristianismo Christianity
criterio judgment, criterion
crítica criticism, censure
crítico -a critical; *m.* critic
crónica chronicle
cronicón *m.* brief chronicle
cronista *m.* chronicler
cruz *f.* cross
cruzado crusader, knight of a military order
cruzar to cross; to pass, go across
cuaderno composition book, notebook
cuadrilla party, troop; group of **toreros**
cuadro picture, painting; scene *(of a play)*
cual (*pl.* **cuales**) which, such as, as; **el —, la —** which, who; **en lo —** in which; **por lo —** for which reason, on account of which
cuál which, what; how
cualidad quality
cualquier -a any, anyone, someone
cuán how, as; **— amable** how worthy of being loved
cuando when; **de — en —** from time to time, every now and then
cuándo when
cuanto -a as much as, all the, all that; *pl.* as many as; **— antes** as soon as possible; **en —** as soon as; **en — a** as for; **— puede** as much as possible
cuánto -a how much; how many
cuaresma Lent
cuartel *m.* barracks; **— general** general headquarters
cuarto -a fourth; *m.* quarter; room
cubano -a Cuban
cubierto -a covered, coated; **— de** covered with; *m.* set of silverware; *f.* cover; roof; deck
cubismo Cubism *(painting technique in which the painted objects are shown as consisting of an ensemble of geometric forms)*
cubista cubist
cubrir to cover
cuello neck; throat
cuenta count; account; bead; **por su —** on his own behalf, at his own expense
cuento story, tale; short story; prop, support; tip
cuerdo -a sane, judicious; *m.* sane man; *f.* cord, rope
cuero skin; leather

cuerpo body; corpse; matter; **mediano de —** of medium height
cuesta slope; hill
cuidado care, attention; carefulness
cuidar to care for, look after, keep; **— de** to take care of; **—se** to avoid, be on guard (against)
cuita grief, affliction
culebra snake
culminante culminating
culpa fault, guilt, blame
culpable guilty
cultivar to cultivate; to foster
cultivo cultivation
culto -a cultivated, erudite, learned; enlightened; *m.* worship, religion, cult
cumbre *f.* peak, top, summit, crest
cumplido -a full, ample; perfect; courteous; accomplished
cumplidor *m.* reliable person; **— de su palabra** keeper of his word
cumplimiento completion, fulfilment
cumplir to perform, fulfill; to obey **—se** to be fulfilled
cuna cradle
cuotidiano -a daily
cúpula cupola, dome
cura *m.* parish priest; *f.* cure
curar to cure, heal; **—se** to be cured
curioso -a curious, rare, odd, strange; inquisitive
cursar to frequent; to study; to attend; **cursó sus estudios** pursued his studies
curso current, course
custodio guard, custodian
cutis *m.* skin (of human body), complexion
cuyo -a which, of whom, whose

CH

charla chat, talk
charlar to chat, prattle
charlatán -a chattering, babbling
chico -a small; *m.* young fellow, boy
chimenea chimney, fireplace
chiquito -a tiny
chispa spark, sparkle, ember
chistoso -a funny, witty
chocar to strike, clash
choza hut
chupar to suck
chuzo pike

D

dádiva gift
daga dagger
dama lady, distinguished woman; **—s de honor** ladies-in-waiting
danza dance
dañar to hurt, harm
dañino -a destructive, harmful
daño hurt, damage; trouble; **a — de** to the detriment of
dar to give, grant; to render, endow; to strike; **— a conocer** to make known; **— azotes** to lash (with a whip); **— batalla** to fight, battle; **— bocados** to take big bites (into); **— con** to meet, find; **— cuenta** to report, give an account of; **— de palos** to beat, thrash; **— en** to run into; **— espanto** to astound; **— explicaciones** to explain; **— fin** to end, come to an end; **— golpe de espada** to strike a blow with a sword; **— la hora** to strike the hour; **— (la) muerte** to kill; **— (las) gracias** to thank, give thanks; **— lugar** to cause, give occasion for; **— paso** to make room for; **— por** to consider as; **— tormento** to torture, put to the rack; **— voces** to shout, yell; **— voto** to give an opinion; **— vueltas** to turn; **—se cuenta** to realize, become aware of; **—se prisa** to make haste, hurry; **no —sele (a uno) nada** not to care anything about *or* be at all concerned about (one)
dardo dart
de of, from, by, with; for, concerning, in, on, at
debajo beneath, underneath; **— de** under, beneath
deber to owe; ought to, must; to have to; **debe ser** it must be; **—se a** to be due to *(the fact that)*; *m.* duty, obligation
debidamente justly, duly, properly
debido -a owed, due; **— a** due to
débil weak
debilidad weakness
debilitar to weaken, enfeeble; **—se** to become feeble, weak
decadente decaying, decadent, declining
decaer to languish; to fail
decidido -a decided; professed, devoted
decidir to decide, determine; **—se** to decide, be determined

decir to say, tell, state; to speak; **— misa** to say Mass; **es —** that is to say; **según dice** according to; **—se** to be said
declamar to declaim, recite
declarar to declare, state; **—se** to propose, manifest, break out
declinar to decline
declive *m.* slope, fall
decoración decoration, adornment; setting, scenery
decorado -a decorated, adorned, embellished; *m.* scenery
dedal *m.* thimble
dedicación devotion
dedicar to dedicate, devote; **—se a** to devote oneself to
dedo finger; toe
defender to defend, protect
defensa defense; **por la — de** in defense of
defensor *m.* defender
deformar to deform
degenerar to degenerate
dehesa pasture, pastureland, meadow; range
dejar to leave; to let, allow; to abandon; **— de** to stop, fail, neglect; **— dispuesto** to stipulate; **— paso** to make way; to yield; **—se** to allow oneself, abandon oneself
delante before, ahead; **— de** before, in front of
delatar to accuse, denounce
deleitar to delight, please; **—se (con)** to delight, take pleasure (in)
deleite *m.* delight, pleasure
deleitoso -a delightful, pleasing
delgadez *f.* thinness, slenderness
delgado -a thin
delicado -a delicate, exquisite; thin
delincuencia delinquency, guilt; **— infantil** juvenile delinquency
delirante delirious
delirar to be delirious
delito crime, transgression
demandar to ask, demand; to beg
demás other; **lo —** the rest; **los —** the others; **por lo —** aside from this, as to the rest
demasiado -a too much; *pl.* too many; *adv.* too, too much
demonio devil
demora delay
demostrar to demonstrate, prove
denso -a dense, thick
dentro inside, within; **— de** inside of, within; **por —** inside, within
denuedo daring, valor, intrepidity
departamento compartment; **— de tercera** third-class compartment
depender (de) to depend, rely (on)
depositar to deposit, entrust, place in safety
depósito deposit, storehouse
derecho -a straight; erect; *m.* right; law, justice; *f.* right, right side; right hand
derramar to pour out, spill; to scatter; to shed
derredor: en — de around
derribar to throw down; to demolish, pull down
derrochar to waste, squander
derrota defeat, rout
derruido -a demolished, razed
desafiar to challenge, defy
desafío challenge, duel
desafortunado -a unfortunate, unhappy
desagravio satisfaction *(for an injury)*, compensation, vindication
desamparado -a forsaken, helpless
desamparar to forsake, abandon
desaparecer to disappear
desarmado -a unarmed
desarrollar(se) to develop, evolve; to unfold
desarrollo unfolding; development
desastre *m.* disaster, catastrophe
desatar to untie, loosen; to unleash
desatinado -a unwise, foolish
desatino folly, nonsense
desbocado -a with a broken spout
descalzo -a barefoot, shoeless
descansado -a rested, tranquil, restful
descansar to rest
descanso rest, repose
descender to descend; to lower oneself
desceñirse to ungird; to loosen
descoger to unfold, unfurl
descolorido -a pale, colorless
descollar to tower; to be prominent
descomponerse to lose one's temper, become upset
descompuesto -a insolent; disordered
descomunal extraordinary; monstrous, enormous
desconcertar to confuse, disconcert
desconfiado -a distrustful
desconocido -a unknown; unfamiliar, strange
descontento -a discontented, dissatisfied; displeased; *m.* uneasiness

descreído -a unbelieving, atheistic
describir to describe
descubierto -a bare, exposed; discovered
descubridor *m.* discoverer
descubrimiento discovery, ascertainment
descubrir to discover; to perceive, sight; to espy; **—se** to unfold, expose *(to view);* to disclose, reveal
desde since, from, after; **— lejos** from afar; *m.* **— luego** of course; **— que** since, ever since
desdichado -a unfortunate, wretched; **¡— de mí!** woe is me!
desear to wish, want, desire
desembarcar to land, go ashore, disembark
desembarco landing, disembarkation
desembocar to empty
desempeñar to perform; to fill *(an office);* to accomplish
desencadenar(se) to unchain, break out, unloose
desenfado ease, naturalness
desengaño disillusionment
desenrollar to unroll, unfold; to develop
desenvolver to unfold, unroll
deseo wish, desire
deseoso -a desirous
desesperación despair, anger
desesperado -a desperate, furious
desfallecer to faint, swoon, lose impetus *or* confidence
desfilar to march (in review); to parade; to unfold
desgarrador -a tearing, heartbreaking
desgarrar to tear
desgastar to wear away, eat away; to gnaw
desgracia misfortune; sorrow
desgraciado -a unfortunate; **toda —a y mohina** out of sorts and peevish
desgreñado -a disheveled
deshacer to undo
desheredado -a disinherited, without a master; abandoned
deshonra dishonor, disgrace
desierto desert
desigualdad inequality, unevenness
desilusión disillusionment
desilusionado -a disillusioned
desinteresado -a disinterested, unselfish
desligado -a untied, unattached, free
desmayado -a fainting, in a faint
desmayarse to faint, swoon
desmayo fainting spell, swoon
desmedido -a disproportionate, excessive
desnudez *f.* nudity, nakedness
desnudo -a nude, bare
desobedecer to disobey
desocupado -a vacant, unoccupied
desolador -a desolating
desorden *m.* disorder, confusion; lawlessness
desorientado -a disoriented, lost, confused
despacio slowly
despachar to dispatch; to carry off
desparramar to scatter, spread, to spill
despavorido -a terrified, aghast
despectivamente contemptuously
despedida farewell
despedir to discharge, dismiss; **—se (de)** to take leave (of), say goodby (to)
despeñar to precipitate, fall headlong; to descend; **jamás se despeñará mi furor** never shall my fury diminish
despertar to awaken, excite; to revive; **—se** to awaken
despierto -a awake; lively; diligent
desplegar to unfold
despoblado -a uninhabited
despotismo despotism; **— ilustrado** enlightened despotism *(government that promotes education and the welfare of the people, but headed by a ruler who has absolute power)*
despreciable contemptible, despicable
despreciativo -a contemptuous, depreciative
desprecio scorn, contempt
desprender to unfasten; **—se (de)** to fall (down), issue (from)
desprendido -a loose, loosened, unfastened; generous
desproporción disproportion; disparity; difference
desproporcionado -a out of proportion
después after, afterward, later; next; then; **— de, — que** after
desquiciar to upset, disrupt
destacado -a outstanding, conspicuous
destacar to detach; to bring out, make conspicuous, emphasize; **—se** to stand out, excel
destemplanza intemperance, abuse
desterrar to banish, exile
destierro exile, banishment
destino destiny, fate
destronado -a dethroned, deposed
destructor -a destructive
destruir to destroy
desvalido -a helpless, forsaken

desvanecerse to vanish
desventura misfortune, misery
desventurado -a unfortunate, wretched
detalladamente minutely, in detail
detalle *m.* detail
detener to stop, detain; to retain; to seize, catch, apprehend; **—se** to pause, stop
detenido -a careful, thorough; detained, forced to stay; **el —** the one detained, held up
determinado -a certain, fixed, definite, decided
detrás behind, after; back; in the rear
deudo relative, kinsman
devoción devotion; devoutness, piety
devocionario prayer book
devolver to return, pay back, restore
devorador -a devouring, intense
devorar to devour, swallow up
devoto -a devout, pious
día *m.* day; **— de lluvia** rainy day; **al —** per day; **al — siguiente** on the following day; **de — en —** from day to day; **en nuestros —s** in our time; **en todo el —** the whole day; **medio —** midday; **otro —** the next day; **pocos —s después** a few days later; **quince —s** two weeks; **todo el —** all day long; **todos los —s** every day
diablo devil
diabólico -a diabolical, devilish
diálogo dialogue, conversation
diamante *m.* diamond
diario -a daily
dibujante *m.* draftsman
dibujar to draw, sketch
dibujo drawing, sketch; **— del natural** drawing from life *or* nature
dictar to dictate
dicha happiness
dicho -a said, aforementioned; **lo —** what has (just) been said; **propiamente —** properly speaking; *m.* saying, proverb, statement
dichoso -a happy, fortunate, lucky
diente *m.* tooth
diestro -a able, skillful; **— de** expert in; *f.* right (hand)
dieta diet
difícil difficult
dificultad difficulty
dificultoso -a difficult
difundido -a spread, disseminated, extended in all directions
difundir to diffuse, spread (out)
difunto -a deceased, dead; *m.* corpse; **día de los —s** All Souls' Day
difusión diffusion, spreading
difuso -a diffuse, widespread
dignarse to condescend, deign
dignidad dignity, (high) rank; dignitary
digno -a worthy, deserving, dignifying; **poco —** unacceptable *(which cannot be honorably accepted)*
dilatado -a vast, extensive, extended, numerous
diligencia diligence, speed
dinámico -a dynamic
dinastía dynasty
dinero money
Dios *m.* God; **por —** for pity's sake; **¡Santo —!** My goodness! Good gracious! **dioses manes** spirits of the dead
diosa goddess
diplomático -a diplomat
dique *m.* dam, dike
directo -a direct, straight
director -a leading, directing
dirigir to direct, lead; to address; **—se (a)** to address, make one's way toward, go (to *or* toward)
disciplina discipline; (systematic) training; course of study
discípulo -a pupil; follower
discordia discord, disagreement
discreción discretion, prudence
discreto -a discreet, prudent
disculpar to excuse
discurrir to stroll, roam, ramble about; to discourse
discurso discourse, speech
discusión argument, discussion
discutido -a discussed; disputed, controversial
discutidor -a arguer
discutir to discuss; to dispute, argue
diseño sketch, outline
disfrutar (de) to enjoy; to have the benefit (of)
disgustar to displease, dislike; **—se** to be displeased *or* angry
disgusto displeasure, annoyance; unpleasantness
disimular to dissemble, hide (one's feelings), conceal
disiparse to dissipate, disperse
disonante discordant; unsuitable
disparar to shoot, fire
disparate *m.* absurdity, nonsense

dispensar to bestow, grant
dispersar to scatter, disperse
disponer to dispose; to arrange, prepare; to resolve; **— de** to command, have at one's disposal; **—se (a)** to prepare oneself, get ready (to), resolve
disposición rule, order; appearance, bearing, inclination, aptitude
dispuesto -a disposed, arranged, ordered
distante far away, distant
distinguido -a distinguished, prominent
distinguir to distinguish; to differentiate; **—se** to distinguish, see clearly (from a distance)
distinto -a (de) different (from)
distraer to amuse, entertain, divert
distribuir to distribute, deal out
disuadir to dissuade, deter
diversidad diversity, variety
diversión amusement
diverso -a diverse, different; *pl.* divers, various
divertir to amuse, entertain
dividir to divide, split; **—se** to be divided
divinidad divinity, god
divisar to perceive *(dimly),* discern
división division, section
divisorio -a: línea — dividing line
divulgado -a popular, widely known
divulgar to divulge, spread, popularize
do = donde *(poetical)* where, in which
doblar to double, bend, fold; to bow; to toll
doble double, duplicate
doctrina doctrine, tenet
dolencia illness, ailment; ache
doler to pain, hurt; to cause grief
dolido -a grief-stricken, saddened
dolor *m.* grief, sorrow; pain
domicilio house, dwelling
dominador *m.* dominator, ruler
dominante prevailing, dominant, dominating
dominar to dominate; to master; to prevail; **—se** to control oneself
dominio domination, mastery
don mister *(used only with first name); m.* gift, present
donación donation, gift
doncel *m.* young man *(poetical)*
doncella maiden, damsel
donde where, in which, wherever; **(a) — quiera que** wherever; **en —** where; **por —** where, through which, along which
dónde where
donjuan *m.* Don Juan, rake, libertine
doña Mrs. *(used only with first name)*
dorado -a gilt, gilded, golden
dorador *m.* gilder
dormir to sleep; **—se** to fall asleep
dormitar to doze, nap
dormitorio bedroom
dos: los — both (of them)
dotación endowment
dotar to endow
dote *m., f.* dowry; *f. pl.* gifts, talents, endowments
dramatismo dramatic quality
dramaturgo playwright
duda doubt; **sin —** doubtless, without doubt
dudable doubtful
dudar to doubt, hesitate
dudoso -a doubtful; untrustworthy, unreliable
duelo grief, mourning, sorrow; duel
dueño -a *m.* lord, owner, master; *f.* duenna, chaperone
dulce sweet, pleasant
dulzura sweetness; gentleness, kindliness
duque *m.* duke
duquesa duchess
duradero -a lasting
durante during, while, for
durar to last
dureza hardness, harshness
duro -a hard, severe, harsh; *m.* five **pesetas**

E

e and
¡ea! come now!
eco echo
ecuestre equestrian
echar to cast, throw, fling; to toss; to eject, throw out; **— la bendición** to bless, give benediction; **— la llave** to lock; **—se** to lie down, stretch out
edad *f.* age; **— heroica** Heroic Age *(one of the phases of Cubism);* **— media** Middle Ages; **la — de oro** the Golden Age; **mayor —** majority, legal age
edificar to build
edificio building
editorial *f.* publishing company

educación education; good breeding
educador -a educative, instructive; *n.* educator
educar to educate, train
efectivamente actually, indeed, it is a fact that
efecto effect, result, end; purpose; **al —** for the purpose; **en —** actually, indeed, in fact
efectismo striving after effect
eficiencia efficiency, effectiveness
efigie *f.* effigy, image
Egipto Egypt
egregio -a egregious, eminent
eje *m.* axis, core
ejecución execution; practice
ejecutar to execute; to do, perform
ejemplar exemplary
ejemplo example; **por —** for example, for instance
ejercicio exercise, drill; exertion; task
ejército army; **—franquista** Franco's army
el (la, los, las) the; **— de** that of; **las de** those of
él he; **— que** he who
elegante elegant, stylish, smart
elegía elegy
elegir to elect, choose, select
elevar to raise, lift, exalt
elogiar to praise
elogio eulogy, praise
elogioso -a eulogistic, laudatory
eludir to elude, evade, avoid
ello it; **— es que** the fact is that
emanar to emanate, arise, issue
embajada embassy, legation
embajador -a ambassador
embarcar to embark, ship
embargo: sin — nevertheless, notwithstanding
embellecimiento embellishment, ornamentation
embestir to attack, charge, clash
embozado -a muffled, with the face covered; *m.* masked man
embustero -a lying, tricky, *n.* liar
emerger to emerge
eminente eminent, prominent
emir *m.* emir *(Arabian chieftain, or ruler)*
emisario emissary
emoción emotion; fondness
emocionado -a touched, moved
emocionante touching, moving
emolumentos *m. pl.* fees
empeñar to pawn; **—se** to persist; **—se en** to insist on
empeño earnest desire, persistence; **con —** earnestly
empeorar to grow worse
empequeñecer to diminish, make smaller in size, belittle
emperador *m.* emperor
emperatriz *f.* empress
empezar to begin, start
emplear to employ, use
empleo employment, use; occupation, profession
emprender to undertake, start
empresa enterprise, undertaking; company, firm
empujar to push, impel
empuñar to clutch, grasp
en in, into, on
enajenar to transport, enrapture, alienate
enamorado -a in love; **— de** in love with; *n.* lover, sweetheart
enamorarse (de) to fall in love (with)
enano -a dwarf
encadenado -a chained
encaje *m.* lace
encaminar to guide, direct
encantado -a enchanted, bewitched
encantador -a enchanting, charming; *m.* enchanter, sorcerer
encantamento enchantment, spell
encanto enchantment, charm, fascination
encarcelamiento imprisonment
encarcelar to imprison
encargado -a in charge, charged; **— de** in charge of
encargar to entrust; to ask, request; to order; **— a** to order from; **—se** to take charge
encargo charge, request, order; **por — urgente** at the urgent request
encarnación incarnation, embodiment
encarnar to incarnate, embody; to lodge; **—se** to unite
encender to light, to ignite
encendido -a inflamed, heightened, burning
encerrar to lock up; to include, contain
enciclopedismo Encyclopedism *(French philosophical movement in the XVIIIth century by the writers of the Encyclopedia)*
enciclopedista of *or* pertaining to Encyclopedism; *m.* Encyclopedist

encima above, over; **por — de** over, over and above
enclavar to pin, nail, fasten
enclavijar to join, pin
encomendar to commend, entrust
enconado -a irritated, angry
encontrar to find; to meet; **—se** to meet; to find, be (oneself); **—se con** to run into, meet
encuentro encounter, meeting, clash
encumbrado -a high, lofty; mighty; sublime
enderezar to straighten; to right
endurecer to harden, inure; to strengthen
endurecimiento hardening
enemigo -a enemy
enemistad enmity
energía energy, strength, vigor
énfasis *m.* emphasis
enfermar to fall ill, become sick
enfermedad illness, sickness
enfermizo -a infirm, delicate *(health)*
enfermo -a ill, sick; *n.* patient, sick person
enfrenado -a bridled, broken in
enfrentar to confront, face; **—se con** to face, oppose
enfriar to cool, chill
engalanarse to adorn *or* embellish one self
engañar to deceive, cheat, fool; **—se** to make a mistake
engaño fraud, deceit, trick; **por —** through deception
engendrado -a generated, produced
enhiesto -a erect, straight
enigmático -a enigmatic
enjuto -a dried, lean, gaunt
enlazar to join, link, entwine
enloquecer to madden; **—se** to become insane
enmascarado -a masked
enmedio = en medio in the middle, in between
enmudecer to silence, be silent
enojar to make angry, vex, irritate; to annoy
enojo anger, annoyance
enorme enormous
enredado -a tangled up
enredo entanglement, muddle
enriquecer to enrich
enrojecido -a reddened, made red-hot
enrolar to enlist
ensalzar to extol, exalt, praise
ensañar to irritate; to enrage; **—se** to gloat; to rage
ensayar to try, test; to rehearse
ensayo essay
enseñanza learning, instruction; **segunda —** secondary education *(equivalent to high-school education)*
enseñar to teach; to show
ensillar to saddle
entablar to initiate, start, begin
entender to understand
entendimiento understanding, comprehension; mind, intellect
enterar to inform, report, advise; **—se (de)** to become informed (of), aware (of), learn (of)
entereza entirety; integrity; firmness
entero -a entire, whole, complete; upright; **por —** entirely, completely
enterramiento burial, interment
enterrar to inter, bury
entibiar to temper, abate
entidad entity
entierro burial, funeral procession
entonces then; **desde —** from that point (time) on; **hasta —** up to that time; **por —** then, at that time, in those days
entrada entry, entrance; arrival
entrar to enter, come in, go in, to attend
entre between, among; **— sí** from each other
entregar to deliver, give, turn over; to surrender; **—se a** to devote oneself to
entretener to amuse, entertain
entretenimiento amusement, entertainment; pastime
entrevista interview, meeting
entristecer to sadden, grieve; **—se** to become sad
entronización enthronement
entusiasmado -a enthused
entusiasta enthusiastic; *m.* enthusiast
envejecer to age, grow old
envejecido -a grown old, old looking
envenenar to poison
enviar to send, dispatch; **— por** to send for
envidia envy *(one of the seven deadly sins)*
envidioso -a envious; *n.* envious person
envolver to wrap; to involve
envuelto -a mixed up, involved, wrapped up, enveloped
epístola epistle, letter

época epoch, time, period
epopeya epic
equilibrador *m.* balancer
equilibrio balance, equilibrium
equipo equipment; dress
equitación horsemanship
equivocado -a wrong, mistaken
era era, age
erguir to erect, raise
erigir to erect, raise; to establish
erizarse to bristle, stand on end
ermita hermitage
errante errant, wandering
errar to offend; to err, be mistaken
erróneamente erroneously, mistakenly
error *m.* error, mistake
erudito -a erudite, learned, scholarly; *m.* scholar
escabroso -a harsh, rough, uneven; rugged; bumpy
escala ladder; scale
escalar to scale; to enter secretly (over the walls), steal into
escalón *m.* step, rung
escalonado -a terraced
escapar to escape, flee, run away
escarnecer to scoff, mock
escaso -a small, little, scarce, scanty
escena stage; scene; **en —** on stage
escenario stage
escénico -a scenic
escepticismo skepticism
esclavitud slavery
esclavo slave
escoger to choose
escolástica Scholasticism *(Christian medieval philosophy developed from concepts stated by the Greek philosopher Aristotle)*
escoltado -a escorted
escombro rubbish, débris
esconder to hide, conceal
escondrijo hiding place
escorzo foreshortening
escriba *m.* scribe, transcriber
escribir to write
escrito -a written; *m.* writing, literary composition; **por —** in writing
escritor -a writer
escritorio studio; office, desk
escritura writings; Scriptures; **Sagrada —** Holy Scriptures
escrúpulo scruple
escuadra fleet
escuchar to listen; to hear
escudero squire; page, shield bearer
escudo shield; escutcheon; **— de armas** coat of arms
escuela school; **— de párvulos** nursery school
escueto -a plain, unadorned
escultor *m.* sculptor
escultórico -a sculptural
escultura sculpture
ese, esa that; **ése, ésa** that one
esfera sphere, rank
esforzado -a braze; vigorous
esforzar to strengthen; **—se** to exert oneself, try
esfuerzo effort
esmerado -a careful, carefully done
eso that; **con todo —** in any case, nevertheless; **por —** therefore, for that reason
espacio space; interval; **por un — pequeño** for a short while
espacioso -a broad, spacious
espada sword
espalda back, *pl.* back; shoulders; **ancho de —s** broad-shouldered
espanto fright, terror; wonder
espantoso -a frightful, dreadful, fearful
esparcir to scatter, spread
especie *f.* species, kind, sort; case; subject
espectáculo spectacle, pageant
espectador *m.* spectator, onlooker
espectro spectre, phantom
espejo mirror
espera waiting
esperable awaited, expected
esperanza hope, expectation
esperar to wait for, await, expect; to hope; **espero en Dios** I fervently hope
espeso -a thick, dense, heavy
espesura thicket; thickness
espiga spike (of grain)
espíritu *m.* spirit, soul; **—s del mal** evil spirits
espiritual spiritual
esplendidez *f.* splendor; liberality
espléndido -a splendid, magnificent
esplendor *m.* splendor, magnificence
espolio spolium
espontaneidad spontaneity
espontáneo -a spontaneous
esposo -a *m.* husband, *f.* wife
espuela spur
espumoso -a foamy, frothy
esqueleto skeleton
esquivar to shun, elude, avoid

establecer to establish, settle
establecimiento establishment
estación season
estadística statistics
estado state; realm; condition; **— de ánimo** state of mind; **— del reino** state of the nation (kingdom); *pl.* legislature
estallar to explode, burst, break forth
estampa aspect, image
estancia stay, dwelling; cattle ranch
estandarte *m.* flag, banner
estaño tin
estar to be; to remain; **— a punto de** to be about to; **— conforme** to agree; **— de rodillas** to kneel, be on one's knees; **— despacio** to have time; **— en clausura** to be cloistered; **— en uso** to be the custom; **— expuesto** to lie in state, be on view; **— malo** to be sick; **— para** to be about to, in condition to; **— presente** to be present; **—pronto** to be ready; **bien está** very well; **está claro** clearly; **estése quedo** be quiet, stop; **no — en condiciones** to be in no condition; **— seguro** to be sure, certain
estatua statue
estatura stature
estatuto statute, ordinance
este, esta this; *pl.* **estos, estas** these
éste, ésta this, this one; the latter; *pl.* **éstos, éstas** these, the latter
este *m.* east
estepa steppe, barren plain
estera mat
estético -a aesthetic; *f.* aesthetics *(branch of philosophy dealing with the nature of beauty)*
estilización stylization
estilizado -a stylized
estilo style, fashion, mode
estío summer
estipulado -a stipulated, required
estirar to stretch
estirpe *f.* lineage
esto this; **en —** at this point; **por —** for this reason
estocada stab, thrust
estoicismo stoicism *(indifference to pleasure or pain)*
estotro -a = esto + otro -a this other
estratagema trick, stratagem
estrechez *f.* austerity; penury, poverty
estrecho -a narrow, tight; close
estrella star
estrellado -a starry
estrellarse to dash to pieces; **— contra** to crash, dash against
estremecer(se) to shake, tremble, quiver
estrenar to perform *(a play)* for the first time
estreno debut, first performance
estrépito crash, noise
estribo step, footboard
estrofa stanza, strophe
estructura structure
estrujar to squeeeze (out), press
estudiante *m., f.* student
estudiantil *(of or pertaining to)* student(s)
estudiar to study
estudio study; studio, atelier
etapa stage
eternamente eternally, forever
eterno -a eternal, everlasting
ético -a ethical; *f.* ethics *(branch of philosophy that establishes moral principles and values)*
etimología etymology
etíope *m., f.* Ethiopian
europeo -a European
evaporarse to vanish, evaporate
evitar to avoid; to prevent
evocador -a evocative
evocar to evoke, summon
exactitud exactness, accuracy
exagerar to exaggerate
exaltar to elevate, lift, exalt, extol
examen *m.* examination
excelencia excellence, superiority; **por —** par excellence
excitado -a excited
excitante exciting
excitar to excite
exclamar to exclaim
excusar to excuse, avoid, prevent; **—se** to excuse oneself
exequias *f. pl.* obsequies
exigente exacting, strict
exigir to require, demand; to urge
exilado -a exiled
existir to exist; to be
éxito success, result
expatriación expatriation
expirar to expire; to end
explicación explanation; lecture
explicar to explain
exponer to expose, show, exhibit; to explain
exposición exposition, exhibition

expresar to express
expuesto -a exposed, on view
exquisito -a exquisite, delicious
éxtasis *m. s. or pl.* ecstasy, ecstasies
extender to extend; **—se** to extend, spread; to become popular
extendido -a wide, broad, spreading
extenso -a extensive, spacious, wide; **muy por —** in great detail; **por —** at length, in detail
exterminio extermination, destruction
extranjero -a foreign, strange; *n.* foreigner, alien; **en (por) el —** in foreign countries, abroad
extrañar to wonder at: to find strange
extraño -a strange, foreign
extravagante eccentric, odd
extraviado -a astray, misled
extremo: en — extremely
exuberante exuberant, overabundant

F

fábrica factory; **— de tapices** tapestry works
fabricar to make
fabuloso -a fabulous, marvellous
facción feature *(of face)*
faceta aspect, facet
fácil easy; fluent *(of speech)*
facilitar to facilitate, expedite
facultad faculty, power; capacity
fachada façade, appearance
faena work, labor, task
falangista *m.* member of the Falange *(Spain's fascist political party)*
falsear to falsify, counterfeit
falsedad falsehood, deceit
falso -a false, counterfeit
falta lack; fault, defect; error; offense; shortage
faltar to lack, need
falto -a lacking, deficient
falla fault
fama reputation, fame
familiar familiar, family, homey
fanático -a fanatic
fantasía fantasy, imagination
fantasma *m.* phantom, ghost, apparition
fantástico -a fantastic; fanciful; imaginative
farola large, branched street lamp
farsa farce
farsante *m.* pretender
fascinar to fascinate
fatal unavoidable, fatal
fatalidad fatality; destiny; ill fate
fatigado -a tired
fatigar to tire, vex; **—se** to become tired; **no me fatigo mucho por comer** I don't bother too much about eating
fatuo -a fatuous; vain
favor *m.* favor; help; grace; **a — de** on behalf of; **por —** please
favorecer to favor; to help; to befriend
fe *f.* faith; **a — que** truly, indeed it is
fealdad ugliness; deformity
feamente improperly, indecorously; brutally
fecundo fruitful, fertile; abundant, prolific
fecha date
felice = feliz
felicitación felicitation, congratulation
feliz happy; *adv.* happily
fenecer to finish, conclude, die
fenómeno phenomenon
feo -a ugly
feroz ferocious, fierce
festejo feast, celebration
festín *m.* banquet
fiebre *f.* fever
fiel loyal, faithful
fiera wild beast
fiereza ferocity, cruelty
fiero -a fierce, ferocious; wild; cruel
fiesta feast; festival, festivity; **— de San Juan** Feast of St. John *(June 24th)*
figura figure, form; **de mala —** misshapen; **triste —** sad countenance
figurar to figure
figurín *m.* fashion plate
fijar to fix, fasten; to set; to establish
fijo -a fixed, settled
filo (cutting) edge
filósofo philosopher
fin *m.* end; aim, objective; purpose; **al —** at last; **con este —** to this end; **en —** finally, lastly, in short; **por —** at last
final final; *m.* end
finalidad end, purpose
finca country house, farm
fingir to feign, dissemble; to affect
fino -a fine, delicate
finura fineness, nicety
firma signature
firmamento firmament, sky
firmar to sign
firme firm; inflexible

firmeza firmness, stability; strength
físico -a physical
flaco -a thin, lean
flamenco -a Flemish; flamenco
flaqueza weakness; thinness
flecha arrow
flojo -a weak
flor *f.* flower
florecer to flower; to flourish, thrive; **un —** a flowering, flourishing; **un — de fondo y forma** a flourishing of substance and form
floreciente flourishing
florecimiento flourishing, prospering
florido -a flowery
florón *m.* fleuron, rosette
flotante floating; waving
flotar to float
flotilla small fleet
fluidez *f.* fluidity; fluency
foco focus, center
fomentar to foment, encourage
fondo background; rear; bottom, depth; **a —** thoroughly, perfectly; **en el —** at the bottom
forma form, shape; way, manner; **de esta —** in this way
formación formation, moulding; background
formar to form; to arrange; to draw up; **—se** to form, develop
foro forum; back, rear *(of stage)*
fortalecer to fortify, strengthen, encourage
fortaleza fortress; fortitude, courage
fortuna fortune, fate; wealth; success
forzoso -a necessary, unavoidable
fosa grave
fraile *m.* friar, monk; **—de la Merced** friar of the Order of La Merced
francés -a French
franco Frank *(member of a barbarian tribe which settled in France)*
franja fringe
frase *f.* phrase, statement
fray *m. (contraction of* **fraile**) friar
freno restraint; bridle
frente *m.* front; *f.* forehead, brow; **— a** in front of, facing; **— a —** face to face; **al — de** in front of, before, ahead of
fresco -a cool, fresh; *m.* fresco; **tomar el —** to get some fresh air
frescor *m.* refreshing air; freshness
frescura freshness; tranquility; frankness
frío -a cold, cool; *m.* coldness
frontera frontier, boundary, border
frontero -a opposite, facing
fructuoso -a fruitful
fruslería trifle
frutal *m.* fruit tree
fruto fruit; product *(of man's intellect or effort);* benefit
fuego fire; ardor; **—s artificiales** fireworks
fuente fountain, spring; source
Fuenteovejuna Sheep's Fountain
fuera outside; **por —** (on the) outside; **por de —** from the outside
fuerte strong; firm
fuerza force, strength; violence; **por —** by (through) force, necessarily; *pl.* forces, armies
fulgor *m.* splendor, brilliance
función function; performance
funcionar to function, run, work
funcionario (public) official
fundación founding, establishment; foundation
fundador *m.* founder
fundamento basis; reason
fundar to found, create; to establish; **fundado en** founded on, based upon
fundir to fuse, melt
fúnebre funeral, gloomy
funeral *m.* funeral; *pl.* funeral rites
funesto -a mournful, sad, regretable; dismal
furioso -a furious, angry
furor *m.* fury, rage
fusilamiento execution *(by shooting)*
fusilar to execute (by shooting)

G

gacela gazelle
gala glory, pride; *pl.* regalia, court dress
galera galley
galería gallery
gallego -a Galician; of *or* from the province of Galicia
gana appetite; desire
ganadero herdsman, drover
ganado cattle, herd
ganancia gain, profit, advantage
ganar to gain; to earn; to win; to acquire; **—se la vida** to earn one's living
gangético -a Gangetic *(of* or *pertaining to the Ganges River* or *region)*

garañón *m.* stallion
garza heron, egret
gastar to spend; to waste
gasto expense, expenditure
gemido moan, sigh, wail, howl
género genus, class, kind; genre; **— humano** mankind; **de —** genre *(in art, scenes of everyday life)*
generoso -a generous, magnanimous
genial characteristic of genius
genio genius; temperament, temper; character
gente *f.* people; **— del pueblo** villagers; **— de servicio** servants
gentil graceful; elegant; dignified, stately; *m.* Gentile, pagan
gentileza grace, gracefulness, easiness
gentilhombre *m.* gentleman attendant
geógrafo geographer
germano -a Germanic
germen *m.* germ; source
gestionar to negotiate; to conduct, take steps
gigante *m.* giant
gigánteo -a gigantic, gigantesque
gimiente moaning, sobbing
gitano -a gipsylike, gipsy; *m.* gipsy
glosa commentary, gloss
glotón -a gluttonous; *m.* glutton
gobernación government, ruling
gobernador *m.* governor
gobernante *m.* ruler
gobernar to govern, rule
gobierno government
goce *m.* enjoyment, pleasure
golfo gulf; sea
golpe *m.* blow, stroke; **de —** suddenly
golpear to strike, hit; to knock
gordo -a fat
gordura obesity, fatness
gota drop
gótico -a Gothic
gozar (de) to enjoy
gozo joy, pleasure
grabado engraving
grabador *m.* engraver
grabar to engrave, carve
gracia grace; jest, humor, wit; *pl.* thanks, thank you
grácil slender
gracioso -a graceful; pleasing, charming; witty, amusing
grada step; *pl.* rows of steps
grado grade; degree *(academic)*
gramático grammarian
gramática grammar
gran, grande great, large; *m.* grandee
granada pomegranate
granadino -a of *or* from Granada
grandeza greatness, grandeur; magnitude; magnificence
grandiosidad greatness, grandeur
granja farm; country home
grano grain; seed
gratis free
gratuito -a gratuitous, free
grave grave, serious; profound; deep, low
greda marl, potter's clay
gremio guild; corporation
griego -a Greek, Grecian
gris gray
gritar to shout, cry out, scream
gritón -a vociferous
grosero -a coarse, rough
grueso -a thick, heavy
grupo group; **— de la familia** family group
gruta grotto, cavern
guardar to guard; to keep; to observe, watch over; to respect; to protect; **— luto** to observe mourning; **— silencio** to keep quiet
guardarropa *m.* keeper of a wardrobe
guardia guard *(body of armed men);* defense
guardián *m.* guardian; local superior *(of convents of the Order of St. Francis)*
guarecerse to take refuge, shelter
guarnición garrison
guerra war, warfare; **en —** at war
guerrero -a martial, warlike; *m.* warrior, soldier
guerrillero warrior, guerrilla fighter
guía *m.* guide; director; advisor; *f.* directory, guidebook
guiar to guide, lead, direct
guirnalda garland, wreath
guitarra guitar
gula gluttony *(one of the seven deadly sins)*
gustar to taste, try; to like, be pleasing; **— de** to like, have a liking for
gusto pleasure; taste

H

haber to have; **— de** + *inf.* to be to (**les ha de valer** is going to be worth to them), must, have to; *m. pl.* property, possessions

había there was, there were
hábilmente ably, skilfully
habilidad ability, skill, talent
habitación dwelling, residence; room; habitation
habitante *m.* inhabitant
habitar to inhabit; to live, dwell
hábito habit, custom; dress
habitual usual, customary
hablador -a *m.* talker
hablar to speak, talk, say
hacer to do, make; to pretend; to perform; to carry out; **— al caso** to be important, be to the point; **— bien** to do well; (hacer) **— calor** to be warm; **— causa común** to join forces in a common cause; **— donación** to give, bestow, make a gift; **— el amor** to court, woo; **— el continente** to pretend to be abstemious; **— falta** to need, be necessary; (hacer) **— frío** to be cold; **— la cama** to make the bed; **— la guerra a** to wage war against; **— merced** to grant (one) grace; **— música** to play music; (hacer) **— patente** to make clear; **— penitencia** to do penance; **— prisionero** to take (one) prisoner; **— reverencia** to bow; **— un viaje** to make a trip; **— una crítica de** to criticize; **— una descripción** to describe; **— una sátira** to satirize; **— ver** to explain, to point out; **hacía deleite a la vista** was a pleasure to behold, was a delight to the eye; **hizo oposiciones** he took competitive examinations; **que se le haga justicia** that justice be granted him; **—se** to become; **—se dueño de** to take possession of; **—se fuerte** to become strong **(en una fortaleza = resistir un ataque)**
hacia toward; near; about; around; in the direction of; **— adelante** forward; **— atrás** backward; **— delante** forward
hacienda plantation, estate
hachón *m.* large torch
hadado -a: el bien — the fortunate
halagar to flatter
halago flattery
hallar to find, come across; **— eco** to echo, be echoed; **—se** to be located, find oneself
hambre *f.* hunger; **muerto de —** extremely hungry, starving to death
hartarse to satiate, satisfy, surfeit; to gorge
harto -a satisfied, sated, satiated, full; fed up; *adv.* enough, sufficiently; **— poco** very little
hasta till, until; as far as; as many as; even; to, up to; **— ahora** as yet, hitherto; **— entonces** up to that time; **— el punto de** to the point of; **— que** until; **— tal punto** to such a degree
hay there is (are); **— que** it is necessary, one must; **no — cosa** there is nothing; **¿qué —?** what is the matter?; how are things? *(a greeting)*
hazaña feat, exploit, deed
he aquí here is
hebreo -a Hebrew
hechicería sorcery, witchcraft
hechicero -a sorcerer, enchanter, magician
hechizo bewitchment, sorcery
hecho fact, event, deed; **— esto** having done this
helar to freeze, congeal
hembra female
henchir to fill, stuff; **hinchiendo sus riberas** completely filling its banks
heredar to inherit
heredero -a heir; *f.* heiress
herejía heresy
herético -a heretical
herido -a wounded
herir to wound, hurt
hermano -a brother; *f.* sister
hermoso -a beautiful; glorious
hermosura beauty
héroe *m.* hero; central male character in a literary work
heroína heroine; central female character in a literary work
Hespérides *f. pl.* Hesperides *(nymphs, who with the help of a dragon, watched over the garden in which grew the golden apples)*
hidalgo -a generous, noble; *m.* nobleman, hidalgo
hielo ice
hierro iron; sword; dagger; *pl.* shackles
hijo -a son; *f.* daughter; *pl.* children
hilo linen; thread
hincar to double, bend; **—se de rodillas** to kneel
hinchado -a swollen, brimming
hinchar to swell, fill
hinojos: de —s kneeling

historia history; story
historiador *m.* historian
hogar *m.* home, abode
hoja leaf *(of a plant, book);* sheet *(of paper);* page
hojear to leaf, turn the leaves; to flutter *(of leaves)*
¡hola! hello!
holandés -a Dutch; **el gran —** Rembrandt
holgado -a well-off
holgar to rest, quit work; **—se** to rejoice
hombre *m.* man; **— de bien** honest man; **— de consejo** counsellor, advisor; **medio —** coward
hombro shoulder
homenaje *m.* homage
hondo -a profound, deep; *f.* sling
honor *m.* honor, fame
honra honor, fame; **— del género humano** honor to mankind
honrado -a honored; honest
honrar to honor
hora hour, time; **a estas —s** at this time, hour; **a todas —s** at every hour; **media —** half an hour
horizonte *m.* horizon
hórrido -a horrid, hideous
horror *m.* horror; **qué —** how awful, how terrible
horrorizado -a horrified
hoy today; now
hueco -a hollow
huella track, tread, mark
huérfano -a orphaned; *n.* orphan
huerta large vegetable garden; irrigated section
huerto orchard, fruit garden
hueso bone
huésped *m.* guest; host
hueste *f.* host, army
huída flight, escape
huír to flee (from), run away; to escape; to avoid
humanidad humanity, mankind; *pl.* the humanities
húmedo -a moist, damp; wet
humildad humility
humilde humble
humillado -a humiliated
humo smoke
humor *m.* humor; sparkle
humorismo humor
humorista humorous; *m.* humorist
humorístico -a humorous
hundir to sink, submerge; to destroy; **—se** to sink, crumble

I

ibérico -a Iberian
ideal idealistic; *m.* ideal
idealidad ideality
idealizar to idealize
idear to plan, devise
ídolo idol
iglesia church
ignominia ignominy, infamy
ignorante *m., f.* ignorant, unlearned; *n.* ignoramus
ignorar to be ignorant of, not to know
igual equal; the same; **sin —** peerless, without equal
igualar to equalize; to match; to compare
igualmente equally, likewise, also
ilegal illegal, unlawful
iluminar to illuminate, light; to enlighten
ilusión illusion; dream
iluso -a deluded
ilustración drawing, sketch, illustration
ilustrar to illustrate; to enlighten, explain
ilustre illustrious
imagen *f.* image
imaginar to imagine, suspect; **—se** to imagine, picture to oneself
imaginativa imagination
imán *m.* magnet
imitar to imitate, counterfeit
impaciente impatient, anxious
impasible impassive; motionless
impávido -a dauntless, calm
impedido -a disabled, handicapped, crippled; paralytic
impedir to impede, prevent; to hinder
imperceptible imperceptible
imperio empire
ímpetu *m.* impulse, impetus; impetuosity; precipitation
implantar to implant, introduce
implorar to implore, beg
imponente imposing
imponer to impose
importar to be important; to concern; **—le a uno** to matter (be of importance) to one
importe *m.* amount, value, cost
importuno -a importunate, annoying

impotente impotent, powerless
impregnado -a impregnated, saturated
impresión impression
impresionante impressing, impressive
impresionar to impress, affect
impresionista Impressionistic *(of or pertaining to a movement of French painters of about 1870 who tried to evoke sensory impressions in their paintings)*
imprimir to print
improvisar to improvise
improviso: de — suddenly, on the spur of the moment
impuesto -a imposed
impugnar to oppose
impulsar to impel, move
inacción inaction, inactivity
inagotable inexhaustible
inaudito -a most extraordinary, unheard of
incansable tireless
incapacitar to incapacitate, disable
incendio fire *(conflagration)*
incesante unceasing, continual
incienso incense
incierto -a uncertain, dubious
inclemencia inclemency, severity
inclemente harsh, inclement, rigorous
inclinar to incline; to induce; to bow
incluso even, including
incomprensión lack of understanding
inconmovible immovable, unyielding
incontrolable uncontrolled
inconveniente disadvantage; **es mucho —** it is very disadvantageous
incorporeidad incorporeity, immateriality
incorpóreo -a incorporeal, spiritual
incorrección inaccuracy
increíble incredible
inculcar to inculcate, impress
inculto -a uncultivated, uncultured
indemnización compensation, indemnity
indígena *m., f.* native; *(American)* Indian
indignado -a indignant, angry
indio -a Indian
indisposición unpleasantness
indispuesto -a indisposed
individuo individual (person)
indivisión oneness, entirety
indomable indomitable, untamable
indómito -a untamed, unruly
inducir to induce, persuade
indumentaria garment, vestment, attire
inesperado -a unexpected, unforeseen
inevitable unavoidable
inextinguible inextinguishable, perpetual
infame infamous
infamia infamy, baseness
infancia childhood; infancy; **desde la —** from infancy; **primera —** early childhood
infante -a *m.* any son of the King of Spain, except the heir apparent, who was **el príncipe (de Asturias);** *f.* any daughter of the King of Spain except the oldest, who was **la princesa;** wife of an **infante**
infantería infantry
infestar to infest, overrun
infiel unfaithful; *m.* infidel
infinito -a infinite, numerous, immense
inflexible inflexible, rigid, inexorable
inflexión inflection, modulation
influir to influence, affect; **— en** to have influence on, contribute to
influjo influence
informar to inform
infundir to infuse, inspire with, instil
ingenio talent, creativity; skill, talented person
ingenioso -a ingenious, clever, talented; **el — hidalgo** the imaginative Knight
ingenuo -a ingenuous, candid
inglés -a English
ingresar to enter
inhumano -a inhuman, cruel
iniciador *m.* initiator
iniciar to initiate, begin, start
inigualable unequaled, incomparable
injusto -a unjust
inmediato -a close, adjoining, next
inmutar to change, alter; **—se** to become disturbed, agitated
innovador -a innovating
inocente innocent; *n.* innocent person
inolvidable unforgetable
inorme *ant.* = **enorme** monstrous
inquietador -a disturbing, disquieting
inquieto -a restless, anxious
inquietud restlessness; anxiety
inquirir to inquire, inquire into; to investigate
insensiblemente insensibly, unconsciously; imperceptibly
insepulto -a unburied
insigne famous, renowned
insostenible indefensible, untenable
inspirar to inspire; **—se en** to be inspired by, find one's inspiration in
instalación installation, settling

instalar to install; **—se** to establish oneself, settle
instante *m.* instant, moment; **en ese —** at that moment
institución institution; *pl.* institutes
insultar to insult
intachable irreproachable
integral integral, whole (dealing with all the disciplines)
intelectualidad intellectuality, intelligence
intención intention; **con —** deliberately
intencionadamente intentionally, deliberately
intenso -a intense, vehement, ardent
intentar to try, attempt; to intend
intento intention; purpose
interés *m.* interest
interesado -a interested; selfish
interesar to interest
interior internal, inner, interior
interpretar to interpret
interrumpir to interrupt
intervención intervention, interference
intervenir to intervene; to interfere
intimidad intimacy; innermost self; **recogida —** retiring nature
íntimo -a intimate
intriga intrigue; plot
inútil useless; disabled, maimed
invadir to invade
invasor *m.* invader
invencible invincible, unconquerable
inventar to invent
investidura investiture
investigación investigation; research
investigar to investigate
invierno winter
inviolablemente inviolably, infallibly
invitar to invite; to treat
invocar to invoke, implore
ir to go; to walk; to be; **— de caza** to go hunting; **— a continuación** to follow; **— al encuentro** to (go to) meet; **— de prisa** to hurry, be in a hurry; **— en romería** to go on a pilgrimage; **— por** to walk along; **a continuación van** there follow; **—se** to go away, leave
ira ire, anger, wrath *(one of the seven deadly sins)*
ironía irony
irrumpir to burst into *(a room, etc.)*, enter in a rush
isidro rustic *(in Madrid)*
isla island
islamismo Islamism, Mohammedanism
Italia Italy
izquierdo -a left; *f.* left hand; **a la —** on the left

J

jaca jennet
jamás never, ever
jardín *m.* garden
jarro -a jug
jaspe *m.* jasper
jazmín *m.* jasmine
jefe *m.* chief, leader
jesuíta *m.* Jesuit
jinete *m.* horseman, rider
joven young, youthful; *n.* young man *or* woman
jovial jovial, gay
joya jewel, gem
joyería jeweler's shop; art of making jewels
joyero jeweler
jubilar(se) to retire; to rejoice
júbilo glee, joy
judaico -a Judaical
judío -a Jewish; *n.* Jew
juego play, game
juez *m.* judge
jugar to play
jugo juice, sap
jugoso -a juicy, succulent
juicio judgment, decision; wisdom
juntar to join; to gather, assemble; **—se** to join, meet
junto -a united, joined, together; combined; *adv.* near; **— a** near, close to (by), beside
jurado jury
juramento oath
jurar to swear, take an oath
jurídico -a legal, juridical
jurista *m.* jurist, lawyer
justicia justice; the law
justo -a just, strict, fair
juvenil juvenile, youthful
juventud *f.* youth, youthfulness
juzgar to judge

L

la her; **—cual** which; **— que** which; the one who (that)
labio lip

labor *f.* work, task, labor; embroidery; **— de resalte** relief work
laboreo fields; work, exploitation, development
laboriosidad laboriousness, assiduity, effort
labrador -a peasant, farmer; *f.* working girl, farm girl
labrar to work; to till the fields; to carve *(stone)*
labriego -a rustic, peasant, farmer
ladera hillside, slope
lado side; **al — de** beside
ladrillo brick, tile
ladrón *m.* thief, robber
lago lake
lágrima tear
laguna lagoon
lamentar to lament, regret; to complain
lamento lament, complaint
lamer to lick
lana wool
lance *m.* incident, episode; duel; quarrel
lancear to lance, spear
languidecer to languish
lanza lance, spear
lanzar to throw, hurl; **—se** to rush (out)
lanzón *m.* a short, thick goad
largo -a long; **a lo —** along; the length of
lascivia lasciviousness, lust
lástima pity, compassion
lastimar to injure, hurt
latente latent
lauro laurel; honor, glory
lavar to wash
laya sort, kind, class
lazarillo *lit.* (little Lazarus) blind person's guide
lazo knot; fetter, bond
leal loyal
lealtad loyalty, fidelity
lector *m.* reader
lectura reading
lecho bed
lechuza owl
leer to read
legado legacy, heritage
legar to bequeath
legua league
lejano -a distant, far
lejos far, far away, distant; **¡— de mí!** begone! **desde —** from afar; **los de —** those far away; **más —** farther
lengua language, tongue; **en — latina** in Latin
lenguaje *m.* language
lentamente slowly, little by little
lentitud slowness
leño -a firewood; *m.* wood, log
leñoso -a wood, ligneous
león *m.* lion
letra letter *(of alphabet);* handwriting; words *(of a song); pl.* learning; letters *(literature)*
letrero sign, label
letrilla rondelet *(light poetic composition usually set to music)*
levantar to erect, build; to raise, lift; to attribute; **—se** to get up, arise
Levante *m.* East
ley *f.* law; **la Ley** The Jewish or Mosaic Law (The Old Testament)
leyenda legend
liberar to liberate; **—se de** to free oneself from
libertad liberty, freedom; **— de cultos** freedom of worship
libertar to liberate
libra pound
libre free
libro book; **—s de caballerías** romances *or* novels of chivalry; **— de texto** textbook
licencia permission, leave; **buena —** kind permission
licor *m.* liquid, fluid
lid *f.* fight, battle
lienzo (linen) cloth; canvas
liga league, alliance
ligar to tie, bind
ligero -a light, swift, slight
limitar to limit, bound, restrict
límite *m.* limit, boundary
limosna alms
limpiar to clean
limpieza cleanliness; purity
limpio -a clean, neat; pure
linaje *m.* lineage; class
lindo -a pretty, lovely
línea line
lino linen; canvas
líquido -a liquid, clear
lírico -a lyric; *m.* lyric poet
liso -a flat, smooth; straight
lisonjero -a flattering, agreeable, pleasing *m., f.* flatterer
listo -a clever
literato writer
literatura literature, writings
litografía lithography; lithograph
liturgia liturgy

loa prologue *(a dramatic poem which serves as a brief introduction to some works of the old Spanish theater, and which praises the person to whom the author dedicates the work)*
lobo wolf
lóbrego -a murky, lugubrious
loco -a mad, insane; maddened; *m.* madman
locura madness; folly
lograr to accomplish, succeed (in); to gain, attain, obtain
logro success, accomplishment
loma little hill, rise; elevation
Londres London
longaniza pork sausage
lonja colonnaded entrance
loriga lorica, cuirass *(armor)*
loza pottery, crockery
lozano -a luxuriant, youthfully fresh
lucero bright star
lucir to shine, gleam; to show, display
lucha battle, fight, struggling
luchador *m.* fighter
luchar to fight, struggle, battle; **— por** to struggle to *or* for
luego after, afterwards, then; **— que** as soon as
lugar place, space; village, town; **en — de** instead of, in place of
lujo luxury
lujoso -a luxurious, sumptuous
lujuria lust *(one of the seven deadly sins)*
luna moon
lustroso -a lustrous, bright, shining
luto mourning; **cargado de —** loaded down with mourning, in deepest mourning
luz *pl.* **luces** light, lighting; **— de aurora** daybreak, dawn

LL

llaga wound, sore
llama flame
llamado -a called, named; **— así** so called
llamamiento call, appeal
llamar to call; to knock; to ring; **—se** to be called, named
llano -a plain, smooth; *m.* plain
llanto weeping, crying; **en —** in tears
llanura plain
llave *f.* key
llegada arrival
llegar to arrive, reach; to come; to approach; to attain *(a purpose)*; **— a (los) oídos de** to come to the attention of, reach the ears of; **— a ser** to become; **— a un acuerdo** to reach an agreement; **— cerca** to come close, draw near; **llegando a producir** finally producing; **—se** to draw near, approach
llenar to fill
lleno -a full, filled with, replete; **— de** filled with; **de —** entirely, completely
llevar to carry (off), bear; to have; to take; to lead; **— a cabo** to carry out; **llevado de** carried away by, swept on by
llorar to weep (for, over); to cry; to mourn, bemoan
lloroso -a tearful
llover to rain, pour
lluvia rain
lluvioso -a rainy

M

macana wooden saber; cudgel, club
madera wood
madre *f.* mother; **— común de los hombres** mother of all men
madrileño -a of *or* from Madrid, Madrilenian
madrugada dawn
madurez *f.* maturity
maduro -a ripe, mature
maestre *m.* master
maestro master; teacher; conductor *(of an orchestra)*
magestad = **majestad**
magistral masterly
magnate *m.* magnate, financier
magno -a great, grand
majestad: Su — Your Majesty
majestuoso -a majestic, grand
majo -a a Spanish dandy (belle) of the lower class in Madrid of the early nineteenth century. The dress of the **majos** and **majas** was often imitated by people of the upper classes.
mal *m.* evil, harm; misfortune; illness, affliction; *adv.* badly, ill
maldad wickedness, evil
maldición curse
maldito -a cursed, accursed

maldecir to curse
maleante depraved, evil, corrupt
maleficio witchcraft, curse
malgastar to waste, squander
malhadado -a wretched, unfortunate
malignidad malignity, malice
maligno -a malignant, evil
malo -a bad, wicked, evil
maltratar to ill-treat, abuse
manada flock, drove
mandar to send; to order; to direct, command
mando command; authority, power; **al — de** under the command of
manejar to handle
manejo handling, management
manera manner, way; style; **a su —** in his own style, manner; **de — que** so that, in such a manner as to; **de todas —s** at any cost; **de varias —s** in various ways; **por — que** and so; **sobre —** very much
manicomio insane asylum
manifestación manifestation, demonstration
manifestar to manifest, reveal, show; **bien manifestado** abundantly clear
manifiesto -a clear
mano *f.* hand; **a la — derecha** on the right; **de — en —** from hand to hand; **entre —s** on hand; **pedir la mano** to ask in marriage
mansión mansion; abode
manso -a calm, soft, quiet; gentle
mantener to support, maintain; to continue, pursue; to keep (up); **—se** to support oneself; **—se (en)** to remain firm (in), hold on (to)
mantilla Spanish lace scarf
manto cloak, mantle
manual *m.* manual, handbook
manufactura manufactory, factory
manuscrito manuscript
maña skill; craftiness; habit, cunning
mañana morning; **de —** early in the morning; *adv.* tomorrow
máquina machine, engine
mar *m., f.* sea; **alta —** high seas
maravilla marvel, wonder; **algo de —** something marvellous
maravillarse de to wonder, marvel (at), be astonished
maravilloso -a marvellous
marcado -a marked
marcar to mark, stamp; to stress
marcha departure
marchar to march; **—se** to leave, go away
margen *m.* margin, edge
marido husband
mariposa butterfly
mariscal *m.* marshal
marítimo -a maritime, marine, sea
mármol *m.* marble; **piedra —** marble; *pl.* sculptures
marqués -a *m.* marquis; *f.* marquise
martirio martyrdom
mas but
más more; most; **— bien** rather; **— que** rather than; **— que nada** above all; **no — que** only
masa crowd; mass, volume; lump; **en —** in a body
máscara mask
masticar to chew
matanza slaughter
matar to kill, slay
materia subject; matter
materno -a maternal, motherly
matiz *m.* tint, hue, shade
matizar to shade
matrimonio marriage; married couple
mausoleo mausoleum
máximo -a maximum, highest, greatest
mayor greater; greatest; larger; largest; older; oldest; *m.* senior; chief, superior; *pl.* ancestors, forefathers
mayoría majority
mazorca ear of corn
mecánica mechanics; machinery
medallón *m.* medallion
mediano -a medium
mediante by means of, through
médicamente medically, from the medical point of view
médico physician
medida measure; **en tal —** to such a degree
medio -a half, mid, middle; *m.* middle, center; medium; milieu, social structure; way; **en — de** in the middle of, midst of; **por — de** in the middle of, by means of; *pl.* means
mediodía *m.* noon, midday
medir to measure
meditabundo -a pensive, musing
meditar to meditate, muse
medo Mede *(of ancient Media, a kingdom in what is now northwestern Iran)*
medroso -a timorous, fearful, faint-hearted; **nunca —** ever dauntless

megalómano -a megalomaniac
mejor better, best; **a lo —** like as not, maybe
mejorar to improve, to better
melancolía melancholy
melancólico -a melancholic
melena loose *or* long hair, mane
memoria memory, remembrance
memorial *m.* memorial; memorandum book *or* paper
mencionar to mention
mendigo beggar
mendrugo crumb *(of bread)*
menear to sway, wave about; to handle; to manage
meneo swaying, movement
menester *m.* need, want; **si lo ha menester** *obs.* if she has need of them (it)
menesteroso -a needy
menor smaller, less; smallest, least; younger, youngest
menos less; least; except, but; **a (por) lo —** at least; **al —** at least; **ni —** least of all
menospreciar to disparage; to despise; belittle
mensajero messenger
mente *f.* mind
mentir to lie; to deceive
mentira lie
menudo -a small, little
mercader *m.* merchant, tradesman
mercado market, market place
merced *f.* grace; mercy; **vuestra —** Your Grace
merecer to merit, deserve, be worth, be worthy of
meridiano -a meridian, south
mermado -a reduced, lessened
mero -a simple, mere
mes *m.* month; **a los tres —es** three months later
mesa table; **la — puesta** the table set
meseta plateau
mesón *m.* inn, tavern
mesonero -a innkeeper, host
mesurado -a moderate
meter to put in(to), to place, insert; **—se** to go in, enter; to choose *(a profession, etc.);* **—se en la cama** to get into bed
metódico -a methodic, systematic
método method
metro verse
mezclar to mix, mingle, intermingle
mezquino -a wretched, miserly, mean
mezquita mosque
mi, mis my
miedo fear, dread; **por — a** for fear of
miel *f.* honey
miembro member; limb *(arm or leg)*
mientras while, meanwhile; **— que** while; **— tanto** meanwhile
mies *f.* wheat and other grains; **mieses** *pl.* grain fields
milagro miracle, wonder; **de —** miraculously
militar military; *m.* military man
milla mile
miniado -a illustrated with miniatures
ministro minister *(of a government)*
minoría minority
mío -a mine
mirada glance, gaze, look
mirar to look, gaze (at, upon, toward); to consider; **— hacia** look toward; **— por** to take care of, look after; **mirándolo** when we look at it
mirto = **arrayán** myrtle
misa Mass
miserablemente miserably, unhappily
miseria misery, wretchedness; poverty
Mishne Torah Mishna Torah *(The traditional doctrine of the Jews as developed chiefly in the decisions of the rabbis before the 3rd century.)*
misiva missive, letter
mismo -a same; similar, like; equal; himself, herself, itself; **él —** he himself; **en sí —** within himself; **lo —** just as; **lo —. . . que . . .** both . . . and . . .; **por sí —s** by themselves
misterio mystery
mística mysticism
misticismo mysticism *(A way of thinking in which reliance is placed upon a spiritual illumination which is believed to go far beyond the ordinary powers of understanding.)*
místico -a mystical; *n.* mystic
mitad half, middle; **en — de** in the middle of
mitológico -a mythological
mobiliario furniture, household goods
modalidad manner, way
modelar to model
modelo model, pattern
modificar to modify
modo manner, way; **a su —** in his own way; **de — que** so that, in such a way that; **del mismo —** in the same manner; **de ningún —** under no

circumstances; **de este —** in this manner, in the same manner; **de tal —** so that; **de todos —s** nevertheless, in any event
molestar to disturb, annoy, vex
molesto -a annoying, annoyed, vexed
molinero -a miller, grinder; *f.* miller's wife
molino mill; **— de viento** windmill
monacal monastic
monarca *m.* monarch
monarquía monarchy, kingdom
monárquico -a monarchical
monasterio monastery, convent
monja nun
monje *m.* monk
monstruo monster
monstruosidad monstrosity
montaña mountain
montar to mount, ride *(on horseback)*
monte *m.* mount, mountain
montón *m.* pile, heap
moral moral, spiritual; *f.* ethics, morality
moralizador -a moralizing
morar to live, dwell
mordaz biting, sarcastic; keen
mordaza gag, clamp
moreno -a brown, swarthy, dark, brunet(te)
morir to die; **— de hambre** to be extremely hungry, starve to death; **¡mueran...!** down with...!
morisco -a Moorish; Moresque; *n. Moslem who elected formal conversion to Christianity rather than banishment from Spain in 1502.*
moro Moor
mortífero -a death-dealing, deadly
moruno -a brown; Moorish
mostrar to show; to point out; to disclose; to demonstrate
motivo motive, reason; **con — de** by reason of, owing to
mover to move; **—se** to move, move around (about); **— los hombros** to shrug one's shoulders
movido -a moved, driven
móvil *m.* motive, incentive; motivating force
mozárabe Mozarab *(descendant of Christians who lived under the rule of the Arabs and who adopted Moorish speech and customs)*
mozo -a young; *m.* youth, young man; servant; *f.* girl, lass; *pl.* youths, young people
muchacho -a boy, lad; young man; *f.* girl, young woman
mucho -a much, a great deal; long *(time)*; *pl.* many
mudable changeable
mudar to change
mudo -a dumb, mute; silent
mueble *m.* piece of furniture; *pl.* furniture, household goods
muerte *f.* death; **la propia —** death itself; **mi cercana — venidera** my rapidly approaching death
muerto -a dead
muestra sign; indication
mugido bellow, moo
mujer *f.* woman; wife
mujeril womanish, feminine
mundial world-wide, universal
mundo world, universe; **por todo el —** throughout the world; **todo el —** everyone, everybody
muñeco puppet
murmurador -a murmuring
muro wall
musa muse
museo museum
músico musician
muslo thigh
musulmán -a Moslem, Mohammedan
mutuo -a mutual
muy very

N

nabo turnip
nacer to be born; to rise, spring; **nacidos de** born of, sprung from
naciente rising, growing
nación nation, country
nada nothing, anything; not any; **por —** under no circumstances; not under any circumstances
nadie nobody; no one; none, not ... anybody
nado: a — (by) swimming
napoleónico -a Napoleonic
naranja orange
naranjo orange tree
nariz *f.* nose; **las narices aguileñas** aquiline noses
narrar to relate, tell
natal natal, native
natalicio birth, birthday
natural natural; **— de** native of; **del —** from life, from nature

naturaleza nature; temperament; **— muerta** still life
naturalidad naturalness
naufragar to be shipwrecked
naufragio shipwreck
navaja razor; clasp knife
navarro -a of *or* from Navarre
nave *f.* ship, vessel; nave or aisle of a church
navegante *m.* navigator
navegar to navigate; to travel, sail
navío ship, vessel
nazareno Nazarene
necesario -a necessary
necesidad necessity, need, requirement
necesitar to need, require; **—se** to be needed, be necessary
necio -a stupid, foolish; *n.* fool
negar to deny, refuse; **—se** to decline, refuse
negocio business; **los —s** business
negro -a black; *n.* negro, negress
nervioso -a nervous; vigorous, energetic
neto -a neat, pure
ni neither, nor; not even; **— . . . —** neither . . . nor
nicho niche
nido nest
niebla fog, mist
nieto -a *m.* grandson; *f.* granddaughter
nieve *f.* snow
ningún -o -a no, none, not one, not any, no one
niño -a child; *m.* boy; *f.* girl; **desde —** from childhood; *pl.* children
nivel *m.* level
no no, not
nobleza nobility
noche *f.* night; **— de lluvia** rainy night; **a la —** at night; **de —** at (by) night
nocturno -a nocturnal
nodriza wet nurse
nombramiento appointment, nomination
nombrado -a named; famous, renowned
nombrar to name; to appoint; to call
nombre *m.* name; **— de guerra** *(nom de guerre)* pseudonym; **por otro —** otherwise called
noria water wheel, chain pump, draw well
norma norm, rule, standard
normal normal, standard
norte *m.* north
nos us; **Nos** We *(used by royalty)*
nosotros we, us
nostalgia homesickness
notable notable, noteworthy, remarkable
notablemente remarkably, conspicuously
notar to notice, take note of
noticia news
notorio -a well known, evident
novedad occurrence, change; novelty
novela novel, novelette; **—s ejemplares** Exemplary Novels
novicia novice
novio -a *m.* bridegroom, fiancé; *f.* bride; fiancée; *pl.* sweethearts, bride and groom
nube *f.* cloud
nuestro -a our, ours; our own
nuevas = noticias news
nuevo -a new; **de —** again
número number
númida *m.* Numidian *(native of Numidia, ancient kingdom in northern Africa in what is now Algeria)*
nunca never; ever
nupcial nuptial

O

o or, either; **— . . . —** either . . . or
obedecer to obey; to follow
obispo bishop
objetar to object
objeto object, subject matter
obligación obligation, duty; *pl.* engagements, responsibilities
obligar to force, compel, oblige; to obligate, bind; **se vió obligado a** he was obliged to
obra work; book; feat, deed; task; **— cumbre** masterpiece; **— maestra** masterpiece; **— magna** masterpiece
obrar to act, behave; to perform
obrero workman
obsesión *f.* obsession
observador observer
observar to observe, pay attention to; to study by observation
obstáculo obstacle
obstante: no — notwithstanding, nevertheless
obstinado -a obstinate, stubborn
obtener to obtain; to reach
ocasión occasion, opportunity; **en —es** sometimes, at times
ocasionar to cause
ocaso west; sunset
occidente *m.* west

ociosidad idleness, leisure
ocre ocher
ocultamente secretly
ocultar to hide, conceal
oculto -a hidden, covered
ocupar to occupy, take possession of; to keep busy; to preoccupy; to deal with
ocurrir to occur, happen; **—se** to occur (to one), strike one *(as an idea)*
oda ode
odiar to hate
odio hatred
oeste *m.* west
ofender to offend
oficial official; *m.* official, officer
oficio craft; trade, work; function; **—s religiosos** religious services; **de —** officially, by occupation, trade
ofrecer to offer, present
ofrecimiento offer(ing)
oído ear, (sense of) hearing
oír to hear; **— misa** to hear *or* attend Mass
ojo eye; sight; **a tus —s** before your eyes; **¡mis —s!** my dear, darling
ola wave
oler to smell
olivo olive tree
olor *m.* smell, odor; fragrance
olvidar to forget; **olvidada de lo suyo** forgetful of his (her) own (place); **—se de** to forget
olvido forgetfulness; neglect
operario workman
opinar to judge, give an opinion
oponer(se a) to oppose, resist; to face, set opposite (to)
oportuno -a opportune, seasonable
oposición opposition; **por —** by contrast
opresión oppression; pressure
opuesto opposed; opposite; contrary
oración prayer; sentence; **— fúnebre** funeral oration
orador *m.* orator; **— sagrado** orator on sacred subjects
oratoria oratory
orden order; **en —** in order; **en — a** with regard to **—benedictina** Benedictine Order
ordenado -a orderly, methodical
ordenanza order
ordenar to order, command; to ordain, confer holy orders on; to put in order, arrange; **—se** to be ordained
órdenes: a sus — at your service
ordinario -a coarse, ordinary
orear to air, refresh *(by airing)*
oreja ear
organizador -a organizing, *n.* organizer
organizar to organize
órgano organ *(music);* instrument, medium; **— consultivo** advisory body
orgullo pride, haughtiness
orientación orientation, bearings
orientador -a orienting; *n.* one who orients
oriental oriental, eastern
orientar to orient; **—se** to find one's bearings
oriente *m.* orient, east
original original, independent
orilla bank; border, margin; **a —s de** on the banks of
orla border, edge; fringe
ornamento ornament, decoration, adornment; *pl.* sacred vestments
oro gold; *(fig.)* wealth
orquesta (orquestra) orchestra
os you
osar to dare, venture
oscilante oscillating
oscurecer to darken, become dark
oscuridad darkness
oscuro -a obscure, dark; **a oscuras** in the dark(ness)
ostentar to exhibit, display
otero hill, hillock
otoño autumn, fall
otorgar to grant; to consent
otro -a other, another; **—a vez** again; **—as cuantas** a few more; **—as veces** (on) other occasions; **los (las) —s** the others
otrora = **en otra hora** formerly
oveja ewe; sheep

P

paciencia patience
padecer to suffer
padre *m.* father; source, origin; *pl.* parents, ancestors
pagar to pay; **— la culpa** to pay the penalty; **— la visita** to return the visit
página page
país *m.* country; **los Países Bajos** the Low Countries *(formerly the Netherlands, but now the kingdoms of Holland and Belgium, and the duchy of Luxemburg)*

paisaje *m.* landscape
paja straw
pájaro bird
paje page; valet
palabra word; speech
palaciego courtier
palaciano -a regal, courtly
paladar *m.* palate, taste; **dulce al —** pleasant to the taste
palafrén palfrey, saddle horse
paleta palette
pálido -a pale
palmera palm tree
palmo span *(measure of length, about eight inches)*
palo stick, wood; pole; mast
paloma dove
palpable palpable; real
pan *m.* bread; loaf of bread
pánico panic, fright
panteón *m.* pantheon
paño cloth, woolen cloth
papa *m.* pope
papel *m.* *(piece of)* paper; role, part; **un — escrito** a written paper
par *m.* pair; **mi — de hijos** my two children; **sin —** incomparable, peerless
para for, to, in order to, toward; **— que** in order that, so that; **¿— qué?** why, for what purpose
parada parade, display
paradero resting place; landing, terminal
paraguas *m.* umbrella
paraíso paradise
paralelamente side by side, simultaneously
paramera bleak moor, high tableland, plateau
parangón *m.* comparison
paraninfo assembly hall *(in a college)*
parar(se) to stop, pause
parcial partial
pardo -a brown
parecer to appear; to seem, look like; **pero aún le parecía poco** but that did not seem enough to him; **—se (a)** to resemble, look like; *m.* opinion; **a mi —** in my opinion
parecido resemblance, likeness
pared *f.* wall, side *(of a building)*
paréntesis *m.* parenthesis; interval, interlude
pariente *m.* relation, relative
parlamento parliament
parodiar to parody
parque *m.* park
parra grape vine, grape arbor
párrafo paragraph
parte *f.* part, portion; place, side; **a todas —s** everywhere; **de todas —s del mundo** from all over the world; **en gran —** to a large extent; **en ninguna —** nowhere; **en todas —s** everywhere; **la mayor — de** most of; **por — de** on the part of; **por — de madre (padre)** on his mother's (father's) side; **por aquella —** along about there; **por otra —** on the other hand, moreover; **por su —** on his part, in turn; **por todas —s** everywhere; **por una —** on the one hand
particular private; particular, special; personal
partida departure; entry, record
partido party; game
partir to leave; **a — de** from (the time of) . . . on; starting from
párvulo child; tot
pasado -a past; former; *m.* past
pasar to happen; to pass; to spend *(time);* to move; to bear; **— adelante** to enter, to proceed; **— de este mundo** to die, pass away; **pasaba la mayor parte del tiempo** he spent most of his time; **pasó larga temporada** spent a long time; **—se** to manage, get along, **se pasó ayer todo el día** went all day, spent the whole day
pasatiempo pastime, diversion
Pascua Easter; Passover, Christmas; Pentecost
pasear(se) to stroll, take a walk, to pace up and down
paseo avenue where people stroll, promenade; stroll, walk
pasión passion
pasivo -a passive
paso step, footstep; pace; gait; passage; way; action, deed; **al —** on the way; **al — que** while; **a cada —** at every step
pasto pasture, grazing
pastor *m.* shepherd
pastoril pastoral
paterno -a paternal
patético -a pathetic, touching
patio courtyard, patio
patraña fake, hoax

patria fatherland, country; district, region
patriarca *m.* patriarch
patriota *m.* patriot
patrón *m.* patron, protector; patron saint
pavimentado -a paved
pavor *m.* terror, fright
payaso clown
paz *f.* *(pl.* **paces)** peace
pecadó sin; **—s capitales** deadly sins *(the seven capital sins fatal to spiritual progress:* **la soberbia,** pride; **la avaricia,** covetousness; **la lujuria,** lust; **la ira,** wrath; **la gula,** gluttony; **la envidia,** envy; **la pereza,** sloth)
peculiar peculiar, particular
pecho chest, breast; bosom; spirit
pedagógico -a pedagogical
pedantería pedantry
pedazo piece, scrap
pedernal flint
pedir to ask for, request; to beg; **— consejo** to ask (one's) advice; **— en matrimonio** to ask for in marriage
pedrada blow *(with a stone)*
pegar to stick; to fasten; **—se** to stick, adhere
peinado -a combed, groomed; *m.* hairdo
peinarse to comb one's hair
pelar to cut *(the hair);* to pluck, tear out; to peel
pelear to fight
peligro danger
peligroso -a dangerous
pelo hair
pelota ball
pena penalty, punishment; pain; sorrow; embarrassment
penar to suffer, grieve, be tormented
pendón *m.* standard, banner
peninsular peninsular; of *or* from the Iberian peninsula
penitencia penitence, penance
penitencial penitential
penitenciario -a penitentiary
penosamente arduously
pensamiento thought; idea
pensar to think, consider; to intend; *m.* thought, idea
pensativo -a pensive, thoughtful
peña rock
peñasco large rock; cliff, crag
peor worse, worst
pequeño -a small, little; **el (la) más —** the youngest
percibir to perceive, notice
perder to lose; to ruin; to waste; to forfeit; to forget; **— el juicio** to lose one's mind; **—se** to get (be) lost; to go astray
perdición perdition, ruin
pérdida loss, waste
perdón *m.* pardon, forgiveness
perdonar to pardon, forgive
perdurable lasting, everlasting
perdurar to last, endure; to continue to last
perecer to perish; **—se** to be destroyed; **—se por** to be dying for (to)
peregrinación pilgrimage
peregrino pilgrim
pereza sloth *(one of the seven deadly sins);* laziness
pergamino parchment
pericia skill, expertness
periódico newspaper
periodista journalist, columnist
período period, epoch
perla pearl
permanecer to remain, stay
permanencia stay; residence
permiso permission
permitir to permit, allow
pero but
perpetuo -a perpetual, everlasting
perplejo -a perplexed
perro -a dog
persa Persian
persecución persecution, pursuit
perseguir to pursue, persecute
persiana shutter, *(window)* blind
persona person; **— viva** living soul; **en —** in person
personaje *m.* personage; character *(theater)*
personalidad personality; personage
persuadido -a persuaded, convinced
persuasivo convincing, persuasive
pertenecer to belong, be a part of
perteneciente belonging
perturbado -a perturbed, disturbed
pesado -a heavy, annoying, insufferable
pesadumbre *f.* grief, sorrow, affliction
pesar to weigh; **—le a uno de...** to cause one regret (sorrow) to...; *m.* grief, regret; **a — de** in spite of, though, notwithstanding
pesca fish *(collective:* the catch); fishing
pescado fish *(as a food; already caught)*
pescador *m.* fisherman
pescuezo neck

pesimista pessimistic
pésimo wretched, abominable
petición petition; prayer; **a — suya** at his request
pez *m.* (*pl.* **peces**) fish
piar to peep, chirp
picardía trick, deceit; malice
picaresco -a roguish, rascally, knavish; **la (novela, literatura) —a** the picaresque (novel, literature)
pícaro picaro, rogue, rascal
pico beak *(of a bird)*; sharp point; pick; peak; corner
pictórico -a pictorial
pie *m.* foot; **a —** on foot; **de (en) —** standing
piedad piety; pity; mercy; charity
piedra stone; **— mármol** marble; **— preciosa** precious stone
piedrecita little stone, pebble
piel *f.* skin; fur
pierna leg
pieza piece *(of music)*; fragment; finely wrought blade
pillete, pilluelo little rogue, rascal
pinar *m.* pine grove
pincel *m.* *(artist's)* brush
pino pine
pintar to paint, portray; to describe
pintor *m.* painter, artist
pintoresco -a picturesque
pintura painting, picture; manner of painting; description
pío -a pious
pirata *m.* pirate
pirenaico -a Pyrenean, of the Pyrenees
pisar to tread (on), step (on); **— los campos** to roam the fields
piso floor, story
placer to please, like; *m.* pleasure
plácido -a placid, soft, pleasant
plan *m.* plan, scheme
planear to plan
plano -a flat, level, smooth; *m.* level, plane
planta plant; (sole of the) foot
plantado -a planted; upright
plasmar to mold, shape; to blend
plástico -a strongly expressive
plata silver; money
plática address, talk; conversation
platicar to converse, talk
plato dish, plate
playa shore, sea coast, beach
plaza square, plaza; market (place)
plazo time (limit), term
plebeyo -a plebeian
plenitud plenitude, fullness, abundance
pleno -a full
pliegue *m.* fold, pleat
plomo lead
pluma feather; quill, pen
plumaje *m.* plumage, plume
pluvial pluvial
poblado -a populated, supplied
poblar to populate, fill
pobre poor, needy, humble
pobreza poverty
poco -a little, scanty; few, some; *adv.* little, scarcely; **— a —** little by little, gradually; **— después** shortly afterwards; **a —** presently, shortly after
poder to be able; can, may; *m.* power, might, force; *pl.* power, authority; **rebeldes a su —** in revolt against his power
poderío power, might; dominion
poderoso -a powerful
poesía poetry, poem
poeta *m.* poet; **— cumbre** master poet, supreme poet
policía politeness, good breeding
políglota polyglot
polígrafo polygraph *(writer that treats widely differing subjects)*
política policy; politics; **— mundial** international politics
político -a political
polo (geographical) pole
polvareda cloud of dust
polvo powder, dust; speck of dust
pólvora gunpowder
ponderar to weigh; to ponder; to praise highly
poner to put, place; to set out *(trees)*; to impose on, inflict; to lay; **— a prueba** to test; **— a secar** to dry; **— casa** to set up housekeeping, establish a household; **— en ejecución** to put into practice; **— en escena** to stage a play; **— en peligro** to endanger; **— en práctica** to put into practice; **— esfuerzo** to put forth one's (best) effort; **— las espuelas** to spur, put on spurs; **— olvido** to cause one to forget; **— sitio a** to besiege, lay siege to; **antes que en otra aventura me ponga** before I undertake another adventure; **poniendo como ejemplo** citing as an example; **puso como condición** he laid down as a condition; **—se** to

put on, dress; to become; to set *(sun);* **—se alegre** to be(come) happy; **—se de pie** to stand up; **no se ponía nunca el sol** the sun never set
pontífice *m.* pontiff
ponzoñoso -a poisonous, venomous
por for; by; through, along; across; on; in, during; throughout, in order to; because of; over; **— allá** over there **— allí** around there; **— ejemplo** for example; **— ende** consequently; **— eso** therefore, for that reason; **— la misma manera** in the same manner; **— sí sólo** by himself
porcelana porcelain; chinaware
por qué why
porque because, for
portador *m.* bearer, carrier
portal *m.* entrance; portal
portón *m.* front door; gate
porvenir *m.* future
posada lodging house, inn, tavern; dwelling
posar to sit down; to perch; to pose
poseer to possess, own, hold
posición position, status; state
poste *m.* post, pillar
posterior later, subsequent, rear
postrar to prostrate, humble
postura position, posture
potencia power, capacity; **en —** potentially
potente potent, powerful, vigorous
pozo well
práctica practice; activity; habit
practicar to practice; to do, accomplish
pradera prairie, meadow
prado meadow
precepto precept, rule
preceptor *m.* preceptor, teacher
preciado -a esteemed, valued
precioso -a precious, valuable
preciso -a exact, accurate; precise; **es —** it is necessary
precursor -a preceding; *m.* precursor, forerunner
predicar to make evident; to preach; **— con el ejemplo** to set an example
predilecto -a preferred, favorite
predominar to predominate, prevail
preferente preferential, preferred
preferir to prefer
pregón *m.* proclamation
pregunta question
preguntar to question, ask, inquire
prejuicio prejudice
prelado prelate
premiar to reward, remunerate
premio reward, prize; recompense
prender to catch, seize, apprehend; to catch fire, ignite; **—se** to fasten
preocupación preoccupation, concern
preocupar to preoccupy, concern
preparado -a prepared, ready
preparar to prepare; **—se** to be prepared
presencia presence; aspect, looks; **— de ánimo** presence of mind, poise
presenciar to witness, see
presentación presentation, introduction, appearance
presentar to present, show, exhibit; **—se** to appear, present oneself
presente *m.* present, gift
presidente *m.* president, chairman, presiding officer
presidir to preside (over)
preso -a seized; imprisoned; *n.* prisoner
prestar to lend; to give, render; **— atención** to pay attention
presto soon, quickly
presuponer to presuppose; to presume, take for granted
presuroso -a prompt, quick, hurriedly, in a hurry
pretender to aspire to; to try; to pretend; to attempt
pretil *m.* railing
prevalecer to prevail, take root
prevaricación transgression
prevención prevention; prejudice; warning
prevenir to forestall, prevent, avoid; to prepare, warn, anticipate
priesa = prisa haste, hurry
prieto -a dark, blackish
primacía primacy, supremacy
primado primate
primario -a elementary, basic, primary
primavera spring
primeramente in the first place
primogénito first born
princesa princess
principal principal, most important; *m.* illustrious person
príncipe *m.* prince
principio principle, rule; beginning; **a —s** at the beginning
prior *m.* prior, superior
prisa haste, hurry; **de —** in a hurry
prisionero -a prisoner **llevar —** to put under arrest

privado -a private, secret; **en —** privately, secretly
privar to deprive; to prohibit; **—se de** to deprive oneself of
proa bow, prow
probar to prove; to try, test; **— fortuna** to try one's luck
procedente coming *or* proceeding from
proceder to act, take action
procedimiento procedure, method
prócer high, lofty; *m.* leader, dignitary; hero
procesión procession, parade, pageant
proclamar to proclaim, acclaim
procurar to endeavor, try
prodigio marvel
prodigioso -a prodigious, marvellous
pródigo -a prodigal, generous
producir to produce, bear; to cause; to yield
profano -a profane, worldly
profesar to profess, avow; to join
profesión profession; avowal, taking of vows
profundidad depth, profundity
profundizar to deepen
profundo -a profound, deep
prohibir to forbid, prohibit
prójimo fellowman, neighbor
prole *f.* offspring
prólogo prologue, preface
promesa promise
prometer to promise
prometida betrothed, fiancée
pronto soon, quickly; **al —** at first; **de —** suddenly; **tan — como** as soon as
pronunciar to pronounce; to deliver, make *(a speech)*
propiedad ownership; property
propio -a one's own, proper, suitable; peculiar, characteristic
proponer to propose; **—se** to propose, plan, intend
proporción proportion, magnitude
proporcionar to proportion; to supply, provide
proposición proposal
propósito purpose, intention; proposition; **a —** apropos, by the way, for the purpose
proseguir to continue, pursue
proselitista proselytistic
prosperidad prosperity, success
protagonista *m., f.* hero, protagonist, leading character
protección protection, favor
proteger to protect; to help
protestar to protest
provecho good, benefit
provechoso -a profitable, useful; healthful
proveer to provide; to furnish, supply with provisions
provincial *m.* provincial *(a monastic superior who has direction of all religious houses of his order in a district, i.e., province)*
provisor *m.* purveyor, provider
provisto -a provided, supplied
provocar to provoke, incite, tempt; to forward
próximo -a near, next
proyectar to design; to project; to plan
prudente prudent, cautious, wise
prueba proof, evidence; test
pseudónimo pseudonym
psicológico -a psychological
publicar to publish, proclaim; to publicize
público -a public; *m.* public, audience; **en —** publicly, openly
puchero cooking pot
pueblo village, town; people; nation country; **de — en —** from town to town
puente *m.* bridge
puerco hog, pig
puerta door, gate; **de — en —** from door to door
puerto harbor, port; refuge, haven
pues then, since, as, for, well
puesto -a placed, put, set; **— que** although, since, inasmuch as; *m.* position, place, post
pugnar to fight; to persist, strive
pujanza power, might
pulcro -a neat
pulido -a neat, clean, polished
pulir to polish, burnish; to beautify
pulsación pulsation, throb
pulso pulse, beat; **sin —** pulseless numbed
punir to punish
punto point, place; instant, moment; **a — de** on the point of; **a tal —** to such a degree; **— de vista** point of view
puñal *m.* dagger, poniard
pupila pupil *(eye)*
pureza purity
puro -a pure, clear

Q

quadrivium *(Latin) quadrivium, the four higher liberal arts, arithmetic, music, geometry, and astronomy.*
que that, which, who, whom; because, for, as; than; — (+ *pres. subj.*) let him, (them) *(+ verb);* **desde —** since, ever since; **el —** that, the fact that; the one who, he who; **lo —** that which, what
qué what, how
quebrantado -a broken, weakened
quebrar to break, crush; to rend, split
quedar to remain, stop, stay; to be left; **— en depósito** to be on deposit, be deposited; **me quedo dormido** I fall asleep; **—se** to stay, remain
quedo -a quiet, still; **quedo** *adv.* softly, gently
queja complaint; moan
quejarse to complain; **—se de** to regret
quema burning
quemar to burn, set on fire
querer to wish, want, will; to endeavor, attempt; **— decir** to mean
querido -a loved, beloved
quicio pivot hole *(for hinge pole)*
quien (*pl.* **quienes**) who, whom, whoever, whomsoever
quién who, whom, whoever, whomsoever, which; whichever
quienquiera whoever, whichever, whomsoever
quietud *f.* quiet, rest, tranquility
quijote *m.* **Quixote,** quixotic person
quinqué *m.* oil lamp
quinta country house, villa
quitar to take out (off, away); to remove; to deprive of; **—se** to take off; to leave
quizá, quizás perhaps

R

rabia rage, fury
rabino rabbi
ración ration, supply, portion
racionalmente rationally
radiante radiant, brilliant
raíz *f.* root
rama branch
ramo bough, limb, (olive) branch; **— de flores** bouquet
rango rank, class
rápido -a fast
raptar to abduct
raro -a rare; scarce; odd
rasgar to tear, rend, rip
rasgo stroke; characteristic, feature
rasgueo scratching, scraping *(of a pen or quill),* strumming *(guitar)*
raso -a plain, flat
raspar to shave; to crop *(the hair);* to scrape
rato time, short time, while; **a —s** from time to time
ratón *m.* mouse
raudal *m.* torrent, stream; abundance
rayo ray, beam; bolt *(of lightning or thunder);* **— de sol** sunbeam
raza race, breed, lineage, strain
razón *f.* reason, right; reasonableness; right; fairness; **— de estado** *raison d'état,* reason of state
razonable reasonable, moderate; fairly good *(of clothing)*
razonamiento reasoning; speech
razonar to reason
reaccionar to react
reaccionario -a reactionary; conservative
real real; realistic; royal; **lo —** reality; *m.* real *(a coin of 25 céntimos de peseta)*
realidad reality; truth
realismo realism
realista realistic
realización realization, fulfillment
realizar to realize; to accomplish, fulfill
realmente really, actually
realzar to raise, heighten; to brighten; to emboss
reanudar to renew, resume
reaparecer to reappear
rebajar to lessen, diminish
rebaño drove, flock
rebelarse to revolt, rebel
rebelde rebellious, unmanageable
rebeldía rebellion, revolt, insurrection
rebosar: — de *or* **en** to overflow with, to burst with
recatar to hide, conceal
recaudar to collect
recetar to prescribe
recibir to receive; to face; to accept; to experience
recién recently, newly
reciente recent, new
recio -a strong and rugged; severe, rough
recitar to recite

reclamar to claim, demand
recobrar to regain
recoger to gather; to collect, get (put) together; to pick up; **—se** to withdraw, retire
recogido -a withdrawn, retiring, secluded
recogimiento concentration; abstraction; withdrawal
recolección harvesting, gathering
recomendación advice, recommendation
recomendar to advise, recommend
recompensa compensation, recompense
reconcentrar to concentrate, intensify
reconciliarse to become reconciled, make up
reconocer to recognize; to admit, acknowledge; to inspect, reconnoitre
reconquista reconquest; **la —** Spain's 800 year struggle against the Arabs
reconquistar to reconquer
recordar to remind, to remember
recorrer to go over; to travel (over), traverse
recortar to clip, cut away
recriminar to recriminate
rectitud rectitude, straightforwardness
recto -a straight, just, honest
rector *m.* rector, director
recuerdo remembrance, memento
recuperar to recover, regain
recurso resource; *pl.* resources, means
rechazar to repel, reject, repulse, spurn
rechoncho -a chubby, plump
rededor *m.* surrounding; **al —** around; **al — de** around, about
redención redemption
redimir to redeem, rescue
redondeado -a rounded
redondo -a round
reducir to reduce, lessen; to subdue, subjugate
referente referring, relating
referir to refer, relate
refinado -a refined, fine
refinamiento refinement
reflejar to reflect
reflexionar to think (about), reflect (upon)
reforma reform; Reformation *(religious movement in western Christendom, in the early sixteenth century, which resulted in the formation of the various Protestant Churches)*
reformador -a reforming, *n.* reformer
reformar to reform, reorganize
reformista reformative, reforming
refrenar to restrain, check
refrigerio snack; alleviation, comfort
refuerzo reinforcement; backing; aid
refugiarse to take shelter, refuge
refugio refuge, shelter
refundición revision
regalar to make a present of, give
regalo gift, present; **de —** as a gift
regar to water; to irrigate; **— de (con)** to be watered by
regazo lap
régimen *m.* regime; government
regir to rule, govern
regla order, rule
regladamente regularly; moderately, temperately
regresar to return
regreso return
reimpresión reprint(ing)
reina queen
reinar to reign; to prevail
reinado reign
reino kingdom, reign
reintegrado -a reinstated, restored
reír to laugh; **—se de** to laugh at
rejuntar to assemble, gather
relación relation, relationship; report; **en — con** in communication with, in touch with
relámpago lightning
relegar to relegate
relevar to relieve, release, exonerate
relieve *m.* relief
religioso -a religious; *n.* member of a religious order, one bound by monastic vows
relinchar to whinny, neigh; *m.* whinnying, neighing
reloj *m.* clock, watch; **— de arena** hourglass
relucir to shine, glow; to gleam
rematar to end, complete, finish
remedio remedy, help
remendado -a mended, patched, spotted
remitir to remit; **—se** to refer, submit
remo oar
remontar to elevate, raise, soar
remoto -a remote, far off
renacentista of *or* pertaining to the Renaissance; *m.* one versed in Renaissance art and literature
renacer to spring up again, be reborn; *m.* rebirth
renacimiento Renaissance
rendido -a submissive; crouched; exhausted, very tired

rendir to overcome; to fatigue; to surrender; **— se** to become exhausted, surrender
renombre *m.* renown, fame
renovación renovation, renewing
renovador -a renovating, renewing; *m.* renovator
renta income, revenue; rent
renunciación renouncement; abjuration, abdication
renunciar to renounce, reject; to resign; **— a** to renounce, give up
reorganizar to reorganize
reparación *f.* reparation, amends, atonement
reparar: — en to pay attention to, notice; to consider; to stop to
repartir to divide; to distribute
repente: de — suddenly
repentinamente suddenly
repetidamente repeatedly
repetir to repeat
repintar to repaint
réplica reply, answer
reposado -a quiet, peaceful, calm
reposar to rest, repose
reposo rest, sleep, tranquility
representación representation, representative; image; performance *(theater)*
representante *m.* representative
representar to represent; to present, show again; to act; **—se** to be performed, staged
reprobable reprehensible
reprochar to reproach
reproducir to reproduce
repudiado -a repudiated, rejected
requerido -a required, requisite
requerir to require, need
reservar to keep, hold, reserve
residir to live, dwell
resignación resignation; acquiescence
resignado -a resigned
resistir(se) to resist, endure, offer resistance
resolución solution; determination, firmness
resolver to resolve, determine, solve; to analyze
resonar to resound, echo
respectivo -a respective; **— a** with respect to
respecto: — a with regard to; **a este —** with respect to this
respetar to respect, honor
respeto respect
respetuoso -a respectful
respiración respiration, breathing
respirar to breathe; to breathe freely, get one's breath; to rest
resplandeciente shining, bright, glittering
resplandor *m.* radiance, glare
responder to answer, respond; to fit; to produce; to guarantee
respuesta answer
restante remaining
restar to be left, remain
restauración restoration
resto rest, remainder; *pl.* remains
resucitar to resurrect, revive
resuelto -a determined, resolved, resolute
resuello breath, breathing; **sin —** breathless(ly)
resultante *f.* product, result
resultar to result; to turn out to be
resumen *m.* summary, resumé; **en —** in brief, in short
resumir to summarize, sum up
retablo altarpiece; series of pictures or scenes
retardar to delay
retemblar to shake, quiver
retener to retain; to detain, arrest
retirado -a retired; withdrawn, solitary
retirar(se) to retire, withdraw, retreat; to set *(sun);* to move off
retiro retreat, retirement
retocar to retouch, touch up
retorcido -a twisted
retórico -a rhetorical; *m.* rhetorician
retraimiento refuge, retreat; retirement
retrasar to delay
retratar to portray, describe, depict; to paint *(a portrait)*
retratista *m.* portrait painter
retrato portrait, picture
retroceder to go back, draw back, fall back
retumbar to resound, rumble
reunión reunion, meeting, gathering
reunir to unite, gather; **—se** to meet, assemble, get together
revelador -a revealing
revelar to reveal, show
reverencia reverence; bow, obeisance
reverenciado -a venerated, revered
reverendísimo Most Reverend, Right Reverend
revés *m.* reverse, misfortune
revestir to coat, cloak, clothe
revista review, periodical

revolcar to roll over
revolotear to flutter, fly around, hover
revoltoso -a rebellious, seditious; *n.* rebel
revolver(se) to turn over, revolve; to stir (up), agitate; to move
rey *m.* king; **los —es** the king and queen; **los —es Católicos** the Catholic Sovereigns (Ferdinand and Isabella)
rezar to pray, say *(prayers);* **— una oración** to pray, say a prayer
rezo prayer; devotions
ribera bank, shore, beach
rico -a wealthy, rich; *n.* rich person
rienda rein (of a bridle)
rigor *m.* rigor; sternness, vehemence
rigurosamente rigorously, strictly; carefully
rincón *m.* corner, remote place
río river
riqueza wealth; treasure; fruitfulness
risa laugh, laughter; smile
ristre *m.* rest *or* socket *(for a lance);* **puesta la lanza en el —** having put his lance at rest
risueño -a smiling, pleasing, agreeable
rítmico -a rhythmic
ritmo rhythm
rito rite, ceremony; **—mozárabe** Mozarabic liturgy *(since the 12th century, conserved as a privilege in the Cathedral of Toledo, for Mozarabic Spain)*
rivalidad rivalry
rivalizar to compete
robar to rob, steal
robledal *m.* oak grove
robusto -a robust, healthy
rodear to surround
rodilla knee; **de —s** on one's knees
rogar to pray, beg, entreat
rojizo -a reddish
rojo -a red
rollo roll
romance *m.* ballad; **los llamados —s artísticos** the so-called artistic ballads
romancero collection of the old Spanish ballads called **romances**
románico -a Romanesque
romano -a Roman
romántico -a romantic; *m.* romanticist
romería pilgrimage; picnic (around the shrine to which pilgrimage is made)
romero -a pilgrim; *m.* rosemary
romper to break; to tear
ronco -a hoarse, raucous
ronda night patrol, round *(of a patrol)*
rondar to patrol, go the rounds, stalk around
rondeño -a native of Ronda
ropa(s) clothes, clothing, costume
rosa pink; *n.* rose
rosal *m.* rose bush
rostro face, visage
roto -a broken, shattered, torn
rubí *m.* ruby
rubio -a blond, blonde, fair; golden
rucio donkey
rudeza roughness, rudeness
rudo -a rough, crude, dull, rude
ruido noise, rumor, roll *(of drums);* clamor
ruín vile, low, base
ruiseñor *m.* nightingale
rumbo course, direction
ruso -a Russian
rústico -a rustic; coarse
ruta route, way

S

saber to know, know how; to be able to; **— de memoria** to know by heart; **sabía la persona que era** knew what kind of person he was; **sabida por Nos su Voluntad** his wish known to us; *m.* knowledge, learning, wisdom
sabiduría knowledge, wisdom
sabio -a wise, learned; *m.* sage, scholar
sabor *m.* taste, flavor; **— local** local color
sabroso -a savory, delicious; delightful, most pleasant
sacado -a extracted, drawn out; well developed
sacar to take out, draw out, pull out; to extract; to obtain, get; **— de** to get out of, derive from; **—se de** to be derived from
sacerdocio priesthood
sacerdote *m.* priest, clergyman, minister
saciar(se) to satiate
saco bag, sackful
sacrificar to kill, sacrifice; **—se** to sacrifice oneself, give up one's life
sacro -a holy, sacred
sacudir to shake (off); **sacudido por la fiebre** racked by fever
sagaz sagacious
sagrado -a sacred, holy
sajón -a Saxon
sal *f.* salt

sala drawing room, parlor; large room; hall; living room; **— de concejo** council room
sala-estudio studio-living room
salida departure; exit; remark; sally; **— del sol** sunrise
salina salt pit, salt mine
salir (de) to go out, come out, leave; to rise *(the sun);* to go beyond; **— adelante de** to be successful in, get out of...successfully; **— al encuentro** to go to meet; **—le mal (bien)** to turn out badly (well)
salmo psalm; **—s penitenciales** Penitential Psalms
salón *m.* salon, large drawing room, large hall; **— de otoño** Autumn Hall *(famous exhibit of paintings in Paris)*
saltar to jump, leap; to dash out; **— a la vista** to strike one's eye
salubridad healthfulness, salubrity
salud *f.* health
saludable healthful
saludar to greet, salute
salvación salvation, deliverance
salvaje savage, wild
salvar to save; to liberate, free; to jump, go over; to clear *(an obstacle)*
san = santo saint
sandalia sandal
sandez *f. (pl.* **sandeces)** folly, silliness
sangraza corrupt blood
sangre *f.* blood
sangriento -a bloody
San Juan: día de — — festival of St. John (June 24th)
sano -a healthy; healthful; **los —s** those in good health
santidad holiness, saintliness; **Vuestra —** Your Holiness
santo -a holy, sacred, saintly; *n.* saint
santuario sanctuary
sarao evening party
Satanás Satan
satirizado -a satirized
satisfacer to satisfy, satiate
sayo *m.* smock, loose garment; *(loose)* coat
sazón *f.* season, occasion, opportunity; **a esta —** at this time
secar to dry
sección section, division
seco -a dry, meager, dried up
secreto -a secret, confidential; hidden; **en —** in secret, secretly; *m.* secret
sector *m.* sector, part, segment
secundario -a secondary; *f.* high-school
sed *f.* thirst
seda silk
sede *f.* seat; See (a prelate's ecclesiastical jurisdiction); **Santa —** Holy See
sedentario -a sedentary
seducir to seduce; to charm, captivate
seguida sequence; **en —** immediately, at once
seguir to follow, continue, pursue
según according to; as
segundón *m.* second son
seguramente probably
seguridad certainty
seguro -a secure, safe; sure, unfailing
selección selection, choice
selecto -a select, choice
selva forest, jungle; **—s gangéticas** Gangetic (of the Ganges) jungles
semana week
semblante *m.* face, aspect, appearance
sembrar to sow, seed; to spread, scatter
semejante similar, like; such
semejar to be like, resemble
semiesférico -a hemispherical
semilla seed
senado senate, assembly; audience, gathering
sencillez *f.* simplicity
sencillo -a simple, plain, candid
senda path, way
sendos -as one each; individual
seno bosom
sensación sensation, furor
sensibilidad sensitivity; sensitiveness; perceptiveness
sensible sensible, perceptible; sensitive
sentar to seat; **—se** to sit down, settle down
sentenciar to sentence, pass judgment on
sentencia sentence, verdict; opinion; axiom
sentido sense; feeling; sensibility; meaning; understanding; **— practico de la vida** common sense; **buen —** good judgment, common sense; **sin —** unconscious
sentimental sentimental, emotional
sentimiento feeling; perception; sentiment
sentir to feel; to regret; to hear; to perceive; **— compasión por** to pity; **— pavor** to be terrified; **a mi —** to my mind; **—se** to feel
señal *f.* sign, mark, proof, signal

señalado -a distinguished, noted; appointed
señalar to show; to point out; to mark (down)
señor -a *m.* sir, mister; lord, master; gentleman; **el Señor** The Lord; — **de todas las cosas** Lord of all things; *f.* lady, mistress *(of a household);* wife
señoría dominion, seigniory; **su —** his Lordship
señorío seigniory, domain
separación separation; parting
separar to separate, part; **—se (de)** to separate (from), part company (with)
septentrión *m.* north
sepulcro grave, tomb
sepultar to bury
sepultura tomb, sepulcher; grave
séquito retinue, train
ser to be; **—amigo de** to be fond of; **— de** to belong to; **— de actualidad** to be of current interest; **— encaminado a** to be directed toward, have to do with; **— forzoso** to be necessary, imperative; **— menester** to be necessary; **— preciso** to be necessary; **¡bendito seáis vos!** Bless(ed be) you! **debe — condición de entendimiento profundo** it must be a condition that results from profound understanding; **era algo poeta** he was something of a poet; **fué del agrado de éste** was to the latter's liking; **llegar a —** to become, get to be; **por pequeño que sea** however small it may be; **no fué exclusiva de** was not exclusive with; **o sea** that is to say; in other words; **¿qué cosa es?** what is...? **si no es diciendo** except by saying; *m.* being
serenidad serenity, calmness
sereno -a calm, serene, peaceful
serie *f.* series
serio -a serious; dignified
serpiente *f.* serpent, snake
servicio service, *(table)* setting
servidor *m.* servant
servir to serve; **— de** to act as, be used as; **— para** to be used (useful) for, do for
severidad severity, austerity
severo -a severe, stern
si if, whether; **— bien** though
sí himself, herself, itself, oneself, themselves; **entre —** among themselves
sí yes
siega reaping, harvest
siempre always; **— que** whenever, provided that
sierra sierra, ridge *(of mountains);* **en plena — de Córdoba** in the middle of the Cordoban Sierra
siglo century; **— de oro** Golden Age
significar to mean, signify
siguiente following; that follows; next
sílaba syllable
silbar to whistle
silbo whistle
¡silencio! quiet! silence!
silencioso -a silent, noiseless, quiet
silueta silhouette
silla chair, seat; saddle
silleta small chair
símbolo symbol
simpatía sympathy, commiseration
simpático -a sympathetic, congenial, pleasant
simple mere, simple; innocent, naive; simpleminded
simpleza silliness; simplemindedness
simplificar to simplify
simulacro simulacrum, sham battle; **— de asalto** sham battle
sin without; **— que** without
sinfonía symphony
sinfónico -a symphonic
singular unique, extraordinary, strange
singularmente singularly, particularly, strangely
siniestro -a sinister, unlucky; *f.* left hand
sino but, except; but rather; **— que** but, on the contrary; **no...—** only, nothing but; **no sólo...sino** not only...but also
síntesis *f.* synthesis
síntoma *m.* symptom
siquiera at least, even; **ni —** not even
sirena siren, mermaid
sirgo twisted silk
sirviente *m.* servant
sitio place, site; siege; **—real** royal residence
situar to place, locate, situate
soberano sovereign
soberbia pride *(one of the seven deadly sins);* haughtiness
sobornar to suborn, bribe
sobra surplus, excess
sobre on, upon, over, above; in addition to; concerning, about; **— todo** above all, especially

sobredicho -a above-mentioned, (afore)-said
sobrehumano -a superhuman
sobrenatural supernatural
sobrepasar to surpass
sobresalir to stand out
sobrevenir to happen, take place; to follow
sobrevivir to survive
sobriedad sobriety; restraint
sobrino -a *m.* nephew; *f.* niece
sobrio -a moderate, temperate, sober
socio companion, partner
socorrer to help
sofá *m.* sofa, couch
sojuzgar to subjugate, subdue
sol *m.* sun; **el — mismo** the sun itself
solar *m.* ancestral mansion, manor house; ground (plot)
soldado soldier
soleado -a sunny, sunburned
soledad solitude, loneliness
soler to be in the habit of; to be wont, used to, apt to
solidez *f.* solidity, firmness, strength
sólido -a solid, firm; careful
solitario -a solitary, lonely, isolated
solo -a alone; only, sole; lonely; **a —as** alone
sólo only, solely; **tan —** merely, only
soltar to unite, unfasten, loosen
soltera spinster, unmarried
soltura fluency, agility, ease
sollozo sob
sombra shade, shadow; ghost; **a la —** in the shade; **mala —** bad luck
sombrero hat; "**— de tres picos**" "The Three-cornered Hat"
sombrío -a gloomy, sombre, shady, austere
someter(se) to submit
sometimiento submission, subjugation
son *m.* sound
sonado -a noted, famous, talked about
sonar to sound; to ring
soneto sonnet
sonido sound
sonoro -a sonorous, resonant
sonreír to smile
sonriente smiling
soñar to dream; **— con** to dream about
sopa soup
soplar to blow
soplo breath; gust; blowing
soportar to endure, bear, stand
sor *f.* sister (of a religious order)
sordo -a deaf; deaf man
sorprendente amazing, surprising
sorprendido -a surprised
sorpresa surprise
sosegado -a calm, quiet, peaceful
sosiego tranquility, quietude, calmness
sospecha suspicion
sospechar to suspect, be suspicious of
sostener to support, maintain, keep; to hold (up); **—se** to support, maintain oneself
su *(pl.* **sus)** his, her, its, their, one's, your
suave smooth; soft; gentle, mild
suavidad softness; suavity; smoothness
suavizar to soften, smooth; to mitigate
súbdito -a subject
subir to raise; to come up, go up, climb, mount; **—se por la calle arriba** to go off up the street
sublevación revolt, rebellion
sublevado -a in rebellion
sublevar(se) to revolt, rise in rebellion
subordinación subordination, subjection
subsidio subsidy, financial aid
suceder to succeed, follow; to happen, occur
sucedido event; **lo —** the occurrence
sucesión succession; offspring
suceso event
suciedad dirt, filthiness
sucio -a dirty, filthy
sudario shroud
sudor *m.* sweat, perspiration; **en el — de su cara** by the sweat of his brow
suegro -a father-in-law, mother-in-law
sueldo salary
suelo ground, soil; land, earth; floor
suelto -a loose; flowing *(of hair);* easy
sueño sleep; dream; drowsiness
suerte *f.* fate; luck; **de (la) — que** in the way (manner) that; **de — que** so that, with the result that
suficiencia sufficiency; **con —** with brash self assurance
sufrimiento suffering
sufrir to suffer; to endure; to permit, tolerate; to bear *(a joke)*
sugestivo -a suggestive, stimulative
sujetar to subject; to submit; to subdue; to tie, bind, hold
sujeto -a subject, liable; fastened; *m.* subject, fellow, individual
sumamente extremely
sumergir(se) to submerge, sink; to plunge

sumido -a sunk, immersed; absorbed
suntuosidad magnificence
superior superior, upper
superioridad superiority; **de la — de su persona** of his personal superiority
superrealista surrealistic *(of or pertaining to surrealism, an artistic trend that attempts to express the subconscious)*
suplantar to supplant
suplicar to implore, entreat
suplicio torture, grief, anguish
suplir to provide; to compensate, make up for
suposición supposition
suponer to suppose, assume; to imply, connote
supuesto -a assumed, supposed
sur *m.* south
surgir to appear, arise
sur-oeste southwest
surtidor *m.* jet, spout; fountain
suspender to suspend, stop, interrupt, delay
suspenso -a astonished; suspended
suspirar to sigh; **— por** to crave, long for
suspiro sigh; breath
sustituir to substitute, replace
suyo -a his, hers, theirs, one's; his own, her own, their own

T

tabla board; tablet; table
tablado stage, platform
tajo chopping block *(for meat);* steep cliff, gorge
tal such, so, as; equal, similar; as much; so great; **— como** like, equal to; **— y como** just as
tallado -a carved, engraved
taller *m.* workshop, studio; factory; **— de dibujo** studio
tallo stem, stalk
también also, too, likewise; as well
tambor *m.* drum
tampoco neither, not either; either
tan so, as; **—...como** as...as
tanto -a so much, as much; *pl.* as many; **en —** meanwhile; **en — que** while; **por —** therefore, for that reason; **— como** as well as, as much as; **—... como** ... both ... and; **mientras —** meanwhile
tapia wall
tapiz *m.* tapestry
tardar to delay; to linger
tarde late; **más —** later; *f.* afternoon, evening; **— de sol** sunny afternoon; **por la —** in the afternoon
tarjeta visiting card
tardo -a slow, dull
tartesio -a Tartesian, of *or* from **Tartéside** *(most ancient city on the coast of southern Spain)*
tea torch, firebrand
teatral theatrical
teatro theater
tecla key *(of a piano)*
técnica technique, technical ability
técnico -a technical; *m.* technician
techo ceiling, roof
tejado tile roof
tejer to weave
tejido weaving
tela cloth; tissue; fabric; **— de araña** cobweb; **— de brocado** brocade
telón drop or front curtain *(theater)*
tema *m.* theme, subject, topic; **— de actualidad** timely subject, topic of current interest; **—s del día** current topics
temblar to tremble, quake
tembloroso -a tremulous, trembling
temer to dread, fear, be afraid
temido -a feared
temor *m.* dread, fear
témpano (de hielo) iceberg, ice flow
temperamento temperament, character (of a person)
temperie *f.* climate
tempestad storm, tempest
templar to temper; to calm
temple *m.* temper; courage; disposition
templete *m.* shrine; tabernacle
templo temple, shrine
temporada while, spell *(of time)*
tenaz tenacious, persevering
tender to spread out, stretch out, stretch; to cast; **— los ojos por** to cast the eyes over
tendido -a reclining, lying; **— a** stretched out, lying
tener to have, hold; to be; **— en cuenta** to take into account; **— gozo** to feel joy, happiness; **— (gran) éxito** to be (very) successful; **— lugar** to take place; **— miedo** to be afraid; **— pena** to be sorry; **— por bien** to consider favorably; **— por cierto** to

hold as a fact, be sure, certain; — **prisa** to be in a hurry; — **que** to have to, must; — **razón** to be right; — **resonancia** to attract attention; — **un éxito sin precedentes** to have an unprecedented success; **no tiene más satisfacción que** has no other satisfaction than; **que a mi persona tenga** that he feels for me personally; **tengo determinado** I am resolved to
tenso -a tense, taut
tentador -a tempting, inciting
tentar to touch, feel *(with the fingers);* to tempt
tenue thin, tenuous, slight
teñir to dye
teología theology
teológico -a theological
teoría theory
terapéutica therapeutics
tercio -a third; *m.* one third
terminar to end, finish, complete
término term, word; end; **primer —** foreground
ternura tenderness, affection
terrado terrace
terreno land, soil; terrain
tersar to smooth, polish; to cleanse
tertulia intellectual gathering
tesoro treasure; treasury
testigo witness
tez *f.* complexion, skin
tiburón *m.* shark
tiempo time, epoch, while; **a —** in (on) time; **al — que** just as; **al mismo —** at the same time; **de todos los —s** of all times; **el más —** most of the time; **en aquel —** at that time; **en muy poco —** in a very short time
tiento touch, tact; **con —** carefully, cautiously
tierno -a tender, affectionate; soft
tierra land; earth, ground, soil; country; dirt; **— firme** mainland, continent; **por la — y el mar** over land and sea
tieso -a stiff, hard, tight
tigre *m.* tiger
tigresa tigress
tío -a *m.* uncle; *f.* aunt
típico -a typical, characteristic
tipo type, kind
tiránicamente tyrannically
tirano -a tyrannical; *m.* tyrant
tirar to throw; to shoot; **— a** to tend, incline toward
títere *m.* puppet, marionette
titubear to hesitate, waver
titubeo hesitation, wavering
titular to entitle, name, call
título title; qualification; *(academic)* degree
tocar to touch; to behoove, concern; to ring, toll *(a bell);* to play *(a musical instrument);* **— a** to be up to, behoove, concern; **— a muerto** to toll for the dead; **el — de los clarines** the sound of the trumpets, the bugle call
todavía still, yet
todo -a all, everything; every; **— cuanto** all that; **—s (ellos)** everyone, all (of them); **ante —** above all; **en —** altogether; **sobre —** above all, especially; **todo** *adv.* entirely
toledano -a Toledan
toma capture, seizure; taking
tomar to take; to drink; to eat; to seize, capture; to receive; **— asiento** to sit down; **— ejemplo** to follow (an) example; **— partido por uno o por otro** to take sides with one or the other; **— por** to turn to, take; **tomó proporciones sangrientas** assumed bloody proportions; **tomóle recia calentura** developed a high fever
tomén *m. (Greek)* cut, split; **ni pueden recibir —** nor can they be split
tomo volume *(of a book),* tome
tonalidad tonality, tone, shade
tono color, tone
topar to collide, strike against; **— con** to run into, run across, to meet by chance
torcer to turn, twist
torear to fight bulls
torero bullfighter
tormento torment; torture
tornar to turn, return; **— a** to . . . again
torneo tournament
tornera doorkeeper *(of a convent)*
torno: en — a around
toro bull; *pl.* bullfights
torpe dull, stupid
torre *f.* tower
torrente *m.* torrent, rush
tórtola turtledove
tortuoso -a tortuous, winding
tosco -a coarse, rough
tostar to toast, roast; to tan
tournée *f. (French)* journey, tour
trabajar to work, toil

trabajo work, task; *pl.* miseries, hardships
trabajoso -a difficult, hard; miserable
trabar to join, fasten; to begin; **— amistad** to become friends; **— amistad con** to make the acquaintance of
trabas: sin — without ties or bonds, freely, without obstacles
traducción translation
traducir to translate
traductor *m.* translator
traer to bring; to carry; to wear
traición treason, treachery; **por —** through treachery
traidor -a treacherous, traitorous; *n.* traitor, betrayer
traje *m.* apparel; suit; dress, gown; costume
tramar to weave; to plot, scheme
trampa snare, deceit, trick
trance *m.* peril; critical moment
tranquilo -a tranquil, calm, easy
transcribir to transcribe
transformar to transform
tras after, behind; beyond; besides; **— de** after, besides, in addition to
trascender to spread
trasladar to move, remove, transfer
trasmitir to transmit
traspasar to cross over; to pierce *(with pain or grief)*
tratadista writer of treatises
tratado treaty
tratamiento treatment
tratar to treat, deal with, handle; to discuss; **—con Dios** to pray, meditate; **— de** to endeavor, try to, attempt to; **—se de** to deal with
través: a — de through, across
trazar to design, plan, draw
trecho stretch; while
tregua truce
tremendo -a dreadful, awful, terrible
trémulo -a tremulous, shaking
treta trick, ruse
tribu *f.* tribe
tripulación crew
tripulado -a manned, equipped
triste sad, sorrowful, gloomy
tristeza sadness, sorrow
triunfar to triumph
triunfo triumph, success, victory
Trivium *(Latin)* trivium *(the three elementary liberal arts, grammar, logic* and *rhetoric)*
trompa hunting-horn
tronco trunk, log
tronchar to crack, to split, to shatter
trono throne
tropa troops, soldiers; *pl.* forces, army; **vistosas —s** troops in full regalia
tropezar to stumble; **— con** to strike against, meet with
tropiezo tumble, stumbling; obstacle
trovador *m.* troubadour, minstrel
trozo piece, selection, passage *(from a book, etc.)*
trueno thunder
tumba tomb, grave
túmulo tomb; funeral pile, catafalque
túnica tunic, robe
turba crowd, multitude
turbar to disturb, upset; **turbóse todo** he got all upset, became greatly agitated
turbio -a turbid, obscure
turco -a Turk
turista *m., f.* tourist

U

último -a last, final; **por —** finally
un -o -a a, an, one; *pl.* some, a few; **—s cuantos** a few; **de —s y otros** of each and every one
unánime unanimous
unción unction, fervor
único -a one, only, sole; unique
unido -a joined, united; **— a** together with
unión union, connection
unir(se) to invite, join
universitario -a *(belonging to a)* university
usado -a used, well worn
usanza custom, usage, fashion
usar to use; to wear; to bear *(a title)*; **—se** to be customary, usual
uso usage, use, custom; **a su —** according to (their) usage, custom
usurpar to usurp, seize by force (and without right)
útil useful; **de — = de utilidad** useful
utilizar to utilize, use

V

vacación vacation; **de —es** on vacation
vacilar to hesitate
vacío -a empty; *m.* void, space, vacuum

vago -a vague, indistinct; roaming, idle
vaina sheath, scabbard
vajilla table service; **—s de plata** silverware
valenciano -a Valencian
valentía bravery, courage
valer to cost; to be worth; to bring *(to one's credit, fame, etc.); m.* worth, merit
valeroso -a brave, courageous
valiente brave, courageous
valioso -a valuable, rich
valor *m.* value; valor, courage, bravery; strength
valoración valuation, appraisal
valle *m.* valley
vampiro vampire
vanidoso -a vain
vano -a vain, frivolous, shallow; insubstantial; **en —** in vain
vapor *m.* mist, vapor
vara stick; emblem of authority, staff *(of a mayor)*
variado -a varied, variegated
vario -a various, varied, changeable; *pl.* various, several
varón *m.* man, male
vasallo vassal, subject
vasco -a Basque
vasto -a vast, huge, immense
V.E. = Vuestra Excelencia Your Excellency
vecino -a near, next, neighboring; *n.* neighbor
vega richly cultivated plain, flat irrigated and fertile lowland
vegetar to vegetate
vehemente vehement; keen
vejez *f.* old age
velada evening entertainment
velar to keep vigil, stay awake *(and on guard)* through the night; to guard, watch over; to veil
velatorio wake, deathbed watch
velero sailboat
velo veil
vena vein
venado deer, venison
vencer to win; to conquer, vanquish
vencido -a subdued, defeated, vanquished
vender to sell; to betray
veneno poison
vengador -a avenging; *n.* avenger
venganza revenge, vengeance
vengar to avenge; **—se (de, en)** to take revenge (on)
venida arrival, return, coming
venidero -a future, coming, to come
venir to come; **venían en dos procesiones** they came in double file
venta roadside inn
ventaja advantage, gain, profit
ventana window
ventero innkeeper
ventura luck, chance; bliss; **por —** by chance
ver to see; to look; **—se** to be seen, find oneself; to be
verano summer
veras *f. pl.* reality, truth; **de —** in truth, indeed, really
verdad truth; **en —** truly, really
verdadero -a true, real, veritable, legitimate
verde green
verdecer to grow *or* become green
verdoso -a greenish
verdura verdure, greenness
verídico -a veridical, truthful
verter to pour; to spill, shed
vestido dress; *pl.* clothes
vestidura garment, apparel
vestir to clothe, dress, don, put on; to wear; to adorn; **— de luto** to dress in mourning; **vestido de fraile** dressed as a friar; **—se** to dress oneself, to be covered
vez *f. (pl.* **veces)** time; **a la —** at the same time; **a su —** in turn; **a veces** at times; **algunas veces** sometimes, at times; **cada —** each time, every time; **dos veces** twice; **en — de** instead of; **otra —** again; **por primera —** for the first time; **por segunda —** for the second time; **tres veces más tiempo** three times longer; **una —** once; **una — a la semana** once a week; **una — más** once again; **una y otra —** again and again; **unas veces** sometimes, at times
viajar to travel, journey
viaje *m.* travel, trip
viajero -a traveler
vianda food
vibrar to vibrate
vicario vicar
vicio bad habit
vicioso -a vicious; luxuriant, abundant
vid *f.* vine, grapevine
vida life; **— mía** my beloved; **en —** alive; **ni en su —** never in (all) his life; **por mi —** upon my soul

vidriera glass window, glass door
vidrio glass, window pane
viejo -a old; *m.* old man; *f.* old woman
viento wind
vientre *m.* abdomen; womb
viernes: — Santo Good Friday
vigilancia vigilance, watchfulness
vigilar to watch over, keep guard
vigor *m.* vigor, strength
vil vile, despicable
villa town
villano -a rustic
vino wine
viña vineyard
violento -a violent; furious; strained, forced
Viresque acquirit eundo *(Latin)* = **la fuerza se adquiere con el ejercicio**
Virgen *f.* Virgin (Mary)
viril virile, manly
virilizar to make vigorous, strengthen; to virilify
virrey *m.* viceroy
virtud *f.* virtue
virtuoso -a virtuous
visigodo -a Visigoth
visitar to visit
vista appearance; sight, view; eye; eyesight; **a su —** within their view; **alegre a la —** cheerful to behold; **en — de** in view of, considering
visto seen
vistoso -a showy, beautiful
viudo -a *m.* widower; *f.* widow
viveza liveliness, vivacity
vivienda dwelling, housing
vivir to live, inhabit, dwell; to be alive, exist; **¡viva . . .!** long live . . .! *m.* living, life, existence
vivo -a live, alive, living, lively
volar to fly
volcán *m.* volcano; violent passion
volumen *m.* volume
voluntad will, good will; divine determination
voluntariamente voluntarily, willfully
volver to turn; to return; **— a** *(+ infinitive)* to . . . again; **— en sí** to regain consciousness, come to; **—se** to turn, turn about, around; **—se loca** to become insane
voraz voracious, fierce
vos = vosotros you
votar to vow; **¡voto a Dios!** By all that's Holy! *(a very strong expression)*
voto vow
voz *f.* voice; *(public)* opinion; word, term; sound; **a grandes voces** bitterly, loudly; **a una —** of one accord, unanimously; **con — levantada** in a loud voice; **de viva —** by word of mouth; **en alta —** aloud
vuelo flight
vuelta turn; return(ing); **a —s** around
vuesa = vuestra your
vuestro -a your; **—a merced** Your Grace; you; sir
vulgar common, coarse, ordinary

Y

y and
ya already; now; at once; presently; **— . . . — . . .** sometimes . . . other times . . .; **— en esto** at this moment; **— no** no longer; **— que** since; **— . . . —** now . . . now
yacer to lie, be located; to lie dead
yedra ivy
yelmo helmet
yerba herb; grass
yermo -a deserted, uninhabited; *m.* uninhabited place, wilderness
yeso chalk, plaster

Z

zambra a Spanish festival; a traditional dance of the gypsies
zapatero -a shoemaker, shoe repairer *f.* shoemaker's wife
zapato shoe
zarpar to weigh anchor, set sail
zumbido buzz, hum

CREDITS

(indicated by page number)

13—The Hispanic Society. 15—New York Public Library. 28—The Hispanic Society. 29—Foto Mas. 31—Spanish Embassy, Washington. 33—The Hispanic Society. 36—*Silberstein,* Monkmeyer Photo Press Service. 39—Dirección General de Turismo. 72—The Hispanic Society. 74—Ministerio de Información y Turismo. 75—New York Public Library. 81—Ministerio de Información y Turismo. 97—Mexican Government Tourism Dept. 107—Michael Wolgensinger. 114—National Gallery of Art, Widener Collection, 1942. 119—Ministerio de Información y Turismo. 121—*Gee,* Monkmeyer Photo Press Service. 124—The Hispanic Society. 146-147—*Silberstein,* Monkmeyer Photo Press Service. 151—*Silberstein,* Monkmeyer Photo Press Service. 184—Embassy of Spain, Washington. 185—Foto Mas. 188, 189, 190—New York Public Library. 198, 199—Dirección General de Turismo. 206—New York Public Library. 232—Ministerio de Información y Turismo. 251—Ministerio de Información y Turismo. 293—Fred Fehl. 297—César González.

RÍO MIÑO
BURGOS
VALLADOLID
Tordecillas
RÍO DUERO
RÍO TORMES
Roa
Medina del Ca
Alba de Tormes
Yuste
RÍO TAJO
sierra guado
Alcala
MADRID
RÍO GUADIANA
Medellín
Fuenteovejuna
sierra moren
RÍO GUADALQUIVIR
RÍO GENIL
SEVILLA
Ronda
sierra nev
Gua
Alpujarras

Liam Dunne '45